# 国際日本経済論

グローバル化と日本の針路

熊倉 正修
Kumakura Masanaga

昭和堂

# はじめに

　本書は著者が2011年に上梓した『入門・現代日本経済論－グローバル化と国際比較』（昭和堂）の続編ないし拡張版に当たる本です。前著は経済学と日本経済の入門書ですが、国際的な視点を重視し、著者なりの日本経済論の意味も込めて執筆しました。ただし著者自身が勤務先大学において半期(15回)の入門科目の副読本として使用する意図を持っていたため、事前にテーマを絞り込み、200ページあまりのコンパクトな内容にとどめました。そうした前著の出版から3年弱のうちに新しい本を執筆することにしたのは、以下のような理由によるものです。

　第一の理由は、前著の出版後の日本の経済と経済政策が必ずしも望ましい方向に向かっていないのではないかと思われたことです。前著の執筆終了間際に東日本大震災が発生し、その後の社会経済の混乱を経て、2012年末に自由民主党が政権に返り咲きました。その後、安倍晋三首相のリーダーシップの下でアベノミクスと呼ばれる一連の経済政策が実施され、日本経済は表面的には活況を取り戻しました。2014年に入って内閣支持率はやや低下しましたが、同年末の衆議院選挙においても自民党が圧勝し、政府は経済政策への自信を強めています。

　しかし著者は2012年末以降の好況には人為的な色彩が強く、後にかえって困った結果をもたらす可能性があると考えています。著者には今日の日本の経済政策が必ずしも革新的なようには見えず、むしろ旧来の政策の問題点が目立つように思われます。前著では、一国の経済を一企業や一家計のように考えることが誤りであること、日本のような先進国の政府が輸出や特定の産業を促進することが一般的には望ましくないこと、目先の成果を優先する政策が後に大きな反動をもたらす可能性があることを指摘しました。私たちは2008年のリーマン・ショック後の大不況の中で高い代償を払ってこれらのことを学んだはずですが、多くの政策担当者はそのことを忘れてしまった（かあるいは何も学ばなかった）ように見えます。

　もちろん、民主主義国家の政治家は選挙の集票を意識して行動せざるを得ず、事後的に見て好ましくない政策が実施されること自体は必ずしも不思議

ではありません。しかし今日の日本にはそれ以外に固有の問題があり、それが誤った政策に国民の支持が集まりやすい一因になっているように思われます。著者の考えでは、そうした問題の中で最も重要なのは、日本において民主主義と市場経済の基礎となる個人の自律の概念が十分に確立していないことです。本書では、そのことが日本の経済社会と経済政策にどのように反映されているかに関して、前著より踏み込んで考察しています。

　本書を執筆した第二の理由は、前著の出版後の事態の展開も踏まえ、前著で解説した内容に関しても、もう少し丁寧に論じ直してみたいと考えたことです。前著では経済学の知識をまったく持たない読者を想定し、限られたページ数の中で今日の政策論争まで解説することを目指したため、十分に説明し切れていない、あるいは論じ切れていない箇所が残っていました。また、大学の教材として使用する場合、前著よりもう少し網羅的な構成にする必要があると考えていました。

　そこで今回は、通年（30回）の「国際経済学」や「（国際的な視点を重視した）日本経済論」の講義や演習を念頭に置き、これらの科目の教材や副読本として利用可能なスタイルに近づけることを目指しました。大学の経済系学部のカリキュラムの中で「国際経済論」と「日本経済論」はいずれもポピュラーな基幹科目ですが、これまでこれらは独立した科目として提供されてきました。しかしここ数年、多くの大学が「グローバル人材」の育成に力を入れるようになり、国際的な視点から日本の社会や経済について学ぶ学部や学科の創設が相次いでいます。著者は「世界で勝てるグローバル人材の育成」といった考え方に必ずしも賛同しませんが、将来の日本を国際社会の異端児にしないためにも、若い世代の日本人が日本と外国の経済の関係を正確に理解し、日本という国を客観的に評価できるようになることは非常に重要だと考えています。本書はそうした能力を身に着けるための材料を提供することも目指しています。

　本書を執筆した第三の理由は、上記の点とも関係がありますが、著者がかねてから既存の国際経済学や日本経済論の概説書に物足りない思いを抱いていたことです。現代の国際経済学は、大まかに言うと、国境を越えた貿易や企業の事業活動を分析する「国際貿易論」と、国際間の資金移動やそれに伴

う為替レートの変動、各国のマクロ経済の相互依存関係を扱う「国際金融論」の二分野から構成されています。大学の経済学部や経営学部ではこれら二つが独立の科目として提供されることが多く、大半の教科書もどちらか一方だけを扱っています。そのため、初学者がこれらのテキストを読むと、貿易と国際投資が無関係な経済現象であるかの印象を抱くのではないかと思います[1]。また、これらのテキストの中には経済理論の説明に終始しているものが多く、個々の理論が今日の日本においてどのような意味を持つのかを十分に解説したものはあまりありません。

　一方、「日本経済論」のテキストの中には日本の経済発展の軌跡を通時的に辿ったものや日本経済の現状を分野別・項目別に解説したものが多く、国際的な視点は必ずしも十分でありません。著者自身、今日の日本経済の問題の原因の多くは日本社会の内部にあり、それを「グローバル化の加速」や「近隣諸国に対する輸出競争力の低下」に求めることは誤りだと考えています。しかし政治家やマスメディアの間ではこの種の主張が跋扈しており、それを鵜呑みにしている人が少なくありません。また、日本経済の国際化がまだまだ発展途上だとしても、海外との関係を無視して「日本経済論」を語ることができる時代はすでに過ぎ去ったと思います。

　そこで本書では、標準的な国際貿易論や国際金融論を相互に関連付けながらできるだけ分かりやすく解説するとともに、それらを逐一日本や諸外国のデータに適用し、日本の経済社会と対外経済関係の特徴を浮かび上がらせることを目指しました。それがどれだけ成功したかは読者の評価を待つしかありませんが、少なくとも章立ての点では前著よりだいぶ標準的な形になったと思います。また、本書は原則として一切の予備知識なしに読み通せるように配慮しています。ところどころで前著に言及している箇所がありますが、本書の内容を理解する上でこれらは必須ではありません。

---

1)　たとえば標準的な国際貿易論の教科書には為替レートがほとんど登場しません。これは商品価格が国際間で均一化することを仮定した場合、為替レートを背後に隠してしまっても大半の貿易理論を説明可能だというだけの話で、現実の貿易と為替レートが無関係であるからではありません。しかしこの種のテキストを読んだ大学生がそのことを正しく理解できているかどうかは疑問です。

ただ、本書は著者なりの「国際的な視点による日本経済論」でもあるため、随所で著者自身の考えも隠さず述べています。そのため、本書を大学の授業でご利用いただく場合、メインのテキストではなく、講義の副教材や演習の題材として（場合によっては批判的に）お使いいただく方が良いかも知れません。本書には最新のデータを含む夥しい数の図表を収録していますので、資料集として参照していただくこともできると思います。これらの図表のほとんどは、著者が自ら統計資料を集め、必要に応じて加工を加えて作成したものです。

本書は四部から構成され、各部に五つの章が含まれています。ここで各部の内容を簡単に説明しておきましょう。

第Ⅰ部は基礎編です。ここでは一国の経済の循環と海外との関係、それらを記述する統計について解説し、貨幣を通じた決済と中央銀行の機能について説明します。また、経済学という学問において企業がどのような存在として捉えられているかを確認し、それが現実の日本や外国の企業の姿とどのような点で異なっているかを考察します。最後に第Ⅱ部以降の準備として、明治時代から今日にかけての日本の経済発展と対外経済関係の変遷を概観します。

第Ⅱ部は貿易・企業編です。ここでは商品（モノ）とサービスの貿易に関する主要な理論を為替レートと関連付けながら紹介し、近年の日本の貿易構造の変化の背景要因を考察します。また、日本のような先進国が経済発展を続ける上でサービス業の生産性向上が不可欠であること、貿易が困難なサービス分野では外国企業の対内投資を促進する必要があること、日本がこの点において著しく立ち遅れていることを指摘します。

第Ⅲ部は金融・マクロ編です。ここでは為替レートとマクロ経済の関係を金利や物価、貿易と関連付けながら解説します。日本では円高が突然降って沸いた天災のように受け止められる傾向がありますが、為替レートは他の経済変数と同時に決定する内生変数であり、それ自体が独立に決まっているわけではありません。ただし一国の経済と為替レートの関係はなかなか複雑なため、両者の関係を丸ごと議論するのではなく、まず「為替レートはどのような要因によって変化するのか」という問題を考え、その後に「何らかの理

由で為替レートが変化した場合、実体経済にどのような影響が及ぶか」を考察するというステップを踏んでいます。

第Ⅳ部は政策編です。ここではまず、そもそも現代の民主主義国において望ましくない政策が選択されがちなのはなぜか、日本においてそうした傾向がとりわけ強いように見えるのはなぜかという問題を考えます。それらを踏まえた上で、輸入関税による産業保護や一部の外国だけを対象とした市場開放措置、輸出振興を意図した為替レート操作などの問題点を分析します。最後の章ではしめくくりとして、本書の執筆時点で実施されている日本の経済政策を総合的に分析し、将来の日本において活力ある経済社会を築くためにどのような政策が必要かを考えます。

本書の執筆に当たり、多くの人々にお世話になりました。本書は、著者のこれまでの研究に加え、大阪市立大学と駒澤大学における講義や演習のために作成してきた資料に多くを負っています。学生諸氏からはこれらの講義資料が難しい、分かりにくいと言われることが少なくありませんが、そうした声を聴くたびにできるだけ読みやすいものにしようと心がけてきました。出版に至る過程では、昭和堂の大石泉氏に大変お世話になりました。なお、本書は平成26年度駒澤大学特別研究出版助成を受けて出版したものです。記して感謝申し上げます。

# 目　次

## 第I部　基礎編

第 1 章　一国の経済活動と国民経済計算（2）
第 2 章　国民経済の循環と産業構造（20）
第 3 章　通貨と決済システム（37）
第 4 章　国際間の経済取引と国際収支（55）
第 5 章　日本の経済構造と対外経済関係の変遷（71）

## 第II部　貿易・企業編

第 6 章　比較優位と貿易構造（92）
第 7 章　生産要素の蓄積と貿易構造の変化（106）
第 8 章　不完全競争と貿易の意義（123）
第 9 章　国民経済のサービス化とサービス貿易（143）
第 10 章　国際投資と企業の国際化（158）

## 第III部　金融・マクロ編

第 11 章　外国為替市場と通貨の取引（176）
第 12 章　為替レートと金利の期間構造（192）
第 13 章　購買力平価と実質為替レート（209）
第 14 章　物価の変動と為替レート（225）
第 15 章　為替レートと景気循環（247）

## 第Ⅳ部 政策編

第16章 経済政策の政治学 (266)

第17章 輸入関税と産業保護 (288)

第18章 WTOと地域経済協定 (306)

第19章 通貨制度の選択と外国為替市場介入 (324)

第20章 アベノミクスと日本経済のゆくえ (342)


## コラム (*Column*)

① 経済成長率の近似計算 (17)

② 産業連関表とGDPの三面等価 (33)

③ 対数グラフの利用方法 (88)

④ 比較優位と日本企業の採算レート (104)

⑤ 中国の経済発展と産業内貿易 (139)

⑥ 日本の物価はなぜ高い? (222)

⑦ 経済構造の変化と物価上昇率 (243)

⑧ 「えらぽーと」に見る日本の政党の特徴 (284)

⑨ 豚肉の差額関税 (302)

⑩ グローバル化とヒトの国際化 (361)

第 Ⅰ 部
基 礎 編

# 第1章　一国の経済活動と国民経済計算

## 1　はじめに

　最近、新聞などで「経済のグローバル化が加速している」、「これからはグローバル人材でないと生き抜けない」といった記事を目にすることが多くなった。これらの記事を読むと、今日の世界では国と国の垣根がどんどん低くなり、国を単位として経済や社会について考えることが時代遅れになりつつあるという印象を持つのではないだろうか。

　しかしその一方で、同じ新聞に四半期ごとに発表される日本の GDP 統計も大々的に報道され、経済成長率のわずかな変動が大きなニュースになっている。自国の GDP や経済成長率にこれほどの関心が集まるということは、日本と外国の経済の関係が深まっているといっても、国という存在が依然として経済活動の重要な単位であることを示唆している。

　今日のほとんどの国々の政府は、自国の経済の構造や状態を把握することを目的として、**SNA**（System of National Accounts、**国民経済計算**）と呼ばれる統計を作成している。私たちにとって馴染みの深い **GDP**（Gross Domestic Product、**国内総生産**）の統計も SNA の一部である。SNA は現代の経済学の発展とともに整備されてきたもので、SNA について知ることは経済学の考え方を理解する上でも有用である。図表1に示されているように、SNA は**産業連関表、国民所得表、資金循環表、国民貸借対照表、国際収支表**という5つの主要統計から構成され、国際収支表と密接な関係を持つ統計として**対外資産負債残高表**が存在する。これらのうち一国の経済活動の全体像を知る上で最も重要なのが国民所得表であり、海外との関係を知る上で有用なのが国際収支表と対外資産負債残高表である。

　本章ではまず、国民所得表に報告されている GDP の意味について解説する。その後、一国の GDP がどのような要因によって決まるのかを生産要素という概念と関連づけて説明し、最後に消費と投資の違いについて解説する。

第1章　一国の経済活動と国民経済計算　　3

図表1　国民経済計算の構成

| 国内部門 | フロー | 実物 | 中間生産物 | 産業連関表 |
| | | | 最終財の使用 | 国民所得表 |
| | | | 付加価値の分配 | |
| | | 金融 | | 資金循環表 |
| | ストック | | | 国民貸借対照表 |
| 海外部門 | フロー | | | 国際収支表 |
| | ストック | | | 対外資産負債残高表 |

国際収支表と対外資産負債残高表に関しては第3章において解説する[1]。

## 2　国内総生産の意味

　経済学では一国の経済活動の規模を GDP によって測ることが多い。GDP
とは、一国において一定期間中に生み出された付加価値の総和のことである。
付加価値は生産の各段階において新たに生み出された価値を意味し、個々の
生産者にとって販売額から仕入れの費用を引いた値にほぼ対応する。
　いま、図表2のように、ある国が農家と製粉会社、パン屋だけによって構
成されているとしよう。農家は小麦を栽培して製粉会社に販売し、製粉会社
がそれを小麦粉に加工してパン屋に販売し、パン屋がそれをパンに加工して
販売している。経済学では、市場を介して売買されるこうした一つ一つの商
品やサービスを**財**（good）と呼んでいる。一年間の農家と製粉会社、パン屋
の生産額がそれぞれ100円、200円、300円だったとすると、どの段階でも
付加価値は100円であり、この国の GDP は 100 + 100 + 100 = 300 円となる。
　経済活動の規模の指標として GDP を用いるのはなぜだろうか。別の方法
として、図表2の各段階の生産額の和である 100 + 200 + 300 = 600 円を基
準とすることもできないわけではない。しかしこの指標を採用する場合、現
実に行われている経済活動が不変でも、製粉会社とパン屋が合併して一つの
会社になると経済規模が 100 + 300 = 400 円に縮小してしまう。一般に一国

---

1)　SNA 全体の詳しい説明は中村（1999、2010）などを参照。

図表 2　市場取引と付加価値

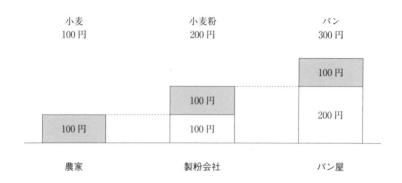

の経済発展の過程で生産者の分業が進み、企業間の取引関係が複雑になるため、こうした指標の下では開発途上国と先進国の経済格差が過大評価される可能性が高い。GDP を基準とする場合、こうした問題は発生しない。

実際に GDP の統計を作成する場合、どのような方法が考えられるだろうか。上記の定義どおりに計算するなら、農家と製粉会社、パン屋を訪問して一年間の付加価値を訊ね、それを集計することになるだろう。このような方法を**生産（供給）側からのアプローチ**と呼ぶ。

他に方法はないだろうか。図表 2 を見ると、上記の方法で計算した GDP が**最終財**であるパンの販売額（生産額）に一致することに気づく。したがってこの国の住民全員に一年間にどれだけパンを買ったかを訊ね（あるいはパン屋にどれだけのパンを売ったかを訊ね）、それを集計することによって計算することもできそうである。こうした方法は**支出（需要）側からのアプローチ**と呼ばれている。他に分配側からのアプローチと呼ばれるものがあるが、それについては第 2 章で解説する。

上記のように GDP の算出方法について考えてみると、GDP の概念が市場を通じた取引を前提としていることに気付く。この点を理解するために、図表 2 においてパンがどのように配分されるかを考えてみよう。この国の最終財はパンだけだから、農家と製粉会社の付加価値である 100 + 100 = 200 円はすべてパンの購入に使われているはずである。パン屋の生産額 300 円のう

ち、外部販売に回るのが 200 円だとすると、残りの 100 円分はパン屋自身の**自家消費**ということになる。

　たとえばパン屋が 30 個のパンを生産し、農家と製粉会社に 1 個当たり 10 円で 20 個販売し、残りの 10 個を自家消費したとしよう。その場合、自家消費分が市場を介して取引されていなくても、外販の方が多いため、後者からの類推によってそれが 10 円 × 10 個 = 100 円の価値を持つことを容易に推定できる。しかし近代以前の農村社会のように最終財の大半が自家消費されている場合、こうした推定は有効でない。すなわち GDP という**概念**は、一国が伝統的な非市場社会から脱却し、生産物の大半が価格を媒介として取引されるようになって初めて意味を持つ[2]。

　なお、先に GDP は「一国において一定期間中に生み出された付加価値の総和」だと述べたが、ここで言う「一国」とは「その国の領土」を意味している。したがって図表 2 の製粉会社が外国企業の子会社（外資系企業）だったとしても、その会社が生み出す付加価値は日本の GDP の一部となる。このことから分かるように、GDP はあくまでも空間的な意味での一国の経済活動の規模や成果を測る指標であり、それ以上のものでもそれ以下のものでもない。本書では一国の GDP を人口で割った「一人当たりの GDP」をその国の豊かさの指標として用いることがあるが、これは一種の簡便法であり、後に解説するように、一人当たり GDP が多いこととその国の国民が経済的に充実した生活を送っていることは必ずしも同義でない。

## 3　名目 GDP と実質 GDP

　次に注意したいのは、上記の方法で算出した GDP がその時々の物価から影響を受けることである。図表 2 の例のように、その時々の実際の販売額や付加価値から直接集計される GDP を**名目 GDP**（名目国内総生産）と呼ぶ。図表 2 の名目 GDP は 300 円だったが、翌年に同じ計算を行ったら 400 円に

---

[2]　現実の GDP 統計では農家などの自家消費分を上記の方法で計算して生産額に算入しているが、その比率は非常に小さい。

6    第 I 部　基礎編

図表 3　名目 GDP と実質 GDP、GDP デフレーター

| | 2010 年価格 | 2010 年生産量 | 生産額 |
|---|---|---|---|
| 食料品 | 50 | 100 | 5,000 |
| 衣料品 | 80 | 80 | 6,400 |
| 自動車 | 60 | 70 | 4,200 |
| 合計 | - | - | 15,600 |

| | 2011 年価格 | 2011 年生産量 | 生産額 |
|---|---|---|---|
| 食料品 | 80 | 90 | 7,200 |
| 衣料品 | 80 | 100 | 8,000 |
| 自動車 | 80 | 80 | 6,400 |
| 合計 | - | - | 21,600 |

| | 2010 年価格 | 2011 年生産量 | 生産額 |
|---|---|---|---|
| 食料品 | 50 | 90 | 4,500 |
| 衣料品 | 80 | 100 | 8,000 |
| 自動車 | 60 | 80 | 4,800 |
| 合計 | - | - | 17,300 |

| | 2010 年 | 2011 年 | 変化率（%） |
|---|---|---|---|
| 名目 GDP | 15,600 | 21,600 | 38.5 |
| 実質 GDP | 15,600 | 17,300 | 10.9 |
| GDP デフレーター | 100.00 | 124.86 | 24.9 |

（出所）伊藤（2009）表 10-3 などをもとに作成。

なっていたとしよう。それはパンの生産量が増えたからかも知れないし、パンの価格が上昇したからかも知れない。一国の経済の成長率を測る場合、名目 GDP から物価の影響を取り除いた**実質 GDP**（実質国内総生産）を基準とすることが多い。

　図表 3 は実質 GDP の算出方法を単純化して示したものである。いま、ある国において食料品と衣料品、自動車という 3 種の財が生産されているとする。一番上の表には、2010 年におけるこれらの商品の価格と生産量、それに対応する生産額（販売額）が示されている。これらを合計すると右下の 15,600 円になり、それがこの国の 2010 年の名目 GDP を表している。二番目の表には、同じ要領で 2011 年の名目 GDP が計算されている。

第1章　一国の経済活動と国民経済計算　　7

　次に、三番目の表では各財の 2010 年の価格と 2011 年の生産量の積を求め、その和を計算している。そうして算出された 17,300 円は「2010 年から 2011 年にかけて財の価格が変化しなかった場合に得られていたはずの 2011 年の GDP」を意味し、これを「2010 年を基準年とする 2011 年の実質 GDP」と呼ぶ。一番下の表に示されているように、2010 年から 2011 年にかけて名目 GDP が 15,600 円から 21,600 円へと 38.5% 増加したのに対し、2010 年基準の実質 GDP は 15,600 円から 17,300 円へと 10.9% 増加している。

　一番下の **GDP デフレーター**とは

$$\text{GDPデフレーター} = \frac{\text{名目GDP}}{\text{実質GDP}} \times 100 \tag{1}$$

として算出される値であり、一国の物価を表している。章末の *Column* ① において解説するように、(1)式の関係が成立しているとき、近似的に

$$\text{GDPデフレーターの変化率} = \text{名目GDPの変化率} - \text{実質GDPの変化率} \tag{2}$$

すなわち

$$\text{物価上昇率} = \text{名目経済成長率} - \text{実質経済成長率} \tag{3}$$

という関係も成立する。

## 4　生産活動と生産要素

　GDP の統計は一国の経済規模やその成長率は教えてくれるが、それだけでは国によって経済規模が異なるのはなぜか、日本の経済成長率が低下傾向にあるのはなぜかといった肝心なことは分からない。これらの疑問に答えるためには、経済理論を用いて一国の経済活動を記述し、それを GDP 統計と対応付けて分析する必要がある。以下ではその手始めとして、**生産要素**の概念について説明し、それが一国の経済活動においてどのような役割を果たしているのかを考える。

8　第Ⅰ部　基礎編

　一般に、生産活動とは、「ある一連の投入物をもとに何らかの財を産出する行為」を意味している。図表2の製粉会社の場合、小麦が投入物、小麦粉が産出物である。しかし小麦を製粉するために必要なのは小麦だけでなく、製粉機やそれを操作する人員も必要である。したがって上記の表現に従うと、製粉とは、小麦と製粉機、労働者を「投入」し、小麦粉を「産出」する行為ということになる。製粉会社にとって小麦の購入費と製粉機の借用料、従業員の給与はいずれも生産の費用であり、これらを区別して考える必要は必ずしもない。しかし小麦が加工されて産出物の一部となるのに対し、製粉機や従業員はもっぱらその過程に関与するだけである。この例において製粉機や従業員に当たるものを生産要素と呼ぶ。

　図表4は、図表2の生産過程を各段階の投入・産出関係を明示して描き直したものである。個々の生産過程における投入は実線の矢印、産出は破線の矢印によって描いている。ここでは生産要素の例として労働、資本、土地、技術の四つを挙げ、それらの投入を右向きの矢印で表す一方、原材料や中間財の投入を下向きの矢印で表現している。

　上記の四つの生産要素のうち、**労働**とは、生産活動に携わる従業員や、従業員を統括する経営者などを意味している。**資本**とは、上記の製粉機のような機械やそれを備え付ける建物、販売用の店舗などの総称である[3]。建物を建てるためには**土地**が必要だが、土地は機械や建物のように人間が造り出したものでないため、ここでは独立の生産要素と考えている。最後に、機械を適切に動かして生産活動を行うためにはさまざまな知識やノウハウも必要となるため、それらを差し当たり**技術**という言葉で表現している。

　標準的な経済学では、上記の農家や製粉会社、パン屋を「生産活動を通じて収益を挙げることを目的とした機関」だと考え、これらを一括して**企業**と呼んでいる。したがって経済学における企業とは、会社だけでなく、自営業やフリーランスで働く個人なども包含する概念である。そしてこれらの企業

---

3)　経済学では、資本という用語を機械設備や建物の意味で用いる場合と、「資本金」のようにお金の意味で用いる場合とがある。これは、労働や土地と異なり、設備や建物はお金さえ支払えば比較的短期間のうちに増強することが可能だからである。ここでいう資本は建物や設備を意味している。

図表4　生産活動と投入・産出関係

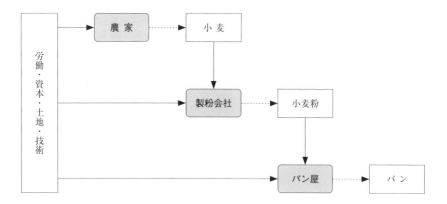

が必要に応じて外部から労働や資本などの生産要素を借り入れ、その借用料を支払いながら生産活動を行っていると考える。

　しかし多くの読者は上記の企業の定義に違和感を覚えるのではないだろうか。私たちが企業という言葉を聞いて思い浮かべるのは、会社の社屋やそこで働く人々などだろう。しかし上記の定義によると、これらはいずれも企業にとって本質的なものではなく、その企業が各時点で外部から借用して「投入」している生産要素にすぎないことになる。「企業は人なり」とか「経営者と従業員は家族である」といった考えに賛同する人にとって、こうした定義は受け入れがたいはずである。

　通常の教科書ではこのことを素通りして話を進めることが多いが、この点には標準的な経済学を用いて日本経済を分析する際の難しい問題が潜んでいる。現代の経済学は主として欧米において発展してきた学問であり、上記の仮定はアメリカの典型的な株式会社の姿とは一定の整合性を持っている。次章において議論するように、そうした企業観を日本企業に当てはめようとするとなぜ強い違和感が生じるのか、日本ではなぜこうした企業観を嫌う人々が多いのかを考えると、日本社会の特徴が見えてくる。

10    第Ⅰ部　基礎編

## 5　生産関数と生産性

　経済学では、図表4のような投入と産出の関係を数学的な**関数**の形で表現することが多い。関数とは、「ある一つないし複数の変数の値が与えられると、別のある変数の値が唯一つに決まる」という関係を意味している。たとえば「$X$と$Y$という変数の値が決まると$Z$という変数の値が決まる」という関係がある場合、これを

$$Z = F(X, Y) \tag{4}$$

などと表現する。この式の$X$と$Y$は**独立変数**、$Z$は**従属変数**と呼ばれている。

　図表4の一連の生産活動における投入・産出関係を(4)式と同じ要領で表現すると

$$小麦 = F(労働, 資本, 土地, 技術) \tag{5}$$

$$小麦粉 = G(労働, 資本, 土地, 技術, 小麦) \tag{6}$$

$$パン = H(労働, 資本, 土地, 技術, 小麦粉) \tag{7}$$

となる[4]。たとえば(5)式は、「ある量の労働と資本、土地、技術を投入すると、ある特定の量の小麦が生産される（はずだ）」という技術的な関係を表している。したがって(5)〜(7)式の独立変数と従属変数はいずれも金額ではなく数量、すなわち実質値である。

　上記の三つの式では、(5)式と(6)式の従属変数がそれぞれ(6)式と(7)式の独立変数の一つであり、全体として三元連立方程式になっている。そこで(5)式を(6)式に代入し、さらに(6)式を(7)式に代入し、これらを一本の式にまとめると

$$パン = I(労働, 資本, 土地, 技術) \tag{8}$$

となる。

　(8)式の左辺はパンの量だから、この国の実質 GDP である。この式では**中間投入財**（**中間財**）の小麦と小麦粉が消去され、右辺の独立変数が生産要素

---

4)　ここで関数を $F(.)$ や $G(.)$、$H(.)$ などの記号を用いて書き分けているのは、これらがそれぞれ別の関数であるためである。

だけになっている。このことから、一国の GDP の決定要因として重要なのが生産要素であること、原材料や中間物が本質的なものでないことが分かる。

(8)式の独立変数のうち、土地の総量は時間が経っても（ほとんど）変化しない。そこで土地を定数と見なして省略し、

$$パン = J（労働, 資本, 技術） \qquad (9)$$

といった関数を想定するほうが簡便かも知れない。マクロ経済学では GDP と労働、資本、技術をそれぞれ $Y$、$L$、$K$、$A$ などの抽象的な記号で表現し、その関係を

$$Y = J（L, K, A） \qquad (10)$$

のように表記することが多い。(10)式はしばしば**生産関数**と呼ばれている。

上記の生産関数についてもう少し考察を加えてみよう。右辺の独立変数のうち、労働（$L$）と資本（$K$）はその数量を計測することが可能な変数である。ただし一口に労働と言っても、教育や訓練を受けた人材とそれ以外の人々とでは、同じ人数でも生産量への貢献度は自ずと異なってくるだろう。そこで以下では労働にこうした教育や訓練を加えたものとして**人的資本**という概念を定義し、その量を $H$ という記号を用いて表すことにする。資本の種類も現実には多種多様だが、ある特定の機械を基準として、その二倍の価格で売買されている機械を二台と見なして集計すれば、ある時点で一国にどれだけの資本が存在するかを計算することは可能である。上記の人的資本と区別するために、ここではそれを**物的資本**と呼ぶことにする。

(10)式の中で最も取扱いが難しいのが技術（$A$）である。技術は労働や資本に比べて曖昧な概念であり、その量や水準を客観的に測定することが難しい。そこで、ここではまず、(10)式を以下のように書き換えてみよう。

$$Y = A \times F（H, K） \qquad (11)$$

一般に技術と呼ばれるものの中には、①個人が所有しているもの（個人の知識や経験と不可分のもの）、②企業組織や社会において共有されているもの（企業や社会と不可分なもの）、③これらのどちらでもなく、貸借や売買が可能

12 第Ⅰ部 基礎編

なもの（知的財産権など）が含まれる。(11)式において①が $H$ に反映されているとすると、$A$ はもっぱら②と③のタイプの技術を表すことになる。マクロ経済学ではこの種の技術の水準を**全要素生産性**という言葉で表現している。

次に(11)式の両辺を $L$ で割り、

$$\frac{Y}{L} = A \times \frac{F(H, K)}{L} \tag{12}$$

と書き直そう。さらに労働者一人当たりの GDP と人的資本、物的資本の量をそれぞれ $y=Y/L$, $h=H/L$, $k=K/L$ のように小文字のアルファベットを用いて表現することにし、(12)式を以下のように書き直す[5]。

$$y = A \times \frac{F(H, K)}{L} = A \times f(h, k) \tag{13}$$

この式の従属変数の $y$ はしばしば**労働生産性**と呼ばれている。

(13)式において、一国の労働生産性は $h$、$k$、$A$ という三つの変数に依存している。このことから、ある国の労働生産性が他の国々に比べて低い場合、①労働者の教育や訓練が不十分である、②物的資本の蓄積が不足している、③全要素生産性の意味での生産性が低い、のいずれかであることが分かる。$A$ は直接観察することができない値だが、$y$ と $h$、$k$ は原則的に計測可能である。$f(h, k)$ という関数の形を決め、その値を算出してやれば、$y$ を $f(h, k)$ で割ることによって $A$ の値を求めることができる。

図表5は、さまざまな国々に上記の手法を適用し、(13)式の各変数の値をアメリカに対する比率として表現したものである。$h$ には各国の成人の平均就学年数（過去に学校で何年間学んだか）を当てはめ、$f(h, k)$ には $h^{2/3} k^{1/3}$ という算式を適用している。紙幅の制約により詳細は省略するが、過去の研究から、この式が一国の生産関数として一定の蓋然性を持つことが知られている（福田・照山 2011）。

図表5のメッセージは明瞭である。日本の一人当たり実質 GDP は世界の

---

5) 厳密には、$F(H, K)$ の関数の形状によって(13)式のような書き換えが許されない場合もある。この点については斎藤他（2010）の数学付録などを参照。

第 1 章　一国の経済活動と国民経済計算　　13

図表 5　主要国の一人当たり実質 GDP の要因分解（2009 年）

| 国名 | $y$ | $h$ | $k$ | $f(h, k)$ | $A$ |
|---|---|---|---|---|---|
| アメリカ | 1.00 | 1.00 | 1.00 | 1.00 | 1.00 |
| ノルウェー | 1.12 | 0.98 | 1.32 | 1.08 | 1.04 |
| イギリス | 0.82 | 0.87 | 0.68 | 0.80 | 1.03 |
| カナダ | 0.80 | 0.96 | 0.81 | 0.91 | 0.88 |
| 日本 | 0.73 | 0.98 | 1.16 | 1.04 | 0.70 |
| 韓国 | 0.62 | 0.98 | 0.92 | 0.96 | 0.63 |
| トルコ | 0.37 | 0.78 | 0.28 | 0.55 | 0.68 |
| メキシコ | 0.35 | 0.84 | 0.33 | 0.61 | 0.56 |
| ブラジル | 0.20 | 0.78 | 0.19 | 0.48 | 0.42 |
| インド | 0.10 | 0.66 | 0.09 | 0.34 | 0.31 |
| ケニヤ | 0.03 | 0.73 | 0.02 | 0.23 | 0.14 |

（出所）Weil（2013）表 7.2 をもとに作成。

中では高い部類に属するが、アメリカや他の先進諸国に比べると見劣りする。しかし $h$ と $k$ の欄を見ると分かるように、これは日本の教育水準や物的資本の蓄積度が低いからではない。日本の $f(h, k)$ の値は他の先進諸国と比べて遜色がなく、もっぱら $A$ の値が低いことが $y$ を低下させている。$A$ は間接的に算出した値であるため、誤差が含まれている可能性があるが、日本の全要素生産性が必ずしも高くないことは多くの研究によって確認されている（福田・照山 2011）。

　それでは、日本の全要素生産性が必ずしも満足できる値になっていないのはなぜだろうか。一つの可能性として考えられるのは、豊富に存在する人的資本や物的資本が十分に活用されていないことである。たとえば図表 4 の例において、製粉会社の従業員が余っているのにパン屋で人員が不足している場合、最後の工程がボトルネックとなり、パンの生産量は少なくなってしまうだろう。先の企業に関する仮定によると、個々の企業はその都度必要な人数の労働者を雇い入れるはずだから、過剰雇用や過少雇用が発生する理由はない。それにも関わらず現実にそうした現象が広範に認められるとすると、日本の企業が先の仮定とは異なる方法で運営されているか、人員の適材適所

14 第Ⅰ部 基礎編

を阻む要因が労働市場に潜んでいることになる。

## 6 投資と消費の関係

　前節の分析によると、全要素生産性を一定とすると、人的資本や物的資本が豊富な国ほど一人当たりの生産量（付加価値）は多くなる。人的資本や物的資本は教育や設備への投資を通じて増やすことが可能だが、それではひたすら投資に励めばよいかというと、必ずしもそうではない。なぜなら、一国の生産活動の究極的な目的はその国の国民が豊かな生活を送ることにあり、過剰な投資がその障害になる可能性があるからである。本章の最後にこの点について説明しておこう。

　図表6は、図表4とは異なる生産活動の例を示したものである。ここでは製鉄会社が鉄鋼を生産して自動車会社に販売し、自動車会社が自動車を生産している。現実の製鉄会社は鉄鉱石や石炭を他社から調達することが多いが、ここでは製鉄会社の販売額500万円すべてがこの会社の付加価値だと仮定する。自動車会社の付加価値は販売額の1,000万円から鉄鋼の費用500万円を引いた500万円だから、GDPは500 ＋ 500 ＝ 1,000万円である。

　図表4のパンと図表6の自動車はどちらも最終財だが、これらの商品の性質はかなり異なっている。パンは最終的には私たち個人が購入し、食べてしまえばそれでおしまいである。このような財を**消費財**と呼び、それを購入する行為を**消費**と呼ぶ。一方、自動車は個人も購入するが、企業が事業用に購入することも多い。たとえば運送会社にとってトラックなどの自動車は不可欠の資本である。また、自動車は一日使用したからといって消滅してしまうわけではなく、適切な修繕を行えば十年以上に渡って利用することが可能である。このように企業が将来の生産活動に備えて購入する財が物的資本ないし**投資財**であり、それを購入したり建設したりする行為を**投資**と呼ぶ。自動車の場合、国民所得統計では個人が購入するものを消費、企業や政府が購入するものを投資と見なしている。

　図表6では、最終的に生産された自動車1,000万円のうち、600万円分が消費者に販売され、400万円分が投資財として製鉄会社や自動車会社に販売

図表6　資本財と消費財

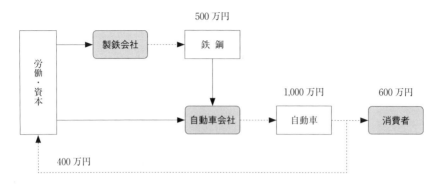

されている。仮に一台の価格が1万円だとすると、600台が消費、400台が投資ということになる[6]。消費も投資もその年のGDPの一部になる点では同じだが、翌年以降のGDPへの影響は異なっている。消費財の場合、購入後すぐに消滅してしまう（と見なされている）ため、翌年以降のGDPに直接影響を与えることはない。一方、投資はその国の資本を増加させるため、生産力が増強され、翌年以降のGDPを高める可能性がある。このように投資が時間差を伴って一国の需要と供給の両方に影響を与えることは**投資の二面性**と呼ばれている。

　上記の例において、今年一年間に製鉄会社と自動車会社が400台の自動車を購入したのは、これらの企業がもともと所有していた業務用自動車のうち400台が摩耗して使えなくなったからだとしよう。その場合、この年に製鉄会社と自動車会社が1,000万円の付加価値を生み出したと言っても、その過程で400万円分の資本が失われたため、実質的に生み出した新しい価値は1,000 − 400 = 600万円である。実際、企業は毎年の会計報告において自社の資本がどれだけ目減りしたかを**減価償却費**として明示し、その額を将来の

---

6)　自動車会社が自動車を購入するのはおかしいと思うかも知れないが、自動車会社も資材運搬用のトラックや役員の移動用の乗用車が必要である。これらは他の自動車会社から購入しているかも知れないし、自社内で調達しているかも知れない。

16　第Ⅰ部　基礎編

買い替えに備えて留保していることが多い。SNA では一国全体の減価償却費を**固定資本減耗**と呼び、GDP から固定資本減耗を引いた値を**国内純生産**（Net Domestic Product、NDP）と呼んでいる。今日の日本では固定資本減耗が GDP の 2 割強を占めている。

　次に上記とは別の可能性として、今年一年間に使えなくなった自動車が 200 台だけだったにも関わらず、製鉄会社と自動車会社が 400 台の自動車を購入したとしよう。このことは、これらの企業が来年以降の事業に備えて生産力を増強したことを意味している。企業は自社製品の需要に生産が追い付かずに販売機会を逃すことを嫌うため、将来の需要増加が見込まれる時には早めに資本増強を行っておこうとする。しかしこうした予想は当たることもあれば外れることもある。予想が外れた場合、せっかく増強した資本が無駄になってしまうだけでなく、それらの維持費用も増加してしまう。したがって、一国の国民が長期間に渡って豊かな生活を送るためには、消費と投資の適切なバランスを保つことが重要である。

　それではそうした消費と投資のバランスはどのようにして維持されるのだろうか。企業の設備投資には資金が必要である。投資資金の調達方法はいろいろとあるが、その一つは銀行から融資を受けることである。ある企業が融資を受けて設備投資を行ったにも関わらず、業績が伸び悩んだ場合、銀行はそれ以上の融資に応じなくなるだろう。株式会社の場合、新しい株式を発行して資金を調達することも可能だが、そうした資金を用いて過剰投資を行い、業績が悪化した場合、その企業の株価は下落するだろう。株価が低迷すると、新たに株式を発行してもなかなか資金が集まらなくなるため、自ずとそれ以上の投資を思いとどまらせる効果が働く。

　上記のようなメカニズムが適切に作用している限り、一国全体が極端な過剰投資や過少投資に陥ることはなさそうである。しかしそうしたしくみが常にうまく機能するとは限らない。たとえば、日本の銀行が業績の悪化した企業に対して融資を削減したり融資の条件を厳しくしたりしているかというと、必ずしもそうではないようである（星・カシャップ 2005）。また、ある企業が完全に破綻してから建物や機材を個別に処分するのは手間がかかるため、破綻にいたる前に他の企業に自社を丸ごと買収してもらい、新しい経営

第1章　一国の経済活動と国民経済計算　　17

者に資本や人材を有効活用してもらう方が効率的である。しかし次章で見るように、日本においてそうした企業の売買は必ずしも活発でない。

---

*Column* ①　経済成長率の近似計算

　一般に、ある変数が別の二つの変数の積として定義される場合、その変数の変化率は他の変数の変化率の和とほぼ等しくなる。すなわち、

$$Z = X \times Y \tag{14}$$

であるとき、

$$Zの変化率 = Xの変化率 + Yの変化率 \tag{15}$$

という関係が近似的に成立する。
　(14)式と(15)式は

$$X = Z \div Y \tag{16}$$

および

$$Xの変化率 = Zの変化率 - Yの変化率 \tag{17}$$

という式と同一なので、「ある変数が別の二つの変数の商として定義される場合、その変数の変化率は他の変数の変化率の差にほぼ等しい」という関係も成立する。本章第3節の「物価上昇率＝名目経済成長率－実質経済成長率」という関係はこの性質にもとづいている。
　(14)式と(15)式、(16)式と(17)式の対応関係は後の章でもしばしば利用するので、ここでこれらの関係が成立することを確かめておこう。これらの対応関係はどちらか一方が成立すれば他方も成立するので、以下では(14)式から(15)式を導出する。
　いま、ある企業がある財を販売しているとする。$t$ 年におけるこの商品の価格を $P_t$ 円、販売量を $Q_t$ 個、売上（販売額）を $V_t$ 円と書くことにすると、当然ながら

$$V_t = P_t \times Q_t \tag{18}$$

という関係が成立する。
　以下では、上記の各変数の前年からの変化を

**図表7　近似計算の図解**

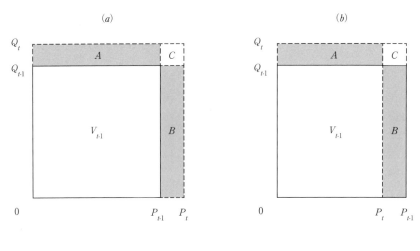

$$V_t - V_{t-1} = \Delta V_t \tag{19}$$

$$P_t - P_{t-1} = \Delta P_t \tag{20}$$

$$Q_t - Q_{t-1} = \Delta Q_t \tag{21}$$

のように $\Delta$（デルタ）をつけて表現することにしよう。この記号も後にしばしば登場する。(18)式の右辺を(20)式と(21)式をもとに書き換え、それを整理すると、

$$\begin{aligned}V_t &= (P_{t-1} + \Delta P_t) \times (Q_{t-1} + \Delta Q_t) \\ &= V_{t-1} + \underbrace{P_{t-1} \times \Delta Q_t}_{A} + \underbrace{\Delta P_t \times Q_{t-1}}_{B} + \underbrace{\Delta P_t \times \Delta Q_t}_{C}\end{aligned} \tag{22}$$

となる。

図表7は、(22)式の左辺の項と右辺二行目の四つの項の関係を図示したものである。パネル (a) は $t-1$ 年から $t$ 年にかけて価格と販売量の両方が増加したケースを表し、パネル (b) は価格が下落する一方で販売量が増加したケースを表している。いずれのパネルにおいても実線で囲まれた正方形の面積が前年の売上 $V_{t-1}$ 円を表している。

図表7から分かるように、$P_{t-1}$ や $Q_{t-1}$ に比べて $\Delta P_t$ や $\Delta Q_t$ が小さい場合、(22)式の $C$ は $A$ や $B$ に比べてかなり小さな値になる。その場合、(22)式の $C$ を無視し、

$$V_t - V_{t-1} = \Delta V_t = P_{t-1} \times \Delta Q_t + \Delta P_t \times Q_{t-1} \tag{23}$$

という関係がほぼ成立すると考えて差し支えない。この式の両辺を $V_{t-1}$ で割ると

$$\frac{\Delta V_t}{V_{t-1}} = \frac{P_{t-1} \times \Delta Q_t}{V_{t-1}} + \frac{\Delta P_t \times Q_{t-1}}{V_{t-1}} = \frac{\Delta Q_t}{Q_{t-1}} + \frac{\Delta P_t}{P_{t-1}} \tag{24}$$

となる。上記の $\Delta V_t \,/\, V_{t-1}$、$\Delta Q_t \,/\, Q_{t-1}$、$\Delta P_t \,/\, P_{t-1}$ はそれぞれ $V_t$、$Q_t$、$P_t$ の変化率なので、(14)式が成立すると(15)式も成立することが確かめられたことになる。

なお、上記の関係の延長として、

$$W = X \times Y \times Z \times \dots \tag{25}$$

であるとき、

$$W \text{の変化率} = X \text{の変化率} + Y \text{の変化率} + Z \text{の変化率} + \dots \tag{26}$$

という関係も成立する。ただし(15)式や(26)式はあくまでも近似的に成立する関係である。(25)式のように右辺に三つ以上の変数が含まれる場合や、各変数の変化が激しい場合、正確な変化率と(26)式のような近似式によって求めた変化率の乖離は大きくなる。

20

## 第2章　国民経済の循環と産業構造

### 1　はじめに

　前章で解説したように、経済学における企業とは、労働や資本などの生産
要素を外部から借り入れ、それらを用いて生産活動を行う主体である。この
考えによると、経営者や従業員は企業そのものではなく、その時々の必要に
応じて雇い入れられる外部者だということになる。しかし日本においてこう
した企業観は違和感を持って受け止められることが多い。

　本章では、経済学において企業がなぜ上記のような存在だと考えられてい
るのかを解説し、それが今日の日本において現実的でないように思われる理
由を考察する。そうすることにより、日本の経済社会の特徴が浮かび上がり、
経済学を用いて日本経済を分析することの意義と難しさが明らかになると思
われるからである。

### 2　国民経済の循環図と生産要素の報酬

　多くの読者は高等学校の「現代社会」や「政治経済」の教科書において、
図表1のような**国民経済**（一国の経済）**の循環図**を見たことがあるだろう。
この図では、企業が家計に商品やサービスを販売し、その代金を受け取って
いる。また、家計は企業に労働や土地、資本を貸し出し、賃金や地代などの
形でそれらの貸借料を受け取っている。高等学校の教科書では「一国の経済
はこうして金銭を媒介として循環している」という程度の説明しかなされて
いないが、それではこの図の理解として十分でない。以下で解説するように、
実はこの循環図は先の企業に関する仮説と表裏一体の関係にある。

　企業を財の生産を目的とした主体と考える場合、それを販売する相手が必
要となる。そこで考え出されたのが上記の**家計**である。家計が自ら生産活動
を営まず、必要なものや欲しいものをすべて企業から購入しているとすると、
家計はもっぱら消費を目的とした経済主体ということになる。

図表1　国民経済の循環図

　家計が財を購入するためには、その代金をどこかから獲得してくる必要がある。また、企業が財の販売代金を貯め込むだけだと、水が高いところから低いところへ流れるようなもので、流れ終わった時点で動きが止まってしまう。図表1における経済主体は家計と企業の二つだけだから[1]、経済が循環するためには企業から家計へとお金が流れるルートが必要となる。家計が労働や土地、資本などの生産要素を所有し、それを企業に貸与して料金を得ていると考えると、この問題が解決し、論理的な整合性がとれる。第1章で示した「企業にとって生産要素は借り物」という仮定はその意味で不可欠なものである。

　ただし図表1の経済がうまく循環しつづけるためには、単に企業から家計にお金が流れるだけではなく、家計が受け取る金額と企業が受け取る金額が（少なくとも長期的には）一致する必要がある。第1章では、企業が生み出す付加価値の和としてGDPを捉える考え方を生産側からのアプローチと呼び、企業が販売した最終財の合計額と捉える考え方を需要側からのアプローチと呼んだ。図表1では、企業が家計から受け取る金額が需要側からのアプローチによるGDPに対応する。その値が家計が企業から受け取る金額と等しい

---

1）　本によってはこの循環図の中に「政府」や「海外（外国）」などの主体も登場させていることがある。政府は企業や家計の経済活動の補完役であり、以下の説明では重要でないので省略する。自国と外国の間で経済取引が行われるケースは第4章において解説する。

22 第Ⅰ部 基礎編

とすると、生産活動に用いられるさまざまな生産要素の報酬（使用料）の和
も GDP と一致するはずである。

　上記のことは GDP の計測方法として、先の二つのアプローチに加え、第
三の方法があることを示唆している。すなわち、さまざまな生産要素の所有
者を訪ね、それらの貸与料をどれだけ受け取ったかを訊ねるのである。この
ように生産要素の報酬を集計して GDP を求める方法は**分配側からのアプ
ローチ**と呼ばれている。また、そうして生産（供給）、支出（需要）、分配の
三側面から捉えた GDP が一致することは**三面等価**と呼ばれている。

　分配側からのアプローチによる GDP の計算方法は以下の通りである。労
働に対する報酬は賃金統計によって把握することができ、SNA では**雇用者
報酬**と呼ばれている。土地や資本は法的には企業に帰属していることが多い
が、その企業の株式を家計が保有していれば、それらの究極的な所有者は家
計である。家計が企業に資金を貸与し、企業がその資金を用いて土地や設備、
技術への投資を行う場合、企業の収益がこれらの生産要素に対する報酬だと
考えることができる。SNA ではこうした収益が**営業余剰**と呼ばれ、それに
雇用者報酬と第1章で解説した固定資本減耗を加えた値が GDP となる[2]。

　第1章において、SNA の中に産業連関表と呼ばれる統計があることを説
明した。産業連関表はさまざまな目的で利用されているが、それを見ると三
面等価が成立する理由を理解しやすくなる。この点については章末の
*Column* ②において説明する。

　さて、図表1では、家計と企業が市場を介して財の売買と生産要素の貸借
を行うことになっている。商品やサービスなどの財に関しては、現実に売り
手と買い手が出会って取引が行われることが多いから、抽象的な「財市場」
の存在を想定することに大きな問題はないだろう。また、生産要素のうち、
労働に関してはやはり抽象的な「労働市場」を観念し、そこで借り手の企業
と貸し手の家計（ないしその構成員）が出会って雇用契約が結ばれると考え
ることができる。ただし日本では雇用を単なる労務契約とみなす考えに抵抗

---

2)　自営業では賃金と事業利益の区別が曖昧なため、これらをまとめて**混合所得**と呼んで
　　いる。

第2章　国民経済の循環と産業構造　　23

を示す人が多いので、後にもう少し考察を加えることにする。最後に資本に
関しては、家計から企業に資金が流れるルートである「金融市場」によって
それらの貸借市場が代用されていると考えればよい。

## 3　企業と株式会社

　ここまでで「企業にとって生産要素は借り物」という仮説に一応の説明が
ついたことになる。しかしそもそも一国の経済の営みをなぜ図表1のような
家計と企業の取引の循環と考えなければならないのだろうか。また、これら
の家計と企業とは、具体的に誰のことを意味しているのだろうか。
　今日の日本には1億数千万人の国民（居住者）が存在する。これらの国民
のうち、成人の多くは会社などの組織の一員として何らかの生産活動に携わ
る一方、世帯の構成員としてさまざまな消費行為も行っている。一般に、私
たち個人はこうした生産者としての側面と消費者としての側面を併せ持つ存
在である。一国の経済活動をこうした無数の個人の経済行為の集合として分
析することも不可能ではないが、それではあまりに煩雑になり、有益な成果
を得ることが難しい。そこで経済学者の間でさまざまな試行錯誤が行われた
後、一国全体の経済を分析する場合、個人の持つ消費者としての機能と生産
者としての機能を便宜的に切り離し、前者を家計、後者を企業という抽象的
な経済主体によって代表させるという手法が定着した。企業が会社企業以外
に自営業者やフリーランスで働く個人も含むのと同様に、家計も必ずしも家
族を意味するわけではなく、単身世帯から大家族まで包含する概念である。
　ただし上記のような二分法が現実の一国の経済活動の描写として常に妥当
するとは限らない。伝統的な農村社会のように家族が共同で生産活動を営み、
生産物の大半を自家消費している場合、生産に関する判断と消費に関する判
断が不可分であるだけでなく、個人と集団の境界も曖昧であり、上記のよう
な仮定を置くことには無理がある。しかし今日のほとんどの国々では、多く
の企業が法人格を得て経済活動を営んでいる。**法人**とは、法律によって組織
や団体に個人（**自然人**）と同様の権利や義務の主体としての資格を与えたも
のである。これらの法人の一形態である**会社**に関しては、最初から継続的な

営利行為を行うことを目的として設立され、社会の中で疑似的な人格を認められて行動しているという点で、少なくとも表面的には図表 1 の企業の姿と整合的である。

　ここで「少なくとも表面的には」と述べたのは、一般に会社と呼ばれるものの中にも、実態としては経済学で観念されている企業の姿から程遠いものが含まれているからである。このことを理解するために、図表 2 を見てみよう。この図には、今日の日本において設立可能な会社企業の 3 つの例が示されている。

　(*a*) の**合名会社**は、資金を拠出して会社を設立したすべての人々が事業経営に参加することを想定した組織である。この種の組織では、会社の名義で経済行為を行うことは可能だが、設立人全員が個人として外部に対して**無限責任**を負っている。したがって、たとえば会社が債務を負ったまま破たんした場合、出資者一人ひとりがその全額を弁済する義務を負う。社会における会社の責任とその構成員の責任が区別されていないという点で、この種の会社には個人から独立した存在と見なしがたい部分が残されている。

　(*b*) の**合資会社**の場合、出資者のうち一人ないし一部の者だけが経営者となる。この種の会社では、経営者となる者が会社名義の債務に関して無限責任を負う一方、他の出資者は経営参加権を放棄する代わりに自らの出資額を超える責任を問われないことになっている（**有限責任**）。ただし会社の利益は出資者の出資額（**持分**）に応じて分配されるため、事業が成功した場合、すべての出資者がその成果を享受することができる。

　ただし合資会社において経営に参加しない出資者が経営者の方針に賛成できなくなったとしても、会社との関係を断ち切ることは簡単でない。出資金を回収するためには自分の持分を誰かに引き受けてもらう必要があるが、合資会社においてそのような事態は必ずしも予見されておらず、第三者に持分を販売するための市場も存在しない。したがってこの種の会社においても出資者と経営者は相当程度固定的な存在にとどまらざるを得ない。

　上記の問題を解決するために考案されたのが（*c*）の**株式会社**である。株式会社の場合、持分が多数の株式として**証券化**され、他の出資者の同意なしにいつでもそれを売買することができる。また、すべての出資者が有限責任

図表2　会社の形態の例

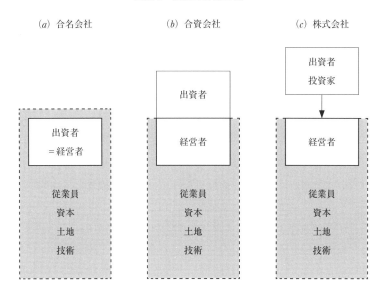

者とされ、仮にその会社が多額の負債を負ったまま倒産しても、自らの株券が無価値になるだけで、それ以上の責任を問われることはない。こうしたしくみがあることにより、株式会社では不特定多数の投資家から多額の資金を集め、リスクの大きい大事業を実施することが可能になった。

ところで、合資会社においては一部の出資者が無限責任を負うため、彼らに経営の権限を与えることが自然だった。しかし株式会社の出資者（株主）の中に無限責任者は存在しないから、すべての株主が株式の保有比率に応じた経営権を持つことになる。しかしそれらの株主が有限責任者である以上、合資会社の有限出資者のケースと同様に、自ら経営に頭を悩ませるのではなく、意欲と能力のある第三者にそれを任せた方がよいという判断が働く。そこで株式会社では定期的に**株主総会**を開催して経営に専念する人々（経営者、具体的には**取締役**）を選出し、経営を委任するしくみになっている。この経営者は株主であってもなくてもよい。

株式会社の株主はいつでも株式を売却してその会社との関係を解消することができる。また、経営者も株主によって解任されることもあれば、自らの

26 第Ⅰ部 基礎編

意思で任期中に辞任することもできる。株式会社の場合、出資者と経営者、従業員がすべて入れ替わってしまったとしても、その会社の社会的な立場は変化しない。この種の会社の場合、図表1（や第1章の図表4や6）のように労働や資本を必要に応じて外部から調達する生産要素と見なすことには一定の合理性がある。

## 4 日本の会社経営の実態

しかしこれで一件落着かと言うと必ずしもそうではない。現代の経済において株式会社は確かに大きな存在感を持っているが、株式会社以外の会社や会社形態をとらない企業も多数存在するからである。また、以下で解説するように、株式会社の中にも上記の理念的な姿から程遠いものが含まれている。

前著の附録1において説明したように、日本の場合、2009年時点で約447万の企業が存在していたが（農林漁業をのぞく）、そのうち会社形態をとるものは約40％にすぎず、残りの大半は個人企業（自営業者）だった。また、会社企業の大半は株式会社だが、そのうち常用雇用者数が4人以下の会社が59.2％、同9人以下の会社が76.3％を占めていた。こうした零細企業の中には法的に株式会社であっても実態としては個人企業に近いものが多く、出資者や経営者、従業員を流動的な存在と見なす考え方とは必ずしも整合しない。諸外国にも零細企業は多いが、日本では個人事業者が節税目的で「法人成り」する例が多く、自営業的な会社が多いことが知られている。

また、日本の場合、大規模な株式会社の中にも図表2（c）の理念的な株式会社とは相当異質な経営が行われているものが多い。図表3は、二つのタイプの株式会社の経営体制を比較したものである。ここでは便宜的に左のタイプを「欧米型」、右のタイプを「日本型」と呼んでいるが、前者が株式会社の本来の趣旨に近い経営体制であり、後者が特殊なタイプである。

左のタイプの株式会社の場合、経営の主たる目標は収益（株主利益）の最大化に置かれている。会社が営利を目的として設立された機関である以上、これは当然である。先述したように、この種の株式会社では会社の所有者である株主が株主総会を開いて経営者（取締役会のメンバー）を選出し、取締

図表3　欧米と日本の株式会社の経営体制

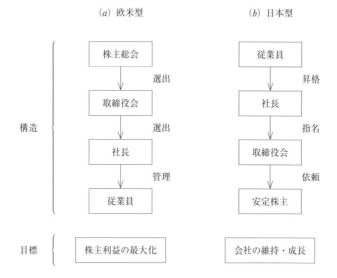

(出所) 三戸 (1991) などをもとに著者作成。

役会が会社を代表する社長（ないし社長相当職に就く人）を選出する[3]。社長は他の重役とともに事業の陣頭指揮を執り、従業員を雇用して管理する[4]。

　一方、日本の典型的な株式会社では、会社の法的な所有者である株主が部外者と考えられる傾向があり、むしろ経営者と従業員が会社の主役である。株主が外部から経営者を連れてくることは少なく、学卒時に入社した従業員が長年の勤務の中で選別され、出世競争に生き残った者が社長になることが多い。社長は退任時に次期の社長を指名し、指名を受けた社長が取締役会の構成員を選任するというのが通常のパターンである[5]。

---

[3] 現実には取締役会が次期の取締役会のメンバー候補のリストアップに携わることが多いが、最終的な判断を行うのは株主である。
[4] よくある誤解だが、「経営の主たる目標が株主利益の最大化にある」ことは従業員をどのように扱ってもよいという意味ではない。従業員のやる気を引き出すことなしに企業が長期的に十分な収益を上げることは不可能である。
[5] 最近は大会社において外部からリクルートされた人物が社長職に就くケースも見られるようになったが、こうしたことはまだ例外的である。

28　第Ⅰ部　基礎編

　ただし日本の株式会社も株式会社である以上、形式的には株主総会において経営者を選出することを求められる。すべての株式が自由に取引されていると見知らぬ株主から思いがけない要求を突きつけられる可能性があるため、事前に株式の一部を信頼できる層に引き受けてもらい（**安定株主**）、内部で選出した経営陣がつつがなく承認される体制を整えておく必要がある[6]。従業員と従業員出身の経営者が運営する会社である以上、その主たる目的は必ずしも株主利益の最大化ではなく、会社の維持と繁栄、そしてそれを通じた従業員や経営者の生活の充実に置かれることになる。このような企業の経営理念や経営方法はしばしば**日本的経営**と呼ばれている。

　上述した日本企業の特徴は従業員の雇用方法や処遇にも反映されている。図表4は、欧米型（理念的な株式会社）と日本の大企業の雇用形態を比較したものである。現実には欧米諸国の間でも相当のバリエーションがあるが、ここでは日本との違いを明瞭にするために、あえてそれらをまとめて記述している。

　理念的な株式会社の場合、従業員は企業の部外者である。彼らは労働市場において雇用主と出会い、雇用契約を交わして労働（と自らの人的資本）を提供する。雇用が契約（取引）である以上、労働の内容や条件は具体的である必要がある。そこで個々の部署が必要な人材をその都度条件を定めて雇い入れ、当該事業が終了すれば雇用関係も解消される。また、そうした契約には正当な報酬が支払われなくてはならない。ここで言う「正当な報酬」とは「その労働者を雇い入れることによる企業の付加価値の増分」を意味し、具体的には、第1章の(10)式において $L$ を1単位増やした時の $Y$ の増分だと考えることができる[7]。

　労働者は多数の雇用機会の中から最も条件の良いものを選択するため、企業間で人材獲得競争が行われ、同一の仕事であればどの企業においてもほぼ同じ賃金が支給されるようになる。ただし企業と個々の労働者とでは契約時

---

6)　企業間で株式を引き受け合って安定株主の役割を果たすことは**株式の持合い**と呼ばれている。

7)　その労働者が何らかの人的資本を保有している場合、(11)式における $H$ の増分に対応する $Y$ の増分が正当な報酬である。

図表4　欧米と日本の企業の雇用形態

|  | 欧米型 | 日本型 |
| --- | --- | --- |
| 基本原理 | 契約型 | 所属型 |
| 管理主体 | 部署ごとに分散 | 人事部による一元管理 |
| 入社・採用 | 個別・その都度 | 新卒一括採用 |
| 退社・解雇 | 個別・その都度 | 一括定年制 |
| 賃金 | 労働の対価 | 生活給・年功賃金 |
| 労働組合 | 企業横断的 | 企業別 |

（出所）濱口（2011）、池内（2011）などをもとに作成。

の交渉力が自ずと異なることから、似通った人的資本（技術や経験）を持つ労働者が企業横断的・職種別に組合を組織し、必要に応じて個々の労働者の交渉を支援することが必要となる。

　一方、典型的な日本企業の場合、雇用は労務契約というより企業組織のメンバーシップに近い性質を持っている（濱口 2011）。日本の大企業にはほぼ例外なく人事部が置かれ、新規採用と既存社員の配置転換を集中的に管理している。企業の正規メンバーである正社員の場合、原則として高等学校や大学の学卒時に一括採用され、その後、定年まで継続雇用される。

　この種の企業では従業員の給与が業務の内容と紐づけられておらず、むしろ生活給（生活の必要に応じて支給される給付金）に近い性質を持っている。もちろん各人の働きぶりや昇進の違いによって一生のうちに受け取る賃金にはそれなりの差が生じるが、優秀な従業員であっても若年時の給与は低く抑えられ、生活費が嵩む中年期には相対的に手厚い給与が支給される。

　こうして業務と報酬の関係が否定されている以上、同一業務に従事していても、勤務する企業や部署が違えば同じ処遇を受けられる保証はなく、むしろそうでないことが常態となる。他の企業で同一業務に従事する人が高い報酬を得ていても、中途退社してその企業に移る道が閉ざされている（か非常に難しい）ため、同種の人的資本を持つ労働者が企業横断的な組合を形成する誘因は生まれにくい。各企業の主役が従業員と従業員出身の経営者である以上、労働組合はむしろ企業別に組織されることが自然であり、労使が正面衝突を避けながら利益を分け合う場となる。

30　第Ⅰ部　基礎編

## 5　国民経済における個人と集団

　前節で解説した「日本的経営」や「日本的雇用」は相当に単純化した姿であり、最近はその衰退を指摘する声もある。しかしこうした日本特有の経営・雇用体制は今日でも一種の社会規範としての地位を維持しており、官公庁や教育機関など、企業以外の組織も同じような原理で運営されていることが多い。また、社会制度の多くもこのような社会規範を前提として設計されている[8]。

　しかしこうした経営・雇用体制を「当然かつ望ましいこと」だと考えると、これまでに解説したマクロ経済学の枠組みが有効でなくなってしまう可能性がある。たとえば労働者が個々の企業において固定的な存在である場合、第1章の(5)式と(6)式、(7)式に含まれる労働は実質的にそれぞれ固有の生産要素になる。その場合、これらの式を(8)式に集計し、一国全体の労働量と生産量を対応づけることには意味がなくなってしまう。

　前節において、経済学では個人の消費者としての機能と生産者としての機能をそれぞれ家計と企業という主体に代表させていると説明したが、この仮定はそもそも個人の存在を前提としている。しかし自らの意思と責任の下で行動するという意味での個人は当然にして存在するものではなく、社会の中で育まれるものである。個人が個人として生きるのではなく、集団の中に埋没して生きることが当然視されたり奨励されたりしている社会において、こうした個人は生まれにくい。

　先述したように、伝統的な農村社会においては、大半の人々が生まれついた家族や地域の中で一生を過ごし、これらの家族や地域が生産と消費を同時に

---

[8]　たとえば、現行の税制度は退職一括金（いわゆる退職金）に対する税控除を通じて実質的に長期雇用と長期勤務を奨励している。また、労働法制はいったん雇い入れた正社員の解雇を厳しく制限する一方、勤務地や労働時間などに関して雇用者が被用者に相当の無理を強いることを許容している（濱口 2011）。これは労働者の権利が個人に付与される社会権というより、経営者と従業員の共同体である個々の企業内部の私的な事柄だと考えられる傾向があるためである。

営む生活共同体の役割を果たしていた。しかし西欧において工業化が開始され、経済活動が大規模化・複雑化する中で、会社組織を形成して生産活動を営むことの優位性が高まった。それに伴い、個人が生まれついた家族や地域を離れ、自らの意志によって職場や職業、居住地を選択して生きてゆく道が少しずつ開かれていった。図表5に示されているように、個人とはそのように自分の生き方を選ぶ権利と責任を持った存在なのだという社会的合意が形成されて初めて個人を家計と企業に切り分けるという分析手法も意味を持つ。

しかし第5章において解説するように、日本では19世紀以降の工業化が欧米諸国へのキャッチアップを目指して国家主導で行われた。その結果、工業化の過程で伝統的な共同体や家制度の解体が十分に進まなかっただけでなく、むしろそれらが社会秩序の維持のために活用された面がある（三戸1991）。欧米諸国では経済発展の過程で資本と労働という二つの生産要素（の所有者）の対立が先鋭化し、激しい労働運動を経て、個人の労働者としての権利と義務、そしてそれらを確保するための政治参加の機会が確立した。一方、日本では労働運動が盛り上がるたびに**経営家族主義**が強調され、企業が経営者と従業員、そしてその家族を包含する一種の生活共同体なのだという意識が強められていった[9]。その結果、今日の日本の企業や官公庁等には、図表5の伝統的な生活共同体に近い要素が少なからず残っている。

読者の中には、日本社会の集団主義はすでに過去のものであり、企業や官公庁の組織原理も遠からず欧米諸国と似たものに収束してゆくと考える人がいるかも知れない。しかし各種のアンケート調査などを見ると、若年層の間でも経営家族主義や日本的雇用の維持を求める声は意外に根強い[10]。このこ

---

9) たとえば日本政府による児童手当（0～2歳児対象分）の財源は、世帯主が自営業者の場合には全額が公費、民間企業の被用者の場合には7/15が事業主による拠出金で残りが公費とされている。こうした制度は企業が従業員の家族を間接的に扶養するイエの機能を兼ねているという社会意識なしには正当化されないはずである。

10) たとえば労働政策研究・研修機構が定期的に実施している「勤労生活に関する調査」によると、若年層の間でも終身雇用や年功賃金に対する支持者は多く、しかも最近になるにつれて支持率が高まっている。日本が目指すべき社会のあり方に関しても、「意欲や能力に応じて自由に競争できる社会」を望む人の比率が減少する一方、「貧富の差がない平等社会」を求める人の比率が上昇している。

図表5　伝統的社会から市場社会への移行

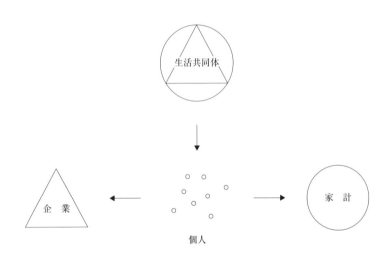

(出所) 三戸 (1991) などをもとに著者作成。

とは、今日の日本が表面的には資本主義と民主主義を標榜していても、それらの前提となる個人の自律が必ずしも確立していない可能性を示唆している。

やや先走りになるが、このことは政府の経済政策にも大きな影響を与えている。日本では「市場における競争を通じて良質な商品やサービスを提供する企業が生き残り、そうでない企業は淘汰されるべき」という考え方を「市場原理主義」として非難する人が少なくないが、こうした人々はしばしば企業と個人を不可分な存在だと考えている。企業と個人が一体である場合、自然人が生存権を持つのと同じく企業も生存権を持つことになり、企業の破たんや淘汰を防止することが政府の使命となる。一方、個人が社会の主役であり、企業は人間の生産活動を効率化するための機関にすぎないという立場をとる場合、政府の役割は企業の淘汰を防止することではなく、それらが公平な条件で競争できる環境を整備すること、そうした競争の中で失職した個人

第2章 国民経済の循環と産業構造　33

が迅速に別の職を探すことができるように流動性の高い労働市場を整備することになるだろう。本書の第Ⅳ部において議論するように、企業に生存権を認めて保護することは一見すると優しい政策だが、既得権益の擁護に繋がりやすく、結果的に非効率で不公平な政策に堕しやすい。

　上記の考察を踏まえると、今日の日本社会と標準的な経済学が想定する社会の間には少なからず距離があるように思われる。しかし逆にそうした枠組みをあえて日本に適用し、日本と外国の経済を比較することにより、日本社会の特徴や問題点を浮かび上がらせることも可能だろう。次章以下では貿易や国際投資を通じて複数国の経済が出会うメカニズムを検討してゆくが、その際、国による社会組織の違いがこれらの取引やそれに関する政策の違いとして表出する可能性に留意していてほしい。

---

*Column* ②　産業連関表と GDP の三面等価

　先に述べたように、GDP の三面等価が成立することは産業連関表によって確認することができる。図表6は、本書の執筆時点で最新（2005 年）の日本の産業連関表を簡略化して示したものである。

　この表の上半分は一年間の商品やサービスの流れを表し、行頭に示した産業が販売元、列頭に示した産業や部門が販売先である。たとえば一行目の農林水産業の生産物に関しては、他の産業が中間投入として 1,085 百億円分を購入し（農林水産業内部の取引も含む）、民間消費や投資、輸出などの最終需要を満たすために 455 百億円が購入されている。ただし企業や消費者の購入額の中には外国から購入したものが含まれているので、中間投入と最終需要の和から輸入額を引いた値が国内で生産された農林水産品に対する需要総額であり、これが右端の国内生産額 1,315 百億円と一致する。

　左上の中間投入のブロックは、企業間・産業間で売買される商品やサービスの金額を表している。たとえば上から一行目（農林水産業）、左から二列目（鉱工業）の升目は 780 百億円となっており、鉱工業部門が農林水産業から 780 百億円分の商品を調達したことが分かる。第 1 章の図表 1 では製粉会社が農家から小麦を調達していたが、この種の取引はこの升目に記載される。ただし上述のように、この 780 百億円の中には国内で生産された農林水産品だけでなく、外国から輸入した農林水

## 図表6　日本の産業連関表

（単位：100億円）

| | 農林水産業 | 鉱工業 | 建設 | 電力・ガス・水道 | 商業・不動産・運輸業 | その他 | 合計 | 民間消費 | 政府消費 | 投資 | 輸出 | 合計 | 需要合計 | 輸入(－) | 国内生産額 |
|---|---|---|---|---|---|---|---|---|---|---|---|---|---|---|---|
| | 中間投入 | | | | | | | 最終需要 | | | | | | | |
| 農林水産業 | 164 | 780 | 9 | 0 | 1 | 131 | 1,085 | 356 | 0 | 92 | 6 | 455 | 1,540 | -224 | 1,315 |
| 鉱工業 | 256 | 14,514 | 1,847 | 524 | 1,042 | 3,338 | 21,521 | 5,987 | 33 | 3,578 | 5,628 | 15,227 | 36,747 | -5,940 | 30,808 |
| 建設 | 7 | 120 | 14 | 128 | 421 | 222 | 912 | 0 | 0 | 5,412 | 0 | 5,412 | 6,324 | 0 | 6,324 |
| 電力・ガス・水道 | 11 | 561 | 40 | 168 | 323 | 724 | 1,828 | 803 | 63 | 0 | 4 | 871 | 2,699 | 0 | 2,698 |
| 商業・不動産・運輸業 | 118 | 2,677 | 763 | 152 | 1,910 | 2,140 | 7,759 | 12,188 | -3 | 1,384 | 1,431 | 15,000 | 22,760 | -437 | 22,322 |
| その他 | 64 | 2,852 | 731 | 406 | 3,262 | 6,195 | 13,509 | 10,433 | 9,010 | 1,121 | 307 | 20,872 | 34,380 | -647 | 33,734 |
| 合計 | 620 | 21,504 | 3,404 | 1,377 | 6,958 | 12,751 | 46,614 | 29,768 | 9,104 | 11,587 | 7,377 | 57,836 | 104,450 | -7,248 | 97,201 |
| 家計外消費支出 | 7 | 436 | 96 | 46 | 342 | 753 | 1,680 | | | | | | | | |
| 雇用者所得 | 137 | 4,709 | 2,231 | 471 | 5,894 | 12,440 | 25,882 | | | | | | | | |
| 営業余剰 | 376 | 1,426 | 62 | 233 | 5,042 | 2,820 | 9,958 | | | | | | | | |
| 資本減耗引当 | 133 | 1,385 | 341 | 435 | 3,153 | 4,219 | 9,664 | | | | | | | | |
| 間接税－補助金 | 43 | 1,349 | 189 | 136 | 934 | 752 | 3,402 | | | | | | | | |
| 合計 | 695 | 9,304 | 2,919 | 1,321 | 15,365 | 20,983 | 50,587 | | | | | | | | |
| 国内生産額 | 1,315 | 30,808 | 6,324 | 2,698 | 22,322 | 33,734 | 97,201 | | | | | | | | |
| 国内総生産（生産側） | 689 | 8,868 | 2,823 | 1,275 | 15,022 | 20,230 | 48,907 | | | | | | | | |

（注）国内総生産＝付加価値合計－家計外消費支出。民間消費は家計外消費支出と家計消費支出の和。投資は公共投資と在庫の純増分を含む。中間投入の「その他」は、金融保険、情報通信、公務、その他サービス、分類不明の和。

（出所）総務省統計局「平成17年（2005年）産業連関表」をもとに作成。

第2章 国民経済の循環と産業構造　35

産品も含まれている。鉱工業の中間投入額が多いのは、製造業において分業が進み、企業間で活発な取引が行われているためである。

　上段のブロックの一番下の「合計」の行を見ると、最終需要の合計値が 57,836 百億円となっている。前章の図表 1 や図表 6 のようにすべての取引が国内で完結している場合、最終需要の合計値は GDP と一致する。しかし第 4 章で解説するように、外国との取引がある場合、最終需要額から輸入総額を引いた値が需要側からのアプローチによる GDP であり、ここでは 57,836 − 7,248 = 50,587 百億円である（四捨五入による乖離あり）。

　次に図表 6 の左半分を縦に読むと、個々の産業が他の産業からどれだけの原材料や中間財を購入し、どれだけの商品やサービスを生産したかを知ることができる。たとえば左端の農林水産業の列の場合、生産総額が 1,315 百億円、中間投入の合計額が 620 百億円だから、付加価値は 695 億円である。他のすべての産業についても同様に付加価値を求め、それらを合計すると 50,587 百億円となる。これが概念的には生産側からのアプローチによる GDP を意味し、上記の需要側からのアプローチによる計算結果と一致する。

　第 2 節で述べたように、個々の企業や産業の付加価値はそれを生み出すために使用した生産要素の所有者に分配される。図表 6 ではその内訳が左下のブロックに示されている。たとえば左端の農林水産業の場合、家計外消費支出が 7 百億円、雇用者所得が 137 百億円、営業余剰が 376 百億円、資本減耗引当（固定資本減耗）が 133 百億円、間接税 − 補助金が 43 百億円となっている。これらの金額をすべての産業に関して足し上げたのが分配側からのアプローチによる GDP である。これも 50,587 百億円となり、他のアプローチにもとづく金額と一致する。

　ただし最下段の右端に示されているように、最終的に報告される GDP は上記の 50,587 百億円ではなく、それから家計外消費支出を差し引いた 48,907 百億円である。一国の経済における消費の主体は家計だが、SNA には家計外消費支出という項目が設けられている。この項目には、企業が支払う接待費や出張旅費、福利厚生費など、生産活動の経費と消費支出の両方の性質を持つ支出を記録することになっている。図表 6 の最終需要の中には「政府消費」という項目もあるが、第 4 章において解説するように、これは実質的には家計消費の一部である。「間接税 − 補助金」は政策によって販売価格と生産費用が乖離する分を調整したものである。

　図表 6 において 2005 年の日本の GDP が 48,907 百億円だったのに対し、農林水産業と鉱工業の（家計外消費支出をのぞく）付加価値がそれぞれ 689 百億円と 8,868 百億円だったことから、日本の GDP に占めるこれらの産業のシェア（貢献度）が

36　第Ⅰ部　基礎編

それぞれ約1%と18%だったことが分かる。一方、広義のサービス業である「電力・ガス・水道業」、「商業・不動産業・運輸業」、「その他」の付加価値の和は36,528百億円であり、GDP全体の約4分の3を占めている。日本の産業構造の変遷に関しては第5章において解説する。

# 第3章　通貨と決済システム

## 1　はじめに

　前章で解説したように、現代の国民経済は市場を通じた財と生産要素の循環によって支えられている。今日の市場経済において物々交換が行われることは少なく、財の取引の大半は個々の商品やサービスと**通貨**（**貨幣**）の交換の形をとる。生産要素の貸借や金融資産の売買も通貨を媒介として行われる。各種の経済取引に伴うこうした資金の受け払いは**決済**と呼ばれている。

　日常用語としての通貨は紙幣や硬貨の意味で使われることが多いが、経済学では通貨を決済の手段として捉えることが多い。以下で説明するように、現代社会における決済手段には現金以外に銀行預金が含まれ、**中央銀行**を中心とする銀行を通じた決済が国民経済の複雑な循環を可能にしている。また、国際間で財や生産要素を取引する場合、各国の決済システムが効率的に機能していることに加え、各国の通貨を交換（売買）する市場も必要となる。こうした通貨の市場は**外国為替市場**と呼ばれている。

　本章ではまず、決済手段としての銀行口座の機能について説明し、中央銀行が存在することによって一国の決済システムが格段に効率化することを示す。その後、一国の通貨の量をどのように測るかという問題を考え、国際間の決済がどのように行われるかを解説する。

## 2　銀行と決済システム

　決済手段としての銀行口座の意味を理解するために、まず、図表1の取引について考えてみよう。この図の上段では、大阪の $A$ 社が東京の $B$ 社に1億円の商品を販売し、東京の $D$ 社が大阪の $C$ 社に1億円の商品を販売している。商品はトラックなどに乗せて運べばよいが、大量の現金を東京と大阪の間で持ち運ぶのは危険である。それではどのような方法で代金の受け払いを行ったらよいだろうか。

38　第Ⅰ部　基礎編

図表1　「交わし」と銀行口座を通じた決済

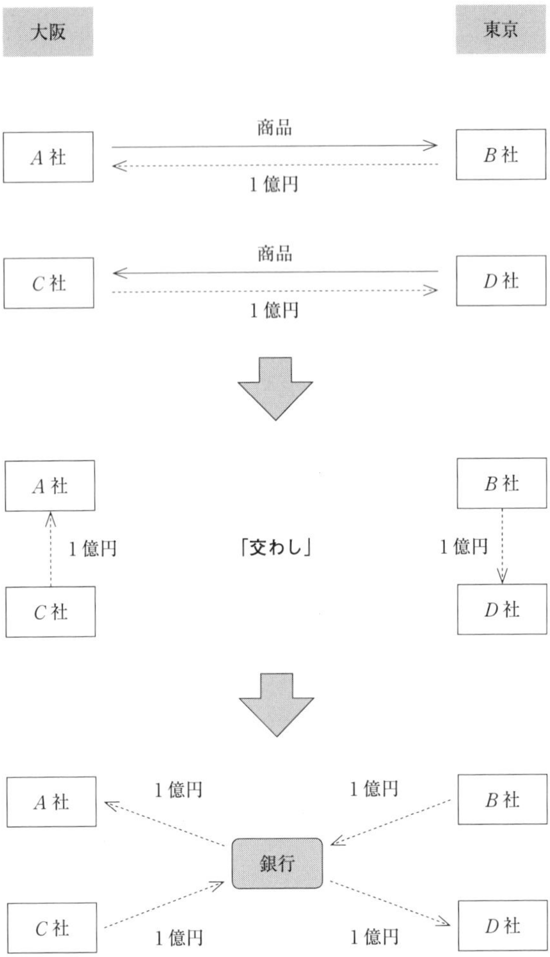

大阪　　　　　　　　　　　　　　　　東京

A社　　　　　商品　　　　　B社
　　　　　　　1億円

C社　　　　　商品　　　　　D社
　　　　　　　1億円

A社　　　　　　　　　　　　B社
　　1億円　　「交わし」　　1億円
C社　　　　　　　　　　　　D社

A社　　1億円　　　1億円　　B社
　　　　　　銀行
C社　　1億円　　　1億円　　D社

　読者は**為替**という言葉を耳にしたことがあるだろう。この言葉は「交わし」という言葉から派生したもので、ある債権・債務関係を別の債権・債務関係に振り替える（交わす）こと、あるいはそのような振替を可能ならしめる手段を意味している。一国内におけるそうした振替の手段を**内国為替**と呼ぶのに対し、複数の国々（通貨）の間の振替手段は**外国為替**と呼ばれている。

第3章　通貨と決済システム　39

　図表1の例では$B$社が$A$社に支払うべき金額と$C$社が$D$社に支払うべき金額が同一だから、原理的にはこれらを$A$－$C$社間の債権・債務関係と$B$－$D$社間の債権・債務関係に切り替えてもよさそうである。そうした切り替えが行われた場合、資金のやりとりは東京と大阪の中で完結し、両都市間で現金を運ぶ必要はなくなる。これが「交わし」である。

　しかし現実には$A$社と$B$社は$C$社と$D$社の取引のことを知らないだろうし、$C$社と$D$社も$A$社と$B$社の取引のことは知らないはずである。仮に知っていたとしても、自社の債権や債務の相手を見ず知らずの会社に切り替えることには抵抗を覚えるだろう。それではどうしたらよいだろうか。

　図表1の下段には、一つの可能性として、銀行が仲立ちして決済を行う方法が描かれている。ここでは$A$、$B$、$C$、$D$社がすべてある特定の銀行に預金口座を開設していると仮定している。$B$社はこの銀行に自社の口座から1億円を引き下ろして$A$社の口座に入金するよう依頼し、$C$社も自社の口座から1億円を引き下ろして$D$社の口座に入金するよう依頼する。この場合、銀行内部の帳簿の書き換えによって決済が完了するため、現金を移動させる必要がなく、中段の「交わし」よりさらに簡便である。

　上記の例は以下の二つのことを示唆している。第一に、現金以外に決済手段が存在しない場合、一国内であっても遠隔地間の取引を行うことは難しい。すなわち、一定の地理的広がりを持つ国が一つの経済圏になるためには、銀行を通じた決済のしくみが不可欠である。第二に、現金と銀行預金による決済の両方が可能な場合、後者の方が重要になる可能性が高い。近隣に住む個人や企業の間で資金をやりとりする場合であっても、現金を持ち運ぶより銀行に支払を依頼する方が簡単で安全だからである。

　ただし現実には、図表1のように一国のすべての個人や企業が単一の銀行に口座を開設して資金をやりとりするというしくみは機能しにくい。その理由は以下のとおりである。

　今日の社会において少し大きな企業になると、取引先の企業や顧客と毎日数千から万単位の決済を行っている。こうした企業は自社の銀行口座を慎重に管理しているが、事務ミスや見込み違いによって残高が不足してしまうことがないわけではない。そうした時に銀行が残高不足を理由に支払を拒否す

40　第Ⅰ部　基礎編

ると、その企業から資金を受け取る予定だった個人や企業の銀行口座も残高不足となり、連鎖的な**債務の不履行**が発生してしまう。そうした事態が頻繁に発生すると市場経済が正常に機能しなくなってしまうので、それを未然に回避する手段が必要である。

　そうした理由から、民間銀行は自行に口座を持つ企業が期せずして資金不足に陥った時に一時的に資金を融通するしくみを整えている。このようにある主体が別の主体に対して資金を貸し付けたり支払を猶予したりする行為、そしてそうした資金供与や支払猶予の枠（上限値）を設定する行為は**与信**と呼ばれている[1]。

　また、図表1の例において、B社やC社が仕入れた商品を転売したり別の商品に加工して販売することを意図している場合、自社の販売代金が入るまでA社やD社への支払いができないことが多い。しかし事業会社はみな日々の運転資金の確保に苦労しているので、A社やD社は商品の発送後ただちに代金を受け取りたいと考えるだろう。そのとき、銀行が代わりにA社やD社の口座に代金を振り込み、B社やC社の口座からの引き下ろしを何か月か猶予してやれば、双方の希望が満たされる。その間は銀行がB社とC社に資金を貸し付けているのと同じことになるため、これも一種の与信である。銀行がこうした与信機能を果たさないと取引が成立しなくなってしまう可能性があるため、この役割はきわめて重要である。

　しかし上記のような与信は大きなリスクを伴う行為だから、銀行は債務を抱えたまま雲隠れしたり破たんしたりする可能性が低い顧客を慎重に選択する必要がある。そこで、銀行が企業から口座開設の依頼を受けると、まずその企業の事業や財務状況を詳しく調べ、口座開設後もその企業の経営者と定期的に面談するなどして経営状況をモニターする。遠隔地の企業とこうした密接な関係を維持することは難しいため、個々の銀行が決済と与信のサービスを提供しうるのは自行の近隣に拠点を持つ企業に限られる。それでは企業

---

1)　ただし銀行がこうした与信サービスを提供する相手は法人に限られ、個人口座に関しては残高不足が発生した時点で支払いを停止することが多い。これは法人に比べて個人の信用が劣ることや、相対的に取引額が少ない個人の支払を拒否しても社会的影響が小さいためである。

はどのようにして遠隔地との決済を行ったらよいだろうか。

## 3　中央銀行の役割

　今日のほとんどの国々には民間銀行とは別に中央銀行と呼ばれる機関が存在し、それが一国の決済システムにおいて中心的な役割を果たしている。図表2はそうした決済のしくみを示している。

　この図ではA社がB社に1億円分の商品を販売している。A社とB社はそれぞれX銀行とY銀行に決済用の口座を保有し、X銀行とY銀行は中央銀行に決済用の口座を保有している。Y銀行がB社からA社への支払いを依頼されると、自行のB社口座から1億円を引き下ろし、X銀行に対してA社の口座に1億円を入金するよう依頼する。同時にY銀行は中央銀行に連絡し、自行の口座から1億円を引き下ろしてX銀行の口座に入金するよう依頼する。これらが完了した時点で決済が完了する。

　図表2の決済方法は図表1下段の方法に比べて明らかに優れている。図表2の場合、現金移動の必要がないだけでなく、異なる銀行に口座を持つ個人や企業の間でも自由自在に決済を行うことができる。個々の銀行は近隣の企業に口座を開設させ、それらの経営状況だけをモニターすればよい。自行の顧客間の決済は行内で完了し、他の銀行の手を煩わす必要がない。各銀行は他の銀行との決済が必要な分だけをまとめて中央銀行に依頼すればよいから、中央銀行が自らすべての個人や法人の決済を手掛けるより効率的である。

　ただし上記のしくみを採用する場合、中央銀行に口座を持つ民間銀行の破たんが生じないことが重要となる。一つの銀行が破たんすると、他の銀行がその銀行から受け取った資金を用いて支払いを行うことができなくなり、連鎖的な破たんが生じてしまう。したがって図表2の二段階方式の決済システムが機能するためには、民間銀行が個々の取引先企業に与信を行って経営状況をモニターすることに加え、中央銀行が民間銀行に与信を提供してそれらの経営状況をモニターすることが必要となる。銀行が破たんした時の社会的影響は事業会社の破たんとは比べものにならないほど大きいため、この点はきわめて重要である。

42　第Ⅰ部　基礎編

図表2　中央銀行を通じた決済

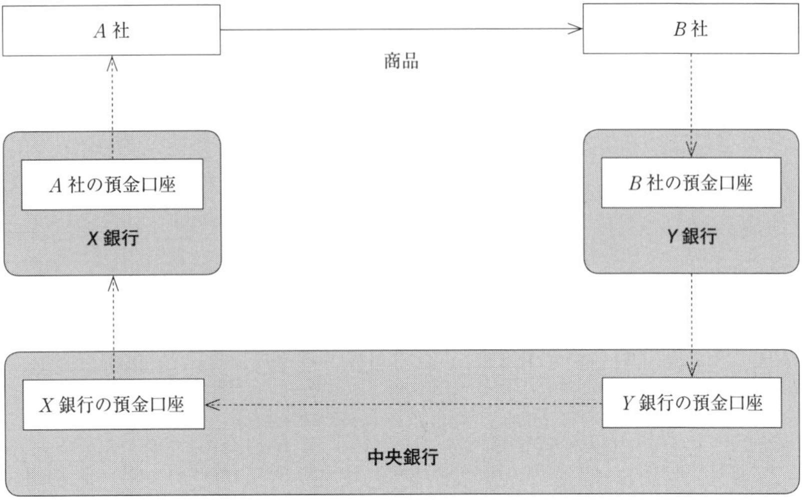

```
┌──────────────┐                          ┌──────────────┐
│     A 社     │ ────────────────────────>│     B 社     │
└──────────────┘          商品            └──────────────┘

┌──────────────────┐                    ┌──────────────────┐
│   A 社の預金口座  │                    │   B 社の預金口座  │
│      X 銀行       │                    │      Y 銀行       │
└──────────────────┘                    └──────────────────┘

┌──────────────────────────────────────────────────────────┐
│  X 銀行の預金口座  <──────────────  Y 銀行の預金口座       │
│                      中央銀行                              │
└──────────────────────────────────────────────────────────┘
```

(注) 破線は資金の流れを示している。

　図表2の決済システムにはもう一つ大きな利点がある。それは誰が通貨を発行するべきかという問題に対する解答が得られることである。図表1では銀行預金が通貨の役割を果たしうることが分かったが、それがどこから供給されるのかは示されていなかった。図表2の決済システムでは中央銀行がその中核を担うため、中央銀行自身が通貨の発行主体となることが自然である。

　多くの国々では、おおむね以下のような方法で通貨が提供されている。まず、政府が中央銀行を設立するか特定の銀行を中央銀行として指定し、その国の唯一の**発券銀行**（現金の発行を許可された銀行）とする。そして中央銀行が発行する紙幣や硬貨を**法定通貨**（決済手段としての強制力を持つ現金）として指定する[2]。遠隔地間や大口の取引に関しては銀行口座を通じた決済が不

---

2)　日本の場合、法的には日本銀行が紙幣を発行し、財務省が硬貨を発行しているが、いずれも日銀の窓口を通して社会に送り出されている。

第3章　通貨と決済システム　43

可欠だが、日々の買い物や少額取引には現金の方が便利である。したがって個人や法人は単一ないし複数の銀行に口座を開設し、そこから現金を出し入れすることによって**現金通貨**と**預金通貨**の保有量を管理することになる。

　民間銀行は自ら現金を発行することができないので、顧客が現金を引き下ろしに来ると、自行が中央銀行に開設している預金口座から現金を引き下ろし、それを顧客に支払う。また、顧客から現金が預け入れられると、当座の業務に必要な量を残し、残りを自行の中央銀行口座に預け入れる。中央銀行が民間銀行に口座を開設させて自由に入出金を行わせている限り、市中（社会）に滞留する現金が過剰になったり不足したりする事態は発生しにくくなる。

　それでは政府はなぜ自ら現金を発行せずに、中央銀行にその権限を委譲しているのだろうか。政府自身が発券母体になれば、中央銀行を設立しなくても図表2のような決済を行うことは不可能ではなさそうである。

　ここで注意したいのは、現代の社会において流通する現金の多くがそれ自体に何ら価値のない**不換紙幣**であることである。日本においても諸外国においてもかつては金銀などの貴金属から鋳造された硬貨や、これらの鋳造硬貨との交換を保証された**兌換紙幣**が現金の中心を占めていた。これらの通貨には本源的な価値があるために国民の信頼を得やすいが、原料となる貴金属の総量によって発行量が制限され、金銀の採掘状況によって物価が不安定になるなどの欠点があった。そのため、経済の発展に伴い、多くの国々の現金は貴金属や兌換紙幣から不換紙幣へと移行していった。

　しかし単なる紙切れにすぎない不換紙幣を法定通貨として通用させるためには、その発行量を適切に管理することが不可欠である。ところが政府は多様な行政サービスを手がける主体であり、自ら巨額の資金を必要としている。これらの資金は国民から税を徴収して賄うことが原則だが、国民は徴税を好まないことが多い。政府が通貨を発行できる場合、国民を説得して税を集めるのではなく、紙幣や硬貨を発行して費用を賄う道を選択するだろう。そうして紙幣や硬貨が乱発されて通貨の希少性が失われると、誰もそれを受け取ろうとしなくなり、一国全体があっという間に原始的な物々交換社会に回帰してしまう。過去にこうした事態がくり返し生じたことが教訓となり、今日

44　第Ⅰ部　基礎編

のほとんどの国では政府の行政機構と別に中央銀行制度が設けられ、政府が中央銀行に資金を融通させることを法的に禁じている国も少なくない[3]。

　これまでの説明から分かるように、一国の中央銀行の最も重要な任務は、その国の通貨の量を適切に管理すること、それによって国民の通貨に対する信頼を維持することである。過剰な通貨が市中に滞留してその価値が失われることは物価が上昇することを意味するため、この任務を一国の物価を適切に管理することと表現してもよい。中央銀行のもう一つの重要な任務は、上述のように、国民に円滑な決済のシステムを提供することである。そのためには中央銀行が民間銀行の行動を絶えず監視し、必要に応じて適切な指導を行うことが必要である。マスメディアでは中央銀行の主たる任務が景気の管理であるかのように語られることが少なくないが、そうした機能は副次的なものにすぎず、あくまでも通貨の価値や決済システムの安定性を損なわない範囲で追求すべきである。

## 4　バランスシートと通貨量

　次に上記の点と関連して、一国の通貨の量をどのように測るべきかという問題を考えておこう。通貨＝決済手段であること、決済が民間銀行と中央銀行の二段階で行われることを前提とした場合、以下の二つの方法が考えられる。一つは通貨の最終的な利用者である個人や事業会社の立場に立ち、これらの経済主体が保有する決済手段の総額を通貨量と考えることである。もう一つは、通貨の究極的な供給主体である中央銀行の立場に立ち、中央銀行が提供する決済手段の総額を通貨量とすることである。

　上記の二つの定義の意味を理解するために、図表3を見てみよう（46頁）。

---

3)　しかしそうした法律を作るのは政府であり、資金調達に行き詰まった政府が中央銀行にさまざまな形で圧力を加えることは可能である。第20章において議論するように、そうした圧力を制御するためには国民の間に**中央銀行の独立性**の意義に関する理解が浸透している必要があるが、今日の日本においてそうした理解が十分だと言えるかどうかは疑問である。

この図では、一国の主要な経済主体を、(a) 民間非銀行部門、(b) 民間銀行部門、(c) 中央銀行の三つに分類し[4]、各部門の**バランスシート**（**貸借対照表**）を模式的に描いている。バランスシートの概念は企業の財務分析において不可欠なものだが、公的機関や家計など、他の主体の経済活動や財務状況を分析する際にも有用である。紙幅の制約により詳細な説明は省略するが、バランスシートは**複式簿記の原則**にしたがって作成され、資産（債権）と負債（債務）の総額が常に一致するようにつくられている[5]。以下では慣行にしたがい、資産を左側、負債を右側に示すことにする。

まず、(a) の民間非銀行部門のバランスシートを見てみよう。民間非銀行部門には銀行以外の金融機関や個人も含まれるが、ここでは差し当たり一般の事業会社を思い浮かべてもらいたい。新しい会社を設立する場合、会社名義の銀行預金口座を開設し、出資者に資本金を払い込んでもらう。したがって (a) の上段に示されているように、設立当初の会社の貸借対照表は左側が銀行預金、右側が資本金というシンプルな構造になる[6]。

とはいえ、いつまでも上記の状態に留まっていては会社を設立した意味がないから、準備が整いしだい事業を開始することになる。事業には資金が必要だが、いざという時の虎の子である資本金に手を付けることは好ましくないので、銀行などから借り入れを行う必要がある。(a) の中段は銀行から融資を受けた時点のバランスシートを表している。銀行が顧客に融資を行う場合、自行に口座を開設させ、その口座に資金を振り込む。そのため、ここでは右側に借入金が計上され、左側の銀行預金がその分だけ増加している。

その後、この会社は銀行預金の一部を引き出し、機材を揃えたり商品を仕入れたりするだろう。これらの機材や商品の中には第1章で解説した中間財や最終財に当たるものと資本に相当するものが含まれるが、いずれも会社の

---

4) 第2章では政府以外の経済主体を家計と企業に分類したが、ここではいったん家計と企業を糾合した上でそこから民間銀行と中央銀行だけを取り出し、残りをまとめて民間非銀行部門と呼んでいると考えてもらいたい。

5) 複式簿記の原理とその経済的意味に関しては三土（2007）の第9〜10章などを参照。

6) 資本金は借入金のように返済日が指定された債務ではないが、会社の解散時に出資者に返還されるべき資金という意味で負債の一種である。

46 第Ⅰ部 基礎編

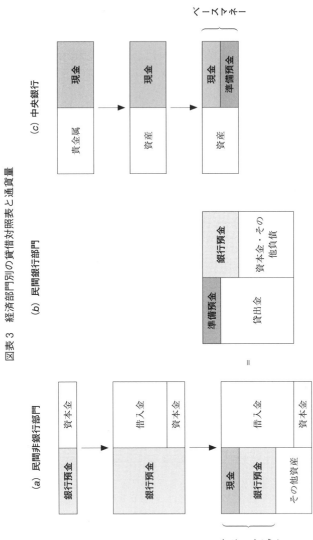

図表3 経済部門別の貸借対照表と通貨量

資産であることに変わりない。この会社が日々の細々とした支払のために現金を用意しておきたいと考えるなら、その分も預金口座から引き下ろす必要がある。そうして出来上がったのが下段のバランスシートである。ここでは現金と銀行預金以外の資産をまとめて「その他資産」と表記している[7]。

次に（b）の民間銀行部門のバランスシートを見てみよう。銀行も法的には会社法人であり、設立時には事業会社と同じ手続きが必要だが、ここでは事業が軌道に乗った後のバランスシートだけを示している。家計や事業会社にとって銀行からの借入金は負債だが、銀行にとっては資産である。したがって（a）の下段の借入金と（b）の下段の貸出金の金額は一致する。また、家計や事業会社にとって銀行預金は資産だが、銀行にとっては負債である。したがって（a）の下段の銀行預金と（b）の下段の銀行預金の金額も一致する。

なお、事業会社が資金を調達する手段は必ずしも銀行借り入れだけでなく、銀行が資金を調達する手段も預金だけではない。たとえば社会的信用がある大会社や金融機関の場合、**債券**（社債）を発行して多数の投資家から資金を集めることも可能である[8]。（b）の下段ではそうした預金以外の負債をまとめて「その他負債」と呼んでいる。

先述したように、民間銀行が円滑な決済を行うためには、中央銀行に決済口座を開設することが不可欠である。こうした口座はしばしば**準備預金口座**と呼ばれている。多くの国々の中央銀行は民間銀行が個人や企業から集めた預金をすべて融資に回すことを許さず、その一定比率を強制的に準備預金口座に預け入れさせている[9]。この比率は**法定準備率**と呼ばれている。民間銀行にとって準備預金は貸出金と同じく資産の一部である。

---

7) ここでは事業会社を念頭に置いて説明したが、資本金を別とすると、家計のバランスシートも基本的に同じ構造になる。たとえばある家計が銀行から資金を借り入れて住宅を購入した場合、左側の「その他資産」に住宅の価値が計上され、右側の「借入金」に住宅ローンの残高が計上される。

8) 債券のしくみについては第12章において詳しく説明する。

9) こうした制度は**準備預金制度**と呼ばれている。第12章で解説するように、準備預金制度は民間銀行の準備預金を不足させないための工夫であるだけでなく、中央銀行の金融政策を円滑化する役割も果たしている。

48　第Ⅰ部　基礎編

　最後に、(c) の中央銀行のバランスシートを見てみよう。ここでは説明の便宜として、ある国において当初、兌換紙幣を発行する機関として中央銀行が設立されたと仮定しよう。この中央銀行は政府や家計、企業などから貴金属を受け入れ、それと引き換えに紙幣を発行することにより業務を開始する。その時点の中央銀行のバランスシートは (c) の右上のような形になる[10]。

　その後、この国において紙幣の利用が十分に定着すると、中央銀行が紙幣と貴金属の交換保証を停止し、貴金属を売却して他の資産に交換することが可能になる。(c) の中段はその時のバランスシートを描いたものである。これらの資産の中には中央銀行の業務に必要な建物や備品、民間銀行に対する貸付金などが含まれる。また、第12章で解説するように、多くの中央銀行は**金融政策**の一環として政府が発行する債券（**国債**）を相当額保有している。

　その後、中央銀行が民間銀行に準備預金口座を開設させて決済を取り仕切るようになると、負債の現金の一部が準備預金口座の残高に切り替わる。民間銀行が現金を引き下ろすと準備預金残高が減少して現金発行高が増加し、民間銀行が現金を預け入れると準備預金残高が増加して現金発行高が減少する。民間銀行が引き出した現金が直ちに家計や企業の手に渡ると仮定すると、(a) の下段の現金と (c) の下段の現金の値が一致する。当然ながら、(b) の準備預金と (c) の準備預金の残高も一致する。

　図表3において中央銀行が供給する決済手段を通貨と考える場合、(c) の下段の現金と準備預金残高の和が通貨量となる。この定義による通貨量は**ベースマネー**ないし**マネタリー・ベース**、あるいは**ハイパワード・マネー**と呼ばれている。一方、民間非銀行部門が保有する決済手段を通貨とみなす場合、(a) 下段の現金と銀行預金残高の和が通貨量となる。この定義による通貨量は**マネーストック**ないし**マネーサプライ**と呼ばれている。

　マネーストックに関しては、民間銀行における預金をどこまで決済手段とみなすかによって複数の定義がありうる。民間銀行が受け入れる預金の中に

---

10)　現実の中央銀行の多くは法人として設立され、通常の会社法人と同様に資本金を所有している。しかし中央銀行はいざという時に現金を発行して支払に充てることができるため、資本金は少額であることが多い。

は常時引き出し可能な**要求払預金**[11] と預け入れ期間が定められた**定期預金**が含まれている。要求払預金は純然たる決済性預金であり、ほとんど（あるいはまったく）利息が付与されない。一方、定期預金には預入期間に応じた付利が行われ、資産運用手段としての役割も果たしている。しかし定期預金も利息さえ放棄すればいつでも取り崩せるだけでなく、一週間とか一か月といった短期間の定期預金もあり、これらは潜在的な決済手段としての役割も果たしている。マネーストックのうち、現金と要求払預金の和は **M1** と呼ばれ、それに定期性預金を足したものは **M2** と呼ばれている。

　ベースマネーとマネーストックの間にはどのような関係があるだろうか。ここでベースマネーを $H$、マネーストックを $M$、現金を $C$、準備預金を $R$、民間銀行における預金残高を $D$ と書くことにしよう。さらにマネーストックのベースマネーに対する比率を $\mu$ と書くことにすると、

$$\mu = \frac{M}{H} = \frac{C+D}{C+R} = \frac{\dfrac{C}{D}+\dfrac{D}{D}}{\dfrac{C}{D}+\dfrac{R}{D}} = \frac{\dfrac{C}{D}+1}{\dfrac{C}{D}+\dfrac{R}{D}} \tag{1}$$

である。この $\mu$ はしばしば**貨幣乗数**と呼ばれている。

　(1)式の最右辺の $C/D$ は**現金・預金比率**と呼ばれ、家計や企業が現金通貨と預金通貨という二つの決済手段をどのような比率で保有するかを表している。最近の日本の場合、$D$ を要求払預金に限定したときの $C/D$ は約 0.2、定期預金も含めたときの $C/D$ は約 0.1 である。一方、$R/D$ は**預金準備率**と呼ばれ、民間銀行が準備預金の残高を最小限にとどめている限り、上述の法定準備率と一致する。日本銀行は複雑な算式を用いて個々の銀行の法定準備率を算定しているが、民間銀行部門全体の法定準備率は 0.01 未満の小さな値である。

　(1)式において $R/D$ が 1 を上回ることはありえないので、$\mu$ は必ず 1 より大きくなる[12]。このことは、マネーストックがベースマネーを常に上回る

---

11)　通常、個人が開設する要求払預金口座は**普通預金**、法人等が商用目的で開設する要求払預金口座は**当座預金**と呼ばれている。

12)　たとえば $C/D$=0.1 かつ $R/D$=0.01 の場合、$\mu$ =10 である。

50　第 I 部　基礎編

こと、すなわち、二段階の決済システムを通じて中央銀行が発行する通貨量を上回る決済手段が家計や企業に提供されることを意味している。

## 5　国際間の決済と外国為替市場

　最後に、国際間で行われる財や金融資産の取引を決済する方法について考えてみよう。図表 4 の上段には、日本の A 社がアメリカの B 社に 100 万ドルの商品を輸出するケースが描かれている。A 社は最終的に円を必要としているため、受け取ったドルを円に兌換する必要がある。円とドルの為替レートが 1 ドル = 100 円だとすると、A 社が期待する受取円貨額は 100 万ドル×100 = 1 億円である。

　日本とアメリカの間で大金を持ち運ぶことは困難だから、ここでも何らかの方法でもとの債権・債務関係を「交わす」ことが必要となる。いま、A 社が日本の C 銀行に円口座を保有し、B 社がアメリカの D 銀行にドル口座を保有しているとしよう。そして図表 4 の中段に示されているように、① D 銀行が B 社の口座から 100 万ドルを引き下ろす、② D 銀行が C 銀行に 100 万ドルを送金する、③ C 銀行が A 社の口座に 1 億円を振り込む、という手続きによって決済を完了させることを考えてみよう。

　上記の三つの手続きのうち、①と③は D 銀行と C 銀行の内部で処理可能だが、②はどのようして行ったらよいだろうか。ここで仮に C 銀行がアメリカの E 銀行にドル口座を所有しているとしよう。その場合、図表 4 の下段に示されているように、同じアメリカにある D 銀行の B 社口座から E 銀行の C 銀行口座に 100 万ドルを振り込めばよい。アメリカの民間銀行はみなアメリカの中央銀行に預金口座を持っているから [13]、中央銀行が D 銀行の口座から 100 万ドルを引き下ろし、それを E 銀行の口座に入金すれば決済が完了する [14]。

　ただし図表 4 の下段では C 銀行が 100 万ドルを受け取って 1 億円を支払

---

13)　アメリカの中央銀行は**連邦準備制度**（Federal Reserve System）と呼ばれている。

14)　C 銀行にとって E 銀行は現地の取引先銀行かもしれないが、C 銀行が自ら設立した現地法人である可能性もある。その場合、親会社が子会社に口座を持つことになるが、日本の大手銀行は世界各地にそうした現地法人を設立している。

第3章　通貨と決済システム　51

図表4　「交わし」と外国為替

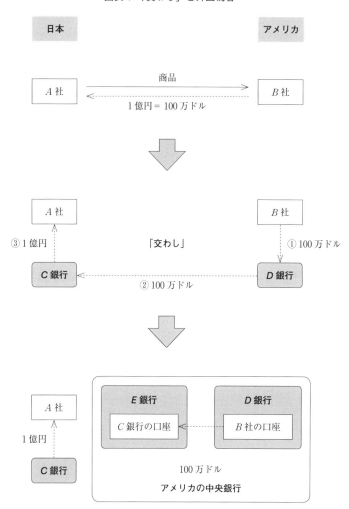

うため、ドルを円に兌換することが必要となる。第11章と第19章で解説するように、世界には固定為替相場制度を採用している国と変動為替相場制度を採用している国があるが、日本は変動相場制度を採用している。変動相場制度の下では為替レートが常時変化しているため、受け取ったドルをいつま

でも持っていると為替レートが変化して思わぬ損失を被る可能性がある。

　日本を含む大半の先進諸国には通貨の売買を行う特定の取引所は存在しない。個人や事業会社は取引先の銀行と通貨を売買することが多いだろう。最近は日本の銀行も外貨口座の開設を受け付けているので、同じ銀行に円と外貨の口座を開設しておけば、これらの口座の残高の書き換えによって取引が完了する。民間銀行はそうした顧客との取引を集約し、過不足分を他の金融機関と売買することによって自行の外貨保有量を管理している。

　通貨の売買は非常に特殊な取引のように思われるかも知れないが、表面的にはそれを通常の財の取引と同じように分析することができる。このことを理解するために図表5を見てみよう。

　左側のパネル（$a$）には、通常の財の例として、リンゴの市場における需要と供給の関係が描かれている。縦軸はリンゴの価格、横軸は取引量を表している。通常の財の場合、価格が下落すると需要が増加して供給が減少するため、需要曲線（$D$）は右下がり、供給曲線（$S$）は右上がりの線として描かれている。需要曲線と供給曲線の交点において取引が成立し、そのときの価格が**均衡価格**（取引価格）となる。ある年にリンゴが不作となり、供給曲線が$S$から$S'$にシフトすると、価格は$P_0$円から$P_1$円に上昇する。

　一方、右側のパネル（$b$）にはドルの市場における需要と供給の関係が描かれている。パネル（$a$）の縦軸は「円で測ったリンゴ1個の価格」を表していたが、この図の縦軸は「円で測った1ドルの価格」、すなわち円とドルの為替レートを意味し、それを$S$という記号によって表現している[15]。横軸はドルの取引額を表し、需要曲線と供給曲線はそれぞれ円を対価とするドル買いとドル売りの需要を表している。

　日本のように貿易と国際投資がともに自由化されている国の場合、パネル（$b$）の需要曲線と供給曲線には貿易にまつわる通貨の売買と投資にまつわる通貨の売買の両方が反映されている。たとえばアメリカ企業が日本に輸出して受け取った円代金をドルに兌換する場合、それはドル買い需要の一部とな

---

15)　この$S$は供給曲線の$S$と紛らわしいが、第11章で解説するように、通貨を売買して直ちに決済する直物（spot）取引の頭文字をとっている。

図表5 財の市場と通貨の市場の需給均衡

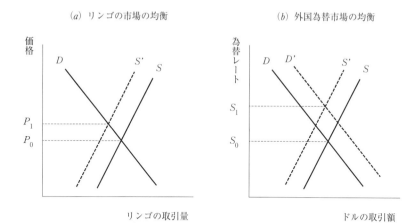

る。また、日本の投資家がアメリカの株式を購入する目的で円をドルに兌換する場合、それもドル買い需要の一部となる。一方、日本の企業がドルで受け取った輸出代金を円に兌換する場合や、アメリカの投資家が日本の金融資産を購入するためにドルを円に兌換する場合、それらはドル売り需要（ドルの供給）の一部となる。

円ドルレートが下落して円高になると（たとえば1ドル＝100円から80円へと変化すると）、アメリカの自動車が日本車に比べて割安になるため、アメリカ企業の輸出量が増加し、貿易にまつわるドル買い需要は増加する。また、同時に円で測ったアメリカの株式の価格が日本の株式の価格に比べて割安になるため、日本の投資家のアメリカ株への投資意欲が高まり、やはりドル買い需要が増加する。これらの理由により、外国為替市場においても需要曲線は右下がり、供給曲線は右上がりだと考えることが適切である[16]。

ただし通常の財の市場と通貨の市場の間には相違点もある。通常の財、と

---

16) 外国為替市場の場合、理論的には供給曲線が右下がりになる可能性があるが、供給曲線の傾きが需要曲線の傾きを上回らない限り、需要曲線や供給曲線の位置が変化した時の為替レートの変化の方向は同一である。詳細は高木（2011）の第3章などを参照。

りわけ貯蔵が難しい商品やサービスの場合、買い手はその都度必要な分だけ購入し、売り手も生産後できるだけ早く売り切ってしまおうとするため、将来の価格に関する予想が現在の需要と供給に大きな影響を与えることは少ない。この場合、外的な環境が大きく変化しない限り、需要曲線と供給曲線は安定しやすい。

　しかし耐用期間が長く貯蔵費用が小さい財の場合、将来の価格に関する予想は現在の取引量に直接的な影響を与える。たとえばある財の価格が近く上昇すると予想された場合、買い手が買いだめに走ることで需要曲線が右方向にシフトする一方、売り手が売り惜しむことによって供給曲線が左方向にシフトし、価格が急騰する。こうした思惑に起因する価格の変動は不動産や耐久消費財の市場においても観察されるが、究極的な耐久財である通貨の市場においては日常茶飯事となる。パネル（$b$）には、将来の円安・ドル高の予想が高まることによって需要曲線と供給曲線がシフトし、実際に為替レートが $S_0$ から $S_1$ へと円安（ドル高）になる様子が描かれている。

　上記の説明から分かるように、外国為替市場を通常の財の市場と同じように考えることは間違いでないが、将来の為替レートの予想が現在の為替レートに直結しうることに注意が必要である。この点に関しては第12章において詳しく分析する。

## 第4章　国際間の経済取引と国際収支

### 1　はじめに

　第1章では一国の経済活動が国内で完結する状態を想定してGDPの意味を説明したが、現代の国民経済はさまざまな経路を通じて海外と結びついている。第1章で触れたように、SNAの中には国際収支表という統計があり、そこに一定期間中（たとえば一か月や一年）に自国と外国との間で行われたさまざまな取引が記録されている。これらの取引の中には財の売買以外に金融資産の売買が含まれ、それらの取引を通じて自国の外国に対する債権と債務の関係が変化してゆく。こうした一国の対外債権・債務の残高を種類別に整理して記録したのが対外資産負債残高表である[1]。

　本章ではまず、国際収支表における中心的な概念である**経常収支**について解説する。その後、モノの貿易の視点から論じられがちな経常収支が金融資産の取引と深く関係していることを説明し、近年の日本の経常収支の変化の背景要因を考察する。

### 2　GDP と経常収支

　まず、外国との取引がある国においてGDPをどのように計算したらよいかを考えよう。図表1は、第1章の図表6を若干変更し、外国との取引を追加したものである。ここでは太線の内部の矢印が国内の取引、太線をまたぐ矢印が外国との取引を表している。

　第1章の図表6では鉄鋼が国内で生産されていたが、ここでは自国の自動車会社が外国の鉄鋼会社から150万円分の鉄鋼を輸入し、それを用いて1,000万円分の自動車を生産している。また、第1章の図表6ではすべての完成車

---

1)　日本では2014年に国際収支統計の大幅な改正が行われ、対外資産負債残高統計との整合性を高める努力が行われている。

56 第Ⅰ部　基礎編

図表1　国際取引を含む投入・産出関係

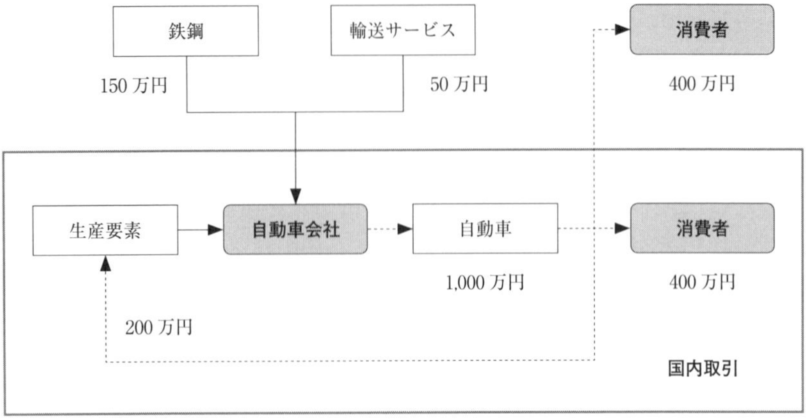

```
┌──────────┐    ┌──────────────┐           ┌──────────────┐
│   鉄鋼    │    │  輸送サービス  │  ┄┄┄┄┄→  │    消費者     │
└──────────┘    └──────────────┘           └──────────────┘
   150万円              50万円                    400万円

┌────────────────────────────────────────────────────────────┐
│  ┌──────────┐      ┌──────────┐    ┌────────┐    ┌────────┐ │
│  │  生産要素  │ ──→ │ 自動車会社 │┄┄→│  自動車  │┄┄→│  消費者  │ │
│  └──────────┘      └──────────┘    └────────┘    └────────┘ │
│                                      1,000万円      400万円    │
│     200万円                                                   │
│                                                    国内取引    │
└────────────────────────────────────────────────────────────┘
```

が国内で販売されていたが、ここでは自国の消費者が400万円分、自国の企業が200万円分を購入し、残りの400万円分は外国に輸出されている。ここでは便宜的に輸出先を外国の消費者としたが、これは外国の企業や政府であっても構わない。

　国際間で商品を売買する場合、運輸会社に費用を払って運搬してもらう必要がある。輸入者が運賃を負担すると仮定すると、鉄鋼の輸送費は自国の自動車会社、自動車の輸送費は外国の消費者ないし販売会社が支払うことになる。自国の自動車会社にとって鉄鋼の輸送費は「輸送サービス」の対価であり、原材料費と同じく広い意味でのコストの一部である。自動車会社が外国の運送会社に鉄鋼の運搬を依頼する場合、それが自国の居住者と外国の居住者の取引であることから、「輸送サービス」の輸入となる。図表1ではこの輸入額が50万円になっている。自動車会社が自国の運送会社に運搬を依頼する場合、それは自国の居住者間の取引であり、国際収支表には表れない。

　第1章で解説したように、GDPとは、一国において一定期間中に生み出された付加価値の総額である。図表1の例の場合、この国の付加価値は自動車会社の販売額1,000万円から外国から購入した投入財の費用150 + 50 = 200万円を引いた800万円である。自動車の販売額は「消費＋投資＋輸出」

第4章　国際間の経済取引と国際収支　57

として計算される需要総額のことだから、

$$\text{GDP+輸入=消費+投資+輸出} \tag{1}$$

という関係が成立し、この式の輸入を右辺に移項すると

$$\text{GDP=消費+投資+輸出 - 輸入} \tag{2}$$

となる。すなわち、外国との取引がある国において需要側から GDP を計算する場合、輸出分も含めて総需要を算出し、そこから輸入額を差し引けばよい。

　国際収支表では、すべての財に関する輸出額から輸入額を引いた値が**貿易・サービス収支**と呼ばれ、それがさらに商品に関する収支（**貿易収支**）とサービスに関する収支（**サービス収支**）の二つに区分されている。この例の場合、貿易収支が 400 - 150 = 250 万円、サービス収支が 0 - 50 = - 50 万円であり、貿易・サービス収支は 250 - 50 = 200 万円の黒字である。国際収支表の用語を用いて(2)式を書き直すと

$$\text{GDP=消費+投資+貿易・サービス収支} \tag{3}$$

となる。

　ただし、現実に国際間で取引されるのは図表1のような商品やサービスだけではない。第2章において解説したように、一国の経済が循環するためには、家計から企業へとさまざまな生産要素が貸与され、企業から家計にその報酬（使用料）が支払われなくてはならない。労働は家計から企業に直接貸与され、それ以外の生産要素の多くは家計が企業に資金を提供することによって間接的に貸与されている。たとえば家計が企業の株式を保有し、その企業が収益を上げると、配当金の形で資本などの生産要素の報酬が家計に還元される。

　それでは国際間でこうした直接・間接の生産要素の貸借を行うことは可能だろうか。労働の場合、外国と地続きで繋がっていて人の出入りが自由な国々を例外とすると、国境を越えた労働貸借の余地は小さい[2]。一方、日本のよ

---

2)　日本の居住者が国内にある外国企業の現地法人に勤務して報酬を受け取る場合、日本

58　第Ⅰ部　基礎編

うに国際投資が自由化されている国の場合、個人や事業会社、金融機関が金融投資を通じて外国企業に間接的に生産要素を提供し、配当や利息の形でその報酬を受け取ることは広汎に行われている。SNA では外国から受け取るこうした生産要素の報酬が**海外からの要素所得**と呼ばれている[3]。

いま、図表１において、自国の消費者が外国の鉄鋼会社と運輸会社の株式の一部を所有しており、一年間に 50 万円の配当金を受け取ったと仮定しよう。同様に、外国の消費者も自国の自動車会社の株式の一部を所有しており、一年間に 30 万円の配当金を受け取ったと仮定しよう。その場合、自国の**海外からの純要素所得**は 50 − 30 = 20 万円となる。

SNA では、一国の GDP に海外からの純要素所得を加えた値を**国民総所得**（Gross National Income、GNI）と呼び、そこから第１章で解説した固定資本減耗を差し引いた値を**国民所得**（National Income、NI）と呼んでいる。GDP が自国の生産活動の規模を表すのに対し、GNI や NI は自国の所得の大きさを表している[4]。日本の場合、2012 年の GDP が 473.8 兆円だったのに対し、GNI と NI はそれぞれ 488.8 兆円と 388.2 兆円だった。

一方、国際収支表では海外からの純要素所得が**所得収支**と呼ばれ、貿易・サービス収支と所得収支の和が経常収支と呼ばれている。すなわち

$$経常収支 = 貿易・サービス収支 + 所得収支 \tag{4}$$

である。経常収支が黒字であることは財の販売代金と生産要素の報酬の形で外国から流入する資金が外国に支払われる資金より多いことを意味してい

---

　の居住者間の取引となり、国際収支表には現れない。また、日本人が外国に居住地を移して現地企業に勤務する場合、外国の居住者間の取引となり、それも国際収支表には現れない。たとえばイチローがニューヨーク・ヤンキースから受け取る報酬は外国の居住者間の受け払いである。

3)　現実の国際取引は企業間で行われるものが圧倒的に多く、外国の金融資産も（個人ではなく）自国の事業会社や金融機関が保有していることが多い。したがって海外からの要素所得は自国の家計が自国の企業や金融機関を経由して外国の企業に貸与した生産要素の報酬だと考えることができる。

4)　ただしこれらの所得のすべてが国民に還元されるわけではなく、法人企業によって留保される分や政府の税となる分も含まれている。

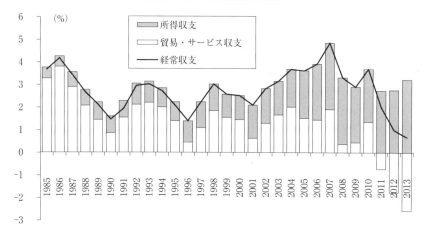

図表2 日本の経常収支の推移

(注) いずれも当該年のGDPに対する比率。
(出所) 日本銀行「国際収支統計」及び内閣府経済社会総合研究所「国民経済計算」をもとに作成。

る。図表1の例の場合、貿易・サービス収支が200万円の黒字だったから、所得収支が20万円の黒字だとすると、経常収支は200 + 20 = 220万円の黒字となる。

図表2は日本の経常収支のGDPに対する比率の推移をグラフに描いたものである。この図を見ると、貿易・サービス収支の黒字額がしだいに減少し、2011年から赤字になる一方、所得収支はしだいに黒字額が増加している。日本では経常収支の減少を由々しき問題だと考える人が多いが、以下で解説するように、そうした考えは必ずしも正しくない。

## 3 ISバランスと経常収支

次に(3)式の両辺に所得収支を加え、

GDP+所得収支=消費+投資+貿易・サービス収支+所得収支　　　(5)

と書き直そう。GNIと経常収支の定義に沿ってこの式を簡略化すると

$$\text{GNI}=消費+投資+経常収支 \qquad (6)$$

となる。

　経済学では、各期（たとえば一年間）の所得のうち、その期の消費のために支払われなかったものを貯蓄と呼んでいる[5]。したがって一国全体の貯蓄と投資の間には「貯蓄 = GNI −消費」という関係が（定義により）成立する。そこで(6)式の消費を左辺に移行して整理すると、

$$貯蓄=投資+経常収支 \qquad (7)$$

すなわち

$$貯蓄−投資=経常収支 \qquad (8)$$

という関係が成立する。

　(8)式は、一国の経常収支がその国の貯蓄総額と投資総額の差（貯蓄・投資ギャップ）に一致することを意味している。経済学では貯蓄（Saving）を $S$、投資（Investment）を $I$ という記号を用いて表現することが多いため、(8)式の左辺に注目して経常収支を分析する方法を **IS バランス・アプローチ**と呼んでいる。

　IS バランス・アプローチの視点に立つと、一国の経常収支が多ければ多いほどよいとは簡単に言えない理由が分かる。(8)式において経常収支を増やすためには、貯蓄を増やす、投資を減らす、あるいはその両方が必要になる。GNI が一定の状態で貯蓄を増やすためには消費を減らす必要がある。しかし一国の経済活動の究極的な目的が国民の生活を豊かにすることである以上、やみくもに消費を削減することは望ましくない。

　一方、第2章で解説したように、投資を減らすことは将来の生産能力を削

---

5)　たとえば、家計は消費以外に住宅投資に資金を投じることがある。その期の所得だけで住宅の購入費が賄えず、過去の貯蓄を取り崩した場合、その家計の主観的な貯蓄額は負だろう。しかし経済学ではその期の所得のうち消費に使われなかったものがいったんすべて貯蓄され、その後に投資が行われると考えるので、所得＞消費であれば貯蓄額が負になることはない。

図表3 日本の貯蓄・投資バランスの推移

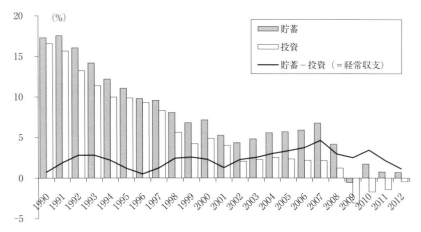

(注) 統計上の誤差があるため、この図の貯蓄・投資差額と図表2の経常収支は完全には一致しない。
(出所) 内閣府経済社会総合研究所「国民経済計算」をもとに作成。

減することを意味する。建物や設備などは多ければ多いほどよいというものではなく、過剰投資に陥らないようにすることは非常に重要である。しかし一国が成長するためには良質な生産設備が不可欠だし、ここで言う投資の中には研究開発投資も含まれている。したがって経常収支の改善のために投資を削減することが無条件で望ましいとも言えないはずである。

　図表3は日本の貯蓄額と投資額、そして両者の差額として計算した経常収支の対 GDP 比率の推移を描いたものである。SNA の貯蓄総額と投資総額には第1章で解説した固定資本減耗（既存の資本の減失分＝その更新に必要な金額）が含まれるが、これは家計や企業が自由意思によって行う新規の貯蓄や投資とは性質が異なる。そこでここでは統計上の貯蓄総額と投資総額から固定資本減耗を引いた値をプロットしている。

　図表3において気づくのは、貯蓄額と投資額の変化が経常収支の変化に比べてずっと大きいことである。この図によると、既存資本の更新分をのぞく貯蓄と投資の対 GDP 比率は1990年時点で17％前後に上っていたが、その後に大きく減少した。とりわけ過去数年間は固定資本減耗分を除いた貯蓄率が0％の近傍で推移する一方、新規の投資率が負となり、既存資本の減失分

62　第Ⅰ部　基礎編

を下回る投資しか行われていないことが分かる。投資をさらに削減すれば経常収支は改善するが、それが日本経済の将来にとって望ましいかどうかは明らかでない。

　ISバランスの考え方は、一国の経常収支と対外債権・債務の関係を知る上でも有用である。次にこの点を説明しよう。

　まず、表記の簡略化のために、先の(8)式を

$$S-I=経常収支 \tag{9}$$

と書き直そう。この式の$S$は自国のすべての居住者の貯蓄の和である。自国の居住者の中には貯蓄の手段として銀行預金を選ぶ人もいるだろうし、債券や株式への投資を選ぶ人もいるだろう。また、貯蓄の主体には企業や金融機関、政府などが含まれ、ある企業が余剰資金を関連会社に出資したり貸与したりすることも貯蓄の一種である。すなわち、(9)式の貯蓄はあらゆる金融資産の購入を意味している。

　こうした貯蓄のうち、自国の居住者が国内の銀行に預金したり自国企業の債券や株式を購入したりする行為は国内における貯蓄だと言える。一方、自国の居住者が外国の銀行に預金したり外国企業の債券や株式を購入したりする行為は外国への貯蓄である。そこで上記の$S$を二つに分け、「自国の居住者による国内における貯蓄額」を$S^d$、「自国の居住者による外国への貯蓄額」を$S^f$と書くことにしよう（$d$はdomesticのd、$f$はforeignのf）。これらの表記を利用すると、(9)式の左辺を

$$(S^f + S^d) - I = 経常収支 \tag{10}$$

あるいは

$$S^f + (S^d - I) = 経常収支 \tag{11}$$

と書き直すことができる。

　(11)式の右辺のうち、$S^d - I$は「自国の居住者による国内貯蓄」から「自国内で行われた資本や技術への投資額」を引いた値だから、この値が負であることは、国内の貯蓄だけで投資の費用を賄い切れなかったことを意味する。

第4章　国際間の経済取引と国際収支　63

それでも実際に $I$ の投資が行われたということは、$I - S^d$ の金額の資金が海外から流入した、すなわち外国の居住者による自国の金融資産の購入が行われたことを意味している[6]。この「外国の居住者による自国への貯蓄」を $\tilde{S}^f$ と書くことにすると、(11)式を

$$S^f - \tilde{S}^f = 経常収支 \tag{12}$$

と書き直すことができる。

　国際収支表には**経常勘定**と**金融勘定**という二大勘定が存在する。経常勘定は自国と外国の財の取引額や生産要素の報酬の受け払い額を記録する勘定であり、その純受取額が前節で解説した経常収支である。一方、金融勘定とは、同じ期間中に自国と外国の間で行われた金融資産の売買額を資産の種類別に記録する勘定である。(12)式の左辺の値は**金融収支**と呼ばれ、自国の居住者による外国の金融資産の純購入額から外国の居住者による自国の金融資産の純購入額を引いた値を表している[7]。(12)式から、一国の経常収支と金融収支が一致することが分かる[8]。

　ところで、(12)式の $S^f$ と $\tilde{S}^f$ はそれぞれ一定期間中の「自国の居住者による外国の金融資産の純購入額」と「外国の居住者による自国の金融資産の純購入額」だから、「自国の対外債権の増分」と「自国の対外債務の増分」を意味している。ある年の年末の自国の対外債権（Assets）と対外債務（Liabilities）の残高をそれぞれ $A$ と $L$ と書き、前年末のこれらの値を $A_{-1}$ と $L_{-1}$ と書くことにすると、これらの間に

---

6)　外国の投資家が自国企業の株式や債券を購入するか、外国の銀行が自国企業に融資を行った場合、外国から自国に資金が流入し、自国企業はその資金を設備や技術への投資に振り向けることができる。銀行の融資も融資債権という金融資産の購入だと考えることができる。

7)　純購入額とは、新規の資産の購入額から保有資産の売却額を引いた値である。

8)　国際収支表には**資本移転等勘定**と呼ばれる第三の勘定があり、正確には経常収支 − 金融収支 + 資本移転等収支 = 0 という関係が成立する。ただし資本移転等勘定は経常勘定と金融勘定に該当しない特殊な取引や贈与を計上するマイナーな勘定であり、ここでは無視して構わない。

64    第Ⅰ部    基礎編

$$A = A_{-1} + S^f + 価格変動 \tag{13}$$

$$L = L_{-1} + \tilde{S}^f + 価格変動 \tag{14}$$

という関係が成立する。

　上記の「価格変動」とは、前年末までに購入した金融資産の価値が今年一年間にどれだけ変動したかを表している。日本の居住者が保有するアメリカ企業の株式の価格は毎日変化しているし、ドル建ての株価が一定でも、為替レートが変化すれば円で測った株価は変動する。多くの金融資産の価値はその国の通貨建てで決まっているため、上記の$A$と$L$をともに自国通貨建てで評価する場合、$L$より$A$の方が大きく変動することが多い。

　最後に、自国の対外債権から対外債務を引いた対外純債権（Net Asset）の残高を$N$と書くことにしよう。すなわち

$$N = A - L \tag{15}$$

である。⒀式から⒁式を引き、⑿式と⒂式の関係に留意すると

$$N = N_{-1} + 経常収支 + 価格変動 \tag{16}$$

という関係が成立することが分かる。ただしここで言う価格変動は対外資産の価格変動から対内資産の価格変動を引いた値を意味している。

　自国と外国の金融資産の利回りが同一だとすると、対外純債権残高が大きい国ほど所得収支は大きくなる。⒃式において価格変動がゼロだとすると、経常収支が黒字の国ではしだいに対外純債権残高が増加し、それらが所得収支の増加を通じてさらに経常収支を増加させるので、ますます対外純債権残高が増加しやすくなる[9]。

　日本において経常収支の減少を懸念する人が多いのは、ひとたび経常収支が赤字化すると、上記のメカニズムを通じて赤字がとめどなく増加すると考

---

9)　ただし経常収支が黒字の国では経常勘定における海外からの資金の受取額が海外への資金の支払額より多いので、自国通貨が増価しやすくなる。自国通貨が増価すると、自国通貨で測った対外債権の価値が目減りし、対外純債権の増加の一部が相殺される。

えているからだろう。しかし 2013 年末時点の日本の対外純債権の残高は世界の国々の中で最も多い 325 兆円に上っている。本書の執筆時点では 2014 年の経常収支が赤字化する可能性が取り沙汰されているが、今後それが定着したとしても、当面の間は対外純債権残高が漸減するだけのことであり、むしろ過去の貯蓄が有効活用されていると考えるべきである。

## 4 政府財政と経常収支

前節では一国全体の貯蓄・投資差額と経常収支の関係だけを考え、これらの貯蓄と投資が誰によって行われたものかは問題にしなかった。しかしこの点を視野に入れると、「経常収支は多ければ多いほどよい」という考えが誤りであることがより明瞭になる。そこで本章の締めくくりとして、一国の貯蓄・投資ギャップを民間部門と政府部門の貯蓄・投資ギャップに分割することを考えてみよう。

政府は家計と企業によって構成される民間部門の経済循環を補完する主体であり、民間部門から徴収した税を元手にさまざまな事業を行っている。政府が国民に無償で各種の公共サービスを提供することは政府の消費に当たり [10]、道路やダムなどの**社会資本**を建設することは政府の投資に相当する。

ここでまず、GNI の恒等式である(6)式を再掲しよう。

$$\text{GNI} = \text{消費} + \text{投資} + \text{経常収支} \qquad (6)$$

この式の消費と投資には民間部門によるものと政府によるものが含まれているので、これらを以下のように書き直そう。

$$\text{消費} + \text{投資} = C_p + C_g + I_p + I_g \qquad (17)$$

ただし $C_p$ = 民間消費、$C_g$ = 政府消費、$I_p$ = 民間投資、$I_g$ = 政府投資である（$p$ は private の p、$g$ は government の g）。

---

10) SNA において不特定多数を対象とした公共サービスは政府が国民全員に成り代わって消費するものと考えられている。したがってこれらのサービスに関する限り、政府は生産者であると同時に消費者でもある。

次に、政府の徴税額を $T$ と書き、民間部門の課税後所得を $Y_p$ と書くことにする。徴税額は政府の所得に相当し、GNI は政府と民間部門の所得の和だから、(17)式の左辺を

$$\text{GNI} = Y_p + T \tag{18}$$

と書き直すことができる。(17)式と(18)式を(6)式に代入すると

$$Y_p + T = C_p + C_g + I_p + I_g + 経常収支 \tag{19}$$

となる。

最後に、民間部門と政府部門の貯蓄額をそれぞれ $S_p$ と $S_g$ と書く。貯蓄＝収入－消費だから、$S_p = Y_p - C_p$ および $S_g = T - C_g$ である。(19)式右辺の最初の四つの項を左辺に移行し、これらの記号を利用して整理すると、

$$(S_p - I_p) + (S_g - I_g) = 経常収支 \tag{20}$$

となる。消費と投資を含む政府の支出総額を $G$ と書くことにすると、$S_g - I_g = (C_g + S_g) - (C_g + I_g) = T - G$ であることから、(20)式を

$$(S_p - I_p) + (T - G) = 経常収支 \tag{21}$$

と表現することもできる。さらにこの式と(9)式を組み合わせると、

$$(S_p - I_p) + (T - G) = S - I \tag{22}$$

となる。

(21)式と(22)式の $T - G$ は政府の税収と支出の差額であり、政府部門の資金過不足の大きさを表している。同様に $S_p - I_p$ は民間部門の貯蓄・投資ギャップであり、民間部門全体の資金過不足を表している。(21)式と(22)式は、こうした部門別の資金過不足の和が一国全体の資金過不足と一致すること、さらにそれが経常収支と一致することを示している。

ここまで家計と企業をまとめて民間部門と呼んだが、家計と企業の貯蓄・投資ギャップを独立に計算することも可能である。ただし企業は投資だけを行い、（原則として）消費を行わないので、企業部門の貯蓄・投資ギャップは

第4章　国際間の経済取引と国際収支　　67

「税引き後利潤 − 投資額」である。家計の支出の多くは消費に向けられるが、SNA では住宅購入が投資に分類されているため、「貯蓄 − 住宅購入額」が資金過不足となる。これらの和が上記の $S_p - I_p$ と一致する。

　SNA では、一国のさまざまな経済主体を「家計」、「非金融法人企業」、「金融機関」、「一般政府」、「対家計民間非営利団体」の5つの**制度部門**に分類している。これらのうち、「対家計民間非営利団体」は「会社でない法人」と「法人でない団体」（政党や宗教団体、私立学校など）を意味するマイナーな部門である。また、「金融機関」は他部門間の資金仲介を行う主体であり、その役割は重要だが、それ自体に大きな資金過不足が発生することはあまりない。最後に、SNA の「一般政府」は日常用語の政府に比べて広い概念であり、中央政府だけでなく、地方政府や公立学校、社会保障基金なども含んでいる。

　図表4は、SNA の資金循環表において報告されている家計と非金融法人企業、一般政府の資金過不足の推移を示したものである。参考として、図表3に示した日本全体の貯蓄・投資ギャップ（＝経常収支）の推移も面グラフの形で再掲している（いずれも GDP に対する比率）。この図を見ると分かるように、日本全体の資金過不足に比べると部門別の資金過不足は格段に不安定であり、短期的にも長期的にも大きく変化している。

　図表3において日本全体の貯蓄額と投資額が1990年代に急減したことを見たが、この時期には部門別の貯蓄・投資ギャップも大きく変化している。もともと企業は家計から資金を集めて事業を行う存在だから、企業部門が資金不足、家計部門が資金余剰になっているのが本来の姿である。1990年代初頭までの日本ではこうした関係が成立していたが、その後、家計部門の資金余剰（貯蓄超過）が縮小する一方、非金融法人企業部門は資金不足から資金余剰に転じている。

　一般に、先進国では高齢化とともに家計の貯蓄率が低下するので、一国全体の貯蓄率も低下することが多い。日本の家計貯蓄率は1980年代まで先進諸国の中で突出して高かったため、近年の貯蓄率の低下は必ずしも驚くべきことでない。しかし法人企業部門が大きな貯蓄超過を計上することは珍しく、日本に特徴的な現象だと言える。

　日本ではバブル経済が崩壊した1990年代初頭から低成長期に入り、企業

68　第Ⅰ部　基礎編

図表 4　制度部門別の資金過不足の推移

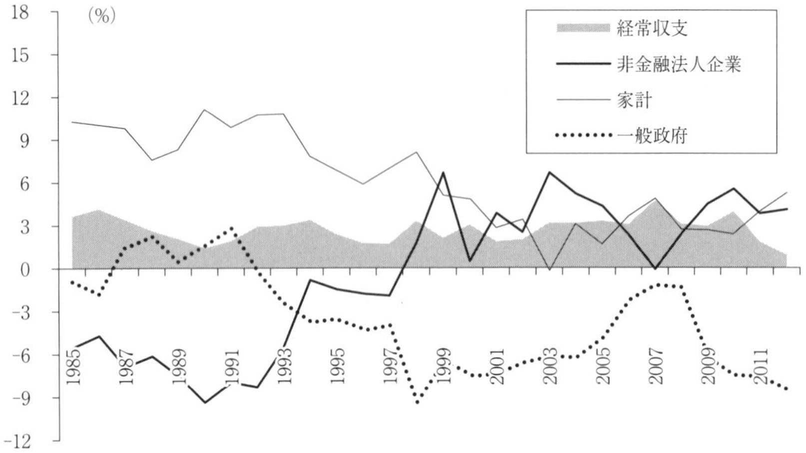

(注)　いずれも当該年の GDP に対する比率。
(出所)　内閣府「国民経済計算確報」をもとに作成。

　の収益も低迷した。それにも関わらず法人企業部門が資金余剰に転じたのは、
設備投資が収益以上に減少したためである。1990 年代以降のたびたびの不
況によって倒産や事業整理に追い込まれる企業が相次ぐ中、大企業の間でも
新しい設備や技術への投資を手控え、手元に潤沢な資金を確保しておこうと
いう動きが強まった[11]。企業が生産活動を通じて収益を挙げることを目的
とした主体である以上、余剰となった資金は出資者に還元するのが本来の姿
である。しかし第 2 章で見たように、日本の大企業は経営者と従業員の生活
共同体の意味合いを持っており、資金不足によって破たんに追い込まれたり、
他社から買収されたりすることを強く警戒している。潤沢な流動資金はこう
した事態を防止する上で効果的であり、逆に外国企業を買収する際の資金源
としても利用されている。

　最後に、一般政府部門はバブル崩壊後に資金不足に転じ、その後、2000
年代後半の一時期を除くと大幅な貯蓄不足が続いている。一般政府の資金不

────────────

11)　2012 年末時点の非金融法人企業部門の現預金残高は 220.8 兆円に上っている。

足が常態化している一つの理由は過去の不況の際に減税や歳出増をくり返してきたことだが、それ以上に重要なのは、高齢化によって社会保障支出が急増していることである。日本政府は歳入不足を賄うために、国債等を発行して民間部門から毎年数十兆円規模の資金を借り入れている。

しかしこうしたことをいつまで続けられるかは明らかでない。図表5は日本を含むいくつかの国々の一般政府部門の債務残高の対GDP比率（債務比率）の推移を描いたものである。この図によると、日本の債務比率は1990年代初頭には他の国々と同様の水準にあったが、その後の20年間に急上昇し、今日では突出して高くなっている[12]。図表5において債務比率が第2位のギリシャでは、2009年に財政危機が発生している。

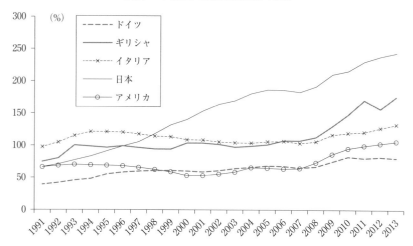

図表5　主要国の政府債務残高の推移

（注）いずれもGDPに対する比率。2013年は推計値。
（出所）IMF, *World Economic Outlook* をもとに作成。

---

12）　日本の政府部門は諸外国の政府部門に比べて金融資産の保有額が多く、債務から債権を引いた純債務残高の対GDP比率は図表5の数値よりやや低くなる。しかし第19章と第20章において解説するように、これらの資産の中には将来の支出のために積み立てているものや簡単に取り崩せないもの、実質的な価値が不明瞭なものが含まれている。

70    第Ⅰ部　基礎編

　最近、日本の経常収支が減少傾向にあることを受け、「経常収支の赤字化を防止するために政府は財政再建に努めるべきだ」という意見がしばしば聞かれるようになった。しかしこうした意見は目的と手段を取り違えている。一国の経常収支は（政府部門の資金過不足を別とすると）国民の自由な経済活動の結果を集計したものにすぎず、それが赤字であることが必ずしも悪いわけではない。しかし一国の政府が無制限に債務を積み上げることは不可能であり、どこかの時点で必ず財政危機が発生する[13]。そしてひとたび財政危機が顕在化すると、財政再建のために一気に増税と歳出削減を進めざるをえなくなり、それが極度の不況を生み出し、いっそう税収が落ち込んで財政赤字が拡大するという悪循環が生じることが多い。第20章において分析するように、今日の日本ではそうした事態が発生する可能性が高まっている。

---

[13)]　「経常収支が赤字化すると政府が国債発行によって財政赤字をファイナンスすることが難しくなる（から経常収支の黒字を維持すべきだ）」という意見もしばしば聞かれるが、これも誤った考えである。本章で解説したように、経常収支の黒字は確かに自国が全体として資金余剰であることと同義だが、資金余剰の家計や企業が自国の国債を購入することを義務付けられているわけではない。家計や企業が政府の財政破たんを懸念し、国債を売却して海外に資金を移した場合、経常収支が黒字でも財政破たんが発生する可能性がある。

第5章　日本の経済構造と対外経済関係の変遷

## 1　はじめに

　本章では、第Ⅰ部のしめくくりとして、明治時代以来の日本の経済構造と対外経済関係の変遷を概観する。一国の経済は景気循環によって数年単位の変動をくり返すが、数十年から百年といった長期間にはより本質的な変化を遂げることが多い。私たちは眼前の現象に目を奪われがちだが、日本の経済社会の将来を考える上では、こうした大きな変化を見逃さないことが重要である。

　次節ではまず、明治期以来の日本の経済成長と産業構造の変化を概観する。第3節ではその間の国民の年齢構成の変化を辿り、高齢化と経済のサービス化が今後の日本にどのような影響を与えるかを考える。第4節では海外との経済関係の軌跡を辿り、今日の世界経済の中に日本を位置づける。

## 2　経済発展と産業構造の変化

　日本は17世紀から19世紀前半にかけて鎖国体制を敷いていたが、1850年代になると欧米諸国からの開国圧力が強まり、やむを得ず貿易を解禁した。また、それと前後して地方の武士階級の間で当時の江戸幕府に対する反発が強まり、新旧勢力の抗争を経て、1868年に明治新政府が成立した。こうした内外の環境変化がその後の日本の産業化と経済発展の出発点となる。

　図表1は、過去の日本と諸外国の所得水準の変化を辿る目的で、主要国の国民一人当たり実質GDPの推移を示したものである[1]。第1章で解説したように、一国の経済活動の規模を異時点間で比較する場合、名目GDPから物価の影響を取り除いた実質GDPを基準とすることが適切である。同様に、ある時点で複数国の経済規模を比較する場合でも、国による物価の違いを調整することが望ましい。ここではそうした調整を施した「購買力平価(Purchasing

---

1)　多くの国々において公式の国民所得統計が発表されるようになったのは第二次大戦前後のことなので、それ以前のデータはさまざまな方法による推計値である。

第Ⅰ部 基礎編

図表1 主要国の国民一人当たり実質GDPの推移

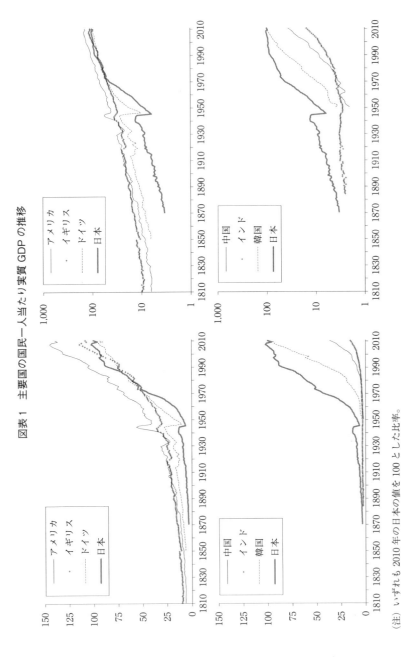

(注) いずれも2010年の日本の値を100とした比率。
(出所) Maddison Project Database (http://www.ggdc.net/maddison/maddison-project/home.htm) をもとに作成。

第 5 章　日本の経済構造と対外経済関係の変遷　73

Power Parity、PPP) による GDP」を利用している[2]。

　この表の左の二つのパネルでは、上記のPPPベースの実質GDPをその時々の人口で割ることによって国民一人当たりの実質 GDP を求め、2010 年の日本の値が 100 になるように単位を調節して表示している。右側の二つのパネルでは、縦軸を対数目盛にして同じグラフを描き、もとの値が 10 倍になるたびに目盛りが 1 上昇するようにしている。本章末尾の *Column* ③で解説するように、この種のグラフでは折れ線グラフの傾きが成長率を表す。

　よく知られているように、イギリスでは 18 世紀後半に**産業革命**（紡績や動力、製鉄などに関する一連の技術革新）が起こり、世界で初めて本格的な工業化が開始した。19 世紀になると産業革命は他の西欧諸国やアメリカに波及し、これらの国々においても工業化と経済成長が本格化した。19 世紀半ばに欧米諸国の人々が日本の近海に頻繁に出入りするようになったのは偶然ではなく、産業革命によって蒸気船等の交通手段が発達し、これらの国々が世界的な権益獲得競争に乗り出したことを反映している。

　開国時の日本の所得水準はイギリスやアメリカに比べて非常に低く、欧州の後発国であるドイツの半分未満にとどまっていた。しかし開国によって外国から技術を導入する道が開かれたこと、明治政府樹立後に旧来の社会階層が解体し、国民の経済活動の自由度が高まったことにより、その後は欧米諸国をやや上回る経済成長率を示すようになる。しかし当初のギャップが非常に大きかったため、所得水準の絶対的な格差はなかなか縮まらなかった。

　日本の所得水準は第二次大戦の戦災によりいったん大きく落ち込んだが、1940 年代末までに落ち着きを取り戻し、朝鮮戦争（1950 ～ 53 年）による輸出ブームを経て**高度成長期**に突入した。右上のパネルに示されているように、1950 年代から 1960 年代にかけての日本の経済成長率は非常に高く、高度成長が終焉した 1970 年代初頭の所得水準はイギリスやドイツに比肩する水準に達していた。高度成長が突然終焉した理由は必ずしも明らかでないが、後の章で解説するように、この時期には固定為替相場制度の崩壊や第一次石油ショックなど、日本の経済環境を急変させる事件が相次いでいる。

---

2)　購買力平価の考え方に関しては第 13 章で詳しく解説する。

74　第Ⅰ部　基礎編

　日本の経済成長率はその後も欧米諸国を若干上回る水準を維持していたが、1990 年代に入って再び大きく落ち込み、アメリカとの所得格差が拡大している。次節で解説するように、日本の国民一人当たり実質 GDP がなかなか上昇しなくなった一つの理由は、高齢化によって総人口に占める勤労者の比率が低下していることである。

　次に下段の二つのパネルを用いて日本と他のアジア諸国の一人当たり実質 GDP の推移を比較しよう。第二次大戦終了まで大半のアジア諸国は欧米や日本の植民下に置かれ、終戦時の所得水準はきわめて低位にとどまっていた。多くの国々では独立後も経済停滞が続いたが、韓国は 1960 年代末、中国は 1970 年代末、インドは 1990 年代初頭にそれぞれ成長軌道に乗った。各国の成長のきっかけはまちまちだが、いずれの国においても貿易や外国からの技術導入を積極的に進める政策への転換が重要な役割を果たしている。

　右下のパネルに示されているように、その後のアジア諸国の成長率は非常に高い。日本の高度成長は当時こそ歴史上類のない急成長だと言われたが、その後の近隣諸国の成長率はさらに高く、しかもより長期間に渡って継続している。ただしこれらの国々でも日本に少し遅れる形で少子高齢化が進んでおり、今後は徐々に成長率が低下してゆく可能性が低い。

　次に、経済成長に伴う産業構造の変化を辿るために、日本の名目 GDP に占める産業別の付加価値の内訳の推移を示したのが図表 2 である。一国の経済発展と産業構造の間には**クラークの法則**と呼ばれる関係が存在する [3]。この法則によると、低所得国が中所得国へ、そして高所得国へと移行する過程において、生産活動の中心が第一次産業（農林水産業）から第二次産業（鉱工業・建設業）へ、そして第三次産業（サービス産業）へとシフトする。この法則はこれまでの日本の産業構造の変化とよく合致している。

　明治初期の日本の GDP の約 3 分の 2 は第一次産業（その大半は農業）によって生み出されており、第二次産業の比率は 10% 程度にすぎなかった。しかしその後は第二次産業のシェアが上昇し、戦間期の 1920 年代末に第一次産

---

3)　コーリン・クラーク（Colin Clark、1905 ～ 1989）は英国とオーストラリアで活躍した経済学者である。この法則は**ペティー・クラークの法則**と呼ばれることもある。

図表2 日本のGDPの産業別内訳の推移

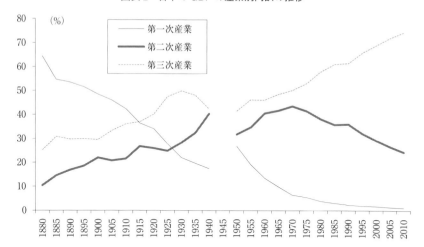

(注) いずれも前後5年間の平均値。第二次大戦直後の混乱期のデータは省略。
(出所) 日本統計研究所編『日本経済統計集』日本評論社（原資料は同書345ページ参照）及び内閣府経済社会総合研究所「国民経済計算」をもとに集計。

業と第二次産業の比率が逆転した。第二次世界大戦直前の第二次産業のシェア急増は軍需品の生産増によるところが大きかったが、戦後も第二次産業の比率は上昇し、高度成長末期に44％前後に達した（うち35～36％が製造業、残りの大半が建設業）。しかしその後に第二次産業のシェアが下落に転じ、近年はそのスピードが加速している。GDPに占める建設業のシェアは1990年代前半まで10％弱で推移していたが、その後、住宅投資の減少や公共投資の削減などによって5％強に下落している。

図表2に関してもう一つ特筆すべきことは、第三次産業のシェアが戦前・戦後を通じて上昇していることである。1970年前後までは第一次産業のシェアの縮小を第二次産業と第三次産業のシェアの拡大が分け合っていたが、その後は第三次産業の比率だけが上昇している。第三次産業には公的部門も含まれるが、その大半は民間ないし半民間のサービス業である。第9章で見るように、今日の日本のGDPに占める民間サービス部門の付加価値の比率は60％近くに達している。

図表3は国際比較を行うために、いくつかの国々のGDPに占める製造業

図表3 主要国の所得水準と産業構造の関係

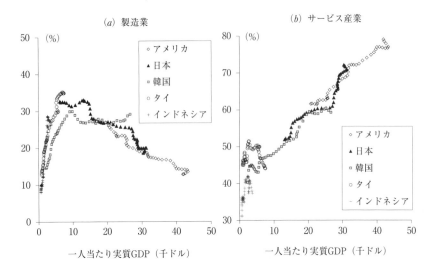

(注) 横軸はPPPベースの一人当たり実質GDP（2005年基準）。縦軸は各産業の付加価値のGDPに占める比率。各国の1960年～2010年の年次データによる（ただし統計の制約により国によって開始年が異なる）。
(出所) World Bank, *World Development Indicators* をもとに作成。

とサービス産業のシェアの推移を重ねてグラフに描いたものである。ここでは横軸に年ではなく各国の国民一人当たり実質GDPをとっている。

左パネルを見ると、どの国でも経済成長とともにGDPに占める製造業のシェアがいったん急上昇した後に下落に転じること、その転換点が意外に早く訪れることが分かる。一方、右パネルによると、サービス業のシェアは経済発展の初期段階ではばらつきが大きい。これは国によって土地や天然資源の賦存量が異なり、農業や鉱業のシェアの違いがサービス産業のシェアに反映されるためである。しかし経済成長が進むと例外なくサービス業が他の産業を圧倒するようになる。このグラフを見る限り、日本では今後もGDPに占めるサービス業のシェアが上昇すると思われる。

## 3 経済成長と人口構造の変化

一国の経済発展の過程では、産業構造だけでなく、国民の年齢構成も大きく変化する。図表4は世界各国の総人口に占める**年少人口**（0～14歳）と**老年人口**（65歳以上）の比率を一人当たり実質GDPに対してプロットしたものである。ここでは横軸に対数目盛を用いている。

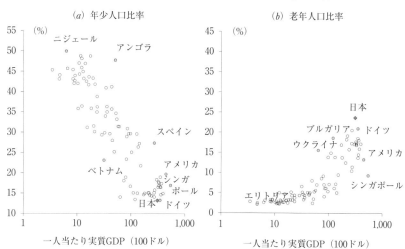

図表4　世界各国の所得水準と人口構成の関係（2011年）

(注) 横軸のGDPは2005年基準のPPPベース。人口500万人未満の国々と輸出総額に占める燃料品の比率が50％を超える国々は除外した。
(出所) World Bank, *World Development Indicators* のデータをもとに作成。

図表4から推察できるように、通常、低所得国から中所得国への移行期には総人口に占める年少人口の比率が急落し、高所得国では老年人口の比率が大きく上昇する。中所得国では年少人口比率が大幅に低下する一方、老齢人口が比較的少なく、総人口に占める**生産年齢人口**（15～64歳）の比率が高くなっていることが多い。なぜこのような人口構成の変化が生じるのだろうか。

まず、低所得国では押し並べて平均寿命が短く、低年齢層ほど人数が多い

78　第Ⅰ部　基礎編

ピラミッド型の人口構成になっている。こうした国々が経済成長を開始すると、当初は保険衛生環境の改善等によって幼児死亡率が急落し、年少人口が増加することが多い。ただし経済成長は若年層の教育と雇用の機会を増加させ、これらの人々が出産を減らしたり遅らせたりするようになるため、その後ほどなくして出生率が劇的に下落し、年少人口は減少し始める。

　一方、保健サービスの普及は高齢者の寿命を延ばす効果も持つが、当初は中高年層の人口が少ないため、それが一国全体の人口構成に与える影響は軽微にとどまる。しかし時間が経つと経済発展初期に急増した年少人口が生産年齢人口となり、いずれ退職年齢に達して老年人口が増加し始める。その頃には平均寿命も十分に高まっているため、その後は老年人口比率の上昇が加速することになる。

　図表4によると、2011年時点の日本の年少人口比率は世界一低く、老年人口比率は世界一高い。これは日本が高所得国であることに加え、第二次世界大戦後の経済発展の過程で出生率がとりわけ大きく落ち込んだこと、諸外国に比べて国民の平均寿命が長く、その分だけ高齢者人口が多くなっていることを反映している。

　一国の経済発展と国民の年齢構成の因果関係は双方向的であり、「経済成長→年齢構成」という影響以外に「年齢構成→経済成長率」という影響も生じている。このことを理解するために、図表5において日本の年齢階層別の人口構成の推移を見てみよう。この図には、1920年から今日までの実績に加え、国立社会保障・人口問題研究所（社人研）による今後50年間の予想値も示している。

　図表5を見ると、高度経済成長期後半の1960年代に総人口に占める生産年齢人口比率が大幅に上昇していたことに気付く。これはこの時期の日本が上述した中所得国の段階にあったことに加え、第二次大戦終了直後に生まれた団塊の世代が次々と生産年齢人口に加わったことを反映している。このように一国の総人口に占める勤労年齢層の比率が持続的に上昇することは**人口ボーナス**と呼ばれている。人口ボーナス期には総人口も増加していることが多く、それを上回るスピードで労働人口が増加するため、経済成長が加速しやすい。

第 5 章　日本の経済構造と対外経済関係の変遷　79

図表 5　日本の年齢階層別人口構成の推移

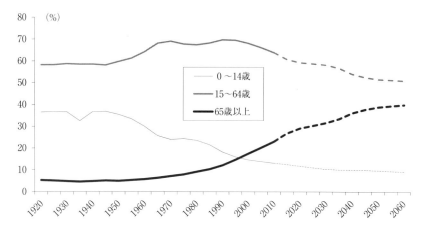

(注) 2015 年以降の破線は国立社会保障・人口問題研究所による推計値（出生中位・死亡中位のケース）。
(出所) 総務省統計局「国勢調査報告」及び国立社会保障・人口問題研究所「日本の将来推計人口」（2012 年 1 月推計）をもとに作成。

　しかし日本の生産年齢人口比率は 1990 年代初頭に下落に転じ、今後も低下し続けることが確実である。このように総人口に占める勤労年齢層の比率が持続的に減少する現象は**人口オーナス**と呼ばれている。人口オーナス期には人口ボーナス期と逆のメカニズムが働き、経済成長率が低下しやすくなる。日本の**従属人口比率**（0 〜 14 歳人口と 65 歳以上人口の生産年齢人口に対する比率）は 1970 年時点で 44.9 ％、2010 年時点で 56.7 ％だったが、2050 年には 94.2 ％に達すると予想されている。

　ここで高齢化が日本の将来にどのような意味を持つかを考えてみよう。第 1 章では一国の労働生産性を

$$\frac{Y}{L} = A \times f(h, k) \tag{1}$$

という関数を用いて表現した。ただし図表 3 や 4 に示した一人当たり実質 GDP は(1)式の労働生産性ではなく、一国の実質 GDP を（非労働人口を含む）

80 第Ⅰ部 基礎編

総人口で割った値である。総人口（population）を $P$ と書くことにすると、国民一人当たりの実質 GDP を

$$\frac{Y}{P}=\frac{L}{P}\times\frac{Y}{L}=\frac{L}{P}\times A\times f\left(h,k\right) \tag{2}$$

と書くことができる。一国の平均的な国民の生活水準が上昇するためには、この $Y/P$ が増加する必要がある。

　しかし先に見たように、今後の日本では人口オーナスによって(2)式の $L/P$ が下落する[4]。また、第1章で見たように、日本ではすでに $h$ や $k$ の値が高く、$f(h,k)$ をむやみに引き上げようとすることは望ましくない。一方、$A$ には理論的な上限値が存在しないだけでなく、諸外国に比べて現時点の水準が見劣りすることが分かっている。したがって日本が高齢化による生活水準の低下を回避するためには、$A$ の全要素生産性を高める必要がある。そのために何をすべきかに関しては第20章において論じる。


## 4　対外経済関係の変遷

　最後に、開国から今日までの日本の対外経済取引の軌跡を辿ってみよう。図表6は過去140年余りの日本の輸出額と輸入額の GDP に対する比率の推移を示したものである。第9章で見るように、近年は目に見えないサービスの国際取引が増加しているが、サービスの貿易に関しては古い統計が得られない。そこでここでは商品の貿易だけを対象とし、貿易収支の対 GDP 比率を併せてプロットしている。

　図表6においてまず気づくのは、輸出額と輸入額（の対 GDP 比率）の変化がかなり似通っており、長期間に渡ってどちらか一方だけが増えたり減ったりしていないことである。輸入を抑えながら輸出を増やすことが経済成長をもたらすと考える人が多いが、そうした考えは誤りである。

---

[4]　厳密には生産年齢人口の中に就労を希望しない人や失業者が存在するため、生産年齢人口の変化＝勤労者数の変化ではない。しかし日本では高齢化のスピードが非常に早く、勤労世代の就業行動が多少変化しても $L/P$ が下落することは避けがたい。

図表 6　日本の貿易額の GDP に対する比率の推移

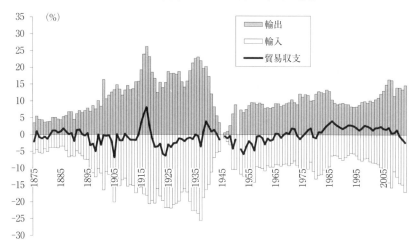

(注)　第二次大戦以前は旧植民地との取引を含まない。1950 年までは国民所得に対する比率。統計の不連続を考慮し、1945 年と 1951 年の値は表示していない。
(出所)　日本経済研究所編（1958）『日本経済統計集』日本評論社、内閣府経済社会総合研究所「国民経済計算」、財務省貿易統計等をもとに集計。

とは言っても、輸出額と輸入額が全く同じように推移しているわけではなく、輸出額から輸入額を引いた貿易収支は短期的にも長期的にもある程度変化している。貿易収支の短期的な変化は景気循環によるところが大きいが、長期的な変化には日本経済の構造的な変化が反映されている。

第二次世界大戦以前の日本では貿易収支が赤字になる年が多く[5]、第二次大戦後も 1950 年代までは大幅な赤字が続いていた。しかしこうした構造的な貿易赤字は 1960 年代半ばまでに解消し、その後は石油危機による原油価格の高騰によって一時的に輸入額が急増した年以外は黒字基調で推移した。しかし第 4 章で見たように、2000 年代半ばから貿易黒字が減少し、2011 年以降は再び赤字になっている。

開国直後の日本の輸出額や輸入額の対 GDP 比率は 5％前後とかなり低かっ

---

[5]　1910 年代半ばの貿易黒字は第一次世界大戦によって中断した欧州諸国の輸出を日本が代替したことによる一時的な現象である。

たが、19世紀末から20世紀初頭にかけて大きく上昇した。貿易は政府が許可すればただちに活発化するというものではなく、売り手と買い手を仲介する商社や輸送会社、そして第3章で解説した国際決済を担う金融機関が必要である。開国直後はこうした機能の大半が外国人によって掌握されていたが、その後、政府や財閥・新興企業などにより商社や運輸会社、銀行が次々と設立され、徐々にそれらが整えられていった[6]。

その後の第二次世界大戦までの時期と第二次大戦以後の時期を比較すると、第二次大戦前の方が貿易額のGDPに対する比率が高かったことが分かる。これは1920年代初めまで世界的に比較的自由な貿易が行われていたこと、開国から19世紀末にかけて日本政府がほとんど輸入制限を行っていなかったこと[7]、当時は日本経済における農業や製造業の比率が高く、生産と消費に占める貿易財（貿易が可能な財）の比率が現在より高かったことなどによる。近年はグローバル化の加速が随所で指摘されているが、20世紀前半の日本の貿易額の対GDP比率が今日より高かったことは特筆に値する。

次に、図表7をもとに日本の貿易品目の変化を辿ってみよう。開国直後の主要な輸出品は絹織物の原料品（蚕種や生糸）や食料品（茶や海産物など）であり、輸入品の中心は綿製品や毛織物などだった。すなわち、当時の日本は原料品を輸出して加工品を輸入する典型的な開発途上国だった。綿布は日常の衣料品の素材として重要だが、産業革命の成果が定着していた欧米諸国に対してまったく競争力がなかった。そこで外国の技術を導入し、綿製品の**輸入代替**を進めることが当面の課題となった。

その後、20世紀初頭にかけて輸出総額に占める繊維製品の比率が上昇する一方、輸入総額に占める繊維製品の比率が急減した。これは、綿製品の輸入代替が進み、原料品（綿花）を輸入して加工品を輸出する貿易構造に切り替わったためである。ただし加工品の多くは欧米諸国ではなく近隣のアジア諸国に輸出されていた（大野 2005）。

---

6) 財閥系の総合商社の多くは1890年代末までに主要な外国に拠点を設けている。

7) 日本は欧米諸国との不平等条約により、1899年まで**関税自主権**を奪われていた。完全に自主権が回復されたのは1911年のことである。

第5章 日本の経済構造と対外経済関係の変遷　83

図表7　日本の貿易品目構成の推移

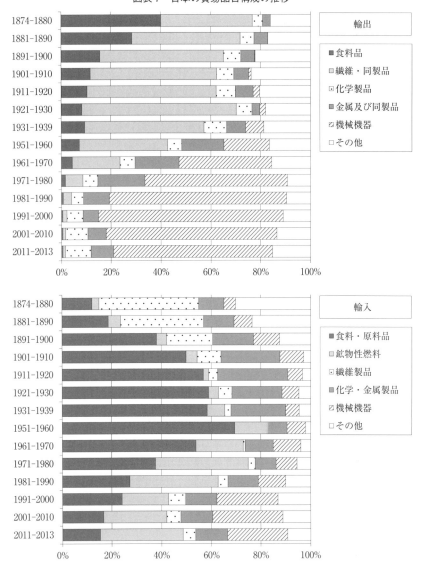

(出所) 山澤逸平・山本有造 (1979)『貿易と国際収支』東洋新報社、日本関税協会「外国貿易概況」等をもとに集計。

84    第Ⅰ部　基礎編

　一方、重化学工業の発展と輸出産業化には長い時間を要した。重化学工業では衣料品業などに比べて技術が高度なだけでなく、規模の経済や産業間の相互補完性が重要となる[8]。国内市場が狭い当時の日本ではこれらの条件が満たされず、競争力がなかなか高まらなかった。第一次世界大戦による輸出ブームは日本の重化学工業の発展に寄与したが、輸出の中心が軽工業品である状況は第二次世界大戦に至るまで変わらなかった。

　第二次世界大戦後、日本はいったん自給自足に近い状態に舞い戻ったが、その後、アメリカの支援を受けて徐々に世界経済に復帰していった。戦後の日本経済はなかなか安定しなかったが、朝鮮戦争に伴うアメリカからの軍事需要が高度成長の足がかりとなったのは上述した通りである。

　日本の貿易構造は1950年代から1980年代にかけて大きな変貌を遂げた。第一に、それまで輸入超過が続いていた機械産業が輸出産業に切り替わり、輸出総額に占める機械機器のシェアが大きく上昇した。第二に、主要なエネルギー源が石炭から石油へとシフトし、1970年代の石油危機によって原油の輸入価格が高騰したため、輸入総額に占める燃料品のシェアが急上昇した。

　しかしその後、日本の貿易構造は再び大きく変化している。輸出総額に占める機械機器のシェアは1990年代に頭打ちとなり、同時に輸入に占める機械機器のシェアが増加しはじめた。これは日本企業と外国企業の分業が進み始めたこと、日本企業の生産拠点の国外移管が進んだこと、日本企業が外国企業との技術・価格競争に後れをとるケースが増加したことなどによる。こうした傾向は情報通信機器などの電子機器分野で目立っているが、最近は自動車メーカーや産業機械メーカーの海外生産移転も進んでいる。

　次に、外国との金融取引の推移を概観しよう。国際投資は第二次世界大戦前にも行われていたが、戦後しばらくの間は外国との金融取引を厳しく制限する国が多かった。日本では欧米諸国の要請を受けて1970年代から徐々に規制緩和が進められ、1980年代半ばから取引額が増加していった。

---

8)　規模の経済に関しては第8章参照。産業の相互補完性とは、たとえば造船業が発達すると造船業からの需要によって鉄鋼業が発展し、増産効果によって鉄鋼の価格が下落すると造船業がますます発展するといった効果を意味している。

国際投資には、企業が海外に事業を広げるために行う**海外直接投資**
（Foreign Direct Investment、FDI）と、個人や金融機関が収益を求めて行う
**間接投資**が含まれる。間接投資の対象には各種の金融資産が含まれるが、そ
の中で最もポピュラーなのが株式や債券などの**証券**である[9]。銀行の定期預
金などと異なり、これらの証券はいつでも売却して換金することができる。

　図表8は1980年以降の日本のFDIと証券投資の推移をグラフに描いたも
のである。毎年の投資額はかなり変動するため、ここでは各年末の投資残高
のGDPに対する比率を示している。どちらのパネルにおいても横軸が対外
投資（日本の居住者による外国への投資）、縦軸が対内投資（外国の居住者によ
る日本への投資）を表している。

　図表8によると、証券投資の残高はFDIの残高よりずっと多いが、毎年の
変動も大きい。これはFDIが企業の長期的な事業戦略にもとづいて行われる
のに対し、間接投資がその時々の情勢に応じて臨機応変に行われるためであ
る。また、どちらのグラフでも対内投資が対外投資より少なく、とくに対内
FDIの残高が非常に少ない。第10章において解説するように、このことは
日本において積極的に事業を展開する外国企業が少ないことを意味している。

　最後に、日本の経済発展とともに世界経済における日本の地位がどのよう
に変化したかを確認しておこう。図表9は、①世界全体のGDPに占める日
本のGDPのシェア、②世界の貿易総額に占める日本の輸入額のシェア、そ
して③世界全体のFDIの残高に占める日本の対内FDIのシェアの推移を示
したものである。国内では輸出や日本企業の海外進出に関心が集中しがちだ
が、外国人や外国企業にとっての日本市場の魅力や重要性を推察する上では、
輸入額や対内FDI残高の方が有用である。

　①のGDPのシェアは1960年代から1980年代にかけて急上昇し、1990年
代半ばにいったん18％に達した。高度成長が終焉した1970年代以降もGDP
のシェアが増加を続けたのは、円がドルなどの外貨に対して増価し、外国通
貨で測った日本のGDPが円建てのGDPより大幅に増加したためである。

---

9)　ただし企業のFDIも現地企業の株式取得の形を取ることが多く、直接投資と間接投
　資の境界は必ずしも厳格なものではない。第10章参照。

86 第Ⅰ部 基礎編

図表 8 国際投資残高の GDP に対する比率の推移

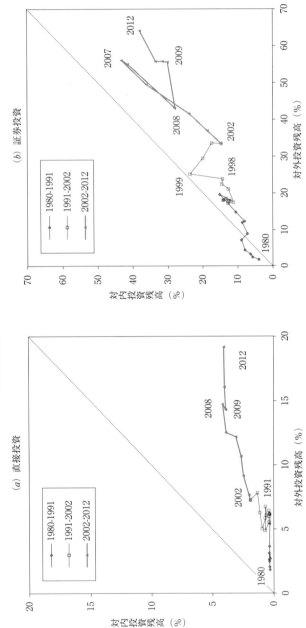

(注) パネル (b) の証券投資は証券（株式と債券）の購入を通じた投資。ただしパネル (a) の直接投資にも現地企業の株式購入によるものが含まれている。
(出所) International Monetary Fund, *International Financial Statistics* をもとに集計。

図表 9　世界経済に占める日本のシェアの推移

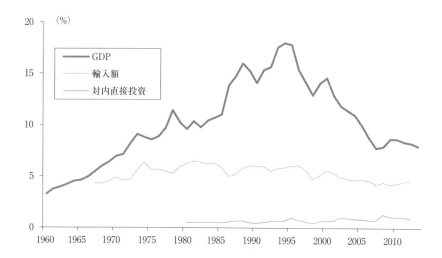

(注) いずれもドルで測った値をもとに計算した。対内直接投資は残高ベース。
(出所) UNCTADSTAT 及び Bureau van Dijk-CEPII Chelem データベースをもとに集計。

　しかし 1990 年代半ばから日本経済が低迷する中で為替レートが円安になることが増えたため、今日の世界の GDP に占める日本のシェアは 1970 年代初頭の水準に回帰している。
　次に、②の世界の貿易総額に占める日本の輸入額のシェアは 5％前後で大きく変化していないが、1990 年代半ば以降はやや低下している。図表 6 で見たように、この時期には日本の貿易額の対 GDP 比率がはっきりと上昇し、日本にとっての貿易の重要性は高まっている。それにも関わらず世界の貿易総額に占める日本の輸入額の比率が低下傾向にあるのは、諸外国の貿易額が日本を上回るスピードで増加しているからである。第 8 章で解説するように、日本の貿易額の GDP に対する比率は世界で最も低い部類に属する。
　最後に、③の世界の FDI 残高に占める日本の対内 FDI の比率は 1％で推移しており、①や②に比べると極端に少ない。第 20 章で見るように、日本は海外からの移民や労働者の受け入れに消極的であるため、総人口に占める

88 第Ⅰ部 基礎編

外国人の比率も非常に低い。

　これまでの観察から、世界と日本の経済の関係に関して以下の二つのことが言えそうである。第一に、日本人の間では日本が世界屈指の経済大国だという意識が強いが、外国人や外国企業にとって日本が特段の魅力を持つ市場であるかどうかは疑問である。第二に、上記の①の値に比べて②や③の値が小さいことは、国内に留まっている日本人が日本経済と海外の結びつきを実感しにくいことを意味している。世界の中には逆に①より②や③の値がずっと高い国が多く、これらの国の国民は普段から多種多様な外国製品や外資系企業に囲まれて暮らしている。日本の政治家や企業経営者が強調する「グローバル化への対応の必要性」が必ずしも国民の間で実感を持って受け止められていないことには、こうした日本と諸外国の経済構造の違いも影響していると思われる。

---

*Column ③*　対数グラフの利用方法

　本章の図表1と図表4では、軸に対数目盛を用いている。この種のグラフは後の章でも利用するので、ここでその意味を解説しておこう。

　いま、

$$Y=a^y \qquad (3)$$

であるとしよう。$Y$ が $y$ の関数で、$a$ が 0 より大きい定数であるとき、この式を**指数関数**と呼び、$a$ を指数関数の**底**と呼ぶ。この式の $Y$ と $y$ の関係を保持したまま、逆に $y$ を $Y$ の関数と見て書き直したのが**対数関数**であり、それを

$$y=\log_a Y \qquad (4)$$

と表記する。ある $Y$ の値が与えられ、この式を満たす $y$ の値を求めることを、「$Y$ を対数に変換する」「$Y$ の対数をとる」などと言う。

　図表10は、$a = 2$ と $a = 10$ の場合の $Y$ と $y$ の対応関係を示したものである。どちらの場合でも、$y$ の値が 1 上がるごとに $Y$ がもとの値の倍数になっている。

図表10　$Y$ と $y$ の対応関係

(a) $a = 2$ のケース

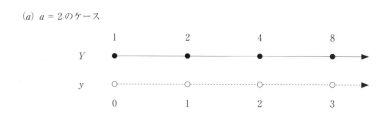

(b) $a = 10$ のケース

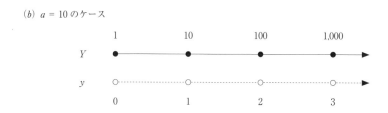

対数関数に関しては、一般に、

$$\log_a XY = \log_a X + \log_a Y \tag{5}$$
$$\log_a X^b = b \times \log_a X \tag{6}$$

という関係が成立する。そのことを確かめるには、$a$ に10などの計算しやすい値を想定し、$X = 100$、$Y = 1{,}000$、$b = 2$ などの例を当てはめてみるとよい。

ここで(3)式の $Y$ がある国の実質GDPだとして、その毎年の変化率（すなわち経済成長率）と $y$ の間にどのような関係があるかを考えてみよう。$t$ 年の $Y$ を $Y_t$ と表記し、$Y$ の毎年の成長率が一定で $g$ だとすると（たとえば3%なら $g = 0.03$）、あらゆる $t$ に関して

$$Y_t = (1+g) \times Y_{t-1} \tag{7}$$

という関係が成立する。この式の右辺を過去の $Y$ の値を用いて書き換えてゆくと

$$Y_t = (1+g)^2 \times Y_{t-2} = (1+g)^3 \times Y_{t-3} = \cdots = (1+g)^t \times Y_0 \tag{8}$$

という式が得られる。

90　第Ⅰ部　基礎編

　次に(8)式の一番左と一番右の値の対数をとると

$$\log_a Y_t = \log_a \left[ (1+g)^t \times Y_0 \right] \qquad (9)$$

となる。この式の右辺を(5)式と(6)式の性質を用いて書き換え、さらに両辺を小文字の $y$ を用いて書き直すと、

$$y_t = t \times \log_a (1+g) + y_0 \qquad (10)$$

となる。

　上記の(10)式を $t$ の関数とみなし、横軸に $t$、縦軸に $y_t$ をとってグラフを描くと、縦軸の切片が $y_0$、傾きが $\log_a(1+g)$ の直線となる。傾きが $\log_a(1+g)$ だということは、成長率 $(g)$ が高いほどグラフの傾きが大きくなることを意味している。現実の実質 GDP の成長率は一定でないが、$y_0, y_1, \cdots, y_{t-1}, y_t$ を縦軸にとってグラフを描くと、成長率のトレンドやその変化を読み取りやすくなる。図表 1 の右側のパネルでは、10 を底に用いて $Y_t$ を $y_t$ に変換し、目盛りの数値だけをもとの $Y_t$ のままにして表示している。こうしたグラフを**片対数グラフ**と呼ぶ。図表 4 は横軸だけを対数目盛にした片対数グラフの例である。

　一方、第 7 章の図表 3 や第 13 章の図表 4 では、横軸と縦軸の両方に対数目盛を用いている。この種のグラフを**両対数グラフ**と言う。横軸と縦軸の変数の値が均等に分布しておらず、最小値ないし最大値に近い領域に偏っている場合、両対数グラフを描くことによって横軸と縦軸の値の関係を読み取りやすくなることがある。たとえば、世界の国々の人口や所得水準、国土面積などはきわめて不均一に分布しているので、こうしたグラフが有効である。片対数グラフや両対数グラフを手で描くのはかなり面倒だが、最近の表計算ソフトウェアにはそれらを描く機能が標準装備されているので、データの分析やプレゼンテーションに利用するとよい。

# 第 Ⅱ 部

## 貿易・企業編

## 第 6 章　比較優位と貿易構造

### 1　はじめに

　第Ⅱ部の最初の三つの章では、モノの貿易に関する主要な理論のエッセンスを紹介し、一国が外国と貿易する品目がどのようにして決まるのか、一国が外国と交易することが国民にとってどのような意味を持っているのかを考える。そうすることにより、貿易が輸出入に携わる企業だけの関心事ではなく、国民全員の**厚生**（実質的な所得ないし生活水準）を左右する可能性を持っていることが明らかになる。

　本章では、現代的な貿易理論の中で最古のものと言えるリカードの**比較生産費説**を紹介し [1]、一国が何を輸出して何を輸入するかがその国の**比較優位**によって決まることを示す。比較優位の概念は貿易の原理や役割を理解するために不可欠なだけでなく、あらゆる経済活動における分業の意義を知る上で重要である。

### 2　比較優位とは何か

　一般に、何らかの現象を理論的に考察する際、最初はできるだけ単純な状況を想定して十分に分析し、その後に複雑な状況の分析に進むことが賢明である。第1章で解説したように、商品やサービスを生産するためには、原料品や中間財に加え、さまざまな生産要素が必要である。しかしリカードの比較生産費理論では労働だけをもとに生産活動が行われる状況が想定されている。労働はあらゆる生産要素の中で最も重要なものであり、私たちの生活にも直結する。そこで本章ではリカードの枠組みに忠実に議論を進め、他の生産要素が登場するケースは次章において検討することにする。

---

1)　ディビッド・リカード（David Ricardo、1772 ～ 1823）はイギリスの経済学者（兼政治家）である。

第6章　比較優位と貿易構造　93

　いま、日本とアメリカの二国を考え、どちらの国においても食料品と衣料品の二財だけが生産されているとしよう。食料品産業でも衣料品産業でも労働だけが投入物であり、原料品や中間財の投入はないものとする。

　一般に、ある財一単位を生産するために必要な生産要素の量は**投入係数**と呼ばれている。たとえば、日本の食料品会社がカップラーメン1個を生産するのに5人の人員が必要だとすると、投入係数は5である。

　図表1のパネル $(a)$ には、日本の食料品産業と衣料品産業の投入係数を $a_f$ と $a_c$、アメリカの食料品産業と衣料品産業の投入係数を $a^*_f$ と $a^*_c$ という記号を用いて表し（添え字の $f$ と $c$ は food と cloth の頭文字）、それらの横に具体的な数値の例を示している。ここではどちらの産業においてもアメリカの値の方が小さくなっているが、これはアメリカの生産性が日本の生産性より高いことと同義である[2]。

　リカードのモデルでは投入係数はいずれも定数である。投入係数が定数だということは、どのような量を生産しても1単位当たりの生産費用が同一だということである。このような状態を**規模に関する収穫一定**と言う。規模に関する収穫一定は必ずしも現実的な仮定でないが、経済学の理論にはしばしば登場する。後に説明するように、規模に関する収穫が一定の場合、個々の企業において成立することがそれらの企業が属する産業全体に関しても成立するため、企業と産業を区別する必要がなくなり、分析が明快になる。規模に関する収穫が変化するケースは第8章において検討する。

　パネル $(a)$ の一番下には、各国における賃金を $W$（円）と $W^*$（ドル）という記号を用いて示している。これらの賃金が労働という唯一の生産要素の使用料（報酬）である。ここでは同じ国であれば食料品産業であっても衣料品産業であっても賃金は同一だと仮定する。第2章で解説したように、日本では産業間や企業間のみならず、単一企業内においてさえ勤務年数や雇用形態によって異なった賃金が支払われていることが少なくない。しかしこうした企業内・企業間の賃金格差が無制限に拡大することはない。ここでは分析

---

2)　第1章では労働生産性と全要素生産性を区別したが、ここでは労働が唯一の生産要素であるため、これらを区別する必要はない。

94 第Ⅱ部 貿易・企業編

図表1 二国の投入係数と商品価格

(a) 投入係数とコスト

|  | 日本 | アメリカ |
| --- | --- | --- |
| 食料品 | $a_f = 5$ (人・年) | $a_f^* = 2$ (人・年) |
| 衣料品 | $a_c = 3$ (人・年) | $a_c^* = 2$ (人・年) |
| 賃金 | $W$ (円・年) | $W^*$ (ドル・年) |

(b) 各財の価格

|  | 日本 | アメリカ |
| --- | --- | --- |
| 食料品 | $P_f = a_f \times W$ (円) | $P_f^* = a_f^* \times W^*$ (ドル) |
| 衣料品 | $P_c = a_c \times W$ (円) | $P_c^* = a_c^* \times W^*$ (ドル) |
| 相対価格＝比較生産費 | $\dfrac{P_f}{P_c} = \dfrac{a_f}{a_c} = \dfrac{5}{3}$ | $\dfrac{P_f^*}{P_c^*} = \dfrac{a_f^*}{a_c^*} = 1$ |

の簡略化のために上記の仮定を置くことにする。

　パネル（$b$）には、二国が生産する商品の価格が示されている。ここでは日本の食料品と衣料品の価格をそれぞれ $P_f$ 円と $P_c$ 円、アメリカの食料品と衣料品の価格をそれぞれ $P_f^*$ ドルと $P_c^*$ ドルと表記する。

　これらの商品の価格はどのような値になるだろうか。たとえば日本の食料品の場合、1単位当たりの生産コストは投入係数に賃金を乗じた $a_f \times W$ 円である。個々の食料品会社は費用に十分な利潤を上乗せして販売しようとするかも知れないが、その会社が大きな収益を挙げていると、他社がそれより少し低い価格を設定して競争を挑んでくるはずである。するとその会社も価格を下げて対抗せざるをえず、価格競争が起こるだろう。

　企業間で上記のような競争が行われる限り、最終的に市場で成立する価格は個々の企業の生産コストと同じかそれを僅かに上回る水準になると思われる。そこで以下では価格＝費用だと仮定することにする。なお、現実の企業間の競争は必ずしも価格だけを媒介として行われるわけではなく、商品の差別化によって行われることも多い。この種の競争に関しては第8章で分析する。

図表1の (b) 欄の最下段には、二国における食料品と衣料品の価格の比率が示されている。こうした複数の価格の比率は**相対価格**と呼ばれている。図表1の数値例では、$P_f/P_c = 5/3$ かつ $P_f^*/P_c^* = 2/2 = 1$ だから、

$$\frac{P_f}{P_c} > \frac{P_f^*}{P_c^*} \tag{1}$$

である。この不等式は、アメリカでは日本に比べて食料品が割安であることを意味している。

(1)式は

$$\frac{a_f}{a_c} > \frac{a_f^*}{a_c^*} \tag{2}$$

と同義である。この不等式は、アメリカでは日本に比べて食料品産業の投入係数の衣料品産業の投入係数に対する比率が小さい、すなわち、日本に比べて食料品産業の生産性の衣料品産業の生産性に対する比率が高いことを意味している。(1)式の関係が成立するとき、アメリカは食料品に比較優位を持つと言う。

(1)式の両辺の分子と分母を入れ替えると

$$\frac{P_c}{P_f} < \frac{P_c^*}{P_f^*} \tag{3}$$

になる。この式は、日本ではアメリカに比べて衣料品が割安であること、すなわち、衣料品産業の生産性の食料品産業の生産性に対する比率が高いことを意味している。このとき、日本は衣料品に比較優位を持つと言う。図表1のように財の種類が二つの場合、一国がある財に比較優位を持つとき、他の国は必ず他の財に比較優位を持つ。「比較優位を持たない」ことを「**比較劣位にある**」と言うこともある。

ここで比較優位という概念を定義したのは、それによって各国が何を輸出して何を輸入するかが決まるからである。次にこの点について解説しよう。

外国との貿易が自由である場合、企業は自国より外国において高い価格で

販売できるなら輸出しようとするはずだし、消費者も外国から買う方が安ければ輸入しようとするはずである。円とドルの為替レートが1ドル=$S$円のとき、円で測ったアメリカの食料品と衣料品の価格はそれぞれ$S \times P_f^*$円と$S \times P_c^*$円である。したがって、たとえば$P_c < S \times P_c^*$なら日本がアメリカに衣料品を輸出し、$P_f > S \times P_f^*$ならアメリカが日本に食料品を輸出することになる。

ここで二国の食料品の価格が同一になる為替レートの水準を1ドル=$S_f$円、二国の衣料品の価格が同一になる為替レートの水準を1ドル=$S_c$円と書くことにしよう。すなわち、

$$P_f = S_f \times P_f^* \tag{4}$$

$$P_c = S_c \times P_c^* \tag{5}$$

である。これらの式を書き直すと

$$S_f = \frac{P_f}{P_f^*} \qquad S_c = \frac{P_c}{P_c^*} \tag{6}$$

となる。(1)式は

$$\frac{P_f}{P_f^*} > \frac{P_c}{P_c^*} \tag{7}$$

と同義なので、

$$S_f > S_c \tag{8}$$

であることが分かる。

図表2は、為替レートと二国における商品価格の関係を示したものである。円がドルに対して十分に安い時には日本が二財とも輸出し（①）、円がドルに対して十分に高い時にはアメリカが二財とも輸出する（⑤）。為替レートが$S_c$と$S_f$の間の値をとる時、日本が衣料品を輸出し、アメリカが食料品を輸出する（③）。この図から分かるように、為替レートがどのような値をとったとしても、日本が食料品を輸出し、アメリカが衣料品を輸出するということは起こらない。

第6章 比較優位と貿易構造 　97

図表2 　為替レートと貿易構造の関係

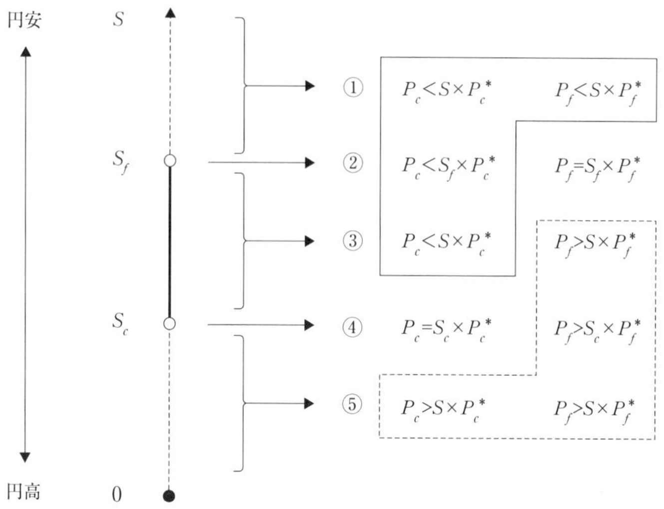

①　$P_c < S \times P_c^*$ 　　　$P_f < S \times P_f^*$

②　$P_c < S_f \times P_c^*$ 　　　$P_f = S_f \times P_f^*$

③　$P_c < S \times P_c^*$ 　　　$P_f > S \times P_f^*$

④　$P_c = S_c \times P_c^*$ 　　　$P_f > S_c \times P_f^*$

⑤　$P_c > S \times P_c^*$ 　　　$P_f > S \times P_f^*$

（注）実線で囲まれた財は日本が輸出し、破線で囲まれた財はアメリカが輸出する。

　第Ⅲ部において解説するように、変動為替相場制採用国の通貨の為替レートは国際投資にまつわる通貨の売買によって絶えず変化しており、ときによってはモノの貿易に携わる企業から見ておよそ納得できない水準に動いてしまうこともある。したがって一時的には図表2の①や⑤のような状況が発生し、どちらかの国があらゆる財に関して価格競争力を持ってしまうこともないとは言えない。

　しかし、たとえば円とドルの為替レートが長期間に渡って⑤の領域にとどまった場合、アメリカの食料品会社や衣料品会社が円で受け取る輸出代金が溜まってくるはずである。これらの企業は円をドルに換えて持ち帰る必要があるので、外国為替市場において円売り・ドル買い需要が増加し、第3章で解説したメカニズムを通じて円安・ドル高圧力が発生する。すると為替レートが⑤から④、そしていずれは③の領域へと変化し、日本が衣料品を輸出で

98 第Ⅱ部 貿易・企業編

きるようになるだろう[3]。また、円ドルレートが長い間①の領域にとどまった場合、日本企業が稼ぐドルの輸出代金が溜まり、これらの企業の間でドルを円に換える動きが強まってゆく。すると上記と逆のメカニズムを通じて為替レートが①から②へ、そして③の領域へと変化し、いずれはアメリカが食料品を輸出できるようになるはずである。

　上記の考察によると、一国の長期的な貿易構造を考える場合、為替レートが①や⑤の領域にある状態を想定することは適切でなく、各国が一財を輸出して一財を輸入する状態、すなわち為替レートが③の領域にある状態を想定することが適切である。そして為替レートが③の領域にある限り、各国は必ず比較優位を持つ財を輸出し、比較劣位にある財を輸入するので、「一国が何を輸出して何を輸入するかが比較優位によって決まる」ことが確かめられたことになる。財の種類が三つ以上ある場合には事情がもう少し複雑になるが、第4節で検討するように、比較優位が一国の貿易構造を決定することに変わりはない。

## 3 貿易の意義

　次に、ある国が外国と貿易を行うことが、その国の国民にとってどのような意味を持っているかを考えよう。この問いに答えるために、いったん日本が江戸時代のような鎖国状態にあり、国民が自給自足を強いられていると仮定しよう。すべての国民がすでに就労している場合、食料品か衣料品のどちらかの生産量を増やすためには、他方の生産量を減らすことが必要となる。

　そうした状態において日本の国民が食料品の消費量を1単位増やすことを望んだ場合、衣料品の消費量をどれだけ削減する必要があるだろうか。食料品を1単位増産するためには、衣料品産業から食料品産業に労働者を $a_f$ 人移動させる必要がある。衣料品産業の一人当たりの生産量は $1/a_c$ だから、衣料品の消費量は $a_f/a_c$ 単位だけ減少する。

---

3)　アメリカ企業はドルで代金を受け取っているかも知れないが、その場合、日本の輸入業者が円をドルに換えて支払を行わなくてはならないので、為替レートへの影響は同一である。

第6章　比較優位と貿易構造　　**99**

　上記のように「何かを得るために諦めなければならない他のもの」を**機会費用**と呼ぶ。この例の場合、衣料品で測った食料品1単位の機会費用は $a_f/a_c$ 単位である。図表1で見たように、この値は日本における二財の相対価格 $P_f/P_c$ と等しい。食料品の機会費用を下げるためには、食料品産業の生産性を高め、$a_f$ の値を引き下げるしかない。

　次に日米間で自由な貿易が行われている状態を想定しよう。今度は日本の国民が食料品の消費量を増やすことを望んだとしても、国内でそれを増産する必要は必ずしもなく、アメリカから輸入することもできる。たとえば、日本がアメリカに衣料品を輸出し、その代金を用いて食料品を輸入することを考えてみよう。

　先に見たように、二国の間で上記のような取引が行われるのは円ドルレートが図表2の③の領域にある時に限られ、その時には必ず $P_f > S \times P_f^*$ という関係が成立している。この式を先の機会費用の関係と組み合わせると、

$$\frac{a_f}{a_c} = \frac{P_f}{P_c} > \frac{S \times P_f^*}{P_c} \tag{9}$$

という関係が成立することが分かる。

　(9)式の一番右の値は、貿易が行われる場合の二財の相対価格であり、輸出品（衣料品）の数量で測った輸入品（食料品）1単位の機会費用でもある[4]。この値は自給自足時の機会費用である $P_f/P_c$ より小さいから、日本で衣料品を減産して食料品を増産するより、アメリカに衣料品を輸出して食料品を輸入する方が犠牲になる衣料品の量が少なくて済むことが分かる。このことは、日本において同じ人数の人々が働いていても、自由な貿易を行うことによって国民が消費できる財の総量が増加する、すなわち国民の厚生が改善することを意味している。

　同じことはアメリカにおいても成立する。アメリカが自給自足するときの二財の相対価格は $P_f^*/P_c^* = a_f^*/a_c^*$ である。円ドルレートが③の領域にある時

---

4)　たとえば $S \times P_f^* = 2$ かつ $P_c = 1$ のときに輸出額＝輸入額という条件を保ちながら食料品の輸入量を1単位増やすためには、衣料品の輸出量を2単位増やす必要がある。

には $P_c < S \times P_c^*$ であり、この式は

$$\frac{P_c}{S} < P_c^* \tag{10}$$

と同義である。したがって

$$\frac{P_f^*}{P_c/S} > \frac{P_f^*}{P_c^*} = \frac{a_f^*}{a_c^*} \tag{11}$$

であり、この式を(9)式と同じように配列すると

$$\frac{a_c^*}{a_f^*} = \frac{P_c^*}{P_f^*} > \frac{P_c/S}{P_f^*} \tag{12}$$

となる。

(12)式の一番右の値は、貿易が行われる場合の衣料品と食料品の相対価格であり、アメリカの輸出品（食料品）で測った輸入品（衣料品）1単位の機会費用である。この値が自給自足時の機会費用である $P_c^*/P_f^*$ より小さいことは、アメリカの国内で食料品を減産して衣料品を増産するより、日本に食料品を輸出して衣料品を輸入する方が犠牲になる食料品の量が少なくて済むことを意味している。これらのことから分かるように、国際間の貿易に勝ち負けはなく、比較優位の原則にもとづく合理的な貿易が行われる限り、すべての国の厚生水準が改善する[5]。

自由貿易によって各国の厚生水準が上昇するのは、貿易を通じた国際間の生産分業が実質的に自国の生産性が上昇することと同じ意味を持っているからである。この点を理解するために、ここで

$$\frac{S \times P_f^*}{P_c} = \frac{\tilde{a}_f}{a_c} = \frac{a_f^*}{\tilde{a}_c} \tag{13}$$

---

5) 図表2の数値例では $P_f/P_c = 5/3$ かつ $P_f^*/P_c^* = 1$ だったから、(9)式と(11)式を同時に満たす $(S \times P_f^*)/P_c = P_f^*/(P_c/S)$ は1より大きく5/3より小さな値、たとえば4/3のような値になる。

という等式を満たす $\tilde{a}_f$ と $\tilde{a}_c$ を考えてみよう。(9)式と(11)式の不等号関係が成立しているとき、これらの値は $\tilde{a}_f < a_f$ と $\tilde{a}_c < a_c^*$ という関係を満たしている。

　上記の不等式から分かるように、ある国が比較劣位にある財を外国から輸入することは、自給自足の状態でその財に関する自国の投入係数を引き下げること、すなわち、その財に関する生産性を引き上げることと同じ効果を持っている。現実に個々の企業や産業が生産性を高めるためには多大な努力と時間が必要だが、消費者の立場からすると、自国の市場を輸入品に対して開放することにより、それと同じ効果が直ちに得られるわけである。

## 4　誰と誰が競争しているのか

　比較優位の概念は、国際貿易における競争の意味を正しく理解する上でも重要である。この節では、前節のモデルを三つ以上の財が存在する状況に拡張し、国際市場において誰と誰が競争しているのかという問題を考える。

　第2節の二財のケースでは、(7)式に示したように、

$$\frac{P_f}{P_f^*} > \frac{P_c}{P_c^*} \tag{14}$$

であることが日本が衣料品産業に比較優位を持つ条件だった。そして日米間で双方向の貿易が行われるためには、円とドルの為替レートが

$$\underbrace{\frac{P_f}{P_f^*}}_{S_f} > S > \underbrace{\frac{P_c}{P_c^*}}_{S_c} \tag{15}$$

という範囲に収まっている必要があった。

　さて、いま、機械産業という第三の産業が登場したとしよう。以下では日本とアメリカにおける機械1単位の価格をそれぞれ $P_m$ と $P_m^*$ と書くことにし（$m$ は machinery の m）、二国の三財の価格の比率の間に

$$\frac{P_f}{P_f^*} > \frac{P_c}{P_c^*} > \frac{P_m}{P_m^*} \tag{16}$$

という関係が成立していると仮定しよう。

　財の種類が三つ以上ある場合、比較優位や比較劣位は絶対的な基準ではなく、相対的な基準となる。この例の場合、日本は機械産業＞衣料品産業＞食料品産業の順に比較優位度が高く、アメリカは食料品産業＞衣料品産業＞機械産業の順に比較優位度が高い。日本もアメリカも少なくとも一財を輸出する場合、食料品はアメリカの輸出品、機械は日本の輸出品となる。

　それでは衣料品はどちらの国が輸出するのだろうか。二国が少なくとも一財を輸出する場合、為替レートは $P_f/P_f^*$ と $P_m/P_m^*$ の間の値しかとりえない。衣料品をどちらの国が輸出するかは為替レートがその範囲内のどの値をとるかにかかっている。為替レートが上限の $P_f/P_c$ に近づくと日本の衣料品がアメリカの衣料品より安くなり、日本からアメリカに輸出が行われる。為替レートが下限の $P_m/P_m^*$ に近づくとアメリカの衣料品の方が安くなり、アメリカから日本に輸出が行われる。

　日本の衣料品メーカーの立場からすると、上記のようにその時々の為替レートによって自社の事業環境が左右されることは理不尽に思われるかも知れない。しかし第2節の二財のモデルの場合、衣料品産業は常に日本の輸出産業だった。本節のモデルにおいて衣料品産業の立場が不安定になったのは、為替レートが変動するからというより、衣料品産業より比較優位度の高い機械産業が登場したためである。

　ここで(16)式に含まれる各財の価格を賃金と投入係数を用いて書き直すと

$$\frac{a_f W}{a_f^* W^*} > \frac{a_c W}{a_c^* W^*} > \frac{a_m W}{a_m^* W^*} \tag{17}$$

となる。$a_m$ と $a_m^*$ は日本とアメリカの機械産業の投入係数を表している。この式は

$$\frac{a_f}{a_f^*} > \frac{a_c}{a_c^*} > \frac{a_m}{a_m^*} \tag{18}$$

という不等式と同義である。

　上記の状況において日本の衣料品メーカーが不安定な状態から脱却し、輸

出のリーディング産業の座を取り戻したいと考えるなら、自社の生産性を十分に高め、

$$\frac{a_f}{a_f^*} > \frac{a_m}{a_m^*} > \frac{a_c}{a_c^*}$$ (19)

という関係が成立するまで $a_c$ を低下させる必要がある。しかし日本の衣料品メーカーが生産性改善に取り組んでいる間に、他の産業の企業も同じように生産性向上とコスト削減の努力を行っている。日本の衣料品メーカーが $a_c$ を引き下げることに成功したとしても、その間に日本の機械メーカーの生産性がいっそう大幅に上昇した場合、(18)式の不等号関係を逆転させることはできない。また、日本の機械メーカーの生産性がアメリカの機械メーカーの生産性に比べて大きく改善した場合、$a_m/a_m^*$ が低下し、為替レートがとりうる範囲の下限が低下する。すると日本の衣料品メーカーはいっそう苦しい競争を強いられることが増えるはずである。

　上記の分析は以下の二つのことを示唆している。第一に、為替レートが経済的に合理的な範囲内に収まっている場合でも、一部の企業や産業が苦しい操業を強いられることは避けられない。現実の円ドルレートは1970年初めの1ドル＝360円から1990年代半ばには1ドル＝80円を切るところまで円高が進み、国内ではそれをアメリカから押し付けられた理不尽なハンディキャップであるかの議論が盛んに行われた。しかし前著の第3章において見たように、こうした円高のかなりの部分は日米の生産性と賃金の変化によって説明可能であり、必ずしも不可解な動きだったわけではない。第20章で説明するように、大半の輸出企業が満足できる収益を挙げられるような為替レートは円安にすぎ、後に大きな揺り戻しを引き起こす可能性がある。

　第二に言えるのは、企業の輸出競争を同業他社との競争としてのみ捉えるのは視野が狭いということである。先の例から分かるように、日本の衣料品メーカーはアメリカの衣料品メーカーと競争しているだけでなく、実質的に日本の機械メーカーや食品加工メーカーとも競争しており、長期的には後者の方が重要となることが多い。第5章において見たように、日本では衣料品を含む繊維産業が1950年代まで輸出のリーディング産業だったが、高度成

104　第Ⅱ部　貿易・企業編

長期に機械機器産業によってその座を奪われた。これはこの時期に日本の繊維メーカーが技術革新や生産性向上の努力を怠ったからでは必ずしもなく、日本の機械機器産業の生産性の上昇率が海外の機械機器産業や国内の他産業に比べて高かったからである。

---

*Column* ④　比較優位と日本企業の採算レート

　内閣府は、毎年1月に「企業行動に関するアンケート調査」を実施している。そこで国内のさまざまな製造業の輸出企業に対して採算レートと呼ばれる為替レートを尋ねているので、それを用いて上述した生産性と為替レートの関係を確認してみよう。ここで言う「採算レート」とは、「これ以上円高が進むとコスト割れして赤字になる」という損益分岐点に当たる円ドルレートのことである。

　図表3は、2003年と2013年の調査における産業別の採算レートを各時点における実勢レート（現実の円ドルレート）とともにグラフに描いたものである。2003年1月の実勢レートはほぼ1ドル＝119円だったので、それを当時の各産業の採算レートとともに左側の縦軸を用いて表示している。一方、2013年1月の実勢レートは1ドル＝約89円だったので、それをその時点の各産業の採算レートとともに右側の縦軸を用いて表示している。

　図表3を見ると分かるように、実勢レートが2003年から2013年にかけて30円も円高になったにも関わらず、各時点における実勢レートと採算レートの関係はあまり変化していない。どちらの年もごく一部の産業において採算レートが実勢レートを上回っているが、それ以外の産業では採算レートが実勢レートを下回っており、一定の利益を出すことができている。個々の企業は「これだけ血眼の努力をしているのだから、もう少し儲からなくては報われない」と感じているかも知れないが、そうした努力が強化されればされるほど、そしてそうした努力が実を結べば結ぶほど円高が進行し、相対的に生産性上昇率が低い企業や産業が淘汰されてゆくというのが比較生産費説の教えるところである。

　図表3においてもう一つ気づくのは、2003年と2013年とでは各産業の採算レートの大小関係が異なっていることである。比較生産費説の下では採算レートの大小関係がすなわち比較優位度の大小関係だから、このことは2003年から2013年にかけての10年間に各産業の相対的な比較優位度が変化したことを意味している。たとえばガラス・土石製品業の採算レートは2003年には鉄鋼業に次ぐ2番目の高さ

図表3　日本の製造業の採算レート

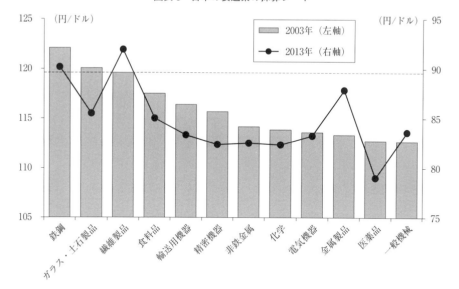

(注) いずれも各産業に属する企業の回答の単純平均値。回答企業数が5社未満の産業は情報不足とみなして除外した。点線は調査が行われた年の1月時点における実勢レートを表す（2003年は1ドル＝119円、2013年は1ドル＝89円）。
(出所) 内閣府経済社会総合研究所「企業行動に関するアンケート調査」をもとに集計。

だったが、2013年には繊維、鉄鋼、金属の三産業に次ぐ4番目となり、相対的な比較優位度が上昇している。同様に、2003年には一般機械産業の採算レートが最も低かったが、2013年には医薬品業の採算レートが最低となり、それが円ドルレートの下限を決める役割を果たしている。これらのことから、(18)式から(19)式への変化のような産業間の比較優位関係の変化が絵空事でないこと、個々の企業のライバルが同業他社だけではなく、国内外のあらゆる企業であることが分かる。

# 第7章　生産要素の蓄積と貿易構造の変化

## 1　はじめに

　前章において比較優位が一国の輸出品と輸入品を決める鍵となることを示したが、これで貿易の原理が十分に明らかになったかと言うと、必ずしもそうとは言えない。たとえば以下のような疑問や課題が残されている。

　第一に、比較生産費説では国別・産業別の投入係数の大小関係によって比較優位が決定したが、これらの投入係数がどのようにして決まるのかは分析の対象外になっていた。前章では国による投入係数の違い＝生産技術の格差だと説明したが、本章で議論するように、現実はもう少し複雑である。

　第二に、比較生産費説では労働だけが生産要素だったが、これは特殊な状況である。前章で述べたように、理論的な分析においては単純な状態から出発してより一般的な状態へと進み、単純な状況において得られた結果が引き続き成立するかどうかを確かめる必要がある。本章において解説するように、複数の生産要素が存在する場合、比較優位は純粋な技術以外の要因によっても発生する。

　本章ではまず、現実のデータを用いて前章の比較生産費説の妥当性を再検討する。その結果を手がかりとして、次に個々の産業が複数の生産要素を利用して生産活動を行う状況を想定し、そこでどのような貿易が生じるかを検討する。こうした想定にもとづく貿易理論は**生産要素比率理論**ないし**ヘクシャー・オーリン理論**と呼ばれている [1]。

## 2　日中貿易による比較生産費説の検証

　日本では 19 世紀以来アメリカが最も重要な貿易相手国だったが、近年は中国との貿易額がアメリカとの貿易額を上回っている。そこで、ここでは日

---

1)　ヘクシャー（Eli Filip Heckscher、1879 ～ 1952）とオーリン（Bertil Gotthard Ohlin、1899 ～ 1979）はスウェーデンの経済学者である。

本と中国の貿易に注目し、日中間で取引される財の構成がどれだけ比較生産
費の原理と一致しているかを検証する。ただし抽象的な経済理論を現実の
データに当てはめるためには一定の工夫や読み替えが必要となるので、最初
にそのことを考えておこう。

　第一に、前章では投入係数を「財1単位の生産に必要な労働者の人数」と
定義したが、現実の企業や産業は単一の商品だけを生産しているわけではな
い。たとえば自動車産業は乗用車もトラックも生産しているが、乗用車とト
ラックでは性能も販売価格も異なっている。仮に乗用車1台の価格が100万
円、トラック1台の価格が500万円だとすると、トラック1台は乗用車5台
分に相当すると考えるべきだろう。

　また、前章では生産要素以外の投入物を無視したが、現実の企業は他社か
ら調達した原材料や中間財を利用しながら生産活動を行っている。これらの
企業が生み出す価値は売上高から原材料や中間財の費用を引いた付加価値だ
から、各企業の生産性の高低は生産量や販売額ではなく、付加価値の大きさ
に反映されるはずである。これらのことを考慮し、以下では各産業の就業者
数を一年間の付加価値で割った値をもとに投入係数を計算することにする。
すなわち、もとの投入係数が「ある産業において財1単位を生産するために
必要な労働者の数」を意味していたのに対し、ここでは便宜的にそれを「あ
る産業において一定額（たとえば1億円）の付加価値を生み出すために必要
な労働者の数」と読み替えるわけである。

　第二に、前章の比較生産費説では各産業が単一の財だけを生産していたた
め、個々の産業の生産物に関して輸出と輸入が同時に生じることはあり得な
かった。しかし現実の企業や産業は多数の商品を手掛けているから、一国に
おいて食料品や衣料品の輸出と輸入が同時に行われることは何ら不思議でな
い。このような状態の下では輸出産業と輸入産業の区別は絶対的なものでな
く、程度の違いとなる。

　そこで、ここでは日本の中国への輸出額と中国からの輸入額のデータを産
業別に集計し、

$$純輸出比率 = \frac{輸出額 - 輸入額}{輸出額 + 輸入額} \tag{1}$$

108　第Ⅱ部　貿易・企業編

という値を計算することにする。輸出だけが行われて輸入がゼロのとき、この比率は1となる。逆に輸入だけが行われて輸出がゼロのときは−1となる。したがってこの値が1に近い産業ほど純粋な輸出産業に近く、−1に近い産業ほど純粋な輸入産業に近いと考えることができる。

　図表1は、上述の方針に従って2007年の日本と中国の統計を整理したものである[2]。ここでは貿易額が少ない農産品や鉱物資源を除外し、工業部門だけを22産業に区分して比較している。

　まず、上記の方法で日本と中国の各産業の投入係数を計算した結果を示したのが左側の $(a)$ 欄と $(b)$ 欄である。ここでは単位を揃えるため、どちらの国に関しても付加価値百万ドル当たりの人数を示している。三列目が二国の投入係数の比率を表し、これが前章の $a_f/a_f^*$ や $a_c/a_c^*$ に対応する。この表には多数の産業が存在するので、前章の第4節と同じく各産業の比較優位は相対的なものとなり、この比率が小さい産業ほど日本の比較優位度が高いことを意味している。

　図表1の右側の三列には、日本から中国への輸出額と中国から日本への輸出額（＝日本の輸入額）、そして日本の純輸出比率を示している。純輸出比率はパーセント表示にしているので、日本の完全な輸出産業であれば100となり、完全な輸入産業であれば−100となる。

　比較生産費説が正しければ、投入係数比率が低い産業ほど日本の純輸出比率が高くなっているはずである。このことを確かめるために、各産業の投入係数比率を縦軸にとり、純輸出比率を横軸にとって散布図を描いてみたのが図表2である。なお、貿易上重要な産業とそうでない産業を識別するために、この図では各産業の貿易額（図表1の $(e)$ ＋ $(f)$）の大小関係を円の大きさによって示している。

　図表2は全体として右下がりの散布図になっており、日本の比較優位度が高い産業ほど純輸出比率が高いという関係が一応認められる。しかしこの関係は緊密とは言いがたく、「皮・皮革品・靴」のように投入係数比率が低いにも関わらず日本の圧倒的な輸入超過になっている産業がある一方、「鉄鋼」

――――――――――
2)　より最近の統計を利用したいところだが、2008年以降は中国の産業別付加価値の適切なデータが得られないため、2007年の統計を用いることにした。

第7章　生産要素の蓄積と貿易構造の変化　109

図表1　日本・中国間の貿易構造と労働生産性

| 産業分類 | 投入係数 | | | 付加価値に占める賃金の比率（労働分配率） | | 貿易額 | | |
|---|---|---|---|---|---|---|---|---|
| | (a) 日本 (人／百万ドル) | (b) 中国 (人／百万ドル) | (a)÷(b) (投入係数比率) | (c) 日本 (%) | (d) 中国 (%) | (e) 日本→中国 (百万ドル) | (f) 中国→日本 (百万ドル) | (e−f)÷(e+f) (%) |
| 食料品・飲料 | 12.1 | 45.1 | 0.27 | 21.7 | 11.0 | 405 | 5,875 | −87.1 |
| タバコ | 0.7 | 4.9 | 0.14 | 4.7 | 4.2 | 29 | 18 | 23.1 |
| 繊維品 | 18.5 | 97.4 | 0.19 | 26.1 | 20.3 | 3,239 | 9,057 | −47.3 |
| 衣料品・毛皮 | 29.4 | 130.5 | 0.23 | 28.1 | 31.0 | 52 | 13,472 | −99.2 |
| 皮・皮革品・靴 | 17.4 | 144.4 | 0.12 | 23.0 | 34.2 | 150 | 5,230 | −94.4 |
| 木工品（除く家具） | 15.4 | 82.9 | 0.19 | 17.8 | 17.3 | 30 | 1,667 | −96.5 |
| 紙・紙加工品 | 9.5 | 57.5 | 0.16 | 25.1 | 13.6 | 1,223 | 547 | 38.2 |
| 印刷・出版物 | 11.5 | 79.6 | 0.14 | 24.9 | 22.7 | 227 | 215 | 2.8 |
| 石油・その他燃料 | 3.2 | 19.7 | 0.16 | 15.6 | 7.8 | 1,678 | 1,270 | 13.8 |
| 化学製品 | 3.5 | 40.7 | 0.09 | 15.5 | 12.8 | 17,472 | 6,526 | 45.6 |
| ゴム・プラスチック製品 | 10.5 | 73.7 | 0.14 | 26.0 | 19.3 | 3,275 | 3,190 | 1.3 |
| 非金属製品 | 8.1 | 71.0 | 0.11 | 18.3 | 16.1 | 1,241 | 1,849 | −19.7 |
| 鉄鋼 | 4.7 | 27.9 | 0.17 | 20.1 | 10.1 | 13,734 | 3,869 | 56.0 |
| 金属製品 | 11.4 | 66.3 | 0.17 | 25.0 | 18.3 | 1,955 | 3,720 | −31.1 |
| 一般機械 | 8.3 | 59.8 | 0.14 | 26.5 | 18.5 | 19,267 | 8,529 | 38.6 |
| 事務用機器・電算器 | 7.7 | 49.0 | 0.16 | 31.7 | 20.3 | 4,241 | 13,142 | −51.2 |
| 電気機械 | 9.8 | 57.4 | 0.17 | 33.1 | 17.5 | 10,881 | 8,942 | 9.8 |
| 通信・放送用機器 | 7.2 | 56.6 | 0.13 | 28.8 | 22.5 | 24,070 | 14,306 | 25.4 |
| 医療・精密・光学機器 | 8.5 | 72.8 | 0.12 | 28.6 | 24.8 | 7,262 | 3,854 | 30.7 |
| 自動車・トレーラー | 5.9 | 37.4 | 0.16 | 27.1 | 13.7 | 8,086 | 1,726 | 64.8 |
| その他輸送用機器 | 7.9 | 61.0 | 0.13 | 31.8 | 21.8 | 201 | 947 | −65.0 |
| 家具・その他 | 13.1 | 122.2 | 0.11 | 23.2 | 30.7 | 1,821 | 9,222 | −67.0 |
| 製造業計 | 8.4 | 55.8 | 0.15 | 24.4 | 16.2 | 120,537 | 117,173 | 1.4 |

(注) リサイクル品は省略。「通信・放送用機器」はテレビ、ラジオ等を含む。
(出所) UNIDO, *INDSTAT Database* 及び Bureau van Dijk-CEPII, *Chelem Database* をもとに集計。

図表2 産業別の労働生産性比率と純輸出比率の関係

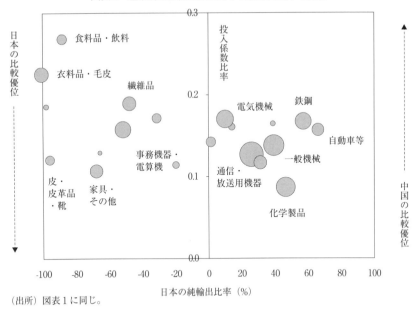

(出所) 図表1に同じ。

や「自動車」のように日本の純輸出比率が大きい割に投入係数比率が比較的高い産業もある。

　また、比較生産費説が正しければ、日本の比較優位度が非常に高い産業では日本の商品が中国の商品に比べてずっと安く、逆に日本の比較優位度が非常に低い産業では中国の商品が日本の商品に比べてずっと安くなっているはずである。したがって日本の比較優位度が非常に高い産業や非常に低い産業では二国の価格差を反映して活発な貿易が行われ、比較優位度が中位の産業では二国の商品の価格が接近するため、あまり活発な貿易が行われないと予想される。

　しかしこの予想は外れている。図表2において貿易額が多い産業は必ずしも投入係数比率が非常に大きい産業や小さい産業ではなく、「電気機械」や「通信・放送用機器」のように投入係数も純輸出比率も中程度の産業である。産業分類を細分化すれば個々の産業の貿易額は減少するが、比較優位度が中程度の産業の貿易額が多い傾向はあまり変化しない。これらのことは、日本と

中国の貿易に比較優位以外の要因が関与していることを示唆している。

　最後に、産業別の投入係数比率がすべて 1 を大幅に下回っている（＝日本の投入係数が中国の投入係数に比べてずっと小さい）こともやや不思議である。先進国である日本の投入係数が中国の投入係数に比べて小さいことは必ずしもおかしくないが、最近は新聞紙上などで中国企業の技術水準が目覚ましく上昇していることが伝えられている。図表 1 に示した日中の産業別の投入係数には 5 ～ 10 倍の開きがあるが、それを純粋な技術格差のみによって説明することは困難なように思われる。

　それでは比較生産費説が日中間の貿易構造の説明として十分でないように見えるのはなぜだろうか。この問題を考えるための材料として、図表 1 の中央の（c）欄と（d）欄に日本と中国における**各産業の労働分配率**（付加価値総額に占める賃金の比率）を示しておいた。第 3 章において解説したように、企業が生み出す付加価値は最終的に生産に用いられた生産要素の所有者に分配される。したがってある産業の労働分配率が 1 未満であることは、その産業の生産活動において労働以外の生産要素も利用されていることを意味している。

　（c）欄と（d）欄を観察すると、どの産業においても労働分配率が 1 よりずっと小さいだけでなく、産業間でその値に相当のばらつきが認められる。たとえば、どちらの国においてもタバコ産業の労働分配率が 4％程度しかないのに対し、衣料品産業や皮革品産業の労働分配率は相対的に高く、2 ～ 3 割に達している。これらのうち、タバコ産業が巨大な製造設備を必要とする一種の装置産業である一方、衣料品産業や皮革品産業は相対的に手作業への依存度が高く、機械や設備などの資本の利用度は低い。こうした産業による資本の利用度の違いが労働分配率の違いに反映されている可能性が考えられる。

## 3　生産要素の賦存状況と産業構造

　上記の点は、個々の産業の投入係数の意味を正しく理解する上できわめて重要である。前章の比較生産費説では労働以外の生産要素を無視したが、現実の生産活動には資本や土地、技術なども利用されている。これらのうち、

112　第Ⅱ部　貿易・企業編

労働と土地の量は時間が経ってもあまり変化しないが、資本や技術の量は毎年の設備投資や研究開発を通じて人為的に調整することが可能である。一般にある国が非常に貧しい時には資本や技術が相対的に希少な生産要素であるのに対し、豊かな国では逆に土地や労働が希少な生産要素になっていることが多い。これらのうち、土地は農業以外では必ずしも重要でなく、技術はその扱いがやや難しいので、以下では労働と資本の関係について考察してみよう。

　図表３のパネル（a）には、世界のさまざまな国々における労働者一人当たりの実質 GDP と資本の量の関係が示されている。第１章で解説したように、労働者一人当たりの実質 GDP は労働生産性と呼ばれ、労働投入係数の逆数に相当する。労働者一人当たりの資本量は平均的な労働者がどれだけの資本を駆使して生産活動を行っているかを表し、しばしば**資本装備率**と呼ばれている。ただし資本には建物から機材まで様々なものが含まれるため、ここでは過去の設備投資額をもとに一定の仮定を置いてその実質的な価値を算出している。労働生産性も資本装備率も国際間の格差が非常に大きいため、ここでは縦軸と横軸の両方に対数目盛を用いている[3]。

　パネル（a）の縦軸と横軸の値の間には強い正の相関関係が認められ、労働生産性が高い国々では例外なく資本装備率が高くなっている。労働生産性が高い国とはすなわち高所得の先進国のことだから、このことを所得水準の高い国ほど資本装備率が高いと言い換えることもできる。

　次にパネル（b）は、日本のさまざまな製造業の労働生産性と資本装備率を計算し、それらの関係をグラフに描いたものである。このグラフはパネル（a）とよく似ており、資本装備率と労働生産性の間に正の相関関係があるだけでなく、個々の産業の資本装備率と労働生産性にきわめて大きなばらつきが認められる。資本装備率がとりわけ高いタバコ産業や石油製品業などは図表１において労働分配率が非常に低かった産業であり、逆に労働生産性が低い繊維業や皮革製品業は図表１において労働分配率が相対的に高かった産業である。

---

3)　対数目盛を用いたグラフの意味に関しては、第５章の *Column* ③において解説した。

# 第7章 生産要素の蓄積と貿易構造の変化

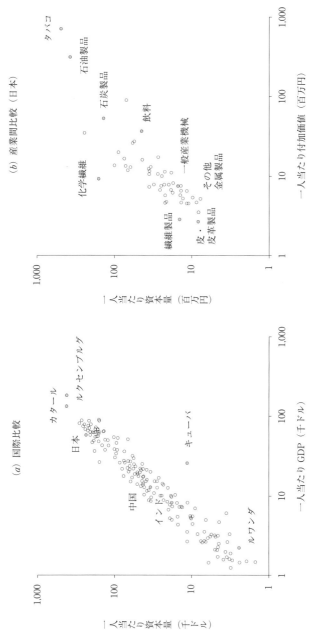

図表3 国際間・産業間の資本装備率の比較

(a) 国際比較

(b) 産業間比較（日本）

(注) パネル (a) は横軸、縦軸とも 2005 年価格で評価した 2009 年の実質値。パネル (b) の横軸は 2010 年の名目値、縦軸は 2010 年の値を 2000 年価格で評価した実質値。
(出所) Weil (2013) 及び経済産業研究所 JIP データベースをもとに作成。

ある産業が複数の生産要素をどのような比率で利用するかを**要素集約度**と呼ぶ。上記の観察によると、図表1で見た産業間の労働分配率のばらつきは要素集約度の違いと密接に関係しているように思われる。資本装備率が高い産業とは労働に比べて資本への依存度が高い産業だから、以下ではこうした産業を**資本集約的**な産業と呼ぶことにしよう。同様の理由で、資本装備率が低い産業を**労働集約的**な産業と呼ぶことにする。

資本装備率が国によっても産業によっても異なることは、一国の産業構造に関して重要な示唆を持っている。仮に資本装備率が低い国と高い国が同一の産業構造を持っている場合、前者は資本不足・労働余剰、後者は資本余剰・労働不足になってしまうはずである。それが生じないようにするためには、資本蓄積度が低い開発途上国においては労働集約的な産業が中心となり、資本蓄積度が高い先進国では資本集約的な産業が中心となる必要がある。

最後に、図表4において世界各国の一人当たり実質GDPと労働分配率の関係を散布図に描いてみた。図表3とは異なり、この図の縦軸と横軸の値の間にははっきりした関係が認められず、大半の国々の労働分配率が50〜80%の範囲に分布している[4]。

低所得国と高所得国の資本装備率が著しく異なるにも関わらず労働分配率に大きな差がないことは、これらの国々における生産要素の価格が異なっていることを意味している。ここで労働1単位当たりの使用料（たとえば一年間の賃金）と資本1単位当たりの使用料（たとえばある機材の一年間のレンタル料）を考え、仮にこれらの費用の比率がどの国でも同一だとしよう。その場合、資本集約的な産業ほど労働分配率が低くなるのと同じ理由で、資本が豊富な高所得国ほど労働分配率が低くなるはずである。しかし現実にそうなっていないということは、豊かな国ほど労働の使用料が資本の使用料に比べて割高になっていることを示唆している。豊かな国において労働が資本に比べて希少な生産要素であることを考えると、これは納得できるだろう。

---

4) 高所得国に比べて低所得国の間で労働分配率のばらつきが大きいのは、これらの国々のSNAが十分に正確でないことや、第一次産業の比率のばらつきが大きいためだと思われる。第一次産業は相対的に土地集約的であるため、他の産業より労働分配率が低くなることが多い。

第7章 生産要素の蓄積と貿易構造の変化　115

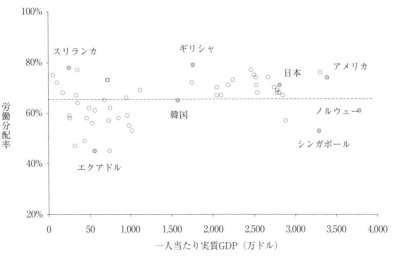

図表4　経済発展と労働分配率の関係

(注) 横軸の一人当たり実質GDPは1995年の値を2005年価格によって評価した実質値。縦軸の労働分配率は1995年以前で入手可能な最新のデータによる。点線はここに示した53カ国の平均値（約65.4%）。
(出所) World Bank, *World Development Indicators* 及び Ben S. Bernanke and Refet S. Gürkaynak (2002), "Is growth exogenous? Taking Mankiw, Romer, and Weil seriously," *NBER Macroeconomics Annual* 2001 のデータをもとに作成。

## 4　資本装備率と比較優位

　さて、前節までで分析したことに留意しつつ、前章の比較生産費説のモデルを労働と資本という二つの生産要素が用いられる状況に拡張してみよう。それが本章の冒頭で述べた生産要素比率理論となる。

　ここでは日本とインドの二国を考え、前者を資本が豊富な先進国、後者を資本が希少な開発途上国だと仮定しよう。また、どちらの国にも衣料品と機械の二産業が存在し、前者が労働集約産業、後者が資本集約産業だとする。

　図表5の上段には前章の図表1と同じ要領で各産業の投入係数を示している。ここでは衣料品産業の労働係数を $a_c$、資本係数を $b_c$ と書くことにする。（たとえば、$a_c$ 人の労働者が $b_c$ 台のミシンを操作して1枚のジーンズを生産している状態を思い浮かべればよい。）同様に機械産業の労働係数は $a_m$、資本係数は

116    第Ⅱ部　貿易・企業編

図表5　二国の投入係数と商品価格

(a) 投入係数とコスト

| 産業・財 | 日本 | | インド | |
| --- | --- | --- | --- | --- |
| | 労働 | 資本 | 労働 | 資本 |
| 衣料品 | $a_c$ (人・年) | $b_c$ (台・年) | $a_c$ (人・年) | $b_c$ (台・年) |
| 機械 | $a_m$ (人・年) | $b_m$ (台・年) | $a_m$ (人・年) | $b_m$ (台・年) |
| 要素費用 | $W$ (円・年) | $R$ (円・年) | $W^*$ (ルピー・年) | $R^*$ (ルピー・年) |

(b) 各財の価格

| 産業・財 | 日本 | インド |
| --- | --- | --- |
| 食料品 | $P_c = a_c W + b_c R$ (円) | $P^*_c = a^*_c W^* + b^*_c R^*$ (ルピー) |
| 機械 | $P_m = a_m W + b_m R$ (円) | $P^*_m = a^*_m W^* + b^*_m R^*$ (ルピー) |

$b_m$ と表記する。ここでも前章と同様に規模に関する収穫は一定だと仮定する。したがって生産量によらず投入係数は一定である。

　衣料品産業と機械産業では生産物が異なるため、$a_c$ と $a_m$、$b_c$ と $b_m$ の大小関係は分からない。しかし衣料品産業が相対的に労働集約的な産業であり、機械産業が相対的に資本集約的な産業である以上、

$$\frac{b_c}{a_c} < \frac{b_m}{a_m} \tag{2}$$

であるはずである。以下ではこの不等式が成立することを仮定する。

　前章の比較生産費説では、同じ産業でも国によって投入係数が異なっていた。これは国によって生産技術が異なることが仮定されていたためである。今回は国による資本蓄積度の違いと産業による要素集約度の違いがどのような貿易を生み出すかに関心を集中させるために、国による技術格差はないも

のと仮定する。したがって上記の投入係数はどちらの国でも同じである。

　日本における労働と資本の報酬（使用料）はそれぞれ $W$ 円と $R$ 円、インドにおける労働と資本の報酬はそれぞれ $W^*$ ルピーと $R^*$ ルピーだと仮定する[5]。前章と同様に財の価格が生産費に一致するまで低下すると仮定すると、日本における食料品1単位と機械1単位の価格はそれぞれ

$$P_c = a_c W \times b_c R \ \text{（円）} \tag{3}$$

$$P_m = a_m W \times b_m R \ \text{（円）} \tag{4}$$

となり、インドにおける食料品1単位と機械1単位の価格はそれぞれ

$$P_c^* = a_c W^* + b_c R^* \ \text{（ルピー）} \tag{5}$$

$$P_m^* = a_m W^* + b_m R^* \ \text{（ルピー）} \tag{6}$$

となる。

　さて、上記の想定の下で自由な貿易が行われる場合、日本とインドはそれぞれ何を輸出するだろうか。為替レートの値によっては日本とインドのどちらかが両方の財を輸出することもありうるが、前章で見たように、こうしたことは長く続かず、いずれは各国が一財を輸出して一財を輸入するようになるはずである。

　ここで円とルピー（インドの通貨）の為替レートを1ルピー＝ $S$ 円と表記することにすると、

$$P_c > S \times P_c^* \tag{7}$$

かつ

$$P_m < S \times P_m^* \tag{8}$$

であれば、日本は機械を輸出して衣料品を輸入する。一方、

$$P_c < S \times P_c^* \tag{9}$$

5）　企業が資金を借り入れて自ら建物や設備を建設する場合、毎年の利払い費と減価償却費を資本量で割った値が $R$ 円や $R^*$ ルピーに相当する。

かつ

$$P_m > S \times P_m^* \tag{10}$$

であれば、日本は衣料品を輸出して機械を輸入するはずである。

　上記のどちらが成立するだろうか。(7)式と(8)式が成立する場合、これらの不等式の両辺の比率をとることにより、

$$\frac{P_c}{P_m} > \frac{P_c^*}{P_m^*} \tag{11}$$

という関係も必ず成立することが分かる。同様に、(9)式と(10)式が成立する場合、これらの不等式の両式の比率をとることにより、

$$\frac{P_c}{P_m} < \frac{P_c^*}{P_m^*} \tag{12}$$

という関係も成立することが分かる。したがって(11)式と(12)式のどちらが成立するかを調べれば、各国が何を輸出して何を輸入するかを知ることができる。

　そこで、まず、上記の $P_c/P_m$ と $P_c^*/P_m^*$ を(3)〜(6)式を用いて書き直してみよう。すると

$$\frac{P_c}{P_m} = \frac{a_c W + b_c R}{a_m W + b_m R} = \underbrace{\frac{a_c}{a_m}}_{(a)} \times \underbrace{\frac{\dfrac{W}{R} + \dfrac{b_c}{a_c}}{\dfrac{W}{R} + \dfrac{b_m}{a_m}}}_{(b)} \tag{13}$$

$$\frac{P_c^*}{P_m^*} = \frac{a_c W^* + b_c R^*}{a_m W^* + b_m R^*} = \underbrace{\frac{a_c}{a_m}}_{(a)} \times \underbrace{\frac{\dfrac{W^*}{R^*} + \dfrac{b_c}{a_c}}{\dfrac{W^*}{R^*} + \dfrac{b_m}{a_m}}}_{(c)} \tag{14}$$

という関係が得られる。前章では労働だけが生産要素だったため、$P_c/P_m = a_c/a_m$ かつ $P_c^*/P_m^* = a_c^*/a_m^*$ となり、容易に $P_c/P_m$ と $P_c^*/P_m^*$ の大小関係を特

定することができた。しかし今回は生産要素が二つあり、(13)式と(14)式の $(a)$ の部分は共通である。したがって $P_c/P_m$ と $P_c^*/P_m^*$ の大小関係は(13)式の $(b)$ と(14)式の $(c)$ の大小関係にかかっている。試しに $(b)$ から $(c)$ を引き、それを整理すると、

$$(b) - (c) = \frac{\left(\dfrac{W}{R} - \dfrac{W^*}{R^*}\right) \times \left(\dfrac{b_m}{a_m} - \dfrac{b_c}{a_c}\right)}{\left(\dfrac{W}{R} + \dfrac{b_m}{a_m}\right) \times \left(\dfrac{W^*}{R^*} + \dfrac{b_m}{a_m}\right)} \tag{15}$$

という式が得られる。

(15)式の右辺のうち、分母は正の値と正の値の積だから、明らかに正である。分子のうち、右側のかっこで囲まれた $b_m/a_m - b_c/a_c$ は(2)式の仮定により正である。したがって、

$$\frac{W}{R} > \frac{W^*}{R^*} \leftrightarrow \frac{P_c}{P_m} > \frac{P_c^*}{P_m^*} \leftrightarrow \begin{cases} \text{日本が機械を輸出} \\ \text{インド が衣料品を輸出} \end{cases} \tag{16}$$

$$\frac{W}{R} < \frac{W^*}{R^*} \leftrightarrow \frac{P_c}{P_m} < \frac{P_c^*}{P_m^*} \leftrightarrow \begin{cases} \text{日本が衣料品を輸出} \\ \text{インド が機械を輸出} \end{cases} \tag{17}$$

ということになる。

ところで前節において見たように、労働不足・資本余剰の先進国と労働余剰・資本不足の開発途上国を比較すると、通常、前者において労働が割高となり、後者では資本が割高となる[6]。ここでは日本が先進国、インドが開発途上国だから、(17)式ではなく(16)式が成立するはずである。したがって日本は機械、インドは衣料品に比較優位を持ち、それらを輸出するという結論になる。

本節の分析をまとめると以下のようになる。どの国においても相対的に希少な生産要素が割高になり、相対的に豊富な生産要素が割安になる。したがって産業によって要素集約度が異なる場合、各国は自国に豊富に存在する生産要素を集中的に投入する産業に比較優位を持ち、その産業の生産物を輸出す

---

6) 第10章でもこの関係が成立することを確認する。

120    第Ⅱ部　貿易・企業編

ることになる。この関係は**ヘクシャー・オーリン定理**の名で知られ、生産要素比率理論から得られる最も重要な結果である。詳細は省略するが、比較優位に則った自由な貿易が行われる場合、前章と同様に、どの国においても輸出財で測った輸入財の機会費用が低下し、国民の厚生水準が上昇する。

## 5　ヘクシャー・オーリン定理の含意

　前節の生産要素比率理論とヘクシャー・オーリン定理は、貿易を通じた生産者の競争に関して、前章の比較生産費説とは異なる含意を持っている。最後にこれらの点を簡単にまとめておこう。

　第一に、比較生産費説においても生産要素比率理論においても比較優位によって一国の輸出品と輸入品が決まるのは同じだが、比較優位が生まれる理由が異なっている。比較生産費説では、国による技術の違いが比較優位を決定し、各国が相対的に効率よく生産できる財を多めに生産することによって国民の実質的な生活水準が上昇する。一方、生産要素比率理論の場合、国による生産要素の保有状況の違いと産業による要素集約度の違いがもとになって比較優位が生まれ、各国が豊富に保有する生産要素を多用する財を多めに生産することが国民の厚生の水準を上昇させる。

　しかしこれは比較生産費説と生産要素比率理論のどちらかが正しくてどちらかが誤りだという意味ではない。本章では分析の単純化のために労働と資本以外の生産要素を無視したが、現実の生産活動において経営管理能力を含む広義の技術はきわめて重要な役割を果たしている。前節の労働を「時間が経っても総量が簡単に増加しない生産要素」、資本を「毎年の投資を通じて量や質を高めることが可能な生産要素」の代表とみなし、後者を技術に置き換えて解釈した場合、本章と前章のモデルの意味合いはかなり接近する。

　第二に、複数の生産要素を用いて生産した財が国境を越えて取引される場合、貿易は単なるモノの交換でなく、生産要素の貸借の意味を帯びることになる。たとえば前節のモデルにおいて貿易が禁止されている場合、日本では資本に比べて労働者が不足しているために十分な量の衣料品を生産することができず、国民は機械に偏った消費を余儀なくされるだろう。そのような時

第7章　生産要素の蓄積と貿易構造の変化　　121

に日本が資本の一部をインドに貸し出し、代わりにインドの労働者の一部を呼び寄せることができれば、機械の生産量を減らして衣料品の生産量を増やすことが可能である。しかしそのような面倒なことをしなくても、各国が比較優位を持つ財を多めに生産し、それを相互に輸出し合うだけでそれと同じ効果が得られるというのが生産要素比率理論のメッセージである[7]。

　第三に、生産要素比率理論は国際市場における競争が単なるコスト削減競争でないことを示唆している。仮に自国と外国の生産技術がまったく同一でも、外国に比べて設備投資のスピードが速い国では資本のコストが労働や土地のコストに比べて低下するため、資本集約度の高い産業の価格競争力が高まり、労働や土地への依存度の高い産業の価格競争力が低下してゆく。

　たとえば、日本では土地が狭いから農業が国際競争力を持たないのは当然だと考えられがちだが、第5章で見たように、明治時代初期の日本の輸出の中心は生糸や茶などであり、先天的に農業が比較劣位にあったわけではない。その後に資本と技術の蓄積が急激に進んだことにより、土地と労働への依存度が高い農業の優位性が失われたのである。

　こうした原理を前提とすると、日本が土地集約度の高い農産品（穀物や酪農品など）の国内生産に固執することは賢明でなく、これらに関しては外国の商品を安価で輸入し、相対的に資本・技術集約的な農産品（ビニールハウス栽培の野菜や花きなど）に特化することが合理的である。しかし第17章において解説するように、日本政府は政治的配慮から前者のタイプの農業を手厚く保護している。

　また、製造業に関しても、相対的に労働集約度が高い産業が徐々に縮小してゆくことは避けがたい。日本では金属加工や機械機器の生産がしばしば「ものづくり」という言葉で表現され、それが日本のお家芸だと考えられる傾向がある。しかし図表3のパネル（b）を見ると分かるように、これらの産業は必ずしも資本への依存度が高い産業ではなく、医薬品業や石油精製業、化

---

7)　ただしサービスの多くは貿易できないため、一国の経済が発展して生産や消費に占めるサービスの比率が高くなると、貿易を通じたこうした間接的な生産要素の貸借では間に合わなくなる。第9章と第10章を参照。

学繊維産業などに比べるとむしろ労働集約的である。これは金属加工や機械機器の生産工程の中に機械化が難しい部分が多く、製造現場に相当数の工具が必要であるからである。だからこそこれらの産業がものづくりと呼ばれているのである。

　現在のところ、日本の多くの金属メーカーや機械メーカーは設計部門と製造現場の擦り合わせや工具の熟練などによって国際的な価格競争力を維持しようとしている。こうした努力は賞賛に値するが、そこに向かい風に逆らうのに似た側面があることを認識しておく必要がある。従業員の熟練や連携なくして生産が不可能な商品は一種の技術集約財であり、それらに関して国内の生産拠点を維持するメリットはあるだろう。しかしこうした商品でも時間が経つにつれて技術の標準化が進み、いずれは賃金水準の低い開発途上国からの競争に直面することになる。その後はさらに高度な商品を開発するか、外国に生産拠点を移してコストを引き下げることが必要となる。最近、アメリカにおいても「製造業の復活」が指摘されることがあるが、アメリカにおいて活況を呈している電気自動車や通信機器、3D プリンターなどはいずれも技術依存度が著しく高い製品である。

# 第8章　不完全競争と貿易の意義

## 1　はじめに

第6章と第7章の貿易理論では、いずれも規模に関する収穫一定を仮定した。規模に関する収穫が一定の場合、財1単位当たりの生産費用（**単位費用**）も一定となり、大企業であっても中小企業であっても価格競争力は同一となる。このような状況において企業の参入や淘汰が自由に行われると、どの企業も市場で成立する価格を所与として行動せざるを得なくなる。経済学ではこうした状況を**完全競争**と呼んでいる。

しかし読者はこうした仮定を非現実的だと考えるのではないだろうか。自動車会社が自動車を1台生産するときと1万台生産するときとで単位費用が同一ということはありえないし、だからこそどの自動車メーカーも販売台数と市場シェアの拡大を目指して日夜努力している。生産量の増加とともに生産効率が上昇して単位費用が減少することは、**規模の経済**ないし**規模に関する収穫逓増**と呼ばれている[1]。

規模の経済が働く場合、最初に新製品を開発した企業が価格競争力を得て販売量を増やし、市場の独占や寡占が進むことが多い。ある財の市場がこうした**不完全競争**状態にある場合、後発企業が先発企業と同じ財を生産して価格競争を挑むことは得策でなく、既存の商品とは何らかの点で差別化された商品を開発し、その商品の市場リーダーの座を目指すことが賢明である。

また、不完全競争市場においてリーダーとなった企業は必ずしもコスト割れぎりぎりの価格で商品を販売する必要はなく、一定の利潤を獲得することが可能である。しかしあまりにも高い価格をつけると安価な類似品を販売するライバル企業に顧客を奪われる可能性があるので、長期的には生産費を大

---

1)　厳密には、規模の経済という用語は、ある企業の生産量が増加するとその企業の単位費用が低下するという**内部的な規模の経済**の意味で使われる場合と、ある産業が成長することによってその産業に属する企業の単位費用が下落するという**外部経済**の意味で使われる場合がある。以下では前者の意味でこの用語を使用する。

124 第Ⅱ部 貿易・企業編

幅に上回らない水準にまで価格を引き下げざるを得ないだろう。経済学において この種の競争は**独占的競争**と呼ばれ、それにもとづく貿易理論は**新しい貿易理論**の名で知られている。

独占的競争にもとづく貿易理論は生産者（企業）の行動の描写として現実的であるだけでなく、消費者（家計）にとっての貿易の意義を理解する上でも有用である。これまでの貿易理論では主として供給側に注目し、各国が比較優位を持つ財を多めに生産して輸出することによって一国全体の生産効率が改善することを見出した。しかしある産業において後発企業が先発企業と異なる商品を開発して競争を挑みうるということは、そうした商品に対する潜在的な需要が存在する、すなわち消費者が多様な財を欲していることを意味している。国内で供給されない消費財が外国から輸入される場合、国民の選択肢が増加し、その分だけ生活が充実するはずである。

本章ではまず、規模の経済がない場合とある場合とで生産要素の投入量と財の生産量の関係がどのように変化するか、そしてそれが消費者にとってどのような意味を持つかを分析する。その後、新しい貿易理論において一国の労働人口と貿易構造の間にどのような関係が生じるかを考え、それを現実のデータに当てはめる。

## 2 規模の経済と単位費用

第6章の比較生産費説では労働のみが生産要素で投入係数は定数だった。投入係数とは「生産物1単位当たりの生産要素の投入量」のことだから、ある産業の生産量を $Y$、労働投入量を $L$、投入係数を $a$ と書くと、これらの関係は

$$L = aY \tag{1}$$

ないし

$$Y = \frac{1}{a} L \tag{2}$$

である。

第1章では一国の生産関数を $Y = J(L, K, A)$ などの一般的な形で表現した

が、(2)式は $Y = J(L)$ ないし $Y = J(L, A)$ の特殊例だと考えることができる[2]。
(2)式において $L$ を2倍にすると $Y$ は必ず2倍になるから、賃金が $W$ 円なら単位費用は生産量によらず $W \times a$ 円であり、規模に関する収穫は一定となる。

次に規模の経済が働く例として、労働投入量と生産量の間に以下のような関係がある状態を考えてみよう。

$$L = a + bY \tag{3}$$

たとえば、自動車会社では工場の生産ラインに従事する人員も必要だが、商品開発やマーケティングを担う人材も必要である。生産量を2倍に増やすためには工員を（おおむね）2倍に増やす必要があるが、管理部門や開発部門の人員を大幅に増員する必要はないだろう。その場合、(3)式の $bY$ を前者のタイプの労働者の数、$a$ を後者のタイプの労働者の数だと考えることができる。

(3)式の両辺を $Y$ で割ると

$$\frac{L}{Y} = \frac{a}{Y} + b \tag{4}$$

となる。この式の左辺の値は「生産物1単位当たりの労働投入量」だから、右辺が先の投入係数に相当する。ただし $a > 0$ である限り、この係数は定数でなく、$Y$ の減少関数となる。これは規模に関する収穫逓増の例である。

次に(4)式の両辺に賃金の $W$ をかけると

$$\frac{W \times L}{Y} = W \times \left( \frac{a}{Y} + b \right) \tag{5}$$

となる。この式の左辺は総コストを生産量で割った値だから単位費用を意味している。右辺のかっこ内の数値が生産量の減少関数であることから、生産量を増やすと単位費用が減少することが分かる。この場合、同じ生産技術を持つ企業の中でも販売量の多い企業が価格競争力を持つことになる。

生産要素が一つだけで規模の経済が働かない場合、生産要素と生産量の関

2)　$Y = J(L, A)$ の $A$ が $1/a$ だとすると(2)式はその一例となる。

126 第Ⅱ部 貿易・企業編

係は必ず(1)式のようになる。一方、規模の経済が働く場合、(3)式は生産要素と生産量の関係の一つの例にすぎず、他にも無数の例が考えられる。生産要素が二つ以上の場合、これらの要素が相補的か代替的かによってさらに多様な規模の経済を考えることができるが、これらに関しては省略する。

## 3 生産可能性曲線と貿易の便益（規模の経済がないケース）

　第6章と第7章では、貿易がそれに従事する企業だけの関心事ではなく、一国全体の厚生を上昇させることを説明した。以下ではこうした貿易の便益をグラフによって視覚的に表現する方法を考える。本節ではそれを規模の経済がないケースに適用し、次節で規模の経済があるケースに適用する。

　第6章の比較生産費説のモデルでは、日本とアメリカの二国が食料品と衣料品を生産する例を考えた。そこでは二国の労働者の数に関する仮定を置かなかったが、労働者が多いほどたくさんの財を生産できるのは当然である。また、労働者の数を一定とすると、食料品と衣料品のいずれか一方の生産量を増やすためには、他方の生産量を減らす必要がある。以下では日本とアメリカの労働者数をそれぞれ $L$ 人と $L^*$ 人と書き、日本における食料品と衣料品の生産量をそれぞれ $Y_f$ と $Y_c$、アメリカにおける食料品と衣料品の生産量をそれぞれと $Y_f^*$ と $Y_c^*$ と表記することにする。

　各国の投入係数が第6章の図表1の通りだとして、上記の想定の下で、日本はどれだけの量の食料品と衣料品を生産することができるだろうか。日本で食料品産業と衣料品産業に従事する人がそれぞれ $L_f$ 人と $L_c$ 人だとすると、(1)式と同様に、

$$L_f = a_f Y_f \tag{6}$$

$$L_c = a_c Y_c \tag{7}$$

という関係が成立する。$L_f + L_c = L$ であることに注意して(6)式と(7)式の各辺を合計すると

$$L = a_f Y_f + a_c Y_c \tag{8}$$

となり、この式を $Y_c$ について解くと

$$Y_c = \frac{L}{a_c} - \frac{a_f}{a_c} Y_f \tag{9}$$

という関係が得られる。この式を満たす $Y_f$ と $Y_c$ が日本において同時に生産可能な食料品と衣料品の組み合わせを表している。同じ計算をアメリカについて行うと、

$$Y_c^* = \frac{L^*}{a_c^*} - \frac{a_f^*}{a_c^*} Y_f^* \tag{10}$$

という式が得られる。

図表1は上記の(9)式と(10)式をグラフに描いたものである。パネル (a) の太い実線が(9)式を表し、パネル (b) の太い実線が(10)式を表している。経済学ではこうした線を**生産可能性曲線**と呼んでいる。生産可能性曲線の内側(左下)の組み合わせを生産することは可能だが、その場合、一部の労働者が余剰になる。生産可能性曲線の外側（右上）の領域の組み合わせを生産することはできない。

図表1 比較生産費説における生産可能性曲線

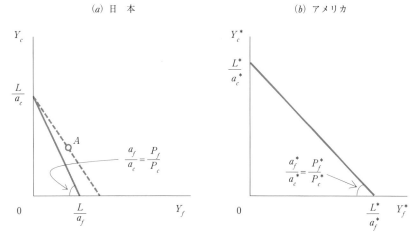

(注) 生産可能性曲線の勾配は－を省略している。

128　第Ⅱ部　貿易・企業編

　第6章で見たように、⑼式の $a_f/a_c$ は自給自足時の日本における二財の相対価格 $P_f/P_c$ に一致し、⑽式の $a_f^*/a_c^*$ は自給自足時のアメリカにおける二財の相対価格 $P_f^*/P_c^*$ に一致する。これらはそれぞれパネル $(a)$ と $(b)$ の生産可能性曲線の勾配（傾き）に対応している。

　第6章の図表1に示した数値例では、どちらの産業においてもアメリカの投入係数が日本の投入係数より小さかった。したがって仮に二国の労働人口が同一だとすると、アメリカの生産可能性曲線は日本の生産可能性曲線に比べて右上に位置する。アメリカの労働人口が日本より多い場合、アメリカの生産可能性曲線はさらに外側に位置することになる。第6章の数値例では $P_f/P_c > P_f^*/P_c^*$ だったので、日本の生産可能性曲線はアメリカの生産可能性曲線より大きな勾配を持つ。

　日本とアメリカがそれぞれ自給自足している場合、生産可能性曲線は国民が消費可能な食料品と衣料品の量の組み合わせの意味も持っている。パネル $(a)$ において日本の国民が $A$ 点の消費の組み合わせを望むなら、どちらかの産業の生産性を高め、生産可能性曲線を外側に移動させる必要がある。たとえば食料品産業の生産性が上昇して $a_f$ の値が十分に下落した場合、生産可能性曲線が点線の位置にシフトし、$A$ 点における消費が可能になる。

　二国が自由に貿易を行う場合、日本は衣料品を輸出して食料品を輸入する。為替レートを1ドル $= S$ 円と書くと、第6章で解説した理由により、

$$\underbrace{\frac{P_f}{P_c}}_{①} > \underbrace{\frac{S \times P_f^*}{P_c}}_{②} = \underbrace{\frac{P_f^*}{P_c/S}}_{③} > \underbrace{\frac{P_f^*}{P_c^*}}_{④} \tag{11}$$

という関係が成立する。②と③は貿易開始後の日本とアメリカにおける二財の相対価格を表し、これらの値は同一である。どちらの国においても貿易することによって輸入品の相対価格が下落し、これらの消費を増やすことの機会費用が低下する。

　仮に日本が衣料品だけを生産してその一部をアメリカに輸出し、輸出代金を用いて食料品を輸入する場合、日本の国民が消費可能な食料品と衣料品の組み合わせの集合は図表2 $(a)$ の点線のようになる。この点線は**予算制約**

第8章 不完全競争と貿易の意義　129

図表2　比較生産費説における貿易の便益

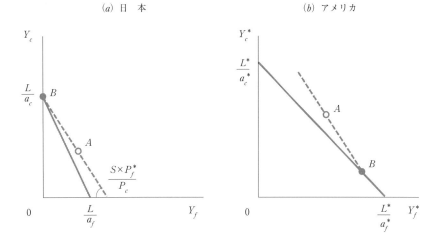

線と呼ばれ、上記の②ないし③がその勾配となる。この予算制約線は生産可能性曲線の外側に位置し、図表1(a)のA点の消費の組み合わせが可能になっている。このことから、自由貿易が自国の生産性が上昇することと同じ効果を持つこと、貿易によって国民の厚生が改善することを確認できる。

一方、仮にアメリカが図表2(b)のB点で生産している場合、アメリカの予算曲線はこのパネルの点線のように生産可能性曲線の外側に位置する。したがって、アメリカも貿易を行うことによってそれまで不可能だった消費の組み合わせが可能になる。二国の予算制約線の勾配がどのような値になるかは事前には分からないが、パネル(a)の線分BAとパネル(b)の線分ABの長さと勾配は同一になるはずである。

## 4　生産可能性曲線と貿易の便益（規模の経済があるケース）

次に、規模の経済がある場合に貿易がどのような便益をもたらすかを検討しよう。ここでも日本とアメリカの二国を考え、さし当たりどちらの国でも労働人口は $L$ 人だと仮定する。二国の労働人口が異なるケースは次節で検

討する。

　前節と同様に二つの財（産業）があるものとし、これらを財1、財2と呼称する。これらの財は規模の経済が働くものなら何でもよく、（財1＝自動車、財2＝パソコン）のようにまったく異なる商品であってもよいし、（財1＝乗用車、財2＝トラック）や（財1＝小型乗用車、財2＝大型乗用車）のように類似した商品であってもよい。

　ここではどちらの産業も収穫逓増だと仮定し、国や産業による投入係数の違いはないものとする。すなわち日本でもアメリカでも生産技術は同一である。以下では日本における財1の労働投入量と生産量をそれぞれ $L_1$ と $Y_1$、財2の労働投入量と生産量をそれぞれ $L_2$ と $Y_2$ と表記する。同様に、アメリカにおける財1の労働投入量と生産量をそれぞれ $L_1^*$ と $Y_1^*$、財2の労働投入量と生産量をそれぞれ $L_2^*$ と $Y_2^*$ と表記する。(3)式に倣って日本の二産業の労働投入量と財の生産量の関係を示すと

$$L_1 = a + b Y_1 \tag{12}$$

$$L_2 = a + b Y_2 \tag{13}$$

となり、アメリカに関しても全く同様に

$$L_1^* = a + b Y_1^* \tag{14}$$

$$L_2^* = a + b Y_2^* \tag{15}$$

となる。

　さて、上記の条件の下で二国の生産可能性曲線を導出してみよう。ここでは日本とアメリカが完全に対称的だから、どちらか一国の生産可能性曲線を導出すればよい。以下では日本を例として考える。

　日本が財1か財2のいずれか一方だけを生産する場合、各財の生産量は

$$L = a + b Y_1 \tag{16}$$

$$L = a + b Y_2 \tag{17}$$

を満たす $Y_1$ と $Y_2$ である。これらの式を解くことにより、

$$(Y_1, Y_2) = \left( \frac{L-a}{b}, 0 \right) \tag{18}$$

$$(Y_1, Y_2) = \left( 0, \frac{L-a}{b} \right) \tag{19}$$

という組み合わせの生産が可能であることが分かる。

　次に日本が両方の財を生産する場合を考えよう。(12)式と(13)式の両辺をそれぞれ合算すると

$$L = 2a + b(Y_1 + Y_2) \tag{20}$$

という式が得られ、これを $Y_2$ について解くと

$$Y_2 = \frac{L-2a}{b} - Y_1 \tag{21}$$

となる。したがって(18)式と(19)式及び(21)式が日本が生産可能なすべての $Y_1$ と $Y_2$ の組み合わせである。アメリカに関しても全く同様である。

　図表3は、上記の計算結果をもとに二国の生産可能性曲線を作図したものである。どちらの国でも横軸上と縦軸上の塗りつぶした点が二財のうち一財だけを生産するケースを表し、太い実線上の点が両財を生産する場合の生産量の組み合わせを表している[3]。二国が貿易せず、かつ国民が両方の財を消費することを望む場合、太い実線上のどこかの点で生産して消費することになる。たとえば国民が二財を均等に消費することを望むなら、どちらの国でも $A$ 点のような組み合わせが選択されるだろう。

　二国が貿易する場合はどうだろうか。仮にアメリカが財1、日本が財2だけを生産し、生産物の半分を輸出し合うとすると、各国の生産点は $B$ 点、消費点は $C$ 点となる。$C$ 点では $A$ 点に比べて両方の財の消費量が増えているから、$C$ 点が $A$ 点より望ましいことは明らかである。したがって前節の規模の経済がない場合と同様に、貿易によって国民の厚生水準が上昇する。

---

3)　両端の白抜きの点は生産可能性曲線に含まれない。

### 図表3　規模の経済がある場合の貿易の便益

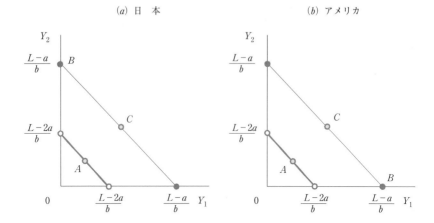

　ただし本節のモデルでは、前章までのモデルとは異なる理由によって貿易の便益が発生している。比較生産費説や生産要素比率理論の場合、国際間の生産性格差や生産要素の保有比率の違いが比較優位を決定し、それが貿易を通じて厚生上昇をもたらした。すなわちこれらのモデルでは国と国の相違が貿易の便益の源泉であり、相違が大きいほど貿易の便益が大きくなった。しかし本節のモデルでは二国は完全に対称的で、二財の要素投入量と生産量の関係も同一である。上ではアメリカが財1だけ、日本が財2だけを生産するケースを考えたが、逆にアメリカが財2、日本が財1だけを生産した場合でも結果は同じである。

　今回のモデルにおける貿易の利益の源泉は、①各産業において$a$という固定要素投入が存在すること、②両国の国民が両方の財を消費することを望むこと[4]、の二つである。①を供給側の規模の経済、②を需要側の選好の多様性と言い換えてもよい。

　①に関しては、$a$が大きくなるにつれて図表3の太い斜線と細い斜線の間

---

[4]　ただし必ずしも各人が二種類の財を消費する必要はなく、人によって求める財が異なっていてもよい。

隔が大きくなり、貿易の便益を表す $A$ 点と $C$ 点の距離が大きくなることが重要である。これは固定的な労働量を意味する $a$ が $b$ に比べて大きい場合、規模の経済がより強く作用するからである。②に関しては、もし日本の消費者が財 1 と財 2 の両方を消費することにこだわらず、二財を 1 単位ずつ購入してもどちらか一方の財を 2 単位購入しても構わないと考えるなら、国民にとって $B$ 点と $C$ 点は等価となる。その場合、自国が $B$ 点で生産したものをそのまま消費すればよく、やはり貿易の利益は発生しない。すなわち需要側の嗜好の多様性も厚生改善の必須条件である。

　今回のモデルでやや微妙なのは、貿易が自由化された場合、二国間で上記のような生産の分担が自然に生じるかどうかである。比較生産費説や生産要素比率理論では比較優位が商品の価格差に直結していたから、安いものが売れるという市場メカニズムが働く限り、必ず比較優位にもとづく生産と貿易が行われた。しかし今回のモデルに比較優位は存在せず、貿易解禁後にどのような生産や貿易が行われるかを事前に特定することはできない。

　しかし現実には各国がそれぞれ一財を生産してその一部を輸出することになる可能性が高い。いま、貿易開始前にどちらの国でも図表3の $A$ 点において両財が生産されていたとしよう。本節の想定の下では生産量が増えるほど単位費用が低下するから、複数の企業が同一財を生産している状況は本質的に不安定である。貿易が開始されると日本で財 1 を生産していた企業とアメリカで財 1 を生産していた企業の間で競争が行われ、先に市場シェアを増やした企業が価格競争力を得て二国の市場を席巻する。競争に敗れた企業で働いていた人は財 2 の企業に吸収され、その企業が生産量を増やして二国の市場を席巻する。したがって貿易解禁から一定の時間が経つと、図表3のように各国がそれぞれ単一財の生産に特化するはずである。

## 5　独占的競争と貿易依存度

　前節では分析の簡略化のために「二国の労働人口が同一・生産可能な財が二つだけ」だと仮定した。しかしこれらの条件を緩めると新しい貿易理論の含意がいっそう明瞭になるので、最後にそのことを説明しておこう。

134 第Ⅱ部 貿易・企業編

　本節でも自国と外国の二国を考えるが、ここで言う外国は特定の一国では
なく、自国以外のすべての外国だと考えてもらいたい。その場合、自国と外
国の人口が同一という仮定は現実的でないから、自国の労働人口を $L$ 人、
外国の労働人口を $L^*$ 人と書き、$L < L^*$ だと仮定する。
　また、今回はあらかじめ財の種類を特定せず、自国においても外国におい
ても $i = 1, 2, 3, ..$ という番号のついた無数の財の生産が可能だと仮定する。
これらは自動車、コンピュータ、医薬品といった異質な財かもしれないし、
少しずつ仕様の異なる自動車やコンピュータかも知れない。そして前節と同
様に、どの財に関しても生産量と労働投入量の関係は

$$L_i = a + bY_i \qquad i = 1, 2, 3, ... \tag{22}$$

だとする。
　しかしいくら無数の財の生産が可能だと言っても、規模の経済が存在する
場合、現実にそれらがすべて生産されることはない。一国が非常に多くの種
類の商品を生産しようとすると、固定的な労働投入である $a$ を満たすために
大半の労働者がとられてしまう。すると製造工程に携わる人員が減少し、各
商品の生産量が減少するため、単位費用も販売価格も高くなる。したがって
一国が自給自足する場合、消費者が多様な商品を求めれば高価格を受け入れ
ざるをえず、安価な商品を求めるなら選択肢が減ることを我慢する必要があ
る。
　ここで上記の点をもう少し厳密に考えてみよう。各財の生産者は少なくと
も生産コストをカバーできる水準に販売価格を設定する必要がある。商品 $i$
の価格を $P_i$ 円と書くと、第 2 節の(5)式から、この商品の生産者がコスト割
れしないための条件が

$$P_i \geq \frac{W \times L_i}{Y_i} = \frac{W \times (a + bY_i)}{Y_i} = \left( \frac{a}{Y_i} + b \right) \times W \tag{23}$$

であることが分かる。
　(22)式では価格≧単位費用としているが、価格が単位費用より高ければ生産
者は純粋な利潤を得る。本節の仮定では潜在的に無数の商品が存在し、その

第8章　不完全競争と貿易の意義　135

中にはこの商品の類似品も含まれているから、この企業が長期間に渡って大きな収益を上げていると、他の企業が類似品を生産して競争を挑んでくる。したがって短期的にはともかく、長期的にこの企業は価格＝単位費用となるところまで価格を引き下げざるを得ないだろう。この条件が成立することを仮定し、㉓式の最右辺の $W$ を最左辺に移行すると、以下のようになる。

$$\frac{P_i}{W} = \frac{a}{Y_i} + b \tag{24}$$

　㉔式の左辺は商品価格を賃金で割った値であり、しばしば**実質価格**と呼ばれている。商品価格と賃金が同時に二倍になったり半分になったりしても購入できる商品の量は変化しないから、消費者にとって真に重要なのは名目価格の $P_i$ 円ではなく、名目価格を賃金で割った実質価格である。消費者が多種類の商品を求めると各財の生産量が減少し、㉓式の実質価格は上昇する。逆に消費者が商品の選択肢が少なくても構わないと考えれば、量産効果によって商品価格が下落し、賃金 $W$ が上昇したのと同じ効果が得られる。

　自国と外国が自給自足する場合、それぞれの国において何種類の商品が生産されるだろうか。仮に外国の労働人口が自国の労働人口の2倍だとして、外国が個々の商品の生産量を自国と同一にとどめる場合、2倍の種類の商品を生産することが可能である。しかしその場合、国民一人当たりの各商品の消費量が自国の半分になってしまうだけでなく、せっかく労働という生産要素が豊富に存在するにも関わらず、規模の経済をまったく活用しないことになってしまう。したがってより現実的なのは、人口が増えるにしたがって生産する商品の種類は増加するが、人口と比例的には増加せず、しだいに増加のスピードが逓減してゆくようなケースだろう。そうすることによって規模の経済を求める生産者と多様な商品を求める消費者の両方の希望をある程度実現することができる。

　図表4は、上記のような労働人口と商品数の関係をグラフに描いたものである。二国が自給自足する場合、自国が生産する商品数は $N$、外国が生産する商品数は $N^*$ となる。

図表４　労働人口と財の種類の関係

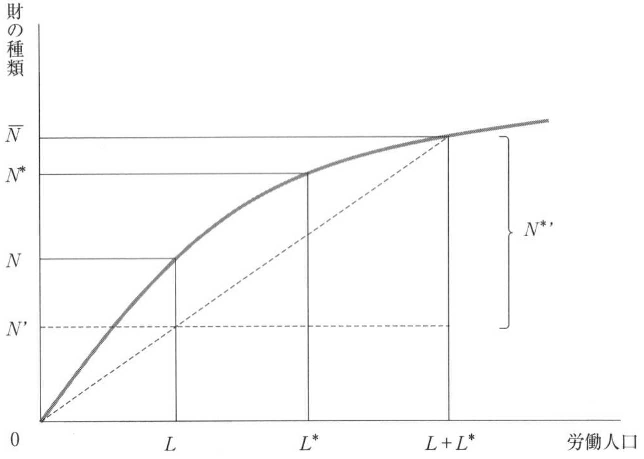


さて、ここで貿易が解禁され、二国の市場が実質的に単一市場になったとしよう。もともと二国の生産物の中に同一の商品が含まれていたとすると、前節で解説したメカニズムを通じてどちらか一方の国の企業が淘汰され、残った企業が両国の市場を押さえることになる。そうして当初は両国において企業の競争と淘汰が進み、失業した労働者を雇い入れて新商品の開発に乗り出す企業も現れるだろう。それが一段落すると、二国合わせて図表４の $\bar{N}$ 種類の商品が生産され、両国の国民がこれらすべてを消費するようになる。

ここで注意したいのは、貿易が行われるとどちらの国でも以前より多種類の商品を消費できるようになる一方、生産する商品の種類が減少することである。自国の場合、貿易開始前に生産していた品目の数が $N$ だったのに対し、貿易開始後に生産する品目数は $N'$ に減少している。外国が生産する品目数は $\bar{N}$ から $N'$ を引いた $N^{*\prime}$ となり、これももとの $N^*$ より少なくなっている。労働人口が変わらずに生産する商品の数が減少するということは、個々の商品の生産量が増加することを意味する。各商品の生産量が増加すると価格が低下するから、消費者は選択肢の増加という便益に加え、実質賃金の上昇という恩恵にも与ることになる。

上記の結果は、一国の人口と貿易の関係に関しても重要な含意を持っている。図表4において貿易が行われる限り、各国の労働人口と生産する財の種類は比例的な関係を持つ。たとえば自国と外国の労働人口の比率が1：4の場合、自国と外国が生産する財の種類も1：4となる。また、両国の国民が各財を同量ずつ消費する場合、自国の企業は生産物の4/5を外国に輸出し、外国の企業は生産物の1/5を自国に輸出することになる。

図表5は、上記の関係を図示したものである。この図の二つの四角形の高さが各財の生産量を表し、横幅が財の種類を表している。（各財の生産量）×（財の種類）＝（総生産量）だから、原料品等を無視すると、四角形の面積が各国の実質GDPに相当する。塗りつぶした$A$と$B$の四角形は、各国の生産物のうち輸出される分を表している。

一国の輸出額のGDPに対する比率は**輸出依存度**、一国の貿易額（輸出額＋輸入額）のGDPに対する比率は**貿易依存度**と呼ばれている。図表5によ

図表5　労働人口と貿易依存度の関係

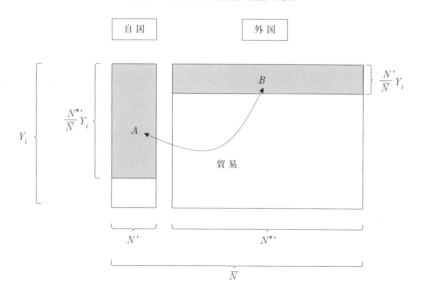

### 図表 6 　世界各国の労働人口と貿易依存度

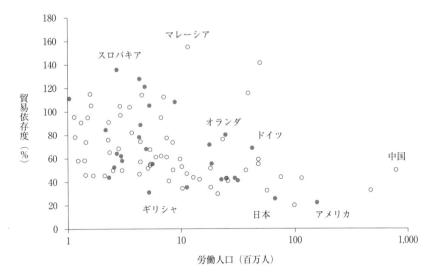

（注）縦軸、横軸とも 2005 〜 2011 年の 6 年間の平均値として計算した。塗りつぶした点は世界銀行の定義による高所得国を表す。
（出所）World Bank, *World Development Indicators* をもとに集計。

ると、これらの比率は自国の労働人口が少ないほど高くなる[5]。人口の少ない小国が多数の商品を生産することは非効率なので、少数の財を大量に生産して輸出し、残りの財を輸入することによって需要と供給の便益のバランスをとるわけである。

　図表 6 は、世界各国の労働人口と貿易依存度の関係を散布図に描いたものである（労働人口は対数表示にしてある）。供給側に規模の経済が働き、商品の差別化が可能な財は主として工業製品であるため、この図では輸出品に占める天然資源や農産品の比率が高い低所得国と資源国を除外している。このグラフには相当なばらつきがあるが、（輸出品の中心が本章で考えているような比較的高度な工業製品である）高所得国に関しては、縦軸と横軸の値の間に

---

[5]　図表 5 の $A$ と $B$ の面積は同一である。したがって各財の価格が同一である限り、貿易収支は均衡する。

明瞭な負の関係が認められる。また、ここで具体的なデータを示すことはしないが、所得水準が高く労働人口が多い国ではそうでない国に比べて輸出する品目の幅が広い傾向が認められる。このことは、本章で考えた労働人口と貿易依存度の関係が現実に成立していることを意味している。

　日本の労働人口は中国やアメリカに比べると少ないが、世界のほとんどの国々より多い。そのため日本では国内でさまざまな商品やサービスを調達することが可能であり、本節で解説した貿易のメリットを実感しにくい環境にある。しかし世界の総人口の中で日本の人口は一部にすぎず、外国においても多様な商品が生産されていることを忘れるべきでない。

　なお、本章では貿易によって消費者の選択肢が増えることを示したが、現実に貿易される工業製品の多くは最終財ではなく中間財である。外国から多様な中間財が輸入されると、日本の工業製品メーカーが入手可能な部品や半製品の選択肢が増加し、自社の得意分野に特化したり、新しい商品を生み出すきっかけにもなる。このことから分かるように、需要側の便益と供給側の便益の境界は必ずしも明確なものではなく、両者が深く関連している。

　第5章で見たように、日本では1980年代に入って工業製品の輸入が顕著に増加し、近年は輸入総額の過半を占めている。そのことを日本の製造業の衰退の兆候とばかり考える必要は必ずしもなく、上記のメカニズムを通じて海外との分業が進み、消費者と生産者の両方が便益を受けていると考えることが適切である。

---

*Column* ⑤　中国の経済発展と産業内貿易

　第7章で日本と中国の統計を用いて比較生産費説を検証したところ、産業別の純輸出比率と比較優位度の間に正の相関関係が認められたが、両者の関係はあまり緊密でなかった。その一つの理由として、近年の中国経済の高度化とともに、日中間の貿易において本章で考えたタイプの取引が増加していることが考えられる。このことは第7章の計算を過去に遡って行うことによって確認することができる。

　図表7は、1983年と1995年に関して第7章と同じ計算を行い、その結果を一つのグラフにまとめたものである（2007年分は第7章の図表2の再掲）。なお、各年

において貿易額が一位から三位までの産業に関しては、円を塗りつぶすことによって識別できるようにしている。中国は1970年代まで外国との貿易に依存しない自力更生路線を歩んでいた。上段の1983年のグラフは、中国が対外開放政策に転じて間もない時期の日本との貿易構造を表している。このパネルでは左側と右下に位置している産業が多く、日本の純輸出比率が0の近傍に位置する産業が存在しない。

　ここには示していないが、日本と他の開発途上国（バングラデシュなど）の貿易に関して同じグラフを描くと、大半の産業が左上と右下に位置し、それ以外の領域が空白となることが多い。これはまさに第6章の比較生産費説や第7章の比較生産要素理論の予想通りの貿易構造である。1983年の中国との貿易にもそれと似た傾向が認められるが、左上よりは左下の領域に多くの産業が集まっている。これは1970年代以前の中国が計画経済の下で（本来なら開発途上国が比較優位を持つ）軽工業を軽視していたことや、その後の生産活動と貿易の自由化が漸進的に進められたことにより、1983年時点では自国の比較優位に則った貿易構造への移行が不十分だったためである（深尾　2003）。

　次に中段の1995年のパネルに目を転じると、全体として明瞭な右下がりの散布図になっており、比較優位と貿易構造の関係がはっきりと表れている。ここでは資本・技術集約度の高い鉄鋼や機械機器、化学製品などが日本の圧倒的な輸出超過、労働集約度の高い衣料品や革製品、食料加工品などが中国の圧倒的な輸出超過になっており、これらの取引額が多い。

　しかし2007年になると事情はやや複雑になる。前章で見たように、全体として右下がりの散布図になっているものの、今度は右下の領域が空白となり、日本の純輸出比率が中程度の領域に多くの産業が集まっている。また、純輸出比率が中程度の産業の取引額が他の産業の取引額より多く、同一産業に属する商品に関して輸出と輸入が同時に行われるケースが増えている。こうした貿易を**産業内貿易**と呼ぶ。

　本章で紹介した新しい貿易理論は産業内貿易の分析にしばしば利用されている。第4節で解説したモデルにおいて、財1が衣料品で財2が自動車の場合、これらの貿易は異なる産業間の取引である。しかし財1がパソコンで財2がコピー機だとすると、これらの貿易は「事務・電算機器」産業における産業内貿易となる。

　日中間の貿易において産業内貿易が増加していることは、両国の貿易の構造が先進国間の貿易構造に近づきつつあることを意味している。中国の輸出品の中には先進国の企業が中国に部品や半製品を持ち込んで組み立てたものが少なからず含まれているが、最近ではこの種の商品の比率は低下傾向にあり、地場企業の輸出が増加している。

第 8 章 不完全競争と貿易の意義　141

図表 7　日本と中国の貿易と比較優位

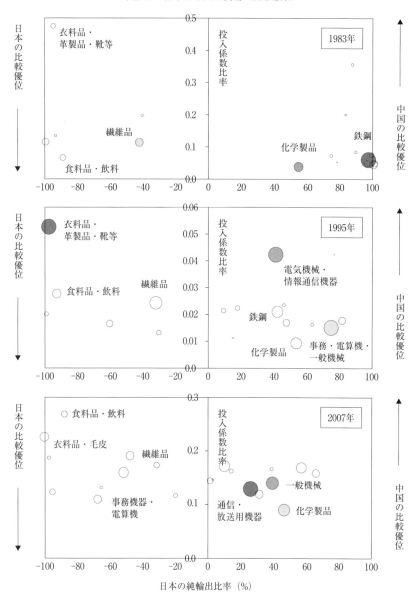

（出所）第 7 章の図表 1 に同じ。

142　第Ⅱ部　貿易・企業編

　中国は世界一の労働人口を擁する大国であり、潜在的にはきわめて多様な商品や
サービスを生産できる能力を持っている。人口が少ない外国の技術水準が上昇して
日本への輸出が急増しても、そうした輸出は一部の産業や品目に偏って生じること
が多い。しかし本章の分析によると、中国のような大国からの輸入はより広汎な産
業や品目に及ぶことが必然であり、だからこそ日本企業にとって中国の輸出攻勢が
とりわけ脅威に感じられるのだと思われる。

## 第9章　国民経済のサービス化とサービス貿易

### 1　はじめに

　第5章で見たように、一国の経済が発展すると経済活動の中心が第一次産業や第二次産業から第三次産業にシフトし、**国民経済のサービス化**が進行する。製造業が生産する工業製品の大半は国境を越えた取引が可能な**貿易財**（tradable goods）であり、国際的な生産者間の競争を通じて生産性が上昇しやすい。一方、サービスの中には生産者と消費者が同じ場所に居合わせて初めて取引が成立するものが多く[1]、それらの大半は**非貿易財**（non-tradable goods）である。ただしサービスの中にも国際的な取引が可能なものがあり、以下で見るように、最近はその種の取引の重要性が高まっている。

　世界的にサービスの貿易が増加している一つの理由は、**情報通信技術**（Information and Communication Technology、ICT）の進歩である。ICT は新しいタイプのサービスを生み出すだけでなく、旧来型のサービスを遠隔地間で取引することを可能にする場合もある。もう一つの理由は、企業が海外直接投資（FDI）を通じて海外に事業拠点を設け、それらの拠点と連携しながら事業を展開するケースが増えていることである。ICT は遠隔地間の意思伝達を容易にするので、FDI とも密接な関係を持っている。

　とはいえ、サービス業は多数の産業を包含する多様な存在である。そこで本章ではまず、サービス業を ICT や貿易との関係に注意しながらグループ分けし、一国のサービス化と経済成長の関係を考察する。その後、世界のサービス貿易の現状を概観し、日本のサービス貿易の特徴を分析する。

### 2　サービス産業の分類

　図表1は、さまざまなサービス業を三つのグループに分類し、それらの性

---

1)　たとえば、散髪というサービスは顧客が理髪店に来訪して初めて生産活動が可能となり、生産と消費が同時に行われる。

144　第Ⅱ部　貿易・企業編

図表1　サービス業の分類

| 産業分類 | GDP に占める比率（%） | | | 生産性上昇率（%） | ICT の利用度 | 貿易の可能性 |
|---|---|---|---|---|---|---|
| | 1970 | 1990 | 2005 | | | |
| ①流通・販売 | 16.1 | 15.1 | 14.6 | | | |
| 　卸売業 | 5.6 | 5.6 | 5.4 | 1.88 | △ | △ |
| 　運輸・倉庫業 | 5.5 | 4.9 | 4.8 | 1.01 | △ | △ |
| 　小売業 | 5.0 | 4.6 | 4.4 | 1.17 | △ | × |
| ②金融・ICT・対事業所サービス | 7.4 | 12.0 | 15.1 | | | |
| 　金融・保険業 | 2.4 | 3.9 | 4.1 | - | ○ | △ |
| 　法律・広告・技術サービス | 2.0 | 3.4 | 4.0 | - | △ | △ |
| 　郵便・通信サービス | 1.8 | 2.2 | 2.4 | 7.17 | ○ | ○ |
| 　その他の事業サービス | 0.9 | 1.7 | 2.8 | - | △ | △ |
| 　コンピュータ・情報サービス | 0.3 | 0.8 | 1.8 | - | ○ | ○ |
| ③対個人サービス | 13.0 | 16.8 | 19.2 | | | |
| 　医療・福祉サービス | 4.2 | 5.9 | 7.3 | -0.53 | △ | × |
| 　教育 | 4.1 | 5.0 | 5.1 | -0.50 | △ | × |
| 　宿泊業・飲食店 | 2.3 | 2.6 | 3.1 | -1.00 | × | × |
| 　その他の対個人サービス | 2.4 | 3.3 | 3.7 | -0.86 | △ | × |

(注)　生産性上昇率は1990年から2005年にかけての先進17カ国（日本を含む）における全要素生産性上昇率の年率換算値の単純平均値。GDP に占める比率もこれら17カ国の平均値。
(出所)　GDP に占める比率と生産性上昇率は Barry Eichengreen and Poonam Gupta (2013), "The two waves of services sector growth," *Oxford Economic Papers* 65 (1) による。ICT の利用度と貿易の可能性は同論文の記述を参考にしながら著者の判断で区分した。

質をまとめたものである。この表の中央には先進17カ国の GDP に占めるこれらの産業の付加価値のシェアを示し、各産業における全要素生産性の上昇率も示している。また、表の右側には、各産業の生産・販売活動においてICT がどれだけ利用されているか（どれだけ利用の余地があるか）、生産物の貿易（遠隔地取引）が可能か否かを示している。

　図表1の三グループのうち、①の「流通・販売業」は、商品の生産者と消費者をつなぐ流通過程を担う産業である。国際間で商品を取引する場合、輸出者は自国の運送業者に輸送を委託することもできるが、外国の業者に委託することも可能である。したがって国際物流サービスは原則的に貿易財であ

る。しかし一国内で本格的な流通業を営むためにはその国に拠点を設けることが必要になるため、小売サービスは非貿易財だと考えられる。ただし近年はeコマースと呼ばれるインターネット経由の小売販売が増加しており、その中には越境取引も含まれている。

次に、②の「金融・ICT・対事業所サービス業」の中には経済発展とともに取引が活発化するものが多く、もともと非貿易財だったものがICTの進歩によって貿易財化したものも含まれている。たとえば金融・保険業は伝統的にはローカル性の強い産業だったが、近年はICTを駆使して世界的に事業を展開する企業が増えている。B2B（Business to Business）と呼ばれる企業間サービスの中にも、コール・センター業務やデータ保管サービスなど、海外の企業に外注することが可能なものが増えている。

最後に、③の「対個人サービス業」とは、個人や家計を顧客とするサービスのうち、上記の①と②に該当しないものを意味している。②と同様に、③の中にも所得水準の上昇とともに需要が増加するものが少なくないが、サービスの種類によって必要となる生産要素はまちまちである。たとえば、外食や理容、その他の生活関連サービス業では大がかりな資本や高度な技術が必ずしも必要でないため、個人企業や零細企業のプレゼンスが高い傾向がある。一方、医療や教育などは知識・技術依存度が高い産業であり、最近はICTを利用したサービスも増えている。しかし③に属するサービスの中には生産者と消費者が同じ場所に居合わせることが必要なものや言語による情報交換を伴うものが多く、全体としては非貿易財としての性質が強い。

図表1に示したサービス業のうち、1990年から2005年にかけて全要素生産性の上昇率が最も高かったのは、②のグループに属する「郵便・通信サービス」である。②の他の産業の生産性の変化は示されていないが、統計が存在する国々では「コンピュータ・情報サービス」の生産性の上昇率も非常に高い。これらの産業がICTの恩恵を最も直接的に受ける以上、これは当然だと言える。

一方、①と③の全要素生産性の変化は対照的であり、①に属する産業においてはいずれも全要素生産性が上昇しているのに対し、③に属する産業では下落している。全要素生産性が下落することは同一量の労働や資本が生み出

146 第Ⅱ部 貿易・企業編

す実質的な付加価値が減少することを意味している。個々の企業や産業の物理的な生産技術が劣化することは考えにくいが、生産者が需要の変化に対応できず、生産するサービスの価値が低下する中で余剰な人員や資本を抱えたままでいると、全要素生産性が下落することがある。

　次に GDP に占める産業別の付加価値のシェアを見ると、①のグループのシェアが漸減する一方、②と③のシェアは大幅に増加している。このことから分かるように、先進国において国民経済のサービス化が進むのは、主として②と③のタイプのサービス業が拡大するためである。

　②と③のグループのうち、②の「金融保険・ICT・対事業所サービス業」では、技術革新によって新種のサービスが誕生し、価格が劇的に下落するケースが相次いでいる。この種の産業においては生産性上昇による供給力の高まりと需要の増加が相乗効果を発揮し、市場が拡大しやすい。

　一方、③の「対個人サービス業」では全要素生産性が下落する中で付加価値シェアが拡大しており、②とは異なるメカニズムが作用している。③に属する産業では遠隔地間の取引が難しい上に各種の規制が行われていることが多く（医療や福祉、教育など）、事業者の競争を通じて生産性が上昇する効果が働きにくい傾向がある。そうした産業のサービスは時間が経つにつれて①や②のサービスに比べて割高になってゆくが、所得水準の上昇による需要の増加が相対価格の上昇による需要の減少を上回ることが多く、それが付加価値シェアの拡大をもたらしていると考えられる[2]。

　図表 2 は、日本の GDP と就業者総数に占める上記の三種のサービス業のシェアの変化を辿ったものである。左側のパネル (a) に GDP に占めるシェアを示し、右側のパネル (b) に就業者総数に占めるシェアを示している。どちらのパネルにおいても①の流通・販売業のシェアが頭打ちで推移する一方、②と③のシェアが拡大しており、図表 1 で見た 17 か国における変化とおおむね合致している。ただし③の対個人サービスでは就業者比率の上昇率が付加価値比率の上昇率よりずっと高く、①と②に比べて労働生産性が伸び

---

2)　経済学では、所得の増加とともに支出総額に占めるシェアが増加する財を**奢侈品**、減少する財を**必需品**と呼んでいる。

図表2　日本のGDPと就業者総数に占めるサービス業の比率

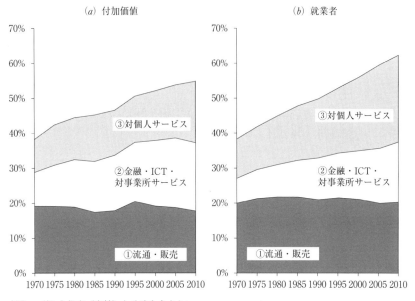

(注) いずれも住宅（家賃）と公務を含まない。
(出所) 産業経済研究所「JIPデータベース」をもとに集計。

悩んでいることが伺われる。産業間の労働生産性の違いには資本装備率の違いも影響しているが、先に見たように、③の対個人サービス業では全要素生産性も上昇しにくい傾向がある。

上記の点は、今後の日本経済にとって難しい問題を孕んでいる。このことを理解するために、ここで第1章で解説した生産関数に戻ってみよう。

$$\frac{Y}{L} = A \times f(h,k) \tag{1}$$

この式の左辺が労働生産性、すなわち、勤労者一人当たりの実質GDPを表している。$A$ が一国全体の全要素生産性である。

いま、この国の経済が産業1と産業2という二つの産業によって構成されているとしよう。産業1の付加価値と労働人口をそれぞれ $Y_1$ と $L_1$、産業2

148 第Ⅱ部 貿易・企業編

の付加価値と労働人口を $Y_2$ と $L_2$ と書くことにすると、⑴式の左辺を

$$\frac{Y}{L}=\frac{Y_1+Y_2}{L}=\frac{L_1}{L}\times\frac{Y_1}{L_1}+\frac{L_2}{L}\times\frac{Y_2}{L_2} \tag{2}$$

と書き直すことができる。この式の $L_1/L$ と $L_2/L$ はこの国の労働人口に占める産業1と産業2の就業者の比率を表している。

次に、二つの産業の一人当たり人的資本と物的資本が同一だと仮定し、それぞれの産業の労働生産性を

$$\frac{Y_1}{L_1}=A_1\times f\left(h,k\right) \tag{3}$$

$$\frac{Y_2}{L_2}=A_2\times f\left(h,k\right) \tag{4}$$

と書くことにしよう[3]。これらを⑵式に代入して整理すると

$$\frac{Y}{L}=\underbrace{\left(\frac{L_1}{L}\times A_1+\frac{L_2}{L}\times A_2\right)}_{A}\times f\left(h,k\right) \tag{5}$$

となる。この式によると、一国の全要素生産性は各産業の全要素生産性を就業者数の比率で加重平均した値であり、労働生産性は全要素生産性と比例的に変化する。

さて、いま、産業1の全要素生産性の上昇率が産業2の全要素生産性の上昇率を上回っているとしよう。その場合、他の条件が同一だとすると、産業1の生産物が産業2の生産物に比べてしだいに割安になってゆくはずである。それに伴ってこの国の需要が産業2の生産物から産業1の生産物へと大きくシフトした場合、⑸式の $L_1/L$ が上昇する一方で $L_2/L$ が下落し、一国全体

---

3) 第7章で見たように、現実には同じ国でも産業によって $h$ や $k$ の値はさまざまであり、$f(h,k)$ の関数の形も異なっている可能性が高い。ここでは説明の単純化のためにこれらが同一だと仮定している。

第9章　国民経済のサービス化とサービス貿易　　149

の全要素生産性と労働生産性の上昇率が上昇する可能性がある。しかし割高になった産業2の生産物に対する需要があまり減少せず、産業1の生産物に対する需要が伸び悩んだ場合、生産性が上昇した産業1の労働人口が減少することによって$L_1/L$が下落して$L_2/L$が上昇し、一国全体の全要素生産性が下落する可能性も考えられる。

　第5章で解説したように、日本では高齢化が進展しており、今後もそれが継続することが確実である。高齢化とともにGDPに占めるシェアがもっとも顕著に上昇しているのが上記の③に属する「医療・福祉サービス」だが、この分野の全要素生産性は伸び悩んでいる。医療や福祉は公共性が強い分野であり、一定の規制は必要だが、新規の事業者の参入を促進し、事業者が価格やサービスの内容を通じて競争できる環境を整えることが必要である。

## 3　世界のサービス貿易

　次に国際間のサービス取引の状況を概観しよう。図表3は、過去30年余りの世界のサービス貿易額の推移を示したものである。上段のグラフでは伝統的な国際収支表の分類にしたがってサービスを「輸送」、「旅行」、「その他」の三つに分類し、各々の取引額の推移を示している。また、商品とサービスの貿易額を比較する目的で、各年の世界のサービス貿易額の商品貿易額に対する比率を計算し、その推移を折れ線グラフで示している。下段のグラフでは、より詳細なデータが得られる2000年以降に関して、上記の「その他」をさらに細分化した上で各項目の取引額の推移を示している。

　上段のグラフの取引のうち、「輸送」にはモノ（商品）とヒト（個人）の輸送が含まれる。商品の輸送に関しては、自国の輸入品の輸送を外国の運輸会社が請け負った場合と、外国の輸入品の輸送を自国の運輸会社が請け負った場合に、その運賃がそれぞれ輸送サービスの輸入と輸出として計上される。また、個人が国境を越えて移動する際に外国の船会社や航空会社に運賃を支払うと輸送サービスの輸入となり、自国の船会社や航空会社が外国の居住者から運賃を受け取ると輸送サービスの輸出となる。旅行サービスは外国に渡航して一時滞在した人が現地で支払うホテル代や交通費、外食代などを表し

### 図表3　世界のサービス貿易額の推移

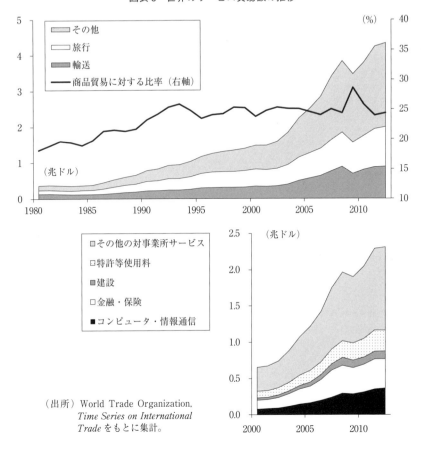

（出所）World Trade Organization, *Time Series on International Trade* をもとに集計。

ている。ただしこれらの中には観光客の支出だけでなく、商用出張者による支出も含まれている。

　上段のグラフによると、世界のサービス貿易額は 2000 年代に入って急増し、商品の貿易額の四分の一程度に上っている[4]。「輸送」、「旅行」、「その他」のいずれの取引額も増加しているが、その中で最も伸び率が高いのは「その他」のサービスである。

---

4）　ただしサービスの貿易額は各種の統計や資料から推計されており、完全な捕捉が難し

第9章　国民経済のサービス化とサービス貿易　　151

　そこで図表3の下段において「その他」サービスの内訳を見ると、「コンピュータ・情報通信」と「金融・保険」、「その他の対事業所サービス」の取引額が多い。これらはいずれも図表1と2の②に属するサービスである。「その他の対事業所サービス」はさまざまなサービスから構成されているが、その中に海外に子会社や関連会社を持つ**多国籍企業**の**企業内取引**が含まれている。また、次節で見るように、**知的財産権**の使用料の受け払いを表す「特許等使用料」の中にも企業内取引が少なからず含まれている。

　次に、世界各国の商品貿易の収支（貿易収支）とサービス貿易の収支（サービス収支）の関係を示したのが図表4である。この図を一瞥すると分かるように、商品とサービスの貿易収支の間には明瞭な負の相関関係がある。すなわち、商品貿易収支が黒字の国ではサービス収支が赤字であることが多く、商品貿易収支が赤字の国ではサービス収支が黒字になっているケースが多い。

　第6章で見たように、一国の貿易構造の決定要因として最も重要なのはその国の比較優位である。商品とサービスの貿易収支の間に負の相関関係があることは、農産品や工業製品に比較優位を持つ国々がサービスに関して比較劣位を持っているケースが多いことを示唆している[5]。図表3上段の三種のサービスのうち、「輸送」と「その他」は設備や技術への依存度が高く、先進国が比較優位を持ちやすい。アメリカやイギリスが巨額の商品貿易収支の赤字とサービス収支の黒字を計上し、中国が商品貿易黒字とサービス赤字を計上している一つの理由はこのような点にあると思われる[6]。

　ただし近年は上記の原則と必ずしも一致しない国も増えている。たとえばインドは典型的な開発途上国だが、巨額の商品貿易赤字を計上しながらサービス収支は受取超になっている。インドのサービス黒字の大半はコンピュー

---

　　い。近年のサービス貿易額の増加は各国において統計の整備が進んだことも反映していると思われる。

5)　逆に観光資源に恵まれて海外からの旅行客が多い国の場合、旅行サービス収支が黒字になる一方、輸出競争力を持つ製造業がなかなか育たない傾向がある。

6)　上述したように、サービスの中には言語による情報伝達を伴うものが含まれている。アメリカやイギリスのサービス収支が大きな黒字であることには、英語が世界的に使用されている国際語であることも影響している。

図表4　世界各国の商品とサービスの貿易収支（2012年）

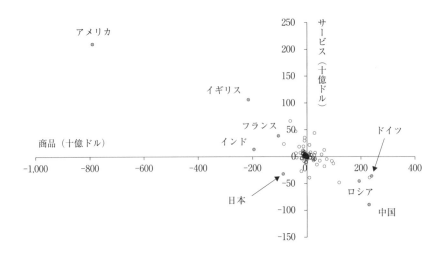

（出所）図表3に同じ。

タ関連サービスによるもので、先進国のICT企業が賃金水準の低いインド企業にソフトウェアの開発やメンテナンス等を委託するケースが増えていることを反映している。先進国が比較優位を持つ商品やサービスに関しても、それらの生産過程の中に資本・技術集約的な業務と労働集約的な業務が混在していることは少なくない。それらの業務の中から労働集約的な業務だけ切り出して外国企業に委託（アウトソース）することが可能な場合、その部分に関しては開発途上国が比較優位を持つ。ICTの発展はこうした国際間の生産工程分業を促進する効果を持っている。

　日本は最近まで商品貿易が黒字、サービス収支が赤字という開発途上国（正確には中所得国）型の貿易構造になっていたが、2011年に貿易収支が赤字に転じたことにより、今日では貿易・サービス収支とも赤字になっている。ただし近年の日本ではモノの貿易だけでなく、サービス貿易の構造も変化している。最後にこの点について解説しよう。

第9章　国民経済のサービス化とサービス貿易　153

## 4　日本のサービス貿易

　図表5は、日本のサービス貿易の収支とその内訳の推移をグラフに描いた
ものである。上段のパネルでは、図表3と同様にサービス貿易を「輸送」、「旅
行」、「その他」の3つに分類し、各項目の収支を積み上げ棒グラフの形で示
している。また、サービス全体の収支と商品貿易の収支を折れ線グラフによっ
て示している。一方、下段のパネルでは、上記の「その他」を「特許等使用
料」、「金融保険・ICT サービス」、「その他のサービス」の3つに分割し、上
段のパネルと同じ要領で各項目の収支の推移を描いている。
　日本のサービス収支は一貫して赤字だが、2000 年代に入って赤字額が縮
小している。1990 年代までは旅行収支の赤字が非常に大きかったが、最近
は近隣諸国からの旅行者が増加し、旅行サービスの受取額が増加している。
輸送収支も小幅の赤字が続いているが、これは航空輸送の赤字によるところ
が大きく、海上輸送（船舶輸送）の赤字は比較的小さい。航空輸送の収支が
一貫して赤字であることは、日本の航空会社の価格競争力が外国の航空会社
に比べて不十分であることを意味している。
　最後に、輸送と旅行以外の「その他」は、2000 年代初頭まで比較的大き
な赤字だったが、その後に赤字幅が縮小し、最近は黒字になる年が増えてい
る。下段のパネルを見ると、「その他」のうち、「金融保険・ICT サービス」
では赤字が続いており[7]、「特許等使用料」と「その他のサービス」の収支
が大幅に改善したことが分かる。
　先述したように、「特許等使用料」とは、自国と外国の企業の間の知的財
産権の使用料の受け払いを意味している。知的財産権は**著作権**と**工業所有権**
（産業所有権）に大別される。著作権は文芸作品や音楽、映画、ソフトウェ
アなどの上映・放映権料や使用料を意味し、工業使用権料には特許権、商標
権、意匠権（物品のデザインなど）の使用料が含まれる。日本ではコンピュー
タ・ソフトウェアのロイヤリティー（ライセンス料）の支払い額が多く、著

---

7)　「金融保険・ICT サービス」の中では保険と情報サービスの赤字が大きい。

154 第Ⅱ部 貿易・企業編

図表5 日本のサービス貿易収支の推移

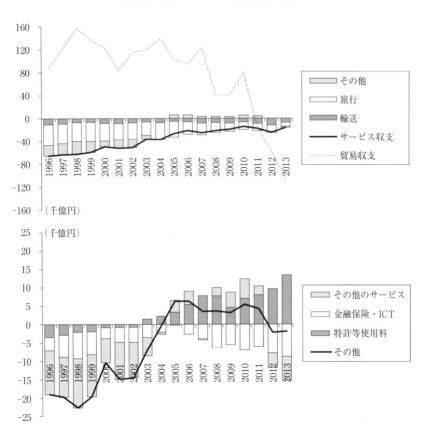

(注) 上パネルの「その他」の棒グラフが下パネルの「その他」の折れ線グラフを表す。
(出所) 日本銀行「国際収支統計」をもとに作成。

作権使用料の出超が続いているが、工業所有権使用料は1990年代末に入超に転じた。ただしこの項目の受取の大半は日本の自動車会社が海外の生産子会社から得るロイヤリティーであり、日系企業による企業内取引である。

一方、「その他のサービス」にはさまざまな取引が含まれるが、その中で近年の収支改善に貢献しているのは**仲介貿易**を含む貿易関連サービスである。仲介貿易は日本の企業が海外で購入した商品を国内に持ち込まずに第三国に

第9章　国民経済のサービス化とサービス貿易　155

転売する取引を意味し、取得額と販売額の差額が日本のサービス輸出額として記録される[8]。近年になってこの種の取引の受取額が増加したのは、日本の工業製品メーカーの間で生産拠点の国外移転が進み、国内本社の機能が製造販売から海外グループ企業の統括や調整へとシフトしてきているためである。

　工業製品メーカーが外国の市場に進出する場合、当初は貿易商社などを通じた間接輸出が行われるが、販売額が増えると現地に販売子会社を設立して自ら輸出するようになり、その後に現地で生産から販売まで行うことを検討し始めることが多い。現地の子会社が生産を開始すると日本の商品輸出額は減少するが、現地子会社から本社に対して知的財産権などのサービス需要が発生し、それがサービスの収支に反映されるようになる。このように商品の貿易とサービスの貿易、FDIの間には代替的な側面と相補的な側面がある。

　一方、サービス企業の場合、工業製品メーカーのように輸出→現地生産という手順を踏むことが難しく、外国市場に参入する際には最初から現地に事業拠点を設けることが必要となる。しかしこの種の取引は外国の居住者間の取引となるため、国際収支表によって実態を把握することが難しい。そこで最後に国際収支表以外の統計からデータが得られる国を採り上げ、サービスの貿易額と現地法人を通じた販売額を比較してみよう。

　図表6は、アメリカと日本、ドイツの三か国に関し、（A1）自国の外国へのサービスの輸出額、（A2）自国企業の海外現地法人を通じたサービスの販売額、（B1）外国の自国へのサービスの輸出額（自国の輸入額）、（B2）外国企業の自国内法人を通じたサービス販売額を比較したものである。これらに加え、（A1）から（B1）を引いた収支と（A2）から（B2）を引いた収支、そしてそれらの合計額も記載した。

　図表4で見たように、アメリカは世界一のサービス輸出国である。しかし図表6を見ると、アメリカのサービス輸出額は海外現地法人を通じた販売額に比べるとずっと少なく、前者が企業の越境取引の一端しか捉えていないことが分かる。アメリカ企業の海外現地法人の販売額は外国企業のアメリカ現

---

8)　ただしこの種の取引を商品貿易とみなすかサービス貿易とみなすかは恣意的な面があり、2014年に改訂された新しい国際収支表では商品貿易に含められている。

156    第Ⅱ部　貿易・企業編

図表 6　サービスの貿易と現地法人による供給（単位：10億ドル）

| 項目 | アメリカ | 日本 | ドイツ |
|---|---|---|---|
| （A1）輸出額（民間サービス） | 474.6 | 115.2 | 180.9 |
| （A2）自国企業の海外現地法人によるサービス供給額 | 913.4 | 62.4 | 452.7 |
| （A1）＋（A2）＝（A3） | 1,388.0 | 177.6 | 633.6 |
| （B1）輸入額（民間サービス） | 338.9 | 133.9 | 223.9 |
| （B2）外国企業の国内現地法人によるサービス供給額 | 945.7 | 27.7 | 210.5 |
| （B1）＋（B2）＝（B3） | 1,284.5 | 161.6 | 434.3 |
| （A1）－（B1） | 135.7 | -18.7 | -43.0 |
| （A2）－（B2） | -32.3 | 34.7 | 242.3 |
| （A3）－（B3） | 103.4 | 16.0 | 199.2 |

（注）アメリカは 2007 年、日本とドイツは 2006 年の実績。現地法人によるサービス供給額は建設
　　　業によるものを含み流通業によるものを除く。
（出所）OECD, *Statistics on International Trade in Serives* 及び *Statistics on Measuring Globalisation*
　　　のデータをもとに集計。

地法人の販売額を若干下回っているが、これはアメリカが早くから外国企業
の対内投資に寛容な政策を採っており、多数の外国企業がアメリカ市場にお
いて幅広いサービス業を営んでいるためだと考えられる。

　一方、日本とドイツはいずれもサービス貿易の赤字国だが、現地法人を通
じた取引には大きな違いが存在する。ドイツではアメリカと同様に現地法人
による販売額が多く、自国と外国の企業が相互に進出して現地に根を下ろし、
活発な事業を展開していることが伺える。一方、日本ではサービスの貿易額
も多くないが、現地法人による販売額はいっそう少なく、とりわけ外国企業
の日本法人による国内販売額がきわめて少額にとどまっている。

　第 5 章で見たように、日本では対内 FDI の残高が少なく、外国企業の日
本進出が進んでいないことが上記の違いをもたらしていると思われる。しか
し先に見たように、サービス業の中には貿易が困難で生産性が容易に上昇し
ないものが含まれており、これらの産業では対内 FDI を通じて海外の企業
を呼び込み、日本企業との競争を促進する必要がある。この点に関しては次

章において再度分析を加える。

158

## 第 10 章　国際投資と企業の国際化

### 1　はじめに

　第5章で触れたように、今日の世界では国際間でモノやサービスが取引されるだけでなく、国境を越えた投資活動も活発に行われている。こうした国際投資の中には企業の事業活動の一環として行われる FDI と個人や金融機関による間接投資が含まれる。これらの国際投資の多くは株式や債券などの金融資産の売買の形をとり、それに伴って生じる外国との資金の受け払いは**国際資本移動**と呼ばれている。

　本章では、一国の経済において国際投資がどのような役割を担っているのかを説明し、特に FDI を通じた企業の海外進出について詳しく解説する。その後、日本において対内 FDI が少ない理由を分析し、それが日本経済にとってどのような意味を持っているかを検討する。

### 2　国際資本移動の役割

　第6〜8章ではいくつかの貿易理論を分析し、自由な貿易が輸出国と輸入国の双方にとって有益であることを見出した。この点は国際投資に関しても同様で、自由な国際資本移動は原則として投資国（投資元の国）と被投資国（投資先の国）の双方に経済的便益をもたらす[1]。本節ではこうした便益のうち、①各国の生産要素の過不足を調整する効果、②投資のリスクを分散する効果、の二つについて解説する。FDI には他にも固有の便益があるが、それらについては次節で説明する。

　①の生産要素の調整効果に関しては、第7章で指摘したように、先進国と開発途上国の間で資本や技術の蓄積度が異なっていることが重要である。資本余剰・労働不足の先進国から資本不足・労働余剰の開発国に投資が行われ

---

1)　ただし激しい資本移動によって為替レートが乱高下した場合、景気変動が大きくなる可能性がある。第15章参照。

ると、実質的に前者から後者に資本が貸与されたのと同じ効果を持つ。それによって開発途上国の生産量が増加し、その一部が投資収益の形で先進国に還元されると、両者の所得が増加する[2]。

図表1は上記の原理を図示したものである。ここでは自国が先進国、外国が開発途上国だと仮定している。上段の二つのパネルの右下がりの曲線は、自国と外国に存在するさまざまな投資機会の投下資本（投資額）1円当たりのリターン（投資純益）を描いたものである。これらの投資機会の中には道路や発電所などの社会資本の建設プロジェクトや、民間企業の設備投資や研究開発のプロジェクトなどが含まれる。

たとえば自国に二つの投資プロジェクトがあり、プロジェクト1の投下資本とリターンがそれぞれ100億円と50億円、プロジェクト2の投下資本とリターンが1,000億円と300億円だとしよう。その場合、各プロジェクトの投下資本1円当たりのリターンは0.5円と0.3円、利益率は50％と30％である。右下がりの曲線はこうした無数の投資機会をリターンの高い順に左から並べたものである。自国ではすでに資本蓄積が進み、高いリターンが見込まれる投資機会が少なくなっているため、外国に比べてこの曲線が下方に位置している。

一方、各パネルの垂線は各国の貯蓄額を表している。一国の貯蓄額は金利（貯蓄のリターン）によって変化するが、ここでは説明の簡略化のためにそれが事前に確定していると仮定する。自国は外国に比べて所得水準が高いため、自国の貯蓄額（$S$）が外国の貯蓄額（$S^*$）を上回っている。

個々の投資機会を持つ企業や個人は、プロジェクトの収益率が資金調達コスト（金利）を上回っている限り、資金を借り入れてそれを実施しようとするだろう。したがってどちらのパネルでも右下がりの曲線は収益曲線であると同時に資金の需要曲線でもある。二国がそれぞれ国内ですべての投資資金

---

2) 理論的には労働者が開発途上国から先進国に移動することによって生産要素の偏在を調整することも可能だが、大規模な労働移動が行われた場合、受け入れ国と送り出し国の双方に大きな社会的混乱を引き起こす可能性が高い。ただしそのことは先進諸国が外国人労働者の受け入れを一切拒否することが最善策であることを必ずしも意味しない。第20章の *Column* ⑩参照。

**図表1　国際投資と生産効率**

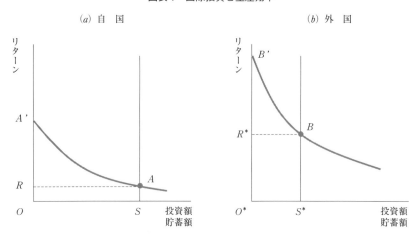

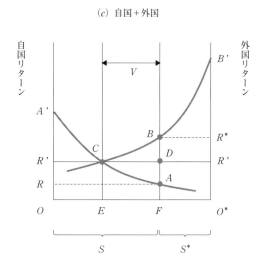

を賄う場合、垂線が資金の供給曲線（ここでは直線）であり、それが需要曲線と出会う点で金利が決定する。

　国際資本移動が禁止されている場合、自国では $A$ 点、外国では $B$ 点が均衡点であり、金利はそれぞれ $R$ と $R^*$ となる。自国では資本の希少性が乏し

く、外国では資本の希少性が高いため、$R < R^*$ となる[3]。自国では横軸と縦軸、そして需要曲線と供給曲線で囲まれた $OSAA'$ の面積がすべてのプロジェクトの収益の和を表し、外国では $OS^*BB'$ で囲まれた面積がすべてのプロジェクトの収益の和を表している。ここではこれらを各国の所得（GDP）だと考えてよい[4]。

一方、下段のパネル（$c$）は国際資本移動が行われる場合の均衡を描いたものである。ここでは上段のパネル（$b$）を左右に逆転させ、もとの $S^*$ 点がパネル（$a$）の $S$ 点と重なるようにして二つのグラフを接続している。したがって横軸の $O - F$ 間の距離は $S$、$F - O^*$ 間の距離は $S^*$ であり、$O - O^*$ 間の距離が二国の貯蓄総額（$S + S^*$）を表している。

国際資本移動が自由化されると、外国の個人や企業（や場合によっては政府）が自国の低金利の資金を借り入れようとする。その結果、自国から外国に資金が流出し、自国では金利が上昇して外国では金利が下落する。資金の移動は二国の金利が一致するまで続き、パネル（$c$）の $C$ 点が最終的な均衡点となる。$C$ 点では二国の資金需要の和と資金供給の和が一致し、金利は $R'$ になる（$R < R' < R^*$）。$V$ が自国から外国へ移動する資金量を表し、自国では $S - V$、外国では $S^* + V$ の投資プロジェクトが実施される。

パネル（$c$）における二国の GDP の和は横軸と左右の縦軸、そして各国の資金需要曲線によって囲まれた $OO^*B'CA'$ の面積である。この面積はもとの二国の GDP の和（パネル（$c$）では $OFAA' + FO^*B'B$）より $ABC$ で囲まれた部分の面積だけ大きくなっている。これは国際資本移動を通じて二国の資本量が調整され、生産効率が高まるためである。

それでは上記の $ABC$ の所得は誰が手にするのだろうか。国際投資が行われることによって自国の GDP は $OFAA'$ から $OECA'$ に減少するが、外国か

---

3) 第7章において豊かな国ほど労働の報酬に比べて資本の報酬が安くなることを見たが、この図はその理由の説明になっている。

4) 第2章で解説したように、一国の GDP はそれを生産するために利用された生産要素の所有者に配分される。パネル（$a$）の場合、$OSAA'$ で囲まれた面積のうち $OSAR$ の長方形の面積分がプロジェクトの出資者（資本の提供者）に配分され、$RAA'$ の面積分が労働など他の生産要素の提供者に配分される。

162　第Ⅱ部　貿易・企業編

ら投資収益が $EFDC$ だけ得られるため、国民総所得（GNI）は $ADC$ の面積分だけ増加する。同様に外国の GDP は $FO^*B'B$ から $EO^*B'C$ に増加するが、そのうち $EFDC$ が自国に支払われるため、GNI の増加は $DBC$ の面積分となる。したがって国際資本移動は投資国と被投資国の両方の所得を増加させる。

　上記の国際投資の便益は一般的なものであり、投資の具体的な形態は FDI であっても間接投資であっても構わない。たとえば事業会社が外国企業の株式を取得して子会社化する行為は FDI の一例である。その後、子会社が外国で収益を挙げると株主である親会社にその一部が還元されるが、これは図表 1 $(c)$ で投資収益と呼んだ $EFDC$ に該当する。同様に、自国の個人や金融機関が純粋な利殖のために外国企業の株式や債券を購入した場合でも、この企業の収益の一部が株式配当や債券のクーポンの形で自国に還元されることに変わりはない。

　次に②のリスク分散効果について解説しよう。図表 1 ではあらゆる投資機会の収益が事前に分かっているものとして分析したが、現実の事業プロジェクトや金融投資のリターンは不確定であり、高収益が得られる可能性があるプロジェクトや金融資産は失敗した時の損失も大きいことが多い。そのような場合、資金を複数のプロジェクトや金融資産に分散投資し、リスクを管理することが必要である。

　いま、ここにさまざまな企業の株式があり、個々の株式の価格が来年までに $a$ %上昇する確率が 1/2（＝ 50%）、$a$ %下落する確率が 1/2（＝ 50%）だとしよう。ある投資家が一定額の資金を単一企業の株式に投じた場合と複数の企業の株式に投じた場合とで、投資資金全体のリスクとリターンの関係はどのように変化するだろうか[5]。

　図表 2 の 5 つのパネルは、いくつかの代替的な投資方法に関して、横軸に投資の収益率、縦軸にその収益が得られる確率をとって比較したものである。上段のパネル $(a)$ は一社の株式に全資金を投じるケースであり、横軸の $a$ 点と $-a$ 点上の太い垂線がそれぞれの収益が実現する確率を表している。

---

5）　現実の株式投資では価格変動による売買差益（キャピタルゲイン）以外に配当収入（インカムゲイン）が得られるが、ここでは説明の単純化のために後者を省略する。

第10章　国際投資と企業の国際化　163

**図表2　分散投資の効果**

(a) 1つの資産への投資

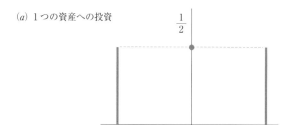

(b.1) 2つの資産への投資

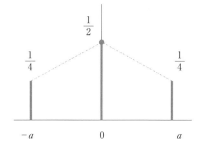

(b.2) 3つの資産への投資

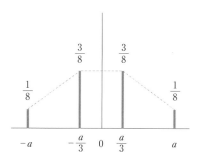

(c.1) 負の相関

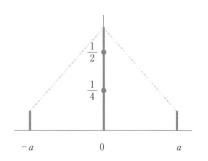

(c.2) 正の相関

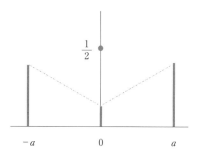

164　第Ⅱ部　貿易・企業編

　次に中段の二つのパネルでは、個々の企業の株価の変動が独立（無関係）だという仮定の下で、複数の株式に投資した時の収益率とその実現確率の関係を示している。パネル（$b.1$）は二社の株式に資金を半分ずつ投下するケースである。二社の株価がともに上昇して収益率が$a$となる確率は$1/2 × 1/2 = 1/4 = 25\%$、二社の株価がともに下落して収益率が$-a$となる確率も$1/2 × 1/2 = 1/4 = 25\%$、どちらか一方だけが上昇してトータルの収益率が$0$となる確率が残りの$50\%$である。パネル（$b.2$）は同じ要領で三社に投資した場合の収益率とそれらの実現確率の関係を計算した結果を示している。

　パネル（$a$）、（$b.1$）、（$b.2$）を比較すると分かるように、投資対象の株式の種類を増やしてゆくと、中程度の収益率（ここでは$0\%$ないしそれに近い値）の発生確率が高まってゆく。これが分散投資によるリスク低減効果である。投資対象企業を$4$社、$5$社…と増やしてゆくと、最終的には収益率が$0$となる確率が$100\%$になる[6]。

　最後に、図表$2$の下段はある二社の株価が独立でない状態において、これらの企業に均等に資金を投じた場合の収益率とその実現確率の関係を示したものである。二社の株価の間に負の相関関係が存在する場合（すなわち二社の株価が逆方向に変化する確率が同じ方向に変化する確率より高い場合）、中段のパネル（$b.1$）のケースに比べてリスク削減効果が強まり、収益率が$0$となる確率が高くなる。逆に二社の株価が正の相関関係を持っている場合、パネル（$b.1$）に比べてリスク低減効果が小さくなる。

　上述した分散投資の便益は一国内のさまざまな資産に投資することによっても生じるが、国際投資においてより大きな威力を発揮する。現実の株式投資において特定業種の企業に集中投資することは賢明でなく、さまざまな業種の企業に分散投資する方が**ポートフォリオ**（保有資産全体）のリターンは安定する。しかし同じ国の企業の株式の間でいくら分散投資しても、その国のマクロ経済の変動に起因する株価変動の影響を回避することは難しい。しかし複数国の企業の株式に投資しておけば、各国のマクロ経済の変動の影響

---

6)　個々の株式が$a\%$の収益を生む確率が$50\%$、$-b\%$の収益を生む確率が$50\%$だとすると、無数の株式に同時に投資した場合の総合的な収益率は$a-b\%$となる。

が相殺され、ポートフォリオのリターンが安定する可能性がある。

ただし国際投資が進むことにより、逆にリスク分散効果が低下する可能性もある。たとえば貿易を通じて日本とアメリカの経済の結びつきが強まると、両国の景気循環の連動性が高まり、株式や債券の価格も同じような動きを示すようになるだろう。そのような状況において日本の投資家が日米の株式に分散投資した場合、収益と実現確率の関係は図表 2 のパネル（$c.2$）のようになる。近年は国際資本移動の規模が非常に大きくなっており、一国で生じた経済ショックが貿易と国際投資の両方のチャンネルを経由して外国に波及しやすくなっている。2007 年にアメリカで始まった金融危機が 2008 年から 2009年にかけて世界的な経済危機に発展したのはそうした事情によるものである。

## 3 海外直接投資の意義

次に、企業が事業活動の一環として行う FDI に特有の機能について考えてみよう。FDI はしばしば**垂直的 FDI** と**水平的 FDI** の二つに区分される。垂直的 FDI とは、企業が特定の生産活動をそのコストが低い国において集中的に実施するために行う FDI のことである。図表 1 では資本コスト（利子率）が低い自国から資本コストが高い外国に投資が行われたが、第 7 章で解説したように、資本コストが低い国とは労働コストが（相対的に）高い国のことであり、資本コストが高い国とは労働コストが（相対的に）低い国のことである。したがって図表 1 の国際資本移動が FDI の形を取る場合、先進国企業が賃金水準の低い開発途上国に労働集約的な事業や生産工程を移管し、コストを引き下げようとする試みとして解釈することができる。

1980 年代から 1990 年代にかけて、日本の対外 FDI は円高が進行する時にしばしば急増した。円高期には円で測った外国資産（土地や買収先企業の株式）の価格が低下する一方、外貨で測った日本の生産コストが上昇するため、工業製品メーカーの間で賃金水準の低い開発途上国に生産拠点を移転する動きが加速する。この種の FDI は今日でも行われているが、2000 年代以降は水平的 FDI が増加している。水平的 FDI とは、垂直的 FDI とは対照的に、企業が外国に根を下ろして本国と同一の事業を展開したり、現地のニー

ズに合った事業を実施したりするために行う FDI のことである。

第9章で解説したように、日本を含む先進国ではサービス経済化が進行しているが、サービスの多くは非貿易財である。これらのサービスを扱う企業が外国に進出する場合、輸出という手段を採ることはできず、現地に拠点を構えて事業を行うことが不可欠となる。工業製品の中でも重量当たりの単価が低いものや壊れやすいものは輸送費が嵩むために貿易が困難であり、現地で生産から販売、アフターケアまで手掛ける必要がある。

第8章で見たように、今日の世界で貿易される商品の中には生産側に規模の経済が働き、消費者が多様な選択肢を望むものが増えている。第9章で解説したサービスの中にも、コンピュータ・ソフトウェアや金融サービスなど、これらの商品と類似した性質を持つものが含まれている。

ここで上記のような商品やサービスの例として、医薬品について考えてみよう。医薬品は統計上は工業製品に属するが、製薬会社にとって重要なのは新薬の開発やマーケティングであり、商品の製造費用は大した問題にならないことが多い。多くの国々において医薬品産業は典型的な規制産業であり、個々の商品に関して当局の審査を受けて販売許可を得る必要がある。また、医師が投薬のイニシアティブをとることが多い国において新薬を普及させるためには、製薬会社が多数の専門スタッフを雇い、医療機関との連携を深めながら営業活動を展開することが必要となる。

いま、ここに商品1と商品2という二つの医薬品の事業があり、各事業の労働投入量と生産量（販売量）の関係が以下の通りだとしよう。

$$L_1 = a + bY_1 \tag{1}$$

$$L_2 = a + bY_2 \tag{2}$$

ここで $a$ は商品開発や販売前検査、物理的な商品の製造に要する人員を表し、これらは販売量によらず一定だとする。一方、$bY_1$ と $bY_2$ はマーケティングやアフターケア等に従事する人員を表し、これらは事業規模（販売量）と比例的に増加するものと仮定する。これらの式は第8章で利用したものと同一だが、その意味合いはやや異なっている。

図表3は上記の想定の下で自国の生産可能性曲線を描いたものである。左

図表3　水平的直接投資の厚生効果

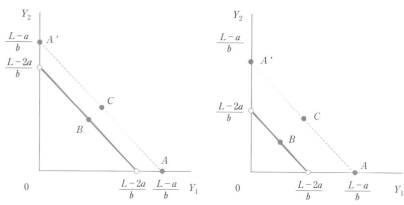

右どちらのパネルにおいても横軸が商品1の生産量、縦軸が商品2の生産量を表している。この国の製薬業の労働人口が$L$人だとすると、一つの商品だけを生産する場合の生産量は$(L-a)/b$、両方の商品を生産する場合の各商品の生産量の最大値は$(L-2a)/b$である。生産可能性曲線は$A$点と$A'$点、そして$B$点を通る太い直線上の両端以外の点から構成される。パネル($a$)に比べるとパネル($b$)では商品開発や検査などの人員（すなわち固定費）が多いために$a$の値が大きく、$(L-a)/b$と$(L-2a)/b$のギャップが大きくなっている。

　外国で医薬品を販売する際に現地拠点を設ける必要があるとすると、対内FDIを禁じている国では自国の商品しか流通しない。その場合、自国の二つの商品の消費量の組み合わせは生産可能性曲線上のいずれかの点になる。国民の間で商品1に対する需要と商品2に対する需要が拮抗している場合、両方の商品が生産され、$B$点のような組み合わせの生産と消費が行われるだろう。パネル($b$)では固定費が大きい分だけ商品1単位当たりの価格が割高になり、消費量が減少する。

　一方、対内FDIが自由化されている場合、各国がそれぞれ二財を生産する必要は必ずしもない。たとえば自国と外国の製薬会社がそれぞれ一つの商品を開発し、他の国に子会社を設けて販売すれば、国民は両方の商品を購入

168 第Ⅱ部 貿易・企業編

することができる。図表3には外国の生産可能性曲線を示していないが、第8章の第4節のように自国と外国が完全に対称的だとすると、自国と外国で各商品が半分ずつ販売され、国民の消費点は$C$点のような点になるだろう。左右どちらのパネルにおいても$C$点では$B$点に比べて両財の消費量が増加するが、その効果はパネル$(b)$の方が大きい。このことは、今日の日本のように生産や消費に占める生活必需品の比率が低下し、生産側の規模の経済と消費側の選択肢の拡大のバランスをとる必要がある国において、対内FDIを通じた外国企業の自国市場への参入が重要になっていることを示唆している。

## 4 日本の海外直接投資の現状

第5章で触れたように、日本では1970年代から漸進的に国際投資の自由化が進められ、1980年代から海外との資本移動が本格化した。しかし間接投資に比べてFDIが少なく、とりわけ対内FDIが低迷している。

図表4は2012年末時点のOECD加盟国における内外投資の残高を比較したものである。第8章において人口の少ない小国ほど貿易額のGDPに対する比率が高くなる理由を説明したが、国際投資に関しても同じ傾向が認められ、ルクセンブルグやアイルランドなどの小国ではGDPと比較した内外投資の規模が非常に大きくなっている。日本はOECD加盟国の間でアメリカに次いで人口が多く、投資残高の対GDP比率が低いこと自体は不思議でないが、対内FDI残高の対GDP比率の低さは際立っている。

図表5は、過去20年間の日本の対外FDIと対内FDIの推移を示したものである。この図では残高(ストック)ではなく毎年の流入出(フロー)に注目し、それらの収支を、①新規の投資額、②既存の現地拠点の収益の再投資額、③撤退や事業縮小に伴う資金の引上げ分の和として示している。この図を見ると分かるように、対内・対外FDIのいずれにおいてもいったん投資した資金が回収されるケースが少なくなく、事前に進出先国における事業の見通しを立てることが簡単でないことが伺える。

第 10 章 国際投資と企業の国際化 169

図表 4 OECD 諸国の内外投資残高の GDP に対する比率

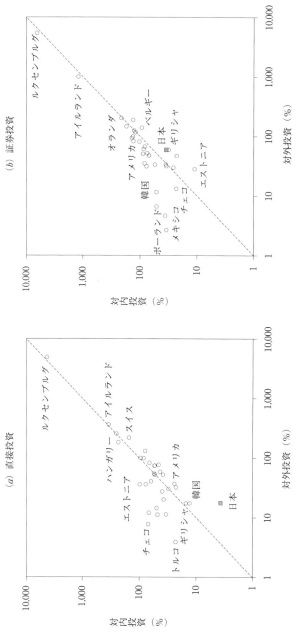

(注) いずれも 2012 年末現在。証券投資残高は株式と債券の保有残高の和。国による違いが大きいので横軸・縦軸とも対数目盛で表示している。
(出所) International Monetary Fund, *International Financial Statistics* をもとに集計。

図表 5　日本の海外直接投資の推移

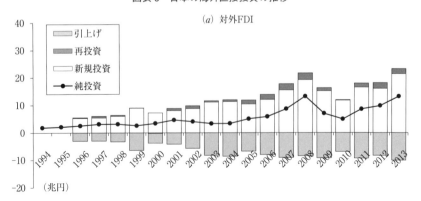

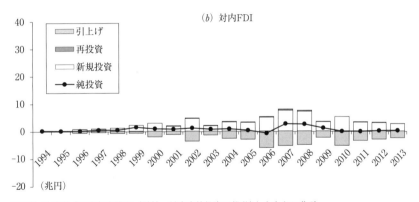

(出所) 財務省「国際収支状況（対外・対内直接投資の推移）」をもとに集計。

　ただし対外 FDI に関しては新規投資額が回収額を恒常的に上回っている上に、近年は既存の海外拠点の収益の再投資額も増加しており、現地事業の定着が進んでいることが分かる[7]。一方、対内 FDI は対外 FDI に比べて金額が少なく、回収額が新規投資額を上回った年すらある。また、既存の国内

---

7) 日本の親会社が海外現地法人の収益を回収せずに現地の事業拡大に充当する場合、国際収支表上はいったん回収した収益を再投資したものと見なし、経常勘定（要素所得の受取）と金融勘定（直接投資の支払い）に同額を計上することになっている。

拠点の収益の再投資もほとんどなく、外国企業の日本定着が進んでいないことが伺われる。

　日本において外国企業の事業展開が進んでいないのはなぜだろうか。この疑問に答えるために、図表6に示したアンケート調査の結果を見てみよう。この調査は経済産業省が外国企業の日本法人を対象に毎年実施しているもので、その中で日本において事業を展開する上でのメリット（魅力）とデメリット（阻害要因）を尋ねている。この調査ではメリットに関しては5つまで、デメリットに関しては3つまでの複数回答を許しているが、メリットに関する回答数よりデメリットに関する回答数が多くなっている。

　パネル（a）のメリットに関する上位項目のうち、「所得水準が高く、製品・サービスの顧客ボリュームが大きい」や「インフラが充実している」、「（国民が）製品・サービスの付加価値や流行に敏感であり、新製品・サービスの競争力を検証しやすい」はかねてから日本市場の魅力として指摘されている点である。しかし近年は近隣のアジア諸国が急速な経済発展を遂げる一方、日本では経済停滞と人口減少が続いており、東日本大震災後は電力供給に関する不安も広がっている。これらのことを考えると、今後、上記の理由による日本市場の相対的な魅力は低下してゆく可能性が高い。

　一方、パネル（b）のデメリットに関しては、「ビジネスコストの高さ」を挙げる企業が多く、それに「日本市場の閉鎖性・特殊性」、「製品・サービスに対するユーザーの要求水準の高さ」、「規制・許認可制度の厳しさ」、「人材確保の難しさ」などが続いている。これらのうち、「日本企業の閉鎖性・特殊性」や「人材確保の難しさ」は第2章で解説した日本企業の特性と密接に関係している。日本では企業が経営者と従業員の共同体の色彩を持っているため、企業間の人材の流動性が低いだけでなく、ライバル企業間でも正面対決や買収合戦を避けて共存しようとする傾向がある。政治家や監督官庁もこれらの企業と密接な関係を築いていることが多く、新規参入を促進して産業全体の活性化を目指すより、既存企業の保護を意識した行動をとりがちである。したがって外国企業が短期間のうちに日本で事業を拡大することを望む場合、日本企業と何らかの形で提携することが必要となることが多い。

### 図表 6 外国企業にとっての日本市場のメリットとデメリット

(a) 魅力（複数回答、上位 5 つまで）

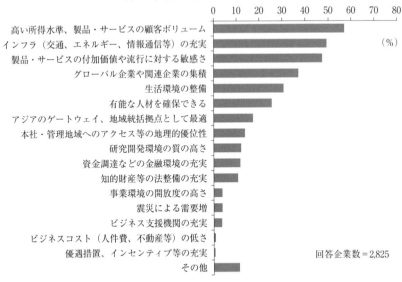

(b) 阻害要因（複数回答、上位 3 つまで）

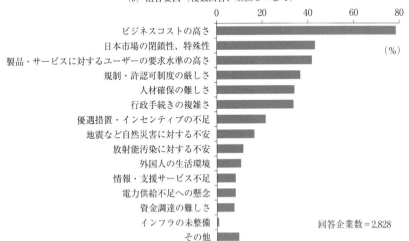

（注）調査対象は外国投資家の直接・間接出資比率が 3 分の 1 超で外国筆頭出資者の出資比率が 10％超の法人企業。
（出所）経済産業省「外資系企業動向調査（2012 年調査）」をもとに作成。

第 10 章　国際投資と企業の国際化　173

　また、「製品・サービスに対するユーザーの要求水準の高さ」はパネル（*a*）
のメリットの一つである「（国民が）製品・サービスの付加価値や流行に敏
感であり、新製品・サービスの競争力を検証しやすい」の裏返しと言えるが、
日本の耐久消費財の中には他国では見られない特殊な機能を備えたものが少
なくない。また、企業間の売買においても長期的な関係が暗黙裡の前提とさ
れ、個々の取引の契約においてその範囲が必ずしも十分に明示されないため、
結果的にアフターサービスに対して正当な報酬が支払われないケースがある
ことも指摘されている。

　図表 7 は、日本の法人企業の平均的な売上高経常利益率と外資系企業（外
国企業の日本法人）の平均的な売上高経常利益率の推移を比較したものであ
る[8]。この図の「全法人企業」には外資系企業も含まれているが、外資系企
業の利益率が全法人企業の利益率を大幅に上回っていることは、日本の地場
企業の利益率が非常に低いことを意味している。ただし（ここには示してい
ないが）外資系企業の間でもばらつきがあり、欧米系企業の利益率が高い一
方、韓国や中国などのアジア系企業の利益率は相対的に低い。それにも関わ
らず最近は欧米系企業の日本撤退が目立っており、図表 5（*b*）に示した新
規投資の多くはアジア系企業によるものである。この図では金融・保険業を
除外しているが、2014 年にはアジアから日本に進出した銀行の数が欧米か
ら進出した銀行の数を上回ったことが報道された。

　欧米企業の日本法人の収益率が他の外資系企業や日本企業に比べて高いに
も関わらず撤退が相次いでいるのは、欧米では日本のような低収益を甘受し
ながら事業を継続することが許されないからだと思われる。第 2 章で解説し
たように、日本の大企業の中には企業間の株式持ち合いなどによって投資家
の経営介入を排除しているケースが多く、労働法制も経営者が正社員の雇用
維持を最優先して事業を運営することを事実上義務付けている。しかし欧米
企業では **ROE**（Return on Equity、**総資本利益率**）や **ROA**（Return on Assets、

---

8)　**経常利益**とは、売上高から中間財のコストや人件費、借入金の利息などを差し引いた
　　ものである。経常利益から本業との関係の薄い特別な利益や損失を足し引きしたものが
　　会計上の**純利益**である。

図表7　日本の法人企業の売上高経常利益率の推移

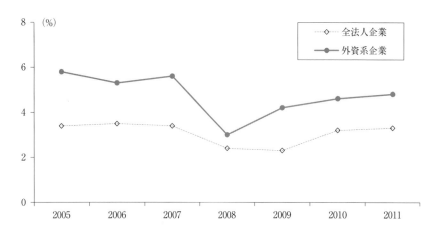

（注）「全法人企業」は外資系企業を含み、金融・保険業を含まない。「外資系企業」は金融・保険業及び不動産業を含まない。
（出所）経済産業省「外資系企業動向調査」をもとに作成。

**総資産利益率**）を強く意識した経営が行われているため、十分な利益が得られる見込みのない国で事業を継続するより、他国で新たな市場を開拓することを望むのだろう。

　外国企業の日本進出が進まないことは生産性向上の点で好ましくないだけでなく、国民一人ひとりにとっても問題である。第3節で分析したように、外国企業の日本市場への参入が進んで多様な製品やサービスが普及することは、消費者としての国民の生活を豊かにする意味を持っている。また、これらの企業が独自の方法で人材の採用や育成を行えば、国民のキャリアや働き方の選択肢が広がり、その面でも私たちの生活は豊かになる。日本では人材移動が活発な外資系企業に猜疑心を抱く風潮が根強いが、最近は外資系企業で経験を積んだ日本人が新しい企業を立ち上げるケースも増えている。このような動きがさらに広がれば、伝統的な日本企業の間でも経営体制や雇用慣行を見直す機運が高まり、日本経済全体の活性化や効率改善にもつながってゆくと思われる。

# 第 III 部

## 金融・マクロ編

# 第 11 章　外国為替市場と通貨の取引

## 1　はじめに

　第3章において触れたように、今日の経済取引の大半は通貨を媒介として行われている。一国内の取引は自国通貨を用いて決済すればよいが、国際間の貿易や投資の決済の際には自国と外国の通貨を売買（兌換）して資金を用意する必要が生じることが多い。こうした通貨の売買が行われ、為替レートが決定するのが外国為替市場だった。

　ある国の経済に何らかの変化が生じ、その国の貿易や国際投資に影響が及ぶと、外国為替市場においてその国の通貨の需給関係が変化し、為替レートも変動する。また、後の章で解説するように、何らかの理由で為替レートが先に変化し、それが国際間の貿易や金融取引の流れを変化させることによって各国の経済に大きな影響を及ぼすこともある。図表1に示されているように、世界各国の国民経済と為替レートは貿易や国際投資などの経済取引を介して相互に影響を与え合う関係にある。

図表1　為替レートと国民経済の関係

　これまでの章でも随所で為替レートに言及してきたが、第Ⅲ部では一国の経済と為替レートの関係を正面から分析する。具体的には、次章から第14

章にかけての三つの章において「為替レートはどのような要因によって決まるのか、変化するのか」という問題を考え、第15章で「為替レートが変化すると一国の国民経済にどのような影響が及ぶか」という問題を分析する。その過程で一国の金利や物価が為替レートとどのように結びついているのか、中央銀行の金融政策がどのようなプロセスを経て為替レートに影響を与えるのかも解説する。

　本章では次章以降の準備として、裁定取引の考え方を通貨の売買に応用し、外国為替市場において各国の通貨がどのように取引されているのかを解説する。これらを先に理解しておくと、次章以降で役に立つはずである。

## 2　裁定取引と媒介通貨

　同じ商品の価格が場所によって異なる場合、割安な地域で購入して割高な地域で販売することにより、収益を上げることができる。このような取引を**裁定取引**と呼ぶ。裁定取引が行われると、もともと割安だった地域において商品が品薄になるために価格が上昇し、もともと割高だった地域では商品の出回り量が増加することによって価格が下落する。そうしたプロセスを経て場所による価格差が解消し、あらゆる地域の価格が同一となった状態を**一物一価**と呼ぶ。ただし現実の商品の取引には様々なコストがかかるため、一物一価は完全には成立しない。このようなコストの中には、地域間で商品を運搬する費用だけでなく、各地の価格の情報を収集する費用も含まれる。

　一方、株式や債券のような金融資産の場合、専門業者を通じて価格情報が瞬時にして伝えられ、輸送費や貯蔵費用も一切かからないため、一国内でも国際間でも一物一価が成立しやすい。現金や銀行預金などの通貨も一種の金融資産だから、外国との金融取引が自由化されている国では通貨の価格も一物一価の原則に従うことになる。ただし以下で説明するように、「通貨の価格」には為替レートと金利の二つの意味があり、それぞれに関して裁定取引を考えることが可能である。

　第3章で解説したように、「リンゴ1個 = 100円」という価格に相当するものとして「1ドル = 100円」という為替レートを捉えれば、為替レートは

178 第Ⅲ部 金融・マクロ編

まさに通貨の価格である。そこで、以下ではまず「通貨の価格＝為替レート」
と考え、国際間で通貨の一物一価が成立する条件を考えてみよう。

いま、日本とアメリカにおけるリンゴ1個の価格がそれぞれ $P$ 円と $P^*$ ド
ルだとしよう。これまで為替レートをしばしば1ドル＝ $S$ 円のように表現
してきたが、本章ではさまざまな国の通貨の為替レートを扱うので、ここで
はそれが「円（$y$）で測った1ドル（$d$）の価格」であることを明示するた
めに1ドル＝ $S_{y,d}$ 円と書くことにする。

さて、いま、

$$P=S_{y,d}\times P^* \tag{1}$$

という関係が成り立っているとしよう。この時、日米間でリンゴの一物一価
が成立しているという。たとえば日本とアメリカにおけるリンゴ1個の価格
がそれぞれ 50 円と 0.5 ドル、為替レートが1ドル＝ 100 円だったとしよう。
ある人が 100 円持っているとすると、この人が日本で購入できるリンゴの量
は 100 ÷ 50 ＝ 2 個である。また、この 100 円をドルに兌換すると1ドルと
なり、それを用いてアメリカでリンゴを購入した場合、やはり 1 ÷ 0.5 ＝ 2
個を手に入れることができる。

次に、日本とアメリカにおけるユーロ（$u$）1単位の価格がそれぞれ1ユー
ロ＝ $S_{y,u}$ 円、1ユーロ＝ $S_{d,u}$ ドルだとしよう。(1)式と同様に考えると、

$$S_{y,u}=S_{y,d}\times S_{d,u} \tag{2}$$

という関係が成り立っているとき、日本とアメリカの間で（すなわち円とド
ルの間で）ユーロに関する一物一価が成立することが分かる。

(1)式が成立しないときにリンゴの裁定取引が可能なのと同様に、(2)式が成
立しないときにはユーロの裁定取引の機会が発生する。たとえば(2)式の右辺
の値が左辺の値より大きい場合、円をいったんドルに兌換してそれをユーロ
に兌換することにより、円を直接ユーロに兌換した場合より多くのユーロを
入手することができる。リンゴの裁定取引の場合には実際に国際間でリンゴ
を運搬する必要があり、時間も手間もかかるが、通貨の裁定取引は自国に居
ながらにして瞬時に行うことができる。したがってプロの金融機関の間で適

第11章　外国為替市場と通貨の取引　179

図表2　媒介通貨と為替レートの決定

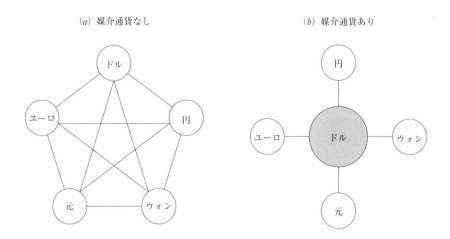

(出所) 勝 (2011) 図3-7をもとに作成。

用される為替レートに関する限り、(2)式の関係はほぼ完全に成立する[1]。

　一般に $n$ 種類の通貨があるとき、為替レートの数（二つの通貨の組み合わせ）は $n \times (n-1) \div 2$ だけ存在する。(2)式には3種類の通貨があるから、為替レートの数は $3 \times (3-1) \div 2 = 3$ である。しかし一物一価が成立している以上、(2)式の3つの為替レートのうちどれか2つの値が決まると残りの値は決まってしまう。同様に、$n$ 種類の通貨に関して一物一価が成立している場合、自由に変化できる為替レートの数は $n-1$ しかない。たとえば図表2のパネル（$a$）には5つの通貨に関する10の組み合わせが示されているが、これらのうち4つの為替レートが決まると、残りの為替レートはすべて決まってしまう。

---

[1]　第3章において解説したように、外国為替市場では金融機関（銀行など）の間の通貨の売買が卸売取引、金融機関と個人や事業会社の売買が小売取引に相当する。通常の商品の小売価格が卸売価格を上回るのと同様に、金融機関が個人や事業会社と通貨を売買する際には上記の裁定価格に手数料を上乗せした為替レートを提示することが多い。

180　第Ⅲ部　金融・マクロ編

　また、現実の外国為替市場において二つの通貨が売買される場合、これら
は必ずしも直接交換されるわけではなく、先の(2)式の例のように第三国の通
貨を媒介として取引されることが少なくない。たとえば図表1のパネル (b)
のようにドルが**媒介通貨**になっている場合、すべての通貨の取引はドルを中
継して行われる。残りの4通貨とドルの為替レートが決まればドル以外の通
貨の間の為替レートも決定する。たとえば韓国ウォンを人民元に兌換する際
に直接交換せずにドルを介することが多いのは、外国為替市場におけるウォ
ン・元の取引額が少なく、こうした取引の相手を見つけることが簡単でない
からである。

## 3　金利裁定と先物取引

　次に金利を通貨の価格と見なした場合の裁定取引について説明しよう。い
ま、ここにA、Bという二つの隣接した駐車場があり、A駐車場の賃料が1
カ月当たり1万円、B駐車場の賃料が2万円だとする。これらは駐車場の使
用料であって売買価格ではないが、私たちはしばしばそれを「駐車場の値段」
と呼ぶ。通貨の場合、この使用料に相当するのが金利である。
　上記の二つの駐車場の他の条件が同一だとすると、顧客はみなB駐車場
を避けてA駐車場を利用しようとするだろう。するとB駐車場は早晩賃料
を下げて対抗せざるを得ず、申込みが殺到したA駐車場も賃料を引き上げ
るかも知れない。また、顧客の中に目ざとい人がいれば、A駐車場をまと
めて契約し、B駐車場よりわずかに安い賃料で又貸ししようとするかも知れ
ない。こうした裁定取引が行われると、いずれは二つの駐車場の賃料の一物
一価が成立するだろう。
　次に通貨の貸借に関する裁定取引を考えてみよう。私たちが通貨（余剰資
金）を運用する方法はいろいろあるが、もっとも手軽なのは銀行の定期預金
である。しかし円の余剰資金を持つ人がそれを円口座に預金する必要は必ず
しもなく、円をドルに兌換した上でドル口座に預金することも可能である。
今日では銀行の店頭やインターネット経由でこうした**外貨預金**を簡単に取り
組む（行う）ことができる。

図表3 金利裁定と為替レート

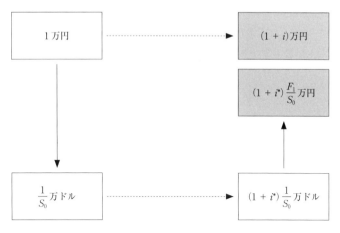

(注) 実線による矢印は為替取引を表す。破線による矢印は預金取引を表す。
網掛けした箇所は最終的な受取額を表している。

いま、1年間の円預金の金利が $i$（たとえば5％なら $i = 0.05$）、ドル預金の金利が $i^*$ だとする。ある人が1万円をそのまま円で預金した場合、1年後の受取額は $1 \times (1 + i) = (1 + i)$ 万円となり、この金額は現時点で確定する。図表3の上段の右向きの破線はこうした円預金の元本と受取額の関係を表している。

ドル預金の場合はどうだろうか。今日の為替レートが1ドル $= S_0$ 円だとすると、1万円をドルに兌換して預金した場合の1年後の受取額は $1/S_0 \times (1+i^*)$ ドル、すなわち $(1 + i^*)/S_0$ ドルとなる。この受取額も現時点で確定する。

しかしもともと円資金を持っている人にとって重要なのはドルでの受取額ではなく、円での受取額だろう。1年後の為替レートはその時になってみないと分からないので、現時点で最終的な円の受取額を確定したければ、「1年後に $(1 + i^*)/S_0$ ドルを売って円に兌換する」という**為替予約**を行っておく必要がある。輸出額や輸入額が多い事業会社の場合、近い将来の自社の外貨の売買額をある程度予測できるので、為替予約を通じて事前に円での受取額や支払額を確定しておきたいと考えることは少なくない。そのため、大手の銀行はいつでも顧客の為替予約の申し込みに応じられる体制を整えている。

182　第III部　金融・マクロ編

　外国為替市場において通貨を直ちに売買することを**直物（スポット）取引**と言うのに対し [2]、将来の特定日における通貨の交換を事前に予約することを**先物（フォワード）取引**と言う [3]。直物取引に適用される為替レートを**直物（スポット）レート**と呼び、先物取引に適用される為替レートを**先物（フォワード）レート**と呼ぶ。先の $S_0$ は円とドルの直物レートの例である。以下では直物（Spot）の為替レートを $S$、先物（Forward）の為替レートを $F$ という記号を用いて区別することにする。

　さて、上記の例において顧客が1年後の為替予約を申し込んできた場合、銀行はどのような為替レートでそれに応じるだろうか。1年後の先物レートが1ドル＝$F_1$円だとすると、この顧客のドル預金の最終的な受取額は

$$\frac{1}{S_0} \times (1+i^*) \times F_1 = (1+i^*) \times \frac{F_1}{S_0} \tag{3}$$

万円である。図表3では、右側の上から二番目の四角の中にこの値が書かれている。顧客はこの金額が円預金の受取額より大きければドル預金を選択し、そうでなければ円預金を選択するだろう。

　しかし先の駐車場のケースと同様に、円預金とドル預金の受取額が異なっている場合、受取額の高い方に申込者が殺到し、他方に申し込む人がいなくなってしまう。それだけでなく、たとえば円預金の受取額がドル預金の受取額より少ない場合、円資金を借り入れて為替予約付きのドル預金を行うだけで収益を稼げることになってしまう。こうした機会が生じないためには、

$$1+i = (1+i^*) \times \frac{F_1}{S_0} \tag{4}$$

という関係が成立している必要がある。

---

2)　ただし慣行により、実際の資金決済は取引の2営業日後に行われることが多い。

3)　一部の教科書では通貨のフォワード取引を先物取引ではなく**先渡取引**と呼んでいる。それはここで言う先物取引以外に**通貨先物**と呼ばれるデリバティブ取引が存在し、それとの混同を避けるためである。しかし実務において先渡取引と言う用語はほとんど使われないので、以下では先物取引ないし為替予約という用語を用いる。

銀行の担当者が顧客の為替予約に応じる際、(4)式の $i$ と $i^*$、$S_0$ はすでに決まっており、自分の判断で調整できるのは $F_1$ だけである。この担当者が顧客に裁定取引の機会を与えないためには、(4)式を $F_1$ について解くことによって得られる

$$F_1 = \frac{1+i}{1+i^*} \times S_0 \tag{5}$$

という先物レートを提示する必要がある。この式から分かるように、直物と先物の為替レートはそれぞれ独立に決まっているわけでなく、金利を介して連動している。

## 4 為替スワップとは何か

今日の主要国の外国為替市場では、上記の直物と先物の取引に加え、**為替スワップ**と呼ばれる取引が活発に行われている。為替スワップとは、同じ取引相手に対して同額の直物取引と先物取引を同時に行うものである。

図表4は為替スワップの例を図示したものである。ここではA銀行がB

図表4 為替スワップの例

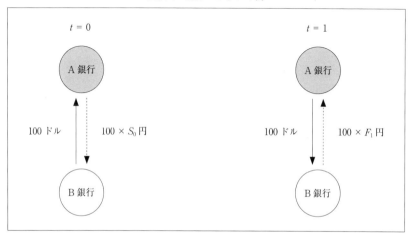

銀行を相手として、(a) 100ドルのドル買い・円売りの直物取引、(b) 同じ100ドルのドル売り・円買いの先物取引、の二つを取り組んでいる。仮に二国の金利が同一だとすると、(5)式により $S_0 = F_1$ となり、(a) と (b) の円の受け渡し額も同一となる。こうした取引は一見すると無駄なように思われるが、以下の二つの理由により、特に金融機関の間で盛んに行われている。

第一の理由は為替リスクの管理である。いま、顧客から1か月後に100ドルを購入したいという為替予約の申し込みがあったとして、A銀行が1ドル = $F_1$ 円の先物レートでそれに応じたとしよう。図表5の右上の取引がこの為替予約を表している。A銀行が他に何もしない場合、1か月後に外国為替市場で100ドルを購入し、それを顧客に売却する必要がある。しかし今日から1か月後までに円安が進んだ場合、外国為替市場で100ドルを調達する際に支払う円の金額が顧客から受け取る円の金額より多くなり、損失を被る。

図表5 先物取引を利用したリスク管理

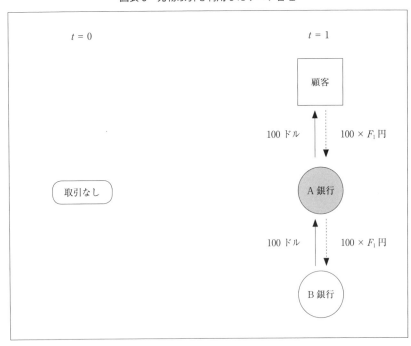

A 銀行がこうした為替リスクを回避する一つの方法は、顧客の為替予約に応じると同時に、外国為替市場においてそれと反対の先物取引を行っておくことである。図表5の右下ではB銀行を相手にそうした先物取引を行う例を示している。この場合、1か月後にA銀行は実質的に顧客とB銀行の取引を仲介するだけになり、為替リスクは消滅する。

　ただし、先物取引に関して上記のような反対売買の相手を見つけることは容易でない。B銀行がたまたま別の顧客から逆の為替予約を申し込まれていた場合には双方のニーズがマッチするが、そのような偶然が生じることは多くない。次節で見るように、現実の外国為替市場ではスワップの取引額が最も多く、次に多いのが直物取引、最も少ないのが先物取引である。

　次に、為替リスクを管理する別の方法として、図表6のような取引を行うことを考えてみよう。ここで A 銀行は顧客との為替予約に応じると同時に、(a) B 銀行を相手とした直物取引、(b) C 銀行を相手としたスワップ取引、の二つを取り組んでいる。この場合、A 銀行は現時点（$t = 0$）で実質的に B 銀行と C 銀行の通貨売買の仲介役を果たすことになり、1か月後（$t = 1$）にも顧客と C 銀行の通貨売買を仲介するだけになるため、為替リスクを負う必要がなくなる。図表5と図表6を比較すると気づくように、図表6のC銀行との為替スワップは、実質的に図表5におけるB銀行との先物取引を直物取引に変換する役割を果たしている。

　図表6の為替リスクのヘッジ手法は複雑に見えるかも知れないが、現実には図表5の方法より便利なことが多い。先物市場の参加者は将来のさまざまな日においてさまざまな金額の取引を行うニーズを持っており、これらを直接マッチさせることは容易でない。一方、直物市場では常時たくさんの取引が行われているから、自分のニーズに合致する取引相手を見つけやすいだけでなく、複数の取引をまとめて行うことも可能である。また、(5)式が成立している限り図表6のスワップ取引には一切のリスクがないため、それに応じてくれる相手を見つけることも難しくない。

　金融機関の間で為替スワップが頻繁に行われるもう一つの理由は、それが資金調達の手段として便利であることである。このことを理解するために、いま、日本に A 銀行、アメリカに B 銀行という民間銀行があり、A 銀行は

186 第Ⅲ部 金融・マクロ編

図表6 為替スワップを利用したリスク管理

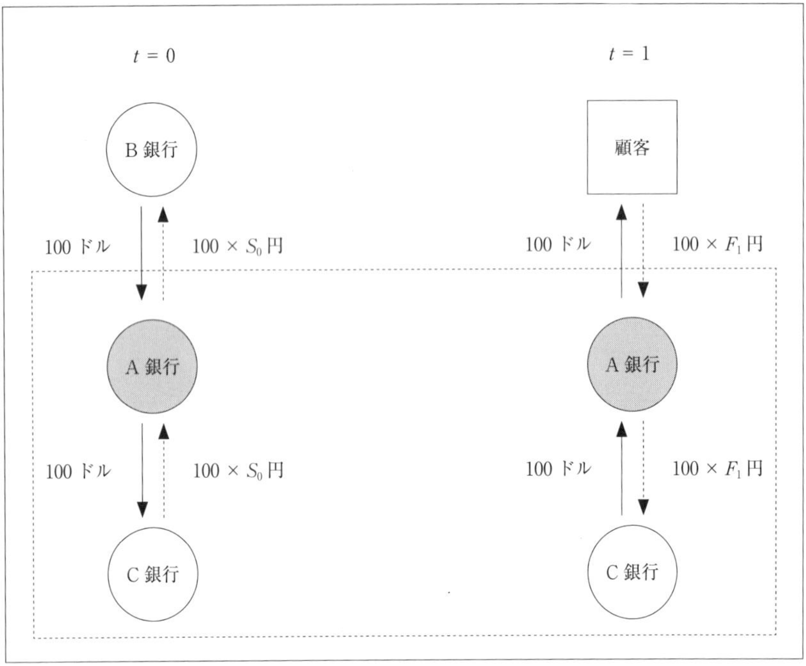

$t = 0$ $t = 1$

B銀行 顧客

100 ドル 100 × $S_0$ 円 100 ドル 100 × $F_1$ 円

A銀行 A銀行

100 ドル 100 × $S_0$ 円 100 ドル 100 × $F_1$ 円

C銀行 C銀行

円資金、B銀行はドル資金を豊富に保有しているとしよう。

　第10章で解説したように、個人や金融機関が保有資金のリスクを分散し
ながら総合的なリターンを高めるためには、多数の金融資産に同時に投資す
ることが必要である。金融機関は多額の資金を運用しているため、単一国の
金融資産に集中投資するのではなく、多数国のさまざまな資産に分散投資す
ることを望むだろう。しかしA銀行が外国為替市場で手持ちの円資金をド
ルに兌換してアメリカの株式や債券に投資した場合、その後にこれらの金融
資産の価格が下落して損失を被るリスクだけでなく、為替レートが円高に
なって保有資産の円貨額が目減りするリスクも負うことになる。個人や事業
会社から広く預金を受け入れている銀行がこうした投資に失敗して破たんす
ると一国の決済システムの安定が損なわれるため、多くの国において民間銀
行が負うことができる為替リスクは厳しく制限されている。

それではどうしたらよいだろうか。A銀行はB銀行からドル資金を借り入れてアメリカの株式や債券に投資することを考えるかも知れない。しかしその場合には融資の満期日までに返済用のドル資金を準備する必要があるので、事前に期限を定めない柔軟な投資を行うことが難しくなるだけでなく、返済日までに株式や債券の価格が下落すると損失を被る。また、アメリカにおけるA銀行の知名度が低い場合、B銀行はそもそも融資に応じてくれないかも知れないし、応じてくれる場合でも貸し倒れの可能性を考慮した高率の金利を要求するかも知れない。

A銀行がドル資金を調達するもう一つの方法は為替スワップを利用することである。ここで再び図表4を見ると、A銀行にとってこの為替スワップが実質的にB銀行に対して円資金を貸し出し、B銀行からドル資金を借り入れる取引と同じ意味を持っていることが分かる。A銀行はそうして調達したドル資金を$t = 0$から$t = 1$にかけて自由に投資することができる。

一般に、日本の銀行はアメリカの銀行より低利で円を調達することができ、アメリカの銀行は日本の銀行より低利でドルを調達することが可能である。これはそれぞれの銀行が自国内に多数の営業拠点を有し、知名度も高いため、自国通貨の調達に比較優位を持っているからである。したがってこの種のスワップ取引は、第6章で解説した比較優位の原則に従って各国の金融機関が通貨を調達し、それを相互に取引する行為だと解釈することも可能である。

為替スワップを利用した外貨の調達には他にもメリットがある。第一に、図表4のスワップ取引によってA銀行とB銀行には一切の為替リスクが生じないから、直物市場で外貨を購入して運用する場合に比べて投資のリスクは明らかに小さくなる。第二に、図表4の例においてA銀行が中途で破たんして$t = 1$の為替取引を行えなくなった場合、B銀行は外国為替市場において他の相手を探して円資金をドル資金に兌換すればよい。その時点で円安が進んでいるとB銀行は損失を被るが、そうした損失はA銀行にドルを融資して丸ごと未回収になった場合の損失に比べると小さなものである。

188　第Ⅲ部　金融・マクロ編

## 5　世界の通貨取引の現状

　最後に、今日の世界の外国為替市場における取引状況を概観しておこう。
図表7は、国際決済銀行（Bank for International Settlements、BIS）が3年お
きに実施しているアンケート調査をもとに、主要53カ国の外国為替市場に
おける取引額の内訳を整理したものである。

図表7　世界の外国為替市場における取引額

(a) 取引種類別内訳

| 種類 | 金額（シェア） | |
|---|---|---|
| 合計 | 5,344.6 | (100.0) |
| 直物 | 2,046.2 | (38.3) |
| 先物 | 680.0 | (12.7) |
| 為替スワップ | 2,227.6 | (41.7) |
| その他 | 390.8 | (7.3) |

(b) 通貨別内訳

| 通貨 | 金額（シェア） | |
|---|---|---|
| 合計 | 5,344.6 | (100.0) |
| 米ドル | 4,652.2 | (87.0) |
| ユーロ | 1,785.7 | (33.4) |
| 日本円 | 1,231.3 | (23.0) |
| 英ポンド | 631.2 | (11.8) |
| 豪ドル | 461.7 | (8.6) |
| スイスフラン | 275.5 | (5.2) |
| 加ドル | 244.1 | (4.6) |
| その他 | 1,407.5 | (26.3) |

(注) いずれも2013年4月における1営業日当たり平均取引額で単位は10億ドル。カッコ内の数
　　値は全体に占めるシェアで単位はパーセント。為替取引には二つの通貨が関与するので、パ
　　ネル (b) の各通貨の取引額の合計値は一番上の行に示した合計額の二倍になる。
(出所) Bank for International Settlements, *Triennial Centaral Bank Survey of Exchange and Derivatives
　　Market Activity in* 2013 をもとに集計。

　図表7によると、2013年4月における世界の外国為替市場における1日
の平均取引額は約5.3兆ドルだった。ここ数年、世界の貿易総額は毎年およ
そ15兆ドル前後で推移しており、これを250（1年間のおおよその営業日数）
で割ると約600億ドルになる。上記の5.3兆ドルとこの数値を比較すると分
かるように、今日の世界の通貨取引の中で貿易の決済のために行われるもの

第 11 章　外国為替市場と通貨の取引　189

は少なく、その大半は他の目的で行われている。

　パネル $(a)$ の取引種類別の内訳を見ると、先述したように為替スワップ
の取引額が最も多く、それに直物取引が続いている。これらに比べると先物
取引の金額はかなり少ない。このことも外国為替市場の取引の中で貿易以外
の目的で行われるものが多いことを示唆している[4]。

　次にパネル $(b)$ の通貨別内訳を見ると、ドルの売買が全体の87％を占め、
他の通貨の取引額を圧倒している。第2節で見たように、これは今日の世界
においてドルが媒介通貨の役割を果たしているからである。ドル以外では
ユーロや円の取引額が比較的多いが、これはユーロ圏の国々と日本の経済規
模が大きいことによるところが大きい[5]。ユーロは欧州とその周辺地域にお
いてある程度媒介通貨として利用されているが、円が第三国通貨の売買の仲
介役を果たすことはほとんどない。

　なお、図表7 $(a)$ において為替スワップの取引額が多いことには、それが
資金調達手段の役割を果たしていることに加え、個々の金融機関がこの種の
取引を短期間にくり返し行う傾向があることも影響している。図表8はこう
した取引の例を示したものである。ここでA銀行は $t=0$ から $t=1$ にかけ
てB銀行と為替スワップを行い、$t=1$ から $t=2$ にかけてC銀行と為替スワッ
プを行っている。両方のスワップのドルの金額が同じだとすると、A銀行
は $t=1$ 時点でC銀行から買ったドルをそのままB銀行に引き渡せばよく、
$t=0$ にB銀行から買ったドルを $t=2$ まで自由に運用することができる。

---

4)　ただしこのことは貿易が為替レートと無関係だという意味ではない。図表6で見たよ
　うに、貿易にまつわる為替予約は二次的な通貨取引を生み出すことが多く、間接的にモ
　ノやサービスの貿易と関係のある通貨取引は上記の貿易額より多いはずである。また、
　反対の取引を同時に行う為替スワップが必ずしもその時々の為替レートに大きな影響を
　与えないのに対し、貿易の決済にまつわる通貨の売買は相対的に大きな影響を与えるこ
　とが多い。

5)　ユーロ圏の国々とはユーロを自国通貨として利用している国々のことである。本書の
　執筆時点において欧州同盟から法定通貨としてユーロを使用することを正式に認められ
　ている国は18カ国ある。ユーロ圏の国々の間の貿易に関しては通貨の兌換が不要であ
　る。

190　第Ⅲ部　金融・マクロ編

図表6　為替スワップを利用した外国投資

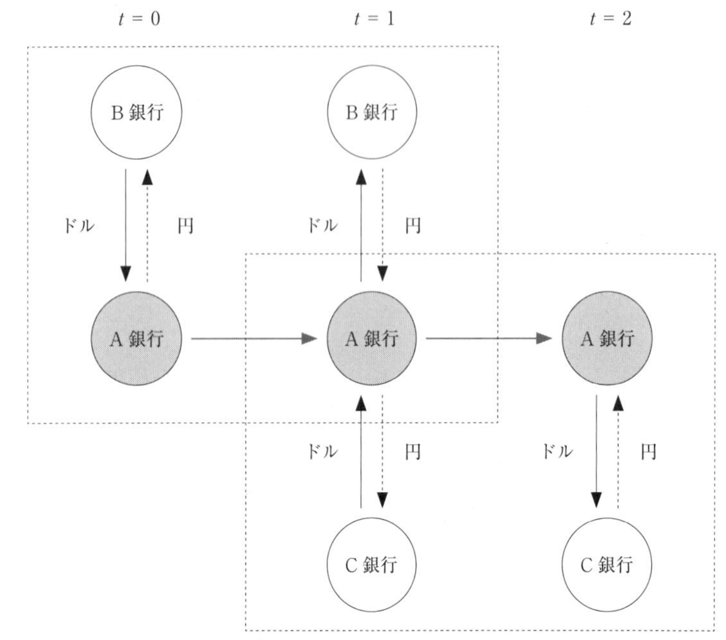

（注）太い矢印は資金の運用を表す。

　現実のスワップ取引の中には直物取引と先物取引の間隔が1週間以内のものが圧倒的に多く、単一のスワップによって調達した外貨をもとに本格的な外国投資を行うことは難しい。そこで多くの金融機関は図表6のようにスワップをくり返すことによって短期資金を長期資金に変換し、それを外国の資産に投資している。

　ただしこうした取引には大きなリスクが潜んでいる。最初から1か月の為替スワップを組んで1か月の外貨預金を取り組んだ場合、当初の取引時に1か月後の自国通貨建ての受取額が確定するが、1週間のスワップをくり返す場合、最後のスワップ取引を行うまで最終的な収益は確定しない。また、通常の状況において為替スワップの取引相手を見つけることは難しくないが、

第 11 章　外国為替市場と通貨の取引　　191

それが常に保証されているわけではない。短期のスワップによって調達した
外貨を元手に簡単に換金できない資産を購入し、中途で新しい為替スワップ
の相手が見つからなくなった場合、すでに契約しているスワップの先物部分
の取引を履行することができず、破たんに追い込まれる可能性すら考えられ
る。

　2007 年にアメリカの金融危機が表面化するまで、欧州の多数の金融機関
が図表 6 の方法でドルの短期資金を調達し、それをアメリカの長期資産に投
資していた[6]。しかし金融危機によってこれらの資産の価格が暴落し、欧州
の金融機関の財務状況が悪化すると、アメリカの銀行はこれらの機関との為
替スワップを避けるようになった。上述したように無担保の融資に比べれば
為替スワップのリスクは低いが、破たんの可能性が取りざたされている相手
と取引を行う金融機関はいない。そうして多くの金融機関がドル資金の調達
に行き詰まったことにより、アメリカの金融危機が短期間のうちに欧州に飛
び火し、むしろ欧州において深刻化することになった。第 10 章において国
際投資が一国の経済を安定させる効果と不安定化させる効果を持っているこ
とを指摘したが、欧州の金融危機は後者の例だと言える。

---

6)　日本の金融機関もこうした取引を行っていたが、欧州の金融機関に比べると取引の規
　模は小さかったようである。

# 第12章 為替レートと金利の期間構造

## 1 はじめに

本章では、前章で解説した金利と為替レートの関係を出発点として、一国の金利がどのように決まるのか、短期と長期の金利の間にどのような関係があるのか、各国の金利がどのように結びついているのかを解説する。これらについて知ることは、金融資産の価格と収益率がどのように決まるのかを理解する上で不可欠なだけでなく、第14章で金融政策と為替レートの関係を分析する際の予備知識としても有用である。

## 2 カバー付きとカバーなしの金利平価

前章では、円預金とドル預金の裁定関係をもとに

$$1+i=\left(1+i^*\right)\times\frac{F_1}{S_1} \tag{1}$$

という関係を導出し、この式を

$$F_1=\frac{1+i}{1+i^*}\times S_0 \tag{2}$$

と書き換えることによって直物と先物の為替レートの関係を考察した。前章では(2)式の$i$と$i^*$が事前に与えられているものと仮定したが、現実の金利は常に変化している。

本章では金利がどのように決まるのかを考察するが、その前に為替レートと金利の関係についてもう少し踏み込んで検討しておこう。そのために、まず、(2)式の両辺を$S_0$で割ることによって

$$\frac{F_1}{S_0}=\frac{1+i}{1+i^*} \tag{3}$$

と書き換えよう。この式の右辺の分子と分母に$1-i^*$をかけると

$$\frac{(1+i)\times(1-i^*)}{(1+i^*)\times(1-i^*)}=\frac{1+i-i^*-i\times i^*}{1-i^*\times i^*} \tag{4}$$

となる。通常、金利を表す $i$ と $i^*$ は1よりずっと小さな値だから、それらの積である $i \times i^*$ と $i^* \times i^*$ は非常に小さな値になる。そこで便宜的にこれらを無視して(3)式の右辺を書き換えると

$$\frac{F_1}{S_0}=1+i-i^* \tag{5}$$

となる[1]。最後にこの式の両辺から1を引くことにより、

$$\frac{F_1-S_0}{S_0}=i-i^* \tag{6}$$

と書き直すことができる。

　(6)式の関係は**カバー付きの金利平価**と呼ばれている。この式は単に(2)式を書き換えたものだから、両者の意味するところは同一である。しかし(6)式では自国と外国の金利の差と直物・先物の為替レートの差の対応関係がより明瞭になっている[2]。「カバー付きの」とは、「為替レートの変動によって損失を被るリスクを先物取引によってカバーした場合の」という意味である。

　前章で解説したように、直物レートが1ドル $= S_0$ 円のときに顧客から1年後の為替予約を依頼された場合、銀行の担当者が提示する先物レートは必ず1ドル $= F_1$ 円である。しかしこの担当者が1年後の円ドルレートが1ドル $= F_1$ 円になると予想しているかというと、必ずしもそうとは限らない。上記の $F_1$ は現時点の直物レートをもとに機械的に割り出した値であり、直物レートが変化すれば直ちに変化する。したがって1年経った時点の直物レー

---

1)　たとえばアメリカの金利が1%のとき、$i^*$ が 0.01 であるのに対し、$i^* \times i^*$ は 0.0001 (0.01%) である。ここで $i \times i^*$ と $i^* \times i^*$ を無視することは、第1章の図表7において $C$ の四角形を無視したのと同じことである。

2)　たとえば日本の金利がアメリカの金利に比べて低い場合、先物レートは直物レートに比べて必ず円高になる。

194 第Ⅲ部 金融・マクロ編

トが $F_1$ と一致している保証はなく、むしろ異なっていることが多い。外国
為替市場の参加者はそのことを熟知しているから、彼らに来年の直物レート
を予想させた場合、人によって返ってくる答えはさまざまだろう。以下では
こうした外国為替市場参加者の予想の平均値を $S_1^e$ という記号を用いて表現
する（$e$ は期待や予想を意味する expectation の頭文字）。

　しかし、それでは上記の $S_1^e$ と $F_1$ の間には何の関係もないのだろうか。具
体的な例として、いま、(6)式から算出される先物レートが $F_1 = 100$ 円、外
国為替市場参加者の予想値が $S_1^e = 120$ 円だとしよう。この予想が的中して
いる場合、現時点で 1 年後のドル買い・円売りを予約し、1 年後にドル売り・
円買いの直物取引を行うことにより、1 ドル当たり 20 円の利益を得ること
ができる。そのように考えた人が銀行に殺到して為替予約を申し込んだ場合、
銀行はそれによって生じるリスクをヘッジする必要に迫られるだろう。

　銀行が前章で解説した為替スワップを利用してヘッジを行う場合、スワッ
プ取引とは別にドル買い・円売りの直物取引を行うことになる。多くの銀行
がドル買いを行おうとすると直物市場におけるドルと円の需給関係が崩れ、
為替レートが円安・ドル高に向かうはずである。こうした動きは直物レート
が十分に円安になり、それに対応する先物レートがほぼ $F_1 = 120$ 円になる
まで続くだろう。第 3 章では需要曲線と供給曲線を用いて将来の円安・ドル
高の予想が現在の為替レートを円安・ドル高に変化させるしくみを説明した
が、その背景にはこうした取引がある。

　上記のメカニズムが機能する限り、$F_1$ と $S_1^e$ が一時的に乖離することはあっ
ても、いずれは両者が一致すると予想される。その場合、(6)式の $F_1$ を $S_1^e$ に
よって書き換え、

$$\frac{S_1^e - S_0}{S_0} = i - i^* \tag{7}$$

と書くことが許されるだろう。この式は**カバーなしの金利平価**と呼ばれてい
る。この関係は次章以下の分析において重要となる。


## 3　債券の価格と利回り

前章では便宜的に $i$ と $i^*$ を銀行の定期預金の金利（収益率）だと考えたが、現実の定期預金の金利は預入銀行や預入期間によって異なっている。また、個人や金融機関が資金を運用する場合、銀行預金はさまざまな投資機会の一つにすぎず、株式や債券などの証券に投資することもできる。これらの資産の利回り（収益率）の間にはどのような関係があるのだろうか。

さまざまな金融資産がある場合、その中で最も安全で**流動性**が高い資産の利回りが最初に決まり、その利回りとの関係で他の資産の利回りが決まると考えることが適切である。安全な資産とは、突然その価値が失われたり目減りしたりするリスクが小さい資産のことである。一方、流動性が高い資産とは、常時その資産が活発に取引され、市場価格に大きな影響を与えることなく迅速に大口の売買を行うことができる資産を意味している。

日本の場合、預金は預入銀行が破たんしても一定額まで第三者機関による払い戻しが保証されているが、それを上回る金額は払い戻されない可能性がある。株式には銀行預金や債券のような満期日や元本が存在せず、発行機関が破たんしなくても株価が下落すれば収益はマイナスになりうる。また、銀行の定期預金を中途で第三者に売却したり譲渡したりすることはできず、現金が必要になったら利息を放棄して解約するしかない。証券は原則としていつでも売却することができるが、日々の取引量が少ない株式や債券の場合、いざという時に取引相手がなかなか見つからない可能性や、無理に売却しようとすると市場価格が下落してしまう可能性がある。

債券の中には政府が発行する**政府債**と民間企業が発行する**社債**がある。債券には償還日（満期日）と償還日における支払額（元本）が定められているが、社債の場合、発行企業が中途で破たんして償還が不履行になる（＝**デフォルト**が発生する）リスクがある。一方、政府はいざとなったら国民から税金を徴収して償還費用を賄うことができるため、デフォルトが発生するリスクは低い[3]。また、中央政府が発行する**国債**とそれ以外の政府債（地方政府債や

---

3) ただし諸外国では政府債がデフォルトするケースもしばしば生じている。これは政府が増税によって多数の国民の不興を買うより、国債を保有する一部の富裕層を犠牲にすることを選択するからである。政府債の保有者の中に海外の投資家が多く含まれている場合、政府がこうした行動に出る可能性はいっそう高くなる（Reinhart and Rogoff 2009）。

196　第Ⅲ部　金融・マクロ編

政府関連機関債）を比較すると、前者の取引額が圧倒的に高く、その分だけ流動性も高い。したがって、(7)式の $i$ と $i^*$ の候補として最も適切なのは、同一の償還日を持つ自国と外国の国債の利回りである。

　ところで国債を含む債券の中には、定期的（たとえば半年ごと）にクーポンと呼ばれる利息が支払われ、満期日に最後のクーポンと元本が支払われる**利付債**と、償還日の元本以外に一切の支払いが行われない**割引債**がある。日本政府が発行する国債の中には、償還期間が 1 年以内の短期債から償還期間40 年の超長期債まで、さまざまなものが存在する。発行期間が短い債券の場合、中途でクーポンの受け払いを行うのは投資家にとっても政府にとっても面倒である。そこで償還期間 1 年以内の短期債は割引債として発行され、それ以外の債券は利付債として発行されている。

　いま、額面（元本）が $M$ 円で償還期間 1 年の割引国債が発行されたとしよう。国債の販売価格は投資家がそれをどのような価格で入札するかによって決まるので、ここではそれを $P_S$ 円と書くことにする（添え字の $S$ は短期を意味する Short の頭文字）。投資家がこの国債を満期まで保有した場合の利回り（収益率）は

$$\left(1+i_S\right)\times P_S=M \tag{8}$$

を満たす $i_S$ である。これを $P_S$ に関する式として書き直すと

$$P_S=\frac{M}{1+i_S} \tag{9}$$

となる。

　(9)式から分かるように、投資家が正の利回りを要求する限り、割引債の発行価格は必ず額面より安くなる。割引債という名称は「額面に比べて割り引かれて販売される」ことに由来している。上記の 1 年物国債のその後の売買価格はその時々の需給状況によって変化するが、償還日に $M$ 円の価値を持つことが決まっているため、それに鞘寄せされる形で少しずつ上昇してゆくことが多い。

次に額面 $M$ 円で償還期間2年の国債（2年債）があるとしよう。仮にこれが中途の支払いのない割引債だとして、購入価格が $P_L$ だとすると（$L$ は長期を意味する Long の頭文字）、この国債を満期まで持ち切った場合の利回り（の年率換算値）は

$$(1+i_L)^2 \times P_L = M \tag{10}$$

を満たす $i_L$ である。これを $P_L$ に関する式として書き直すと

$$P_L = \frac{M}{(1+i_L)^2} \tag{11}$$

となる。

中途でクーポンが支払われる利付債の場合、利回りの計算は少しややこしくなる。たとえば上記の2年債が表面利率 $a$ の利付債だとして（利率5％なら $a = 0.05$）、毎年1回クーポンが支払われることになっているとしよう。その場合、発行日から1年後に $a \times M$ 円が支払われ、2年後の元本償還と同時にもう一度 $a \times M$ 円が支払われることになる。この利付債の発行価格が $P_L^*$ 円だとして、先の(9)式と(11)式と同様に考えると、

$$P_L^* = \frac{aM}{1+i_L} + \frac{(1+a)M}{(1+i_L)^2} \tag{12}$$

という式を満たす $i_L$ がこの債券の利回り（の年率換算値）であることを理解できるだろう。

図表1は残存期間別の日本国債の利回りの推移を示したものである。残存期間とは償還日までの日数のことで、たとえば発行後3年が経過した5年物国債の残存期間は 5－3 = 2 年である。投資家の立場からすると発行直後の10年物国債と発行後10年が経過した20年物国債は実質的に同一の金融商品であるため、以下ではこれらを区別せずに議論を進める。

図表1を見てまず気づくのは、残存期間が長い国債ほど年率換算した利回りが大きくなっていることである。ただしこれらのスプレッド（利回りの格差）は一定でなく、時によって変化している。たとえば1年債と5年債のス

## 図表 1　残存期間別の日本国債の利回りの推移

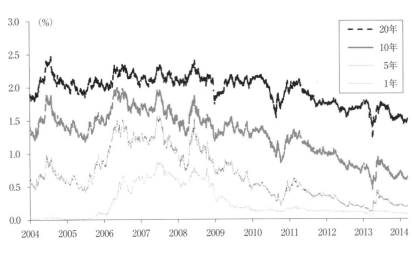

(注) 財務省資料をもとに作成。

プレッドはほとんどゼロだった時期もあるが、1%近くに上っていた時期もある。

次に個々の国債の利回りの動きを比較すると、数日から数か月程度の短期間では残存期間が短い国債ほど利回りが安定しているのに対し、数年以上の長期間では残存期間が長い国債の利回りの方がむしろ安定しているように見受けられる。たとえば 20 年債の利回りの日々の変動はかなり大きく、数か月から 1 年程度の中期的な変動も頻繁に生じている。しかしこの図に示した 10 年間を全体として見た場合、20 年債の利回りは 1 年債や 5 年債よりむしろ安定して推移している。こうした残存期間による利回りの違いはどのような理由によって生じているのだろうか。

## 4　短期金利と長期金利の関係

上記の疑問に答えるために、前節で解説した 1 年債と 2 年債の利回りの間にどのような関係があるかを考えてみよう。中途でクーポンの支払いがある

か否かは本節の議論にとって本質的でないので、以下ではすべての債券が割引債だと仮定する。

　いま、ここに余剰資金を保有する投資家がいて、1年物と2年物の国債のどちらを購入すべきかを検討しているとしよう。1年債の価格が(9)式の通りだとすると、この債券を購入して満期日まで保有した場合、投資額1万円当たりの受取額は $(1 + i_S)$ 万円である。同様に、2年債の価格が(11)式の通りだとして、それを購入して2年後の償還日まで持ち切った場合、投資額1万円当たりの受取額は $(1 + i_L)^2 = (1 + 2i_L + i_L^2)$ 万円となる。第11章で解説したように、$i_L^2$ は非常に小さな値になるため、この受取額は $(1 + 2i_L)$ 万円とほぼ同じだと考えて差し支えない。

　それではこの人が1年債に投資し、1年後に受け取った償還額をその日に発行される1年債に再投資した場合、最終的にどれだけのリターンが得られるだろうか。1年後の1年債の価格はその時にならないと分からないから、その収益率は上記の $i_S$ より高いかもしれないし低いかもしれない。1年後の価格に対応する利回りを $\tilde{i}_S$ と書くことにすると、当初の1万円に対する最終的な受取額は $(1 + i_S)(1 + \tilde{i}_S) = (1 + i_S + \tilde{i}_S + i_S \times \tilde{i}_S)$ 万円となる。この値はほぼ $(1 + i_S + \tilde{i}_S)$ 万円に等しい。

　上記の計算から、仮に

$$1 + i_S + \tilde{i}_S = 1 + 2i_L \tag{13}$$

すなわち

$$i_S + \tilde{i}_S = 2i_L \tag{14}$$

であれば、1年債に二回投資した場合と2年債に一回投資した場合の収益率が同一になることが分かる。ただし(14)式の $\tilde{i}_S$ は1年後にならないと確定しない値だから、投資家が1年債と2年債のどちらに投資すべきかを考える際にはそれを自分の予想値によって置き換える必要がある。国債市場参加者の平均的な予想値を $i_S^e$ と書くことにすると、(14)式は

$$i_S + i_S^e = 2i_L \tag{15}$$

となる。

しかし、現実には(15)式は成立しないことが多い。国債の発行は政府にとって資金の借り入れを意味し、投資家にとっては資金の貸出を意味する。資金を借りる側からすると返済日までの期間は長ければ長いほど望ましく、貸す側にとっては短ければ短いほど望ましい。

たとえば、ある投資家が2年債を購入し、1年経った時点で急に資金が必要になってそれを売却せざるを得なくなったとしよう。その時点で2年債の価格が下落していると、この投資家は大きな損失を被る。一方、この投資家が1年債を購入した場合、1年後の受取価格は必ず $M$ 円である。その時点で資金が不足していればこの $M$ 円を利用すればよいし、その時点で資金が余剰であればこの $M$ 円をもう一度何らかの資産に投資すればよい。1年債に再投資することもできるが、その時までに1年債が値上がりして高いリターンが望めなくなっていれば、他の資産に資金を投じることもできる。

したがって仮に(15)式の関係が成立している場合、すべての投資家が1年債の購入を選択し、2年債に投資する人がいなくなってしまうはずである。1年債と2年債の両方が金融市場の参加者によって受け入れられるためには、これらの収益率の間に

$$i_S + i_S^e < 2i_L \tag{16}$$

という関係が成立している必要がある。ここで

$$i_S + i_S^e = 2\left(i_L - \eta\right) \tag{17}$$

という等式を満たす $\eta$ を考えると、この $\eta$ が1年債に対する2年債の**流動性プレミアム**に相当する。同じ国債であっても2年債は1年債に比べて「いざという時に適切な価格で換金できる」という意味での流動性が低く、その分だけ取引価格が低くなる（利回りが高くなる）わけである。この $\eta$ は期間プレミアム（タームプレミアム）と呼ばれることもある。

これで図表1において残存期間が長い国債ほど利回りが大きくなっている理由は分かったが、時によってこれらのスプレッドが変化しているのはなぜだろうか。(17)式において $i_S$ と $i_L$ の関係が変化するときには、$i_S^e$ と $\eta$ の一方

ないし両方が変化しているはずである。$\eta$ が変化する可能性については後に
検討することにして、以下ではまず $i_S^e$ がどのような理由によって変化しう
るかを考えてみよう。

　分析の単純化のために、ここでいったん流動性プレミアムが非常に小さい
状態を想定し、(15)式が近似的に成立するものと仮定しよう。この式に含まれ
る変数のうち、$i_S$ と $i_L$ はそのときどきの 1 年債と 2 年債の売買価格から直
接計算することが可能である。$i_S^e$ は直接観察可能な変数ではないが、(15)式に
$i_S$ と $i_L$ を代入することによってその値を計算することができる。同様に、
現時点の 2 年債と 3 年債の利回りを比較することにより、2 年後の 1 年債の
利回りの予想値を求めることも可能である。

　ここで説明の便宜のために、$t$ 年後に残存期間が $n$ 年となる国債の利回り
を $_t i_{t+n}$ と書くことにしよう。すると現時点（0 年）で残存期間 1 年、2 年、
3 年、…の国債の利回りを

$$_0 i_1,\ _0 i_2,\ _0 i_3,\ _0 i_4, \cdots \tag{18}$$

と書くことができ、現時点の 1 年債の利回りと 1 年後、2 年後、3 年後、…
の 1 年債の利回りの予想値を

$$_0 i_1,\ _1 i_2^e,\ _2 i_3^e,\ _3 i_4^e, \cdots \tag{19}$$

と書くことができる。

　上記の(18)式と(19)式はどちらかが与えられると他方も決定するため、両者に
含まれる情報は同一である。金融の実務や研究では、(18)式の一連の金利を**イー
ルド・カーブ**、(19)式の一連の金利を**フォワード・レート・カーブ**と呼んでい
る。また、これらをまとめて**金利の期間構造**と呼ぶこともある。図表 2 は
2014 年 7 月時点の日本国債のイールド・カーブとフォワード・レート・カー
ブを図示したものである。フォワード・レート・カーブの導出において流動
性プレミアムを無視していることに注意する必要があるが、この図によると、
国債市場の参加者は 1 年債の利回りが 6 年後に急上昇し始めることを予測し
ているようである。

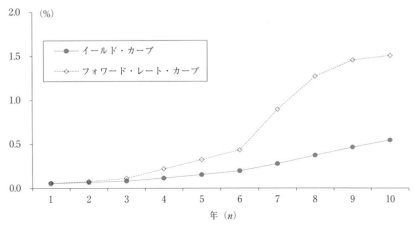

図表 2 　金利の期間構造

(注) イールド・カーブは残存期間 $n$ 年の日本国債の総合利回りで2014年7月の各営業日の値の平均値。フォワード・レート・カーブはこのイールド・カーブをもとに計算した $n$ 年後に償還日を迎える1年債の利回りの予想値。
(出所) 図表1に同じ。

## 5　金融政策と金利の変動

　それでは、フォワード・レート・カーブに反映されている将来の金利の予想値はどのようにして決まるのだろうか。結論を先取りすると、比較的近い将来の予想値は主として金融市場参加者による中央銀行の金融政策の予想を反映し、遠い将来の予想値はその国の経済成長率や物価上昇率に関する予想から強い影響を受ける。したがって金利の期間構造が目立って変化する時は、これらのどれかが変化していることが多い。次にこの点について解説しよう。
　第3章で解説したように、どの国においても民間銀行は中央銀行に準備預金口座を開設し、それを通じて日々の決済を行っている。こうした決済の中には事前に決まっているものもあるが、その日になって突然依頼されるものもある。個々の銀行では昨日は準備預金が余っていたのに今日は足りない（あるいはその逆）という事態が発生するため、銀行間で1日とか数日間といった短期間の資金貸借を行う場が必要となる。日本の場合、こうした短期金融

市場の中核をなしているのが**コール市場**である。コール市場には銀行や証券会社、保険会社などが参加している。

　こうして個々の銀行は日々の資金の過不足を調整しているが、民間金融機関全体として資金の余剰や不足が発生することもある[4]。それを放っておくとコール市場で成立する短期金利が乱高下し、決済システムと金融市場の混乱を招くため、日本銀行が民間部門の資金量を調整するオペレーションを行っている。たとえば、民間部門の資金が一時的に不足する場合、日本銀行が民間銀行から国債を購入し、その銀行の準備預金口座に代金を振り込んでやれば、その分だけベースマネーが増加する。逆に民間部門全体で一時的な資金余剰が発生した場合、日本銀行が手持ちの国債を売却し、民間銀行の準備預金をその代金分だけ減らしてやればよい。

　ただし日本銀行はコール市場の金利の変動に受動的に対応するだけでなく、物価や景気を管理する目的でそれを能動的に操作することも行っている。これが金融政策である。日本銀行は定期的に**金融政策決定会合**を開催し、そこで**無担保コール市場のオーバーナイト物金利**（金融機関がコール市場において当日から翌日にかけて1日間だけ無担保で資金を貸借する際に適用される金利、以下 O/N 金利と略記）の目標値を設定する。景気が過熱して物価に上昇圧力がかかる時に O/N 金利の目標値を引き上げる一方、景気が悪化してデフレ傾向が強まる時には O/N 金利の目標値を引き下げ、それが達成されるようにベースマネーを調整している[5]。

　したがって通常の場合、将来の日本銀行の金融政策を予想することは、将来の無担保コールの O/N 金利を予想することとほぼ同義である。コール市場ではオーバーナイトの資金貸借だけでなく、2日間とか1週間などのさまざまな期間の資金貸借も行われており、これらの取引の金利も公表されている。それらを利用すれば、先に(18)式から(19)式を導いたのと同じ手順を踏むこ

---

4)　たとえば納税期には民間部門から政府に大量の資金が移動し、民間部門全体が資金不足となる。

5)　第14章で解説するように、本書の執筆時点で日本銀行は O/N 金利の代わりにベースマネーに目標値を定めて金融政策を行っている。しかしこれは例外的な措置であり、いずれは上記の政策に戻ることが想定されている。

204　第Ⅲ部　金融・マクロ編

とにより、コール市場に参加している金融機関が将来の O/N 金利をどのように予想しているかを推察することができる。

⒅式では現時点（0 年後）から $n$ 年後にかけての金利（国債利回り）を $_0i_n$ と表現したが、以下ではいったんそれが現時点から $n$ 日後にかけての無担保コールの金利（の年率換算値）を表すものとしよう。また、現時点における $t$ 日後の無担保コール O/N 物金利（の年率換算値）の予想値を $_ti^e_{t+1}$ と書くことにする。すると

$$_0i_1 + {_1i^e_2} + {_2i^e_3} + .... + {_{29}i^e_{30}} = 30 \times {_0i_{30}} \tag{20}$$

という関係が成立する。

　日本銀行の金融政策決定会合は特別な場合をのぞき事前に定められたスケジュールに則って開催され、開催頻度はおおむね 1 か月に 1 回である。したがってある日に政策会合が開催されて O/N 金利の目標値が決定されると、その後 1 か月以内に目標値が変更される可能性は非常に低い。その場合、⒇式の翌日以降の O/N 金利の予想値は今日の O/N 金利と一致し、

$$_0i_1 = {_1i^e_2} = {_2i^e_3} = .... = {_{29}i^e_{30}} = {_0i_{30}} \tag{21}$$

という関係が成立する。すなわち、日銀は O/N 金利の目標値を設定して日々の資金調整を行うことにより、向こう 1 か月程度の金利をほぼ自由に操作することができる。

　上記の要領で今日の 1 か月物金利が決定したとして、次にそれより長い期間の金利がどのように決まるかを考えよう。今度は現時点における 1 年物（すなわち 12 か月）の金利を $_0i_{12}$ と書くことにし、$t$ か月後の 1 か月物金利の予想値を $_ti^e_{t+1}$ と書くことにする。すると⒇式と同じ理由により、

$$_0i_1 + {_1i^e_2} + {_2i^e_3} + .... + {_{11}i^e_{12}} = 12 \times {_0i_{12}} \tag{22}$$

という関係が成立することが分かる。

　⒇式の $_1i^e_2, {_2i^e_3}, {_3i^e_4}$ …はどのような値をとるだろうか。仮に現時点で景気や物価が安定しているとして、コール市場の参加者が来月の政策決定会合において O/N 金利の目標値が据え置かれると予想する場合、$_1i^e_2$ は $_0i_1$ とほぼ同

じ値になるだろう。一方、景気やインフレ率が上昇傾向にあり、次回の政策会合においてO/N金利の目標値が引き上げられると予想された場合、$_1i_2^e$ は $_0i_1$ より大きな値になるはずである。

日本銀行に限らず、一国の中央銀行は将来の物価や景気の動向を予想しながら慎重に金融政策を実施しているため、政策金利を一度に何パーセントも動かしたり、いったん変更した政策金利を短期間のうちに元に戻したりすることはあまりない。金融市場の参加者はそのことを熟知しているから、物価や景気の動向が変化して政策金利の変更の可能性が意識されるようになると、②式の左辺の中でより遠い将来の1か月物金利の予想値から順に変化し始め、それに伴って右辺の1年物金利が変化する。そのため、将来の景気の動向がある程度見渡せる2、3年先までの金利に関する限り、長期金利が短期金利より先に動き出し、かつ相対的に大きく変化することが多い[6]。

ただし10年ないしそれ以上の遠い将来になると、その時点における物価や景気の状況を現在の物価や景気から予想することは非常に難しくなる。したがって金融市場参加者が10年先や20年先の金利を予想する場合、日本銀行がその時点でどのような金融政策を行っているかということは重要でなく、むしろ景気が良くも悪くもない平時においてどのような金利が成立するかを考えるようになる。

金融機関や個人は余剰資金を国債に投資することもできるが、株式や不動産に投資することもできる[7]。株式や不動産の場合、投資家にとっての総合的なリターンは毎期の配当や賃料から得られるインカム・ゲインと株価や不動産価格の上昇から得られるキャピタル・ゲインの和である。一国の景気が好調な時には企業の業績が改善し、配当や不動産の賃料収入も増加することが多い。また、一国の物価が上昇している時には株価や不動産の価格も上昇

---

6) 日本銀行は2006年7月にそれまで0％に据え置いていた政策金利の引き上げに踏み切った。しかし図表1によると、1年債や5年債の利回りはそれより半年以上前に上昇し始めている。

7) 最近は一般の投資家から集めた資金を元手に不動産に投資するREIT（Real Estate Investment Trust、不動産投資信託）と呼ばれる金融商品が株式市場に上場され、個別企業の株式と同じように売買できるようになっている。

206　第Ⅲ部　金融・マクロ編

することが多い。こうした事情により、株式投資や不動産投資の総合的な収益率はその国の実質経済成長率と物価上昇率の和、すなわち名目経済成長率と密接な関係を持っている[8]。

　一方、国債の償還額は事前に決まっているため、償還日までに物価が大幅に上昇した場合、実質的な償還額（償還された資金によって購入可能な商品やサービスの量）は目減りする。物価上昇率が高い時に投資家の資金が株式や不動産ばかりに回らないようにするためには、国債の売り出し価格が予想される物価上昇率の分だけ下落し、利回りが十分に上昇する必要がある。したがって10年超の長期国債の利回りを予想する場合、その国の潜在的な経済成長率や将来の物価上昇率の予想値などが重要な判断材料となる。これらは目先の景気動向からほとんど影響を受けないから、満期が数年以内の金利がその時々の金融政策の予想を反映して大きく変動する一方、それ以上の長期金利は相対的に安定した推移を示すことになる。

## 6　リスク・プレミアムと為替レート

　第3節で説明したように、さまざまな金融資産が存在する場合、その中で最も流動性が高く安全な資産の利回りが最初に決まり、その利回りとの関係で他の資産の利回りが決定する。そうして決まった個々の金融資産と安全資産の利回りの差は**リスク・プレミアム**と呼ばれている。先に解説した流動性プレミアムはリスク・プレミアムの一種であり、(17)式の$\eta$は1年物国債を安全資産と見なした場合の2年物国債のリスク・プレミアムである。

　他の例として、ここで企業が発行する社債のリスク・プレミアムについて考えてみよう。いま、ここに額面が$M$円で償還期間1年の社債があり、それが$\tilde{P}_S$円で取引されているとしよう。この社債の利回りは

$$\tilde{P}_S = \frac{M}{(1+\tilde{i}_S)} \tag{23}$$

という式を満たす$\tilde{i}_S$である。

---

8)　この点は第20章において重要となる。

第 12 章　為替レートと金利の期間構造　　207

　社債は国債に比べて流動性が低く、発行企業の破たんによるデフォルトの可能性もあるため、額面や償還期間が同一の国債に比べて安い価格で取引されることが多い。(9)式の $P_S$ に比べて(23)式の $\tilde{P}_S$ が小さい場合、必ず $i_S < \tilde{i}_S$ となり、

$$i_S = \tilde{i}_S - \eta \tag{24}$$

という式を満たす $\eta$ が社債のリスク・プレミアムに相当する。

　リスク・プレミアムの考え方は異なる国の資産に関しても適用可能である。政府債がデフォルトする可能性がまったくないとすると、同一の償還期間を持つ日本とアメリカの国債はともに安全資産である。その場合、(7)式の $i$ と $i^*$ に日米の国債の利回りを適用すればこの式は成立する。しかし第 4 章で触れたように、日本国債の発行残高はすでに未曾有の水準に達し、しかもそれが急増を続けているため、将来のどこかの時点で買い手がつかなくなる可能性が考えられる。ひとたびそうした事態が発生すると、既存の国債の流動性も一気に低下し、価格が大幅に下落して利回りが急上昇するだろう。そうなると(7)式はもはや成立せず、代わりに

$$\frac{S^e_1 - S_0}{S} = (i - \eta) - i^* = (i - i^*) - \eta \tag{25}$$

という式が成立するようになる。この式の $\eta$ はアメリカ国債を安全資産と考えた時の日本国債のリスク・プレミアムを表している。

　同じ日本国債でも、残存期間が短い短期債と長期債を比較すると、後者の方が償還日までに上記のような非常事態が発生する可能性は高い。したがって(25)式の $i$ と $i^*$ をより残存期間の長い国債の利回りに置き換えた場合、リスク・プレミアムの $\eta$ がいっそう大きくなり、その分だけ $i$ も高くなるはずである。そうして国債の利回りが上昇すると、それをベンチマークとして決まる社債の利回りや銀行の貸付金利も上昇し、深刻な不況が発生するだろう。

　しかし上記とは別の理由でリスク・プレミアムが発生する可能性もある。第 5 章で触れたように、日本では対外投資に比べて対内投資の残高が少なく、金額ベースでは世界一の純債権国である。それに対し、アメリカは対外投資

208 第Ⅲ部 金融・マクロ編

に比べて対内投資が多く、世界一の純債務国になっている。各国の金融機関
や投資家は最終的に自国通貨建てで損益を計算する（あるいは自国通貨建て
で計算した収益の最大化を目指している）ため、(7)式の条件が満たされている
場合でも、為替リスクを伴う外貨資産への投資をどこまでも増やし続けるこ
とは難しい。しかし第4章で解説したように、ある年に日本が経常黒字を計
上し、アメリカが経常赤字を計上しているということは、ネットで日本から
外国に新たな投資が行われ、外国からアメリカに新たな投資が行われること
を意味し、誰かがその分の投資を引き受ける必要がある[9]。

　仮に将来のある時点で日本の投資家がそれ以上ドル資産を買い増すことを
望まなくなったとして、それでもこれらの投資家にドル資産を購入させるた
めには、ドル資産の予想収益率が円資産の予想収益率に比べて十分に高くな
る必要がある。その場合、(25)式とは逆にアメリカ国債にリスク・プレミアム
が付与され、

$$\frac{S_1^e - S_0}{S} = i - \left(i^* - \eta\right) = \left(i - i^*\right) + \eta \tag{26}$$

という式が成立するようになるだろう。

　本書の執筆時点では日本とアメリカ、欧州の経済がそれぞれ深刻な問題を
抱えているため、いずれかの国々の資産だけが売り込まれて価格が暴落する
事態は発生していない。とは言うものの、今後もこのような状態が継続する
保証はない。今日の欧米経済の問題の多くは2007年以降の金融危機によっ
て発生したものだが、日本の財政赤字は1990年代以来ずっと続いており、
それが解消する見込みも立っていない。日本が深刻な経済危機を避けること
は可能か、そのために何が必要かは第Ⅳ部において検討する。

---

9)　日本の金融機関が為替スワップを利用してアメリカの金融機関からドルを調達し、そ
　れをアメリカの資産に投資した場合、外国で借り入れた資金を現地で運用しているだけ
　なので、アメリカの経常赤字の穴埋めには貢献しない。

# 第13章　購買力平価と実質為替レート

## 1　はじめに

　第11章と第12章では、国際投資における裁定関係をもとに「為替レートはどのように決まるのか」を考えた。本章では国際貿易における裁定取引をもとに同じ問題を分析する。以下ではまず、為替レートがどのような値をとる時に各国の通貨が同一の購買力を持つかを考え、なぜ現実の為替レートが必ずしもそのような値をとらないのかを考察する。その後、各国の物価の比率を意味する実質為替レートという概念を導入し、それをもとに為替レートの適正水準を計測する方法を考える。

## 2　一物一価と購買力平価

　いま、円とドルの為替レートが1ドル＝$S$円だとして、ある財が日本において$P_i$円、アメリカにおいて$P_i^*$ドルで売られているとしよう。第11章においてリンゴを例として説明したように、

$$P_i = S \times P_i^* \tag{1}$$

という式が満たされている時、日米間でこの財に関する一物一価が成立する。この式が成立しない場合、原理的には安い国で買って高い国で売るという裁定取引の機会が存在する。

　次に個別の商品ではなく、各国の**一般物価**と為替レートの関係について考えてみよう。一般物価の指標にはさまざまなものがあり、第1章で解説したGDPデフレーターはその一例である。他の代表的な指標としては、私たち消費者が購入する商品やサービスの物価を広汎に反映し、家計の生計費の意味を持つ**消費者物価指数**（Consumer Price Index、CPI）、企業間で取引される商品の物価を表す**企業物価指数**（Producer Price Index、PPI）、同じく企業間で取引されるサービスの物価を測る**企業向けサービス価格指数**（Service

Producer Price Index、SPPI) などが挙げられる[1]。

ここで日本とアメリカで販売されているすべての商品とサービスに $i = 1$, $2, ..., n$ という通し番号をつけ、日本におけるこれらの財の価格を $P_1$, $P_2$, ..., $P_n$ 円、アメリカにおける価格を $P_1^*$, $P_2^*$, ..., $P_n^*$ ドルと書くことにする。そしてそれぞれの国の一般物価を

$$P = P_1^{\omega_1} \times P_2^{\omega_2} \times ... \times P_n^{\omega_n} \tag{2}$$

$$P^* = P_1^{*\omega_1} \times P_2^{*\omega_2} \times ... \times P_n^{*\omega_n} \tag{3}$$

という**幾何平均**によって定義することにする。(2)式と(3)式の $\omega_1$, $\omega_2$,…, $\omega_n$ は各財のウェイトを意味し、その和は1である[2]。これらのウェイトは各財の相対的な重要性を表し、たとえば平均的な家計の1年間の支出額に占める各財への支出額の比率を用いればよい[3]。(2)式と(3)式の両辺の比をとり、日本とアメリカの物価の比率を計算すると

$$\frac{P}{P^*} = \left(\frac{P_1}{P_1^*}\right)^{\omega_1} \times \left(\frac{P_2}{P_2^*}\right)^{\omega_2} \times ... \times \left(\frac{P_n}{P_n^*}\right)^{\omega_n} \tag{4}$$

となる。

いま、かりにすべての財に関して(1)式の一物一価が成立しているとすると、(4)式を

$$\frac{P}{P^*} = \left(\frac{S \times P_1^*}{P_1^*}\right)^{\omega_1} \times \left(\frac{S \times P_2^*}{P_2^*}\right)^{\omega_2} \times ... \times \left(\frac{S \times P_n^*}{P_n^*}\right)^{\omega_n} = S^{\omega_1} \times S^{\omega_2} \times ... \times S^{\omega_n} = S \tag{5}$$

と書き換えることができる。その場合、

$$P = S \times P^* \tag{6}$$

---

1) 企業物価指数と企業向けサービス価格指数の英語名称は2014年に改訂された。

2) 幾何平均は分かりにくく思われるかも知れないが、前著の附録2において解説したように、通常の**算術平均**と対応関係にある。ここでは後の計算を容易にするために幾何平均を用いるが、算術平均を用いても以下の分析の本質は変わらない。

3) 現実の物価指数のウェイトは国によって異なるが、ここでは説明の簡略化のために両国に共通のウェイトを適用する。

あるいは

$$S = \frac{P}{P^*} \tag{7}$$

という関係が成立する。

　(6)式ないし(7)式の関係が成立する場合、私たちが保有している円をそのまま日本で使用しても、それをドルに兌換してアメリカで使用しても、購入できる財の量は同一である。このことを円とドルが同じ購買力を持つと言い、それが成立する時の為替レートを**購買力平価**（PPP）と呼ぶ。仮に(7)式の $P$ と $P^*$ がそれぞれ独立に決定し、その後に円とドルの購買力を一致させるように $S$ が調整するとすると、(7)式は「為替レートはどのように決まるのか」という問いに対する答えになっている。為替レートに関するこうした考えは**購買力平価説**と呼ばれている。

　しかし(7)式は本当に成立するのだろうか。まず、個別の財に関して(1)式が完全に成立することはありえない。第11章で述べたように、アメリカにおいてリンゴのような貿易財が日本より安かったとしても、日米間で裁定取引を行うことには手間もコストもかかるため、二国の価格差がかなり大きくなるまで価格を収斂させる効果は機能し始めないだろう。また、多くのサービスに関してはそもそも裁定取引が不可能であり、国によって大きな価格差があったとしても、それを収斂させる力は働かない。

　第二に、為替レートとモノやサービスの価格とでは調整のスピードが大きく異なる。これも第11章で解説したように、通貨を含む金融資産の取引が瞬時に完了するのに対し、通常の財の中には売買の契約が行われてから生産が行われるものも少なくなく、国際輸送にも時間がかかる。また、為替レートが時々刻々と変化するのに対し[4]、モノやサービスの価格の中には1年に1回ないし数回しか改訂されないものもある。こうしたことを考えると、少なくとも(6)式や(7)式が常に成立することはなさそうである。

　ただし購買力平価説は日々の為替レートの動きを説明する理論ではなく、

---

4)　ただしこれは変動為替相場制度の場合である。固定為替相場制度の下で為替レートがどのように調整されるかは第19章において解説する。

212 第Ⅲ部 金融・マクロ編

その長期的な推移や適性水準を説明しようとする理論である。ここで注意したいのは、すべての財に関して(1)式の関係が成立することは(6)式や(7)式が成立するための十分条件であっても必要条件ではないことである。たとえばある商品に関しては日本の方が高く、別の商品に関してはアメリカの方が高いということがあったとしても、こうした価格差がうまく相殺されれば、(6)式や(7)式が成立することはありうる。

　ここで

$$R = \frac{S \times P^*}{P} = \frac{P^*}{P/S} \tag{8}$$

という値を定義し、それを円とドルの**実質為替レート**と呼ぶことにしよう。この式の $S \times P^*$ はアメリカの物価を円建てに換算した値であり、$P/S$ は日本の物価をドル建てに換算した値である。したがって $R$ は同一通貨建てで評価したアメリカの物価と日本の物価の比率を表し、購買力平価説が成立する時に1となる。$R$ のような値を考える場合、それと区別する意味で $S$ を**名目為替レート**と呼ぶことがある。

　上記の実質為替レートには別の意味づけを与えることもできる。いま、円とドルの購買力平価が成立する名目為替レートを1ドル＝ $\tilde{S}$ 円と書くことにする。すなわち

$$\tilde{S} = \frac{P}{P^*} \tag{9}$$

である。そして現実の名目為替レートと購買力平価の比率を計算すると

$$\frac{S}{\tilde{S}} = \frac{S}{P/P^*} = \frac{S \times P^*}{P} = \frac{P^*}{P/S} \tag{10}$$

となり、それが上記の $R$ と一致することが分かる。したがって実質為替レートを「現実の名目為替レートが購買力平価に比べてどれだけ割安（ないし割高）になっているか」を表す指標と考えることも可能である。

　現実の為替レートが購買力平価と一致しない場合、上記の $\tilde{S}$ はそれ自体として重要な意味を持っている。たとえば、いま、日本の居住者の平均的な

所得水準が $V$ 円、アメリカの居住者の平均的な所得水準が $V^*$ ドルだとして、日本とアメリカの豊かさを比較することを考えてみよう。国際間の豊かさの指標として適切なのは各国の国民の名目所得ではなく、その所得によってどれだけの商品やサービスを購入できるかである。したがって購買力平価が成立しない場合、日本の所得 $V$ 円とアメリカの所得の円換算値である $S \times V^*$ 円を比較するより、それぞれの国の所得を自国の物価で割った $V/P$ と $V^*/P^*$ を比較する方が適切である。この $V/P$ や $V^*/P^*$ はしばしば**実質所得**と呼ばれている[5]。

上記の考えによると、たとえば

$$\frac{V}{P} < \frac{V^*}{P^*} \tag{11}$$

のとき、日本の実質所得がアメリカの実質所得より低く、アメリカが日本に比べて豊かであることを意味している。(11)式の両辺に $P$ をかけると

$$V < \frac{P}{P^*} \times V^* \tag{12}$$

となり、これを書き直すと

$$V < \tilde{S} \times V^* \tag{13}$$

ないし

$$\frac{V}{\tilde{S}} < V^* \tag{14}$$

となる。

上記の不等式から分かるように、複数国の所得水準を単一国の通貨建てに換算して比較する場合、利用すべき為替レートは現実の名目為替レートではなく購買力平価である。これまでに何度か「購買力平価（PPP）による一人当たり GDP」をドル表示で示してきたが、これらは(14)式の左辺に相当する値である。

---

5)　第8章では財の価格を賃金で割った値を実質価格と呼んだ。上記の実質所得は実質価格の逆数に相当する。

図表1 世界各国の実質為替レート（2012年）

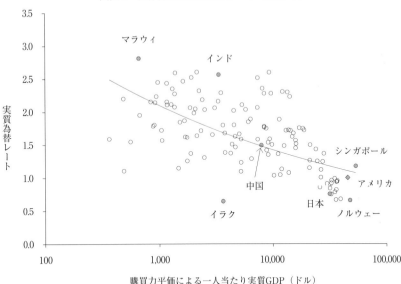

(注) 人口200万人未満の小国は除いて集計した。曲線は最小二乗法によって縦軸の値を横軸の値に回帰した近似線（横軸を対数表示にしているため曲線になっている）。
(出所) World Bank, *World Development Indicators* のデータをもとに作成。

　さて、それでは(8)式（ないし(10)式）の実質為替レートを利用し、購買力平価説が現実にどの程度成立しているかを確かめてみよう。図表1は2012年のデータを用いて世界各国の通貨のドルに対する実質為替レートを計算し、それをPPPベースの一人当たり実質GDPに対してプロットしたものである。この図において実質為替レートが1に近い値になっている国は少なく、大半の国々の値が1よりずっと大きな値になっている。したがって(7)式の購買力平価説は一般的な為替レートの決定理論としては成立していないと見るべきだろう。
　ただし図表1における各国通貨の実質為替レートは無秩序でなく、一人当たり実質GDPが高い国ほど実質為替レートが低い傾向が認められる。このことは、豊かな国ほど物価が高い、すなわち購買力平価に比べて自国通貨が割高になる傾向があることを意味している。一国の経済発展に伴って自国通

第 13 章　購買力平価と実質為替レート　　215

貨の実質為替レートが下落（増価）してゆくことは、その発見者の名をとっ
て**バラッサ・サミュエルソン効果**と呼ばれている[6]。

## 3　購買力平価はなぜ成立しないか

　バラッサ・サミュエルソン効果が生じる理由は、経済発展と生産性の関係
をもとに理解することができる。第 9 章において解説したように、工業製品
を中心とした貿易財産業では国際的な企業の競争を通じて生産性が上昇しや
すいのに対し、サービスなどの非貿易財産業ではそうした効果が働きにくい。
したがって一国の経済発展が進むにつれ、貿易財の生産費が非貿易財の生産
費に比べて割安になり、非貿易財の価格が割高になってゆく。

　ただし名目為替レートと関係を持つのは貿易財の価格だけである。個々の
貿易財に関して一物一価が厳密に成立しないとしても、裁定取引が可能であ
る限り、国による極端な価格差がいつまでも放置されることはないはずであ
る。その場合、どのような所得水準の国においてもさまざまな貿易財の平均
的な価格がおおよそ同じ水準に収斂する一方、豊かな国において非貿易財が
割高になるため、一般物価も高くなるわけである。

　ここで第 6 章の比較生産費説と同じ枠組みを利用し、上記の原理を辿って
みよう。第 6 章では日本とアメリカについて考えたが、ここでは高所得国の
代表として日本、低所得国の代表としてインドを採り上げる。また、第 6 章
では食料品と衣料品という二つの貿易財を考えたが、ここでは貿易財の代表
として自動車、非貿易財の代表として散髪（理容サービス）を取り上げる。

　図表 2 は、第 6 章と同じ形式で日本とインドの投入係数（財 1 単位の生産
に必要な労働者の人数）と各財の価格を示したものである。添え字の $T$ と $N$
はそれぞれ Tradable と Non-tradable の頭文字を取っている。なお、インド
の通貨はルピーであり、インドの賃金と財の価格はルピー建ての値である。

---

6)　ベラ・バラッサ（Bela Balassa、1928 〜 1991）はアメリカで活躍したハンガリー出身
　　の経済学者である。ポール・A・サミュエルソン（Paul A. Samuelson、1915 〜 2009）
　　はアメリカ人の経済学者で現代経済学の始祖の一人である。

216 第Ⅲ部 金融・マクロ編

図表2 二国の投入係数と財の価格

(a) 投入係数とコスト

|  | 日本 | インド |
|---|---|---|
| 自動車 | $a_T$ | $a^*_T$ |
| 散髪 | $a_N$ | $a^*_N$ |
| 賃金 | $W$ (円) | $W^*$ (ルピー) |

(b) 各財の価格

|  | 日本 | インド |
|---|---|---|
| 自動車 | $P_T = a_T \times W$ (円) | $P^*_T = a^*_T \times W^*$ (ルピー) |
| 散髪 | $P_N = a_N \times W$ (円) | $P^*_N = a^*_N \times W^*$ (ルピー) |
| 相対価格＝比較生産費 | $\dfrac{P_T}{P_N} = \dfrac{a_T}{a_N}$ | $\dfrac{P_T^*}{P_N^*} = \dfrac{a_T^*}{a_N^*}$ |

　第6章では各国の投入係数に適当な値を当てはめたが、ここではこれらの投入係数にどのような値を想定することが適切かを考えてみよう。一国の経済発展に伴って貿易財産業の生産性が非貿易財産業の生産性を上回って上昇する場合、豊かな国ほど自動車の投入係数の散髪の投入係数に対する比率は低くなる。したがって日本の投入係数とインドの投入係数を比較した場合、

$$\frac{a_T}{a_N} < \frac{a^*_T}{a^*_N} \tag{15}$$

という不等式が成立すると考えることが自然である。このことはすなわち

$$\frac{P_T}{P_N} < \frac{P^*_T}{P^*_N} \tag{16}$$

という関係が成立することを意味している。

貿易財に関して一物一価が成立する場合、円とルピーの名目為替レートは

$$P_T = S \times P_T^*$$ (17)

という式を満たす $S$ となる。この式を(16)式の左辺に代入すると

$$\frac{S \times P_T^*}{P_N} < \frac{P_T^*}{P_N^*}$$ (18)

すなわち

$$\frac{S}{P_N} < \frac{1}{P_N^*}$$ (19)

となる。

ここで(19)式の両辺に $P_N^*$ を乗じると

$$\frac{S \times P_N^*}{P_N} < 1$$ (20)

となる。この式の左辺は円建て換算したインドの散髪代と日本の散髪代の比率である。それが 1 より小さいということは、インドの散髪代が日本の散髪代に比べて安いことを意味している。

次に上記の自動車と散髪サービスの価格をさまざまな貿易財と非貿易財の平均的な価格（物価）だと考え、(2)式と(3)式に従って二国の一般物価を以下のように定義することにしよう。

$$P = P_T^{\omega} \times P_N^{1-\omega}$$ (21)

$$P^* = P_T^{*\omega} \times P_N^{*1-\omega}$$ (22)

ただしここで $\omega$ と $1-\omega$ はそれぞれ貿易財と非貿易財のウェイトを表し、その和は 1 である。

次に(21)式と(22)式を(8)式に代入して整理すると

218　第Ⅲ部　金融・マクロ編

$$R = \frac{S \times P_T^{*\omega} \times P_N^{*1-\omega}}{P_T^{\omega} \times P_N^{1-\omega}} = \frac{S^{\omega} \times P_T^{*\omega}}{P_T^{\omega}} \times \frac{S^{1-\omega} \times P_N^{*1-\omega}}{P_N^{1-\omega}} = \underbrace{\left(\frac{S \times P_T^*}{P_T}\right)^{\omega}}_{(a)} \times \underbrace{\left(\frac{S \times P_N^*}{P_N}\right)^{1-\omega}}_{(b)} \tag{23}$$

となる。最後の $(a)$ 項と $(b)$ 項はそれぞれ貿易財と非貿易財に関する二国の物価の比率を表している。平均的な貿易財に関して一物一価が成立するときの $(a)$ 項の値は1であり、⒇式により $(b)$ 項は1未満の値だから、$R$ も1より小さくなる。すなわち、①高所得国では低所得国に比べて非貿易財産業と比較した貿易財産業の生産性が高い、②名目為替レートは貿易財のみに関する購買力平価がおおむね成立する水準に回帰（調整）する、という二つの条件が満たされるとき、図表1で見た所得水準と一般物価の関係が成立するわけである。

## 4　実質為替レートと実質実効為替レート

　実質為替レートの概念はそれ自体が重要なだけでなく、名目為替レートの適正水準を考える上でも有用である。日本では購買力平価説をもとに円が高すぎると言う人が少なくないが、こうした主張は正しくない。前節の分析によると、名目為替レートの適正水準の指標として適切なのは⒄式を満たす $S$ であって、⑺式を満たす $S$ ではないからである。

　ただし⒄式を満たす $S$ を正確に計算することは必ずしも簡単でない。これは貿易財と非貿易財の境界が現実には明瞭でなく、これらのいずれか一方の価格だけを正確に反映する物価指数が存在しないためである[7]。その場合、前節と同様に一般的な物価指数である CPI や GDP デフレーターを利用して

---

7)　上述した PPI と SPPI はそれぞれ商品とサービスだけを対象として集計されているため、日本の物価指数の中では貿易財と非貿易財の物価指数に近い意味合いを持っている。しかし PPI の集計対象に日本の国内でしか流通していない商品の価格が含まれる一方、SPPI の集計対象には国際取引が可能なサービスが含まれており、これらが貿易財と非貿易財に完全に対応しているわけではない。また、PPI や SPPI はあくまでも企業間で取引される商品やサービスの価格に関する物価指数であり、消費者が支払う価格は反映されていない。

⑻式の $R$ を計算し、その長期的なトレンドを参照しながら現在の名目為替レートが高すぎるか低すぎるかを判断するといった工夫が必要となる。

ここで再び図表1を見ると、円の実質為替レートは実線で示した傾向線よりかなり下に位置しており、その値が1を下回っている。このことは、当時の名目円ドルレートをもとにドル換算した日本の一般物価がアメリカの一般物価に比べて高かったことを意味している。日本の所得水準がアメリカの所得水準より高ければそれでもおかしくないが、この図の横軸上の日本の所得水準はアメリカの所得水準を下回っている。この年の日本の物価がアメリカに比べて高かったのは名目円ドルレートが長期的な適正水準に比べて円高だったからであろうか。それとも何か他の理由によるものだろうか。最後にこの点に関して考察を加えておこう。

ここで㉓式の $P_T$ と $P_N$、$P_T^*$、$P_N^*$ を図表2の記号を用いて書き換えると

$$R = \underbrace{\left(\frac{S \times a_T^* \times W^*}{a_T \times W}\right)^{\omega}}_{(a)} \times \underbrace{\left(\frac{S \times a_N^* \times W^*}{a_N \times W}\right)^{1-\omega}}_{(b)} \tag{24}$$

となる。この式の $(a)$ 項が1だということは、

$$S \times a_T^* \times W^* = a_T \times W \tag{25}$$

すなわち

$$\frac{S \times W^*}{W} = \frac{a_T}{a_T^*} \tag{26}$$

だということである。これを㉔式の $(b)$ 項に代入して整理すると

$$R = \left(\frac{a_T \times a_N^*}{a_T^* \times a_N}\right)^{1-\omega} = \left(\frac{a_T/a_N}{a_T^*/a_N^*}\right)^{1-\omega} \tag{27}$$

となる。

㉗式では、国による貿易財産業と非貿易財産業の相対的な生産性の違いが実質為替レートに反映されるという前節の結果がより明瞭になっている。日

220　第Ⅲ部　金融・マクロ編

本とアメリカはともに先進国だから、貿易財産業の中心である製造業の生産性に大きな違いがあるとは考えにくい。一方、第９章で見たように、日本のサービス業の中には生産性が低いものや過剰雇用になっていると思われるものがあり、こうした産業の投入係数がアメリカに比べて高くなっていることはありうる[8]。

　また、貿易財に属する商品であっても、外国との貿易が制限されていれば実質的に非貿易財となる。第Ⅳ部において解説するように、日本政府は国内の農家を保護する目的で一部の農産品や食料品の輸入を厳しく制限している。そうした保護の下にある日本の農家の生産性がアメリカの農家に比べて伸び悩んだ場合、(27)式の $a_I/a_N$ が $a_T^*/a_N^*$ に比べてますます小さくなり、$R$ が１より小さな値をとることが必然となる。現実にそうしたことが生じているか否かは章末の *Column* ⑥において分析する。

　なお、実際にある通貨の名目為替レートの適正水準を考える場合、(8)式のような特定の外国通貨に対する実質為替レートではなく、さまざまな外国通貨に対する実質為替レートを綜合した**実質実効為替レート**を参照することが望ましい。たとえば(8)式によって計算される円と外国 $j = 1, 2, …, m$ の通貨との実質為替レートをそれぞれ $R_1, R_2, …, R_m$ と書くことにすると、(2)式や(3)式と同様の幾何平均を利用することにより、円の実質実効為替レートを

$$R = R_1^{\omega_1} \times R_2^{\omega_2} \times … \times R_m^{\omega_m} \tag{28}$$

と定義することができる

　円の実質実効為替レートを(28)式のように定義した場合、たとえばドルに対する実質レートが上昇する一方でユーロに対する実質レートが下落した場合、実質実効為替レートは上昇することも下落することもありうる。(28)式の $\omega_1, \omega_2, …, \omega_m$ は個々の外国通貨に付与されるウェイトを意味し、たとえば日本との貿易額が多い国の通貨に高いウェイトを与えればよい。こうして計算された実質実効為替レートと名目為替レートの動きを比較すれば、名目為

---

8)　前著の第４章で指摘したように、日本では対個人向けサービスだけでなく、企業間で取引される対事業所サービスも諸外国に比べて割高になっている。

第13章　購買力平価と実質為替レート

### 図表3　名目円ドルレートと円の実質実効為替レートの推移

(注)　名目円ドルレートの単位は1ドルに対する円の金額。実質円ドルレートと円の実質実効為替レートはこの図に示した期間の平均値を100とした値。
(出所)　Bank for International Settlements, *BIS Effective Exchange Rate Indices*（Broad Index）、US Bureau of Statistics 及び日本銀行の統計をもとに集計。

替レートの動きが一時的な要因によるものか、生産性の変化などの長期的な要因を反映したものかを推察することができる。

　図表3は、上記の要領で実質円ドルレートと円の実質実効為替レートを計算し、それらの推移を名目円ドルレートの推移と重ねてグラフに描いたものである。この図を見ると分かるように、1年程度の短期間ではどの為替レートもよく似た動きを示している。これは各国の物価に比べて名目為替レートの変動が大きく、後者の変化が実質為替レートや実質実効為替レートに大きな影響を与えるためである。

　しかしそれ以上の期間になると、名目為替レートと他の為替レートの乖離は無視できなくなる。たとえば名目円ドルレートは2007年半ばから2011年末にかけて大幅に下落した（＝円高が進んだ）が、実質円ドルレートの下落幅はそれより小さく、実質実効為替レートの変化はさらに小さくなっている。

　2008年から2012年ごろにかけて日本では「超円高」とか「歴史的な円高」

222　第Ⅲ部　金融・マクロ編

という言葉が頻繁に用いられ、企業経営者の間で政府に対策を求める声が上がっていた。しかし実質実効為替レートを基準とした場合、むしろ 2007 年前半までが円安であり、その後の円高はそれが修正される過程だったように見える。第 19 章において解説するように、日本政府は名目円ドルレートの円高が進む局面でしばしば外国為替市場介入を行ってきたが、円高が適正な為替レートへの回帰である場合、それを人為的に押しとどめようとすることは望ましくない。

---

*Column ⑥*　日本の物価はなぜ高い？

　先に日本の物価がアメリカに比べて高い理由として、①日本のサービス産業の生産性が低い、②日本の農業の生産性が低いにも関わらず、農産品や食料品の輸入制限が行われている、という二つの可能性に言及した。ここでは個別財の価格に関するデータを利用し、これらの可能性を検証してみよう。

　図表 4 は日本とアメリカにおける 250 余りの商品とサービスの価格を比較したものである。この図では縦軸に円建ての日本の価格をとり、横軸にドル建てのアメリカの価格を名目円ドルレートを用いて円換算した値を示している。名目円ドルレートが変動するとアメリカの価格の円換算値も変動するので、ここでは縦軸、横軸ともに 2008 年から 2011 年にかけての 4 年間の平均値を利用している。

　ここで採り上げた商品やサービスの中には、単価が非常に低いもの（ティッシュペーパーなど）から非常に高いもの（乗用車など）まで、さまざまなものが含まれている。これらの価格を一つのグラフの中に示すために、この図では縦軸と横軸の両方に 10 を底とする対数目盛を利用している。対角線（斜めの実線）上では日本とアメリカの価格が同一であり、その上下の破線上では一国の価格が他の国の価格の 10 倍になる。

　図表 4 を一瞥してまず気づくのは、日本の価格の方がアメリカの価格より高い財が非常に多く、日本の価格の方が低い財が少ないことである。ただし工業製品に関しては日本の価格の方が低いものもあり、一部の商品を除くと二国の価格差はそれほど大きくない。一方、食料品とサービスの中で日本の方が安いものは非常に少なく、日本の価格がアメリカに比べて極端に割高になっているものが多い。なお、ここで言う食料品には未加工の農産品と加工食品の両方が含まれている。

第 13 章　購買力平価と実質為替レート　223

図表 4　日本とアメリカの価格の比較

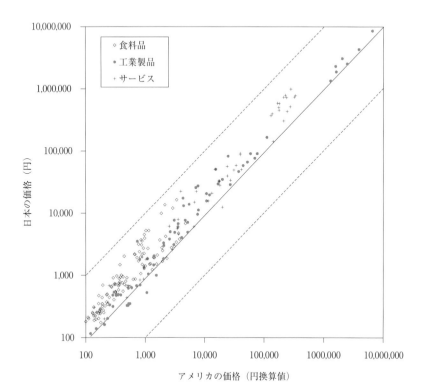

(注) いずれも 2008 〜 2011 年の 4 年間の平均値。アメリカの価格は 17 都市のドル建て価格の平均値に名目円ドルレートを乗じて求めた円換算値。日本の価格は東京と大阪の平均値。サービスのうち、賃金や所得の水準を直接反映するもの（「ベビーシッター代」など）は除外した。
(出所) Economic Intelligence Unit, *City Data* をもとに集計。

　個々の財に関して日本とアメリカの価格の比率をとり、工業製品、食料品、サービスの三グループ別にそれらの平均値を計算すると、工業製品が150％、食料品が219％、サービスが203.6％となる。このことから、食料品とサービスの価格が高いことが日本の物価を押し上げる主因になっていることを確認できる。
　第9章で解説したように、サービスの多くは非貿易財であるため、これらの価格を下落させるためには、規制緩和や対内投資を通じて事業者の競争を促進することが必要である。一方、農産品や食料品の大半はもともと貿易財であり、輸入が自由

に行われれば、自国の生産性が低くても価格が高くなる必然性はない。また、第17章において解説するように、政治的な理由から国内農家を保護せざるを得ない場合でも、消費者が直面する価格に影響が及ばない方法で保護する道は存在する。それにも関わらず日本の食料品の価格が非常に高くなっているのは、消費者を犠牲にして農家に利益誘導を行う政策がまかり通っているためだと思われる。

# 第14章　物価の変動と為替レート

## 1　はじめに

　前章で見たように、名目為替レートは長期的には貿易財の物価が国際間で一致する水準に回帰する傾向がある。貿易財と非貿易財の物価は生産性と賃金を介して結びついているから、これらのうち一方が決まると他方も決定し、両者を綜合した一般物価も決定する。したがって一国の通貨の名目為替レートが長期的にどのような軌跡を辿るかは、その国の一般物価がどのように推移するかということと不可分の関係にある。それでは一般物価はどのように決まるのだろうか。

　結論を先に述べると、一国の長期的な物価の推移に最も大きな影響を与えるのは中央銀行の金融政策である。第4章で指摘したように、中央銀行の主たる責務は物価と決済システムの安定を通じて自国通貨に対する信頼を維持することにある。しかし多くの国々の中央銀行は景気の調整役としての役割も期待されているため、通貨量と金利の操作を通じて民間部門の経済活動に影響を与えようとする。第11章と第12章で分析したように、金利は名目為替レートの短期的な動向と密接な関係を持っているため、金融政策は為替レートの短期的な動きと長期的な推移の両方に影響を与えることになる。

　本章では一国の通貨量と金融政策の関係を解説することから始め、これらと金利の関係について説明する。そして通貨量と物価の関係を重視するマネタリー・アプローチと呼ばれる為替レートの決定理論を紹介し、それが日本や諸外国においてどれだけの説明力を持っているかを考察する。

## 2　金融政策と通貨量

　まず、第3章で解説した貨幣乗数の定義式を再掲することから始めよう。

226 第Ⅲ部 金融・マクロ編

$$\mu = \frac{M}{H} = \frac{C+D}{C+R} = \frac{\dfrac{C}{D}+1}{\dfrac{C}{D}+\dfrac{R}{D}} \tag{1}$$

上式の $H$ と $M$ はベースマネーとマネーストックを表し、$C$、$R$、$D$ はそれぞれ現金発行残高、中央銀行準備預金残高、民間銀行預金残高を表している。ベースマネーは中央銀行が供給する決済手段としての通貨量を表し、マネーストックは非金融部門が保有する決済手段としての通貨量を意味している。

　以下で説明するように、上記の二つの通貨量のうち、一国の景気や物価と直接的な関係を持つのがマネーストックであるのに対し、中央銀行が自由にコントロールできるのはベースマネーである。したがってベースマネーとマネーストックの関係がある程度安定していないと、中央銀行が金融政策を通じて物価や景気を管理することは難しくなる。

　(1)式において貨幣乗数が安定するためには、現金・預金比率（$C/D$）と預金準備率（$R/D$）が安定している必要がある。これらの値を

$$a = \frac{C}{D}, \qquad \beta = \frac{R}{D} \tag{2}$$

という記号を用いて表記することにすると、(1)式を

$$\mu = \frac{a+1}{a+\beta} \tag{3}$$

と簡潔に表記することができる。

　上記の二つの値のうち、$a$ は季節によって変動し、（インターネットを通じた預金管理などの）技術進歩によっても変化するが、これらの変化は比較的容易に予測でき、それが金融政策の障害になることは少ない[1]。

　一方、$\beta$ は民間銀行が顧客から受け入れた預金のうちどれだけを中央銀行の準備預金口座に預け入れるかを表している。第4章で解説したように、この比率の下限は中央銀行によって指定されており、準備預金口座にはほとん

---

1) 付利が行われる定期性預金を $D$ に含めた場合、金利の上昇時に現金から定期性預金へのシフトが発生することによって $a$ が下落する傾向がある。以下で $D$ は主として決済性預金を意味すると考えてもらいたい。

ど付利が行われない[2]。民間銀行は預金などの形で集めた資金を運用して利鞘を稼ぐことが仕事だから、収益を生まない準備預金口座に要求される以上の資金を滞留させておくことは賢明でない。したがって通常の場合、$\beta$ は中央銀行が指定する法定準備率に一致する定数となる。ただし後に解説するように、今日の日本は「通常でない」状況に陥っており、それがさまざまな政策論争を生む一因になっている。

ここで差し当たり貨幣乗数が一定だと仮定し、金融政策がどのように行われるかを説明しよう。中央銀行が景気に影響を与える目的でベースマネーを増加させることは**金融緩和**、ベースマネーを減少させることは**金融引き締め**と呼ばれている。中央銀行が金融緩和を行う場合、民間銀行から何らかの金融資産を購入し、その代金を取引相手銀行の準備預金口座に入金してやればよい（**買いオペレーション**）。金融引き締めを行う場合、民間銀行に金融資産を売却し、その代金分だけ当該銀行の準備預金残高を減らしてやればよい（**売りオペレーション**）。こうした金融政策の媒介となる資産は何であってもよいが、安全性と流動性の観点からすると国債が最も適している。

図表1は、金融緩和が行われる直前と直後の中央銀行と民間銀行部門（＝民間銀行全体）のバランスシートを図示したものである。中央銀行は国債のみを売買するものと仮定し、ここで $\Delta H$ 円分の追加購入が行われたとしよう。それに伴い、中央銀行のバランスシート上では国債保有残高と準備預金残高が $\Delta H$ 円増加する。民間銀行部門では国債保有額が $\Delta H$ 円減少して準備預金が $\Delta H$ 円増加するため、資産と負債の総額は変化しない。

その後に何が起こるだろうか。民間銀行はいつでも準備預金口座から現金を引き下ろすことができるので、中央銀行が現金発行残高と準備預金残高を別箇にコントロールすることはできない。しかし民間銀行が準備預金を引き下ろすとその分だけ現金発行残高が増加するため、両者の和であるベースマネーは不変にとどまる。このことは、中央銀行が売りオペや買いオペを行わない限りベースマネーが不変にとどまる、すなわち、売りオペや買いオペを

---

2)　本書の執筆時点では法定準備金を超える準備預金に対してわずかな付利が行われているが（**補完当座預金制度**）、これは後述する金融緩和政策の一環として行われている特殊な措置である。

図表1　金融緩和前後の中央銀行と民間銀行部門のバランスシート

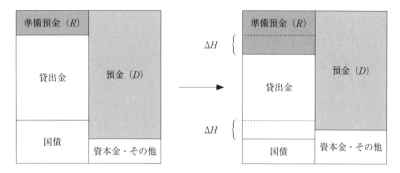

通じてベースマネーを自由にコントロールできることを意味している。

一方、図表1右下の民間銀行のバランスシートでは預金額が不変で準備預金が増加したから、準備預金比率が法定準備率を上回っているはずである。このことは民間銀行が収益機会を逃していることを意味し、それを追求するためには準備預金比率がもとの水準に戻るまで預金残高を増やす必要がある。貨幣乗数が一定の状態でベースマネーが $\Delta H$ 円だけ増加した場合、最終的に現金と準備預金、民間銀行預金はそれぞれ

$$\Delta C = \frac{\alpha}{\alpha + \beta} \Delta H, \quad \Delta R = \frac{\beta}{\alpha + \beta} \Delta H, \quad \Delta D = \frac{1}{\alpha + \beta} \Delta H \tag{4}$$

だけ増加する[3]。たとえば、第4章の $\alpha = 0.1$ かつ $\beta = 0.01$ という例の場合、

---
3) このことを確かめるために $\Delta M / \Delta H = (\Delta C + \Delta D)/(\Delta C + \Delta R)$ に(4)式の値を当てはめると、$\Delta M / \Delta H = (\alpha + 1)/(\alpha + \beta)$ となって(3)式の $\mu$ と一致する。

これらはそれぞれ $\Delta C = 0.91 \times \Delta H$ 円、$\Delta R = 0.09 \times \Delta H$ 円、$\Delta D = 9.09 \times \Delta H$ 円である。この例から、民間銀行の預金量がとりわけ大きく増加することが分かる。

図表2は、民間銀行のバランスシートが最終的にどのような状態に落ち着くかを示したものである。民間銀行がもとの準備預金比率を回復する手段は主として二つある。第一の方法は融資を増やすことである。民間銀行が新規の融資を実施し、それを顧客の預金口座に振り込むと、貸出金と預金の残高が同額だけ増加する。顧客がそれを決済のために他の銀行に振り込むと、その銀行の預金残高が増加し、その一部が新たな貸出に回される。顧客が借入金を引き下ろすことを選んだ場合、銀行は準備預金を取り崩して現金を補充する必要があるため、現金や準備預金の残高も変化する。こうした一連の取引が行われ、貸出金と預金の残高が急増するのが図表2 $(a)$ のケースである。

ただし銀行は準備預金が増加するといつでも融資を増やすわけではない。景気の低迷時にはそもそも家計や企業の資金需要が乏しいだろうし、銀行も取引先の破たんが懸念される時に貸出金を増やすことはしない。その場合、銀行は代わりに国債を買い増すことを考えるかも知れない。国債は融資に比べてリスクが低く流動性が高いため、収益率は見劣りするが、収益を生まない準備預金を過剰に保有したままでいるよりはましである。民間銀行が事業会社や保険会社などから国債を購入し、これらの企業の口座に代金を振り込むと、やはり預金残高が増加する。こうした取引がくり返され、最終的に民間銀行の国債保有残高と預金残高が大幅に増加するのが $(b)$ のケースである。

図表2の $(a)$ と $(b)$ の違いは資産側の貸出金と国債の内訳だけだが、これらのどちらが実現するかによって金融政策の効果は大きく異なってくる。民間銀行の融資の多くは企業の設備投資や運転資金、家計の住宅投資などに利用されるから、一国全体の貸出金が顕著に増加する時には経済活動が活発化していることが多い。したがって民間銀行のバランスシートが最終的にパネル $(a)$ のようになった場合、それは金融緩和が景気浮揚効果を発揮したことを意味する。一方、パネル $(b)$ のケースではこうした効果が生じず、単に国債が非銀行部門から中央銀行と民間銀行部門に移動しただけに終わる。

230　第Ⅲ部　金融・マクロ編

図表 2　最終的な民間銀行部門のバランスシートの変化

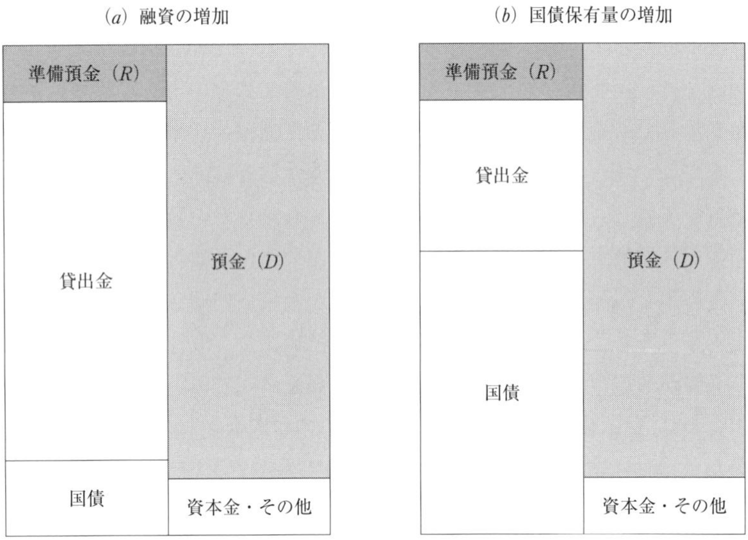

(*a*) 融資の増加　　　　　　　　　　　　　(*b*) 国債保有量の増加

準備預金（*R*）

貸出金

国債

預金（*D*）

資本金・その他

準備預金（*R*）

貸出金

国債

預金（*D*）

資本金・その他

## 3　通貨量と金利の関係

　前節で解説した通貨量の変化は金利の変化と表裏一体の関係にある。そこで次に、金利に注目して金融政策のメカニズムを辿ってみよう。民間銀行は準備預金口座を通じて日々の決済を行いつつ、その残高が多くなりすぎたり少なくなりすぎたりしないように調整している。第 12 章において解説したように、民間銀行がこうした調整のために資金を短期間貸借する市場がコール市場である [4]。

　中央銀行が買いオペを行い、ある銀行の準備口座に $\Delta H$ 円を振り込むと、

---

4)　日本銀行は民間銀行に対して一か月間の準備預金比率（準備預金残高の預金残高に対する比率）の平均値を法定準備率以上に維持することを求めており、日々の準備預金比率が変動することは許容している。したがって民間銀行は毎日のコール市場の金利を観察しながら、金利が低い時には準備預金残高を多めに保ち、金利が高い時にそれを取り崩して他の銀行に貸し出すことによって利鞘を稼ごうとする。

民間銀行全体の準備預金が同額だけ増加する。すると図表3上段のパネルに示されているように、コール市場における資金供給量がその分だけ増加し、短期金利が低下する。一方、国債市場では国債の供給量が減少するので、他の条件が同一なら価格が上昇して利回りが低下するはずである。こうした変化を示したのが中段以下の四つのパネルである。

　一国の景気にとって重要なのはO/N金利のような短期金利ではなく、銀行の融資に適用される長期金利である。第10章で解説したように、企業は資金の調達コストとさまざまなプロジェクトの予想収益率を比較しながらどれだけの投資を行うかを決定する。銀行の融資は数か月から数年を単位として実施されるものが多く、これらの金利は国債の利回りにリスク・プレミアムを上乗せする形で決定されている。

　第12章で解説したように、長期金利は現在の短期金利と将来の短期金利の予想値の加重平均値だから、短期金利が下落する時には長期金利も下落することが多い。しかし以下で説明するように、長期金利がどれだけ下落するかは国民が将来の短期金利をどのように予測するかにかかっている。

　まず、企業や家計の潜在的な資金需要が強く、近い将来の景気回復が見込まれる場合、金融緩和が短期間のうちに終了すると予想され、長期金利の下落は比較的小さなものにとどまる。この場合、買いオペによって預金準備率が上昇した民間銀行の多くが国債の買い増しより貸出を増やすことを選ぶため、国債価格の上昇と利回りの低下は比較的小さなものにとどまる。これが図表3下段のパネル（a）のケースであり、図表2のパネル（a）に対応する。

　一方、企業や家計の資金需要が弱く、不況の長期化が見込まれる場合、長期金利は大幅に下落する。民間銀行は余剰な準備預金を貸出に回すより国債を買い入れることを選ぶため、国債価格が急騰し、長期金利が大幅に下落する。これが図表2と3のパネル（b）のケースである。

　これまでの説明から分かるように、金融政策が所期の効果を持つか否かは、それによってどれだけ民間銀行の融資が増加するかにかかっている。景気悪化があまり深刻でない場合、短期金利の引き下げに伴うわずかな貸出金利の低下によって家計や企業の資金需要が盛り上がり、貸出金が増加する。一方、景気悪化が深刻な場合、こうした効果があまり働かない可能性がある。

232 第Ⅲ部 金融・マクロ編

図表3 金融緩和による金利の変化

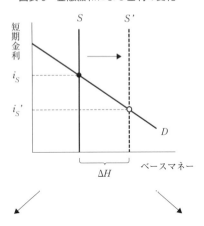

(a) 非銀行部門の資金需要が強い場合　　(b) 非銀行部門の資金需要が弱い場合

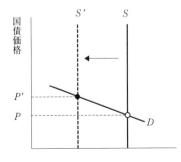

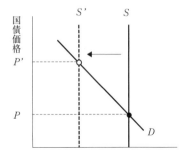

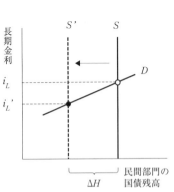

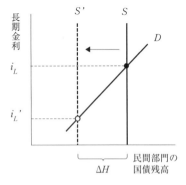

第 14 章　物価の変動と為替レート　**233**

　より深刻な状況として、金融緩和によって民間銀行の準備預金が増加して
も、これらの銀行が融資も国債の保有額も増やそうとしない可能性も考えら
れる。これは買いオペによって民間銀行の資産構成が図表 1 のように変化し
た後、図表 2 のような変化を遂げず、そのままの状態にとどまってしまうケー
スである。近年の日本は景気低迷によって簡単に融資を増やすことが難しい
一方、国債の価格が非常に高くなっている（＝利回りが非常に低くなっている）
ため、国債を買い増して得られる収益は限定的である。また、第 12 章で触
れたように、日本では財政破たんの可能性が懸念されており、国債を買い増
したとたんに価格が下落し、大きな損失を被る可能性も考えられる。そうし
た事態を懸念する民間銀行が余剰資金を準備預金口座に放置した場合、民間
銀行の預金残高は変化しない。この場合、ベースマネーの増加がマネーストッ
クの増加に繋がらず、貨幣乗数は下落する。

## 4　為替レートのマネタリー・モデル

　これまで金融政策が通貨量と金利を通じて景気にどのような影響を与える
かを考えたが、商品やサービスの価格が伸縮的になる長期では、物価の安定
の方が重要な問題となる。そこで次に金融政策が物価にどのような影響を与
えるか、それが為替レートにどのように反映されるかを検討しよう。

　通貨量と物価の関係に関しては、古くから**貨幣数量説**と呼ばれる考え方が
提唱されてきた。貨幣数量説によると、金融政策は短期的には金利を通じて
一国の生産活動や消費行動に影響を与えるが、こうした効果はいずれ剥落し、
通貨量の変化は早晩物価の変化に帰結するという。

　上記の貨幣数量説を数式の形で表現したのが、以下の**フィッシャーの交換
方程式**である。

$$M \times V = P \times Y \tag{5}$$

この式の $M$ はマネーストックを表し、$P$ と $Y$ はそれぞれ一般物価と実質
GDP を意味している。この実質 GDP は**潜在 GDP** とも呼ばれ、一国の景気
が良すぎも悪すぎもしない時に実現する平均的な生産量だと考えればよい。

名目 GDP ＝一般物価×実質 GDP だから、$P \times Y$ は長期的に実現する名目 GDP を意味する。$V$ は**貨幣の流通速度**と呼ばれ、「一定量の生産が行われる過程において、その国の通貨が何回使用されたか」を表している。貨幣数量説は長期的に $M$ と $P$ が比例的に変化し、$Y$ が他の変数とは独立に決まると考えるから、$V$ が安定的に推移すると主張するのと同じことである。

　また、経済学者の中で**マネタリスト**と呼ばれる人々は、中央銀行が過剰な通貨を発行することがインフレーションの原因だと主張している。ここで(1)式を(5)式に代入すると

$$\mu \times H \times V = P \times Y \tag{6}$$

となる。この式の中で中央銀行が自由に操作できるのは $H$ だけである。したがってマネタリストの主張が成立するためには、貨幣数量説が成立することに加え、貨幣乗数が安定していることが必要になる。

　次に、金融政策が物価を経由して為替レートにどのような影響を与えるかを考えよう。前章までと同様に、自国と外国の二国を考え、外国の記号には右肩に ＊ をつけて区別することにする。自国と外国のそれぞれに関して(5)式の交換方程式を考え、それを各国の物価について解くと

$$\text{自国：} \quad P = \frac{M \times V}{Y} \tag{7}$$

$$\text{外国：} \quad P^* = \frac{M^* \times V^*}{Y^*} \tag{8}$$

となる。そして(7)式を(8)式で割ると

$$\frac{P}{P^*} = \frac{\dfrac{M \times V}{Y}}{\dfrac{M^* \times V^*}{Y^*}} = \frac{\dfrac{M}{Y}}{\dfrac{M^*}{Y^*}} \times \frac{V}{V^*} \tag{9}$$

となる。この式の $M/Y$ と $M^*/Y^*$ はしばしば**実質通貨量**と呼ばれている。

　第13章では、実質為替レートを

$$R = \frac{S \times P^*}{P} \tag{10}$$

と定義し、自国と外国の間で貿易財に関する購買力平価が成立する時、それが

$$R = \left(\frac{a_T / a_N}{a_T^* / a_N^*}\right)^{1-\omega} \tag{11}$$

という値をとることを示した。(10)式を $S$ について解くと

$$S = R \times \frac{P}{P^*} \tag{12}$$

となる。

　(12)式によると、$S$ が長期的にどのように推移するかは $R$ と $P/P^*$ がどのように推移するかにかかっている。(11)式の $R$ は各国の生産性を反映する実質変数だから、短期的にはほとんど変化せず、長期的な変化もゆっくりと進行するはずである。一方、自国か外国の中央銀行が物価の管理に失敗した場合、$P/P^*$ は短期間にも長期的にも大きく変化しうる。なお、(12)式において $R$ が1以外の定数の場合、購買力平価は成立しないが、二国の通貨の相対的な購買力は一定となる。こうした状況を区別するため、$R$ が1の場合を**絶対的購買力平価**、1以外の定数の場合を**相対的購買力平価**と呼ぶことがある。

　**マネタリー・アプローチ**と呼ばれる為替レートの決定理論は、上記の $R$ が安定していることを前提として、それに貨幣数量説を適用したものである。(9)式を(12)式に代入すると

$$S = R \times \frac{\dfrac{M}{Y}}{\dfrac{M^*}{Y^*}} \times \frac{V}{V^*} \tag{13}$$

となる。マネタリー・アプローチの想定の下では $R$ と $V/V^*$ がともに定数だから、$S$ が $(M/Y)/(M^*/Y^*)$ と比例的に変化することになる。

　日本では1990年代末から一般物価が緩やかに下落するデフレーションが

236　第Ⅲ部　金融・マクロ編

発生し、それを日本経済の不振の根因だと考える人が少なくなかった。また、これらの人々の多くは日本銀行の金融緩和不足がデフレと円高を引き起こしているとも主張している。こうした主張の当否は次節で分析するが、それらはどのような条件の下で成立するだろうか。

　日本銀行がデフレの犯人だという主張がマネタリストの考え方にもとづいていることは理解できるだろう [5]。(1)式を(13)式に代入すると

$$S = R \times \frac{\mu}{\mu^*} \times \frac{\dfrac{H}{Y}}{\dfrac{H^*}{Y^*}} \times \frac{V}{V^*} \tag{14}$$

になる。マネタリストの想定では $\mu / \mu^*$ が定数だから、$S$ は $(H/Y)/(H^*/Y^*)$ と比例的に変化する。すなわち外国のベースマネーと実質 GDP の比率を所与とすると、自国の中央銀行が実質経済成長率と同じかそれ以上の速度でベースマネーを供給すれば物価が上昇し、それと同じ比率で名目為替レートが上昇する（＝自国通貨が減価する）。逆に中央銀行が実質経済成長率と同じかそれ以上の速度でベースマネーを供給することを怠った場合、物価と名目為替レートがともに下落し、自国通貨が増価する。

## 5　マネタリー・モデルの現実説明力

　それでは、上記のマネタリー・モデルは現実の名目為替レートの動きをどの程度説明することができるのだろうか。この疑問を検証するために、まず、(12)式と(13)式を各変数の変化率の関係として書き直すことにしよう。$X$ や $Y$ という変数の変化率を $\Delta x$ や $\Delta y$ のように $\Delta$（デルタ）と小文字のアルファベッ

---

5)　正確に言うと、今日のマクロ経済理論では将来の物価に関する人々の予想が現在の物価や景気に影響を与えうることが重視されており、そうしたことを考慮に入れると金融政策と景気や物価の関係は複雑になる。しかしこのような理論においても、長期的には(6)式の関係が成立することが前提とされることが多い。そうでないと人々が将来の物価をどのように予想するかということに関して多くの人が納得する仮定を置くことが難しくなってしまうからである。

第 14 章　物価の変動と為替レート　237

トを用いて表現する場合、(12)式と(13)式に対応する式はそれぞれ

$$\Delta s = \Delta r + \left( \Delta p - \Delta p^* \right) \tag{15}$$

$$\Delta s = \Delta r + \left[ \left( \Delta m - \Delta y \right) - \left( \Delta m^* - \Delta y^* \right) \right] + \left( \Delta v - \Delta v^* \right) \tag{16}$$

である [6]。マネタリー・モデルの想定の下では $\Delta r$ と $\Delta v - \Delta v^*$ がほぼゼロの
はずだから、(15)式では $\Delta p - \Delta p^*$ が、(16)式では $\left( \Delta m - \Delta y \right) - \left( \Delta m^* - \Delta y^* \right)$ が
$\Delta s$ を決定することになる。

　図表 4 は、さまざまな国々の通貨に関して(15)式と(16)式に含まれる変数を計
算した結果を示したものである。マネタリー・モデルは長期的な名目為替レー
トの動きを説明しようとする理論なので、ここではいずれの変数も 1990 年
から 2010 年にかけての 20 年間の変化率の年率換算値を用いている。また、
すべての国に関してアメリカを比較対象（*がついた国）としているため、$\Delta s$
はドルに対する自国通貨の名目為替レートの変化率、それ以外の変数は自国
の変化率からアメリカの変化率を引いた値を表している。

　まず、左側の二つのグラフでは縦軸と横軸にそれぞれ $\Delta s$ と $\Delta p - \Delta p^*$ を
とってプロットした。左上のグラフではすべての国々の値を示しているが、
一部の国々の値が極端に大きいため、左下のグラフにおいて原点の近くを拡
大して示している。どちらのグラフにおいても多くの国々が縦軸と横軸の値
が一致する対角線の近くに分布しており、上述した相対的購買力平価がおお
むね成立していることが分かる [7]。左下のグラフの原点近くでは対角線から
かなり外れている国もあるが、これは国によって物価指数の作成方法が必ず
しも同一でないことや、バラッサ・サミュエルソン効果によって実質為替レー
トが変化したことなどによると思われる。

　一方、右側の二つのグラフでは $\Delta s$ を $\left( \Delta m - \Delta y \right) - \left( \Delta m^* - \Delta y^* \right)$ に対
してプロットしている。ここでも上段のグラフにすべての国々を示し、下段

---

6)　第 1 章の **Column** ①で解説したように、$Z = X \times Y$ の場合、$Z$ の変化率は $X$ と $Y$ の
　　変化率の和である。これを上記の表記方法を用いて表現すると $\Delta z = \Delta x + \Delta y$ となる。

7)　$R$ が 1 であっても 1 以外の値であっても、それが定数である限り、$\Delta r$ はゼロである。
　　したがって $\Delta s$ と $\Delta p - \Delta p^*$ が等しいことは相対的購買力平価が成立することを意味す
　　るが、絶対的購買力平価が成立することを必ずしも意味しない。

## 第Ⅲ部　金融・マクロ編

**図表4　通貨量と名目為替レートの関係**

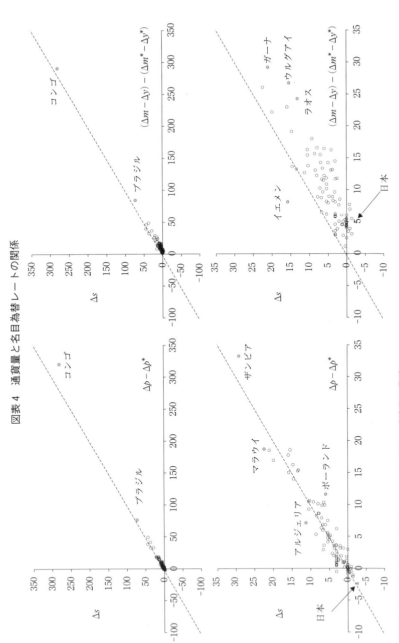

(出所) World Bank, *World Development Indictors* をもとに集計。

のグラフでは原点の近くだけを拡大している。これらのグラフにおいても縦軸と横軸の値の間に正の相関関係が認められるが、左側のグラフに比べると両者の関係が緊密でない。このことは、多くの国々において(16)式の $\Delta v - \Delta v^*$ がゼロでなく、国によってその値が相当異なっていることを意味している。右下のグラフにおいて原点に近い領域に位置している国々の場合、実質通貨量の伸び率をもとに将来の名目為替レートを予想することはかなり難しそうである。

　図表4にはベースマネーの変化率を示していないが、マネーストックで測った実質通貨量の増加率がアメリカの増加率を大幅に上回っている国々では、ほぼ例外なくベースマネーの伸び率も高くなっている。こうした国々の中央銀行はどこかの時点で財政赤字に悩む政府によって融資や国債の買い取りを強要される**財政ファイナンス**を経験し、それがベースマネーとマネーストックの急増を通じて**ハイパー・インフレーション**を引き起こしている。

　次に、円の通貨量と名目為替レートの関係についてもう少し詳しく調べてみよう。日本は図表4の左下のグラフにおいてほぼ対角線上に位置しているのに対し、右下のグラフでは対角線よりかなり右下にはずれている。このことは、日本の実質通貨量の伸び率がアメリカに比べて高かったにも関わらず、それが貨幣の流通速度の下落によって相殺され、物価の上昇に繋がらなかったことを意味している。どうしてこのようなことが起こったのだろうか。この疑問に答えるために、次に図表5において日本の金利と物価上昇率の推移を辿ってみよう。この図の物価上昇率はCPIをもとに算出したものである。

　日本はバブル経済が崩壊した1990年代初頭に深刻な景気不振に陥った。日本銀行は景気悪化を食い止めるために1991年から急速に政策金利を引き下げ、1999年2月にO/N金利の目標値を0%とする**ゼロ金利政策**に踏み切った。中央銀行が政策金利を0%に引き下げてしまうと、その後は金利操作を通じて景気を刺激することが不可能になる。しかし当時の日本では物価上昇率がマイナスとなるデフレ傾向が強まっており、2000年代に入って景気がいっそう悪化したため、政治家や国民の間で追加的な金融緩和を望む声が強くなった。日本銀行はこうした声に応える形で2001年3月に金融政策の操

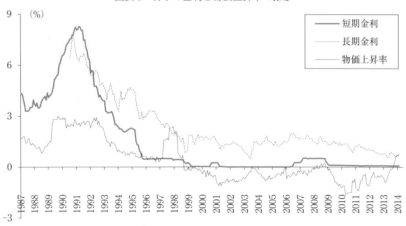

図表5　日本の金利と物価上昇率の推移

(注) 短期金利はコール市場における無担保 O/N 金利。長期金利は10年物新発国債の流通利回り。
物価上昇率はCPI（食料とエネルギーをのぞく総合指数）の対前年同月比変化率。
(出所) 総務省統計局、日本銀行、日本相互証券株式会社のデータをもとに作成。

作目標をO/N金利から準備預金残高（日本銀行当座預金残高）に変更し、その目標値を漸進的に切り上げてゆく**量的緩和政策**に踏み切った。

その後、2002年ごろから諸外国の好景気や円安によって輸出が急増し、日本経済はいったん活気を取り戻した。しかし2007年にアメリカで金融危機が発生し、それが欧州等に広がる形で世界的な不況が発生すると、輸出が一気に減少し、戦後最悪と言われる不況に陥った。日本銀行は2006年3月に量的緩和を中止し、同年7月にはゼロ金利も解除していたが、リーマン・ショック直後の2008年10月に再びO/N金利の目標値を引き下げ、2010年10月には**包括的な金融緩和**と呼ばれる政策の採用に踏み切った。包括的な金融緩和も量的緩和の一種だが、デフレが完全に払拭されるまで量的緩和を続ける方針が明示され、前回に比べて国債等の買い入れ額が拡大された。しかしその後も不況が続く中で当時の自由民主党政権に対する国民の不満が高まり、2009年8月の衆議院選挙において民主党との政権交代が実現した。

しかし政権交代後も景気の足取りが覚束ない状況が続き、デフレ傾向もむしろ強まったため、政治家や一部の経済学者の間で日本銀行を批判する声が

強まった。こうした批判を受け、日本銀行は資産買い入れの規模や種類を順次拡大し、**中長期的な物価安定の目途**を発表して事実上の**インフレーション・ターゲッティング**政策に踏み切った。インフレ・ターゲッティングとは、中央銀行が事前に物価上昇率の目標値を公表し、その達成を最優先して金融政策を運営する政策を意味している。

しかしそれでも与野党の政治家の間でいっそうの金融緩和を求める声が後を絶たず、2012 年 12 月の衆議院選挙において日銀批判の最右翼だった安倍晋三氏率いる自民党が政権に復帰した。安倍政権の発足後間もない 2013 年 3 月には日本銀行の幹部が安倍氏と見解を共有する人々に入れ替えられ[8]、翌 4 月の金融政策会合において**量的・質的金融緩和**（通称、**異次元緩和**）の導入が決定された。第 20 章において詳しく解説するように、異次元緩和はそれまでの金融緩和策を大幅に強化したもので、二年程度のうちに CPI の対前年比上昇率を 2% 以上に引き上げることを目指している。

図表 6 は、1980 年以来の日本の通貨量と民間銀行の貸出金の名目 GDP に対する比率、そして貨幣乗数と貨幣の流通速度の推移を示したものである。上段のグラフによると、現金発行残高の対 GDP 比率は 1990 年代前半から 2000 年代初めにかけて若干上昇し、その後はあまり変化していない。1990 年代に現金発行残高が増加したのは、金利がかつてない低水準に引き下げられたことによって現金保有の機会費用（現金を他の金融資産に換えて運用していた場合に得られていたはずの収益）が消失し、家計や企業が現金を節約する動機を失ったためだと思われる。一方、準備預金残高は 1990 年代後半まで少額にとどまっていたが、量的緩和の採用によっていったん増加し、異次元緩和導入後に再び急増している。

次に中段のグラフを見ると、1990 年代半ばからマネーストックの GDP に対する比率が急上昇したにも関わらず、貸出金残高の GDP に対する比率は

---

8)　日本銀行の構成員のうち、総裁、副総裁及び政策委員会の委員は、衆参両議院の同意を得て内閣が任命する。両院で与野党のねじれ現象が生じている時に与党が希望する人事が通らないことはあるが、内閣や与党が希望しない候補者はそもそも審議の対象にならないので、現政権と対立する考えを持つ人物が任命される可能性はほとんどない。この点でも日本銀行の独立性には限界があると言える。

242　第Ⅲ部　金融・マクロ編

図表6　日本の通貨量と貨幣乗数の推移

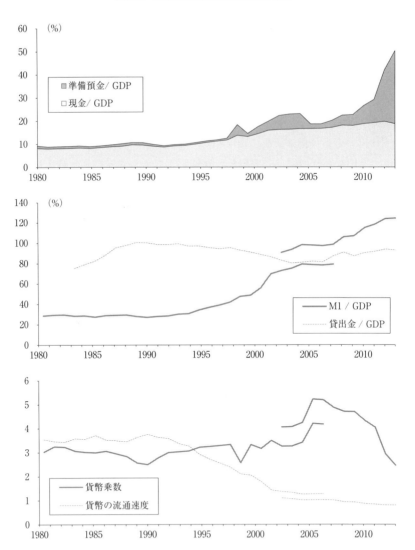

（注）準備預金は政府保有分をのぞく。M1統計は2008年にゆうちょ銀行等を対象に含める形で集計方法が変更されたため、2003〜2007年のM1・GDP比率と貨幣乗数、貨幣の流通速度は現統計と旧統計をもとに算出した値を併記している。2014年は6月末現在の値。
（出所）内閣府経済社会総合研究所及び日本銀行の統計をもとに集計。

むしろ低下している。このことは、この時期の日本において金融緩和が融資の増加を通じて景気を刺激する効果が働かず、民間銀行の余剰資金がもっぱら国債等の安全資産の購入に回ってしまったことを意味している。

　最後に下段のグラフを見ると、近年になるにつれて貨幣乗数と流通速度が不安定になっており、貨幣数量説やマネタリストの前提条件が壊れてしまったことが分かる[9]。貨幣乗数は2000年代半ばまでおおむね安定していたが、その後、いったん上昇した後に顕著に低下している。2000年代末以降に貨幣乗数が目立って下落したのは、中央銀行が量的緩和を行って準備預金を増やしても、民間銀行がそれを貸し出しにも国債の買い増しにも利用せず、マネーストックの増加に繋がりにくくなったためである。

　これまでの分析をまとめると、一国の物価と名目為替レートの間には長期的にある程度安定した関係が存在するが、マネーストックと名目為替レートの関係はそれほど緊密でなく、通貨量が急増している国を別とすると前者をもとに後者を予想することは容易でない。近年の日本ではベースマネーとマネーストックの安定的な関係も失われているので、日本銀行が金融政策を通じて物価を適切にコントロールすることは難しく、ましてや円の名目為替レートを自由に操作できる状況にはない。これらのことを考慮すると、日本銀行がデフレや円高の犯人だという主張は必ずしも適切でないように思われる。

---

*Column* ⑦　経済構造の変化と物価上昇率

　先に見たように、日本では1990年代末からCPIで測った物価上昇率がマイナスとなるデフレ現象が続き、政治家や一部の経済学者の間で「デフレこそが日本経済の低迷の原因だ」とか「デフレ払拭のためならどのような政策でも試みるべきだ（＝何をやってもよい）」といった主張がなされてきた。

　しかし素朴に考えると、こうした主張は非常に奇妙である。第13章で解説したように、私たちにとって重要なのは名目所得や物価ではなく、名目所得を物価で割った実質所得である。名目賃金が不変の状態で物価だけが上昇すると、実質賃金が下

---

9)　このグラフにおける貨幣の流通速度は名目GDPのM1に対する比率なので、中段グラフのM1・名目GDP比率の逆数である。

落し、私たちが購入できる財の量が減少する。したがって賃金が一定なら国民はインフレよりデフレを歓迎するはずであり、政府が人為的にインフレを惹き起こす理由はない。もちろん物価が下落する中で名目賃金がそれ以上に減少すれば私たちの生活は苦しくなるが、その際の問題はデフレではなく賃金の減少である。そのときに政府が「名目賃金を上げろ」とか「物価をもっと下げろ」と言うことはあり得ても、「インフレを惹き起こせ」という意見が正当化される理由は見当たらない[10]。

デフレをめぐる議論に関してもう一つ注意したいのは、私たちがデフレと呼んでいるものが実際にはきわめて緩やかな物価の下落であることである。図表5において見たように、日本のCPIの上昇率はそのときどきの景気循環とともに変動しているが、過去15年間の平均値をとると年率−0.4%前後である。一般物価の計測方法に関してはもともと多くの技術的問題があり、経済活動の高度化が進む中、これらの問題はいっそう深刻になっている。物価の測定方法を変更すれば、年率±0.5%程度の物価上昇率の変化は簡単に生じうる。

上記の点を理解するために、図表7において過去の日本のCPIの推移を辿ってみよう。上段のパネルはすべての品目を含むCPIの総合指数と、それを商品とサービスに分けて集計した物価指数の推移を表している。このグラフから分かるように、1990年代末から日本の一般物価が僅かな下落傾向を示すようになったのは、①それまで上昇を続けていたサービスの物価が横ばいで推移するようになったことと、②商品の物価が少しずつ下落するようになったためである。

経済のサービス化が進行する日本では、国民の消費支出に占めるサービスの比率が上昇傾向にある。2010年基準のCPI総合指数に占める商品とサービスのウェイトはそれぞれ49.3%と50.3%であり、サービスのウェイトが商品のウェイトを上回っている。しかしサービスの中には政策によって価格が決められているもの（公共サービスなど）、品質の変化を考慮して価格を調整することが難しいもの（医療・教育など）、価格が賃金をダイレクトに反映するもの（家事関連サービスなど）が

---

10) 「デフレが不況の元凶だ」と言う人は、デフレの下で人々が将来のモノやサービスの価格下落を見越して買い控えに走り、消費が低迷することを理由に挙げる。このことは必ずしも間違いではないが、それによっていつまでも不況が続くことはありえない。そうでないと私たちが購入する財の大半がいつまでも買い控えを続けることができるもの、すなわち買っても買わなくてもよいものだということになってしまうからである。また、すぐ後に見るように、近年の物価下落はきわめて緩やかなものであり、個別の商品やサービスの中には価格が上昇しているものも少なくない。そうした状況において私たちはいつまでも買い控えを続けるだろうか。

第14章　物価の変動と為替レート　245

図表7　日本の消費者物価指数の推移

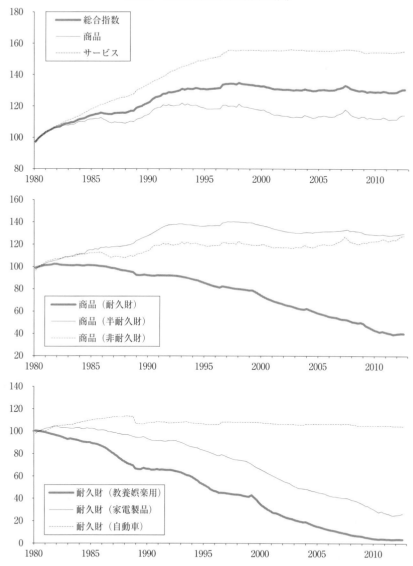

(注) いずれも1980年を100とする物価指数。
(出所) 総務省統計局「消費者物価指数」をもとに作成。

多く、これらに関して適切な物価指数を作成することは容易でない。実際、図表7におけるサービスの物価は賃金ときわめてよく似た推移を示しており、サービスのデフレを問題視することは賃金の下落を問題視することとほとんど同義である。

　次に商品を耐久消費財、半耐久消費財、非耐久消費財の三つに区分し、それぞれの物価指数の推移を示したのが図表7中段のグラフである。このグラフでは耐久消費財の物価だけが一貫して下落しており、2000年前後から下落傾向が強まっている。そこで耐久消費財に含まれる品目のうち、総合指数に占めるウェイトが高い自動車と家電製品、教養・娯楽用耐久財を採り上げ、これらの物価の推移を下段のパネルに描いてみた。それによると自動車の価格は半耐久財や非耐久財と同様にほぼ横ばいであり、教養・娯楽用耐久財の価格下落が著しいことが分かる。

　上記の品目のうち、教育・娯楽用耐久財にはテレビやパソコンなどのICT機器が多く含まれ、家電製品の中にもICTを利用したものが増えている。ICT機器の中には1990年代以降に急速に普及したものが多く、これらの多くは2000年ないし2005年にCPIの対象品目に採用されている。これらの品目は技術進歩によって市場の出回り品が頻繁に交代するため、いったんCPIの対象品目に採用された後、価格が調査される銘柄（具体的な商品）が頻繁に入れ替えられている。CPIやPPIでは新商品の品質向上分を価格の下落と見なして新旧商品の価格のデータを接続することになっているので、消費者が店頭で見る価格が同一でも、技術進歩による商品の世代交代が激しい品目の価格指数は急速に下落する。また、そうした品質調整が難しい場合、旧製品の価格のデータと連続するように新製品の価格を下方調整することも行われている。

　私たち消費者の立場からすると、商品の価格が一定で品質も一定のままであるより、価格が一定で品質が向上する方が望ましいことは明らかである。しかしそうした商品が増えれば増えるほど、CPIやPPIが低下し、統計上のデフレ傾向が強まることになる。マスメディアや政治家の間でこうしたことはほとんど問題にされないが、日本の産業構造や消費構造が大きく変化する中で、一般物価の上昇率が持つ意味が変化していることは認識しておくべきだろう。

## 第15章　為替レートと景気循環

### 1　はじめに

　第12章から第14章にかけて「為替レートはどのように決まるのか、どのような要因によって変化するのか」を考えてきたが、本章では逆に「何らかの理由で為替レートが変化した場合、一国の経済にどのような影響が及ぶか」を検討する。その分析に入る前に、「為替レートはどのようにして決まるのか」に関して分かったことをまとめておこう。

　第一に、一国の通貨の名目為替レートは、長期的には自国と外国の貿易財の物価が一致する水準に調整する。第14章ではこの関係を以下の式を用いて表現した。

$$S = R \times \frac{P}{P^*} \tag{1}$$

ここで $S$ は自国通貨の名目為替レート、$P$ と $P^*$ はそれぞれ自国と外国の一般物価を表し、$R$ は第14章の（11）式の値を意味している。この式の右辺の変数のうち、$R$ は長期的には自国と外国の生産性によって決まる実質変数であり、ゆっくりとしか変化しない。一方、中央銀行が金融政策に失敗したり、政府に財政ファイナンスを強いられたりした場合、$P$ と $P^*$ は大きく変化する可能性がある。

　ところで、（1）式の $S$ はあくまでも「貿易の側面から見るとこの程度が適切だ」という為替レートを意味しており、現実の為替レートがその値をとるとは限らない。数年以内の比較的短い期間では、財の貿易より金融資産の売買を通じた国際資本移動の方が名目為替レートに大きな影響を与える。第12章では自国と外国の金融資産の裁定取引をもとに、以下のカバーなし金利平価式を導いた。

$$\frac{S_1^e - S_0}{S_0} = i - i^* \tag{2}$$

ここで $i$ と $i^*$ は自国と外国の金利を表し、$S_0$ は現在の名目為替レート、$S_1^e$ は

図表1　短期と長期の名目為替レートの推移

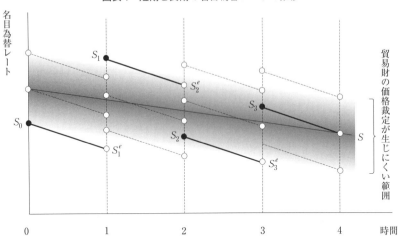

次期の名目為替レートの予想値を意味している。

　(2)式の解釈が難しいのは、この式に二つの為替レートが含まれ、任意の $i - i^*$ に対応する $S_0$ と $S_1^e$ の組み合わせが無数に存在することである。このことは、自国と外国の金利が一定でも、将来の為替レートの予想値が変化すると現在の為替レートも変化してしまうことを意味している。

　図表1は(1)式と(2)式の関係を一つのグラフに描いたものである。説明の便宜のために、ここでは $S$ や $S_0$ などの為替レートが円とドルの名目為替レート、$P$ と $P^*$ がそれぞれ日本とアメリカの一般物価を表しているものとしよう。

　(1)式の $R$ が一定で日本の物価上昇率がアメリカの物価上昇率より低い場合、$S$ は時間とともに低下する。図表1ではそれを右下がりの細い実線によって示している。しかし現実の円ドルレートが常にこの線の上に乗っているわけではなく、(2)式を満たしながら絶えず変化している。(2)式の右辺の値が負だとすると、次期の円ドルレートの予想値は現在の円ドルレートに比べて円高になる。図表1には今期と次期の円ドルレートの組み合わせの例を、各期に関して三つずつ示している。たとえば0期における1期の予想値が図表1の $S_1^e$ だとすると、それに対応する直物レートはそこから左上方向に短い線を引いた $S_0$ である。しかし1期になるまでに次期の予想レートが $S_2^e$ に変化

すると、現実の1期の直物レートは$S_1$となり、0期時点の予想値から大きく乖離してしまう。

ただし各期に実現する為替レートが(1)式の$S$とまったく無関係かと言うと、必ずしもそうではない。たとえば、図表1の$S_1$が$S$に比べて円安であることは、この時点で日本の貿易財がアメリカの貿易財に比べて割安になっていることを意味している。そのときに日本からアメリカへの輸出が増加し、アメリカから日本への輸出が減少すれば、外国為替市場において円買い・ドル売り需要が増加してドル買い・円売り需要が減少するため、直物レートが円高に動く可能性がある。逆に図表1の$S_0$や$S_2$は各時点における$S$に比べて円高だから、上記と逆の力が働き、直物レートが円安になる可能性がある。こうした力が働く限り、現実の名目為替レートが(1)式の均衡値からどこまでも乖離するという事態は生じなくなる。

しかし上記のような為替レートの矯正効果は必ずしも十分に働かないことが多い。第一に、モノの貿易には輸送費がかかるため、名目為替レートが上記の$S$から相当かけ離れた値をとり、自国と外国の貿易財の価格差がかなり大きくならない限り、安い国で買って高い国で売るという裁定効果は機能しないだろう。また、現実の貿易の契約は物品の受け渡し日よりかなり以前に行われることが多く、為替レートの変化に反応して貿易の流れが変化し始めるまでには相応の時間を要する。そのため、現実の名目為替レートは短期的には相当不安定な動きを示すことが少なくない。

日本ではこうした為替変動を景気の攪乱要因として問題視する風潮が根強く、円高が進むたびに政府に対策を求める声が上がる。しかし第5章や第8章で見たように、諸外国の中には貿易や投資を通じた海外との結びつきが日本より格段に強い国が多いが、これらの国々がみな自国通貨高を国難のように考えているかというと、必ずしもそうでないようである。以下では「為替レートが変化すると自国経済にどのような影響が及ぶか」という問題を考えながら、こうした日本と外国の為替変動への考え方の違いの理由についても検討しよう。

250 第Ⅲ部 金融・マクロ編

## 2 名目為替レートと貿易額の変動

まず、名目為替レートが変化すると一国の輸出と輸入にどのような影響が及ぶかという問題を、前節よりもう少し厳密に考えてみよう。いま、日本の輸出額が $V_X$ 円、輸入額が $V_M$ 円だとする。ここでは第1章のGDPと同じ要領で、これらの金額を価格と数量の積の形で表記する。

$$V_X = P_X \times Q_X \tag{3}$$
$$V_M = P_M \times Q_M \tag{4}$$

ただしここで $P_X$ と $P_M$ はそれぞれ円建ての輸出物価と輸入物価を表し、$Q_X$ と $Q_M$ は輸出と輸入の数量（実質輸出と実質輸入）を表している。

いま、日本の貿易相手国がアメリカだけだと仮定し、ドル建ての輸出価格を $P_X^*$ ドル、輸入価格を $P_M^*$ ドルと書くことにしよう。名目為替レートが1ドル $= S$ 円だとすると、(3)式と(4)式をそれぞれ

$$V_X = S \times P_X^* \times Q_X \tag{5}$$
$$V_M = S \times P_M^* \times Q_M \tag{6}$$

と書き直すことができる。

次に、上記の $Q_X$ と $Q_M$ がどのような要因によって変化するかを考えよう。日本の輸出品はアメリカ市場において現地商品と競合するため、$P_X^*$ が上昇すると $Q_X$ は減少すると考えられる。また、$P_X^*$ が一定でも、アメリカの景気が好転すれば需要が増加し、$Q_X$ は増加するだろう。一方、日本の輸入品は国内市場において国産品と競合するため、$Q_M$ は円建ての輸入価格である $P_M$ の減少関数だと考えられる。また、$P_M$ が一定でも日本の景気が好転して輸入品に対する需要が増加すれば、$Q_M$ はやはり増加するだろう。これらの関係を(5)式と(6)式に書き加えると

$$V_X = S \times P_X^* \times Q_X \underset{-\ \ +}{(P_X^*, Y^*)} \tag{7}$$
$$V_M = S \times P_M^* \times Q_M \underset{-\ \ +}{(P_M, Y)} \tag{8}$$

となる。ここで $Y$ と $Y^*$ はそれぞれ日本とアメリカの GDP ないし GNI を表

している。また、各式のかっこの下の符号は、符号の上にある変数と $Q_X$ や $Q_M$ の関係が正であるか負であるかを表している。

ここでいま、名目為替レートが円高に動いたとして、(7)式と(8)式の各項にどのような影響が及ぶかを考えてみよう。円安のケースは説明しないが、円高のケースの逆だと考えればよい。

まず、輸出に関しては、日本の企業がドル建てで輸出価格を固定している場合、(7)式の $P_X^*$ と $Q_X$ は変化せず、$S$ だけが下落するため、それと同じ比率で $V_X$ も減少する。企業の生産費用が為替レートと無関係だとすると、財1単位当たりのコストが一定で売上が減少するため、収益が減少し、場合によっては赤字になる可能性もある。

企業が財1単位当たりの収益を重視する場合、円建ての価格 $P_X$ を固定することも考えられる。その場合、$S$ の下落率と同じ比率だけ $P_X^*$ を引き上げる必要があり、それに伴って $Q_X$ が減少するため、今度は $Q_X$ と $V_X$ が比例的に減少する。すなわち日本企業のアメリカ市場における販売シェアが低下し、輸出額も減少することになる。

一般に企業は収益率の低下も市場シェアの低下も好まないから、為替変動に伴う現実の輸出価格と数量の変化は上記の二つのケースの中間になると予想される。その場合、円高が発生すると円建て価格 $P_X$ と輸出数量 $Q_X$ の両方がある程度下落し、両者の積である $V_X$ は大幅に減少することになる。

なお、ここでは輸出企業の生産コストが為替レートと無関係だと仮定したが、これは厳密には正しくない。これらの企業が外国から原材料や中間財を輸入している場合、円高とともにこれらの商品の円建て価格が下落し、費用が減少する可能性があるからである。ただし以下で見るように、こうした効果は現実には大きくない。

図表2は、日本のさまざまな産業の輸出依存度（販売総額に占める輸出額の比率）と輸入投入財利用度（販売総額に占める輸入投入財費用の比率）を計算した結果を示したものである。円の大きさは各産業の生産額の大小関係を表し、面積の大きい産業ほど主要な産業であることを意味している。

図表2によると、日本の代表的な輸出産業である機械機器関連の産業では輸出依存度が2〜5割に上る一方、輸入投入財利用度は相対的に低く、円高

図表2　産業別の輸出依存度と輸入投入財利用度

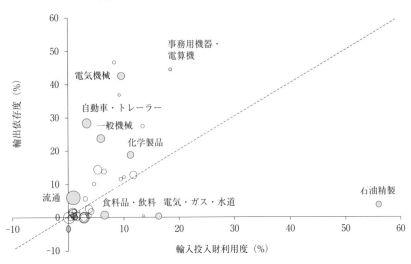

(注) いずれも2005年前後の統計にもとづく。輸入投入財は各企業が生産活動のために自ら海外から購入したものを意味し、国内の他企業から購入した資材の生産に用いられた輸入投入財を含まない。
(出所) OECD, *STAN Input-Output Tables* をもとに作成。

が収益を圧迫しやすい事業構造になっている。逆に石油精製業や電気・ガス・水道業では輸入投入財利用度が輸出依存度を大幅に上回り、円高が増益をもたらしうる構造になっている。ただし石油会社や電力会社の顧客には輸出依存度の高い工業製品メーカーが含まれるため、円高によって後者の業績が悪化すると、これらの企業も間接的な影響を受けることになる。

　次に円高が輸入に与える影響について考えよう。アメリカの輸出業者が日本への輸出価格を円建てで固定している場合、為替レートが変化しても(4)式の $P_M$ と $Q_M$ が一定にとどまり、輸入額の $V_M$ も変化しない。一方、アメリカの輸出業者がドル建てで輸出価格を固定している場合、$S$ の下落とともに円建て価格の $P_M$ が比例的に下落し、輸入数量の $Q_M$ が増加する。両者の積である $V_M$ がどのように動くかははっきりしないが、$P_M$ の下落率を上回って $Q_M$ が上昇しない限り $V_M$ は減少する。

　第5章で見たように、近年の日本では工業製品の輸入が増加しているが、

燃料品や食料品などの一次産品は依然として重要な輸入品である。これらの多くはドルで取引が行われるため、上記の後者のケースに該当する。しかし一次産品は必需品の性格が強く、円高によって価格が下落しても輸入量が急増するとは考えにくい。したがって輸入品全体としては、円高とともに $P_M$ が大幅に下落する一方で $Q_M$ が多少増加し、$V_M$ は減少すると予想される。

さて、上記の予想が正しいかどうかをデータによって確認してみよう。図表3の上段と中段のパネルでは、円建ての日本の輸出総額と輸入総額の毎年の変化率を示し、それらをさらに価格の変化による部分と数量の変化による部分に分解している。一番下のパネルには、参考として、円の名目実効為替レートとドル建ての原油の輸入価格の対前年変化率を示している[1]。

最初にパネル（$a$）とパネル（$b$）の折れ線グラフを比較すると、これらの推移がかなり似かよっており、パネル（$c$）の名目実効為替レートともある程度連動している。このことは、円の為替レートの変化が輸出額と輸入額を同じ方向に変化させるという先の予想と整合的である。ただしよく見ると、2000〜2001年のように、為替レートと輸出額や輸入額の変化の方向が逆になっている年もある。

次に、パネル（$a$）と（$b$）に示した円建ての輸出価格と輸入価格の推移を比較しよう。先の予想によると、これらの価格はいずれも為替レートと同じ方向に変化するはずである。この予想は輸出価格に関しておおむね当てはまっているが、輸入価格に関しては必ずしも十分に当てはまっておらず、2000年や2008年のように円高が進む中で輸入価格が上昇した年もある。これはこれらの年に原油の国際価格が急騰し、それが円高による輸入物価の下落を相殺してしまったためだと思われる。2005〜2006年には円安と原油価格の上昇が重なり、輸入価格が大幅に上昇している。

最後にパネル（$a$）の輸出数量と（$b$）の輸入数量の推移を比較しよう。先の予想によると、円高は輸出数量をある程度減少させ、輸入数量を多少なりとも増加させるはずだから、名目実効為替レートは輸出数量と同方向、輸入

---

1) 名目実効為替レートとは、第13章の実質実効為替レートと同じ要領で、円のさまざまな外国通貨に対する名目為替レートの加重平均値を計算したものである。

254 第Ⅲ部 金融・マクロ編

図表3 日本の貿易額の変動の要因分解

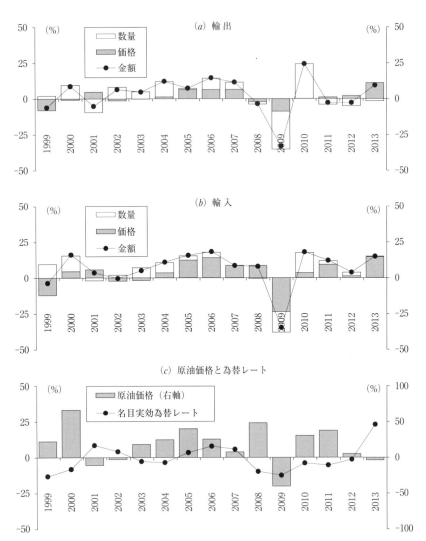

(注) (a) の輸出価格と (b) の輸入価格は円ベース、(c) の原油価格はドルベース。
(出所) 財務省貿易統計、日本銀行統計、BIS, *Effective Exchange Rate Indices* (Broad Index) をもとに作成。

数量とは逆方向に動くはずである。しかしこれらの予想が的中しているとは言い難く、たとえば2001年には円安と輸出量の大幅減が同時に生じているし、2009年には円高が進む中で輸入量が激減している。

　輸出量は外国の景気から影響を受け、輸入量は自国の景気によって左右されるため、輸出数量や輸入数量と為替レートの関係が緊密でないことは景気の影響が大きいことを示唆している。外国と日本の景気が無関係に変動している場合、輸出数量と輸入数量は無関係に動くはずだが、現実にはこれらが同方向に変化した年が多かったようである。なぜだろうか。

　何らかの理由で外国の景気が後退し、(7)式の $Y^*$ が減少すると、$Q_X$ が減少し、他の条件が一定なら $V_X$ も減少する。もし輸出量や輸出額の減少に伴って日本の景気が悪化すると、(8)式の $Y$ が減少して $Q_M$ も減少するため、輸出数量と輸入数量が正の相関関係を持つことになる。為替レートの変動は輸出数量と輸入数量を逆方向に動かすはずだから、日本において輸出と輸入の量が同じ方向に変化することが多かったことは、輸出の増減が日本の景気に与える影響が非常に強いことを示唆している。たとえば、アメリカが一時的に深刻な不況に陥った2001年には円安にもかかわらず輸出数量と輸入数量の両方が減少しているし、円高が進む中で世界同時不況が発生した2009年にも輸出数量と輸入数量が激減している。

## 3　貿易量の変動と景気循環

　日本では、円高になると不況になって当然だ、だから円高は悪だと考えられる傾向があるが、このような考えは必ずしも正しくない。自国通貨の増価に伴って輸出数量が減少することは自国の総需要が減少することを意味し、それ自体としては確かに景気後退要因である。しかし自国通貨の増価は輸入品の価格を下落させ、国民の実質所得を増やす効果も持っている。第5章で見たように、日本では長い間貿易黒字が続いていたが、2011年以降は輸入額が輸出額を上回っている。このことは、上記の前者の効果に比べて後者の効果が大きくなっていることを示唆している。それにも関わらず国民の間で円高は悪だという考えが根強いのはなぜだろうか。

256 第Ⅲ部 金融・マクロ編

　この問題を考える手がかりとして、輸出と景気の因果関係をもう少し詳しく分析してみよう。まず、第4章において一国の総供給を「GDP＋輸入」、総需要を「消費＋投資＋輸出」と書き、これらをもとに

$$\text{GDP}＝\text{消費}＋\text{投資}＋\text{輸出}－\text{輸入} \tag{9}$$

というGDPの恒等式（定義により常に成立する式）を導いたことを思い出してもらいたい。一国の景気は実質GDPの成長率によって測られるので、以下では(9)式のすべての項が基準年の価格で評価した実質値だとしよう。これらの項目の変化を追うことは、図表3において白抜きの棒グラフの推移を追うことと同義である。

　(9)式の消費と投資の中には、家計や企業などの民間部門によって行われるものと、政府などの公的部門によるものが含まれている。ここではこれらを区別した上で、表記の単純化のために、(9)式を以下のように書き改める。

$$Y_t＝C_t＋I_t＋G_t＋X_t－M_t \tag{10}$$

この式の添え字の $t$ は年を表し、$Y_t$ と $C_t$, $I_t$, $X_t$, $M_t$ はそれぞれ $t$ 年における実質GDP、民間消費、民間投資、輸出、輸入を表している。$G_t$ は政府支出を表し、消費的支出と投資的支出の両方を含んでいる[2]。

　(10)式は恒等式だから、前年の $t-1$ 年にも当然成立していたはずである。それを

$$Y_{t-1}＝C_{t-1}＋I_{t-1}＋G_{t-1}＋X_{t-1}－M_{t-1} \tag{11}$$

と書き、(10)式から(11)式を引くと

$$\Delta Y_t＝\Delta C_t＋\Delta I_t＋\Delta G_t＋\Delta X_t－\Delta M_t \tag{12}$$

となる。Δはこれまでと同様に差分を表し、たとえば $\Delta Y_t$ は $Y_t-Y_{t-1}$ のことである。この式の両辺の各項を前年のGDPで除すと、

---

2) この式の $C_t$ と $I_t$ は第4章の $C_p$ と $I_p$ に対応し、$G_t$ は第4章の $C_g$ と $I_g$ の和に対応する。

$$\frac{\Delta Y_t}{Y_{t-1}} = \frac{\Delta C_t}{Y_{t-1}} + \frac{\Delta I_t}{Y_{t-1}} + \frac{\Delta G_t}{Y_{t-1}} + \frac{\Delta X_t}{Y_{t-1}} - \frac{\Delta M_t}{Y_{t-1}} \tag{13}$$

という式が得られる。

(13)式の左辺は $t-1$ 年から $t$ 年にかけての実質 GDP の増減を $t-1$ 年の実質 GDP で割った値だから、$t-1$ 年から $t$ 年にかけての実質経済成長率を意味している。一方、右辺の各項は $t-1$ 年から $t$ 年にかけての各需要項目の増減を前年の実質 GDP に対する比率として表現したもので、**寄与度**と呼ばれている。たとえば、ある年にこれらの寄与度の中で $\Delta G_t / Y_{t-1}$ だけが突出して大きかったとすると、経済成長が財政支出によって生み出された人為的なものだったことを意味している。

図表 4 は過去 20 年間の日本の国民所得統計を用いて上記の計算を行った結果をグラフに描いたものである。この図を見ると、実質経済成長率が顕著に低下した 1998 年や 2001 年、2008 〜 2009 年および 2011 年にはいずれも輸出の寄与度が減少するか負に転じている。このことは、日本において輸出の落ち込みが不況につながりやすい事実を裏付けている。

しかしこの図をよく見ると、経済成長率が落ち込んだ年には民間投資の寄与度も大きく低下しており、数量的にはそちらの影響の方が大きかったことに気づく。ここでは通年の寄与度を示しているため、個々の需要項目の因果関係がはっきりしないが、四半期データを用いて同じ計算を行うと、輸出の落ち込みが先に生じ、その後を追う形で設備投資などの民間投資が減少していたことが分かる。すなわち日本において円高が不況につながりやすいのは、円高によって輸出が減少するためだけでなく、それが投資の落ち込みをもたらしやすいからだと考えられる。

(13)式の残りの項目のうち、民間消費の寄与度は比較的小さなプラス値の年が多く、他の項目に比べて安定している。輸入の寄与度はかなり変動しているが、先に解説したように、輸入の増加は景気変動の原因というより結果としての性質が強い。不況によって日本の所得が落ち込むと輸入量も減少するため、(13)式の $-\Delta M_t / Y_{t-1}$ で測った輸入の寄与度は不況期に正となり、輸出の寄与度と逆方向に動くことが多い。

258　第Ⅲ部　金融・マクロ編

図表 4　日本の実質経済成長率と寄与度

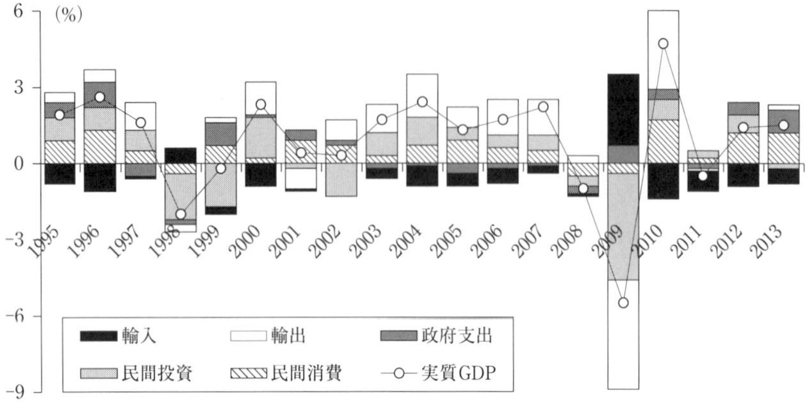

凡例:
- ■ 輸入　　□ 輸出　　▨ 政府支出
- ▨ 民間投資　▨ 民間消費　○ 実質GDP

(出所) 内閣府経済社会総合研究所「国民経済計算」をもとに集計。

　最後に、政府の財政政策が景気の安定化に寄与していれば政府支出の寄与度は経済成長率と逆方向に動くはずだが、図表 4 では同方向に変化していた年が多い。日本政府は景気が後退すると補正予算を組んで追加的な財政支出を行うことが多いが、そうした景気対策が適切なタイミングで行われない場合、景気が回復し始めてから歳出増の効果が表れ、景気を過熱させてしまう可能性がある。日本の公共投資の中には地方公共団体を通じて行われるものが多く、政府が景気対策を決めてから予算が執行されるまでに時間がかかったり、政府自身が財政支出の執行状況を十分に把握できていなかったりすることが少なくない（梅田・宇都宮　2009）。

　次に(13)式の右辺を以下のように書き換えてみよう。

$$\frac{\Delta Y_t}{Y_{t-1}} = \frac{\Delta C_t}{C_{t-1}} \times \frac{C_{t-1}}{Y_{t-1}} + \frac{\Delta I_t}{I_{t-1}} \times \frac{I_{t-1}}{Y_{t-1}} + \frac{\Delta G_t}{G_{t-1}} \times \frac{G_{t-1}}{Y_{t-1}} + \frac{\Delta X_t}{X_{t-1}} \times \frac{X_{t-1}}{Y_{t-1}} - \frac{\Delta M_t}{M_{t-1}} \times \frac{M_{t-1}}{Y_{t-1}} \quad (14)$$

この式が(13)式と同一であることは容易に確かめられるだろう。この式の右辺の各項はいずれも（ある需要項目の変化率）×（前年の GDP に占めるその

項目の比率）という形になっている。このことは、景気への影響が大きい需要項目が、①それ自体の変動が大きい項目であるか、②GDPに占める比率が大きい項目であることを意味している。

図表5は、図表4の計算に用いたデータをもとに⑭式の各項の大きさを調べた結果をまとめたものである。ここでは1995〜2013年の19年間を1995〜2006年と2002〜2013年という重複する二つの期間に分け、それぞれの期間に関して計算を行っている[3]。(a)の変化率は当該期間中の各需要項目の増減率の標準偏差を表し、各項目の毎年の成長率がどの程度上下変動するかを表している。(b)の各項目のシェアは、1995〜2006年に関しては1994〜2005年、2002〜2013年に関しては2001〜2012年の平均値をとっている。(a)と(b)の積が大きい需要項目が経済成長率への影響が大きい項目である。

図表5の需要項目のうち、GDPに占める比率が最も大きいのは民間消費であり、どちらの期間においても6割弱を占めている。しかし民間消費は他の項目に比べて安定しているため、(a)と(b)の積はそれほど大きくない。これは家計消費の中に生活必需品や事前に支出が確定しているもの（家賃や教育費など）が多く含まれ、外的環境が変化しても簡単に変化しないからである。

その他の項目のうち、輸出はGDPの1割強を占めるにすぎないが、それ自体の変動が大きく、(a)と(b)の積は民間消費に比べてずっと大きくなっている。輸入の変化率は輸出の変化率に比べるとやや小さい。

民間投資には家計の住宅投資と企業の設備投資が含まれるが、これらのうち金額が多いのは後者である。GDPに占める設備投資のシェアは輸出とほぼ同じ1割強で、消費に比べるとそれ自体の変化率も大きい。その結果、(a)と(b)の積も比較的大きくなっている。設備投資の変動が大きいのは、これらがある年にどうしても行わなければならないというものではなく、その時々の景気動向を睨みながら迅速に調整されるためである。

なお、日本の輸出量の変動が輸入量の変動に比べて大きいのは、主要な輸出相手国の中に経済成長率の変動が大きい新興経済諸国（中国など）が含ま

---

[3]　このように二期間に分けたのは、2009年の輸出と経済成長率の落ち込みが非常に大きく、この年を含むか否かによって計算結果が変化するためである。

260　第Ⅲ部　金融・マクロ編

図表 5　需要項目の変化率と GDP に占める比率

| 需要項目 | 1995 - 2006 年 | | | 2002 - 2013 年 | | |
|---|---|---|---|---|---|---|
| | $(a)$ 変化率 | $(b)$ シェア | $(a) \times (b)$ | $(a)$ 変化率 | $(b)$ シェア | $(a) \times (b)$ |
| 国内総生産 | 1.3 | 100.0 | 132.8 | 2.5 | 100.0 | 247.2 |
| 民間消費 | 0.8 | 58.1 | 44.7 | 1.1 | 58.3 | 63.0 |
| 　家計消費 | 0.9 | 48.4 | 45.2 | 1.3 | 47.8 | 61.8 |
| 民間投資 | 6.2 | 17.8 | 110.0 | 8.1 | 16.7 | 134.8 |
| 　住宅投資 | 6.7 | 4.4 | 29.4 | 6.9 | 3.2 | 22.2 |
| 　設備投資 | 4.7 | 13.4 | 63.1 | 5.8 | 13.5 | 78.8 |
| 公的支出 | 2.1 | 24.6 | 52.0 | 1.8 | 23.5 | 41.2 |
| 輸出 | 6.2 | 11.0 | 68.5 | 11.5 | 14.4 | 165.4 |
| 輸入 | 5.7 | 11.1 | 63.8 | 6.6 | 12.8 | 83.6 |

（注）変化率は当該期間中の各年の対前年増減率の標準偏差。家計消費は持家の帰属家賃を含まな
　　　い。民間投資は在庫増減を含むが、単独の項目としては記載していない。
（出所）図表 4 に同じ。

れていることに加え、輸出品と輸入品の品目構成の違いによるところが大き
いと思われる。日本の輸出品の中には投資財の性質の強い機械機器が多く含
まれ、これらの出荷量は外国の景気動向によって左右される。一方、先に述
べたように、日本の輸入品の中にはエネルギー財や原料品などの必需品が多
く含まれ、輸入加工品の中にも衣料品や安価な日用品が含まれている。すな
わち、日本の消費が投資に比べて安定しているのと同じ理由により、輸入の
変動が輸出の変動より小さめになるわけである。

## 4　円高と日本経済の脆弱性

　それでは、日本において円高や輸出の減少が設備投資を通じて深刻な景気
後退に結び付きやすいのはなぜだろうか。その第一の理由は、日本の輸出企
業の中に大手の機械機器メーカーが多く、これらの企業の設備投資が日本の
総需要に無視できない影響を与えることだろう。第 5 章で見たように、今日
の日本はクラークの法則の最終局面にあり、平時でも製造業の設備投資が減

第15章　為替レートと景気循環　261

少しやすい環境にある。このような中で円高が進むと、国内生産の価格競争力と海外投資のコストが同時に低下し、工業製品メーカーが海外に製造拠点を移す動機を強めることになる。

　とは言うものの、製造業が縮小傾向にあるのは他の先進諸国でも同じであり、日本だけに固有な要因とは言い難い。もう一つの理由として考えられるのは、日本企業の低収益性が設備投資を不安定化させている可能性である。第10章で見たように、日本の企業は慢性的な低収益状態にあり、欧米企業に比べるとROEやROAで測った収益率が相当見劣りする。

　為替レートと企業の収益率、設備投資の関係を理解するために、ここで以下のような例を考えてみよう。ここに企業Aと企業Bの二社があり、どちらも国内と海外で同量の商品を販売しているとしよう。ただし売上高利益率は企業Aが国内・海外とも5％、企業Bの国内・海外とも2％だとする。これらは欧米企業と日本企業の平均的な売上高利益率とおおむね一致する[4]。

　上記の状態において自国通貨が増価し、両企業とも外国における市場シェアを守るために外貨建ての輸出価格を据え置いたとしよう。その場合、先に見たように自国通貨建て輸出額が自国通貨の増価率と同じ比率だけ減少し、生産コストが一定ならその分だけ収益率も減少する。たとえば企業Aの場合、自国通貨が5％増価すると輸出品の売上高利益率がゼロになり、10％増価すると（ほぼ）－5％になる。この時点で国内販売分を含む事業全体の利益がゼロになり、それ以上自国通貨高が進むと赤字になる。一方、企業Bの場合、自国通貨が2％増価するだけで輸出の利益が失われ、4％以上増価すると事業全体が赤字になってしまう。

　上記の例から分かるのは、平時から収益率が低い企業が多い国においては、ちょっとした為替変動によって輸出企業の事業環境が一変してしまうことである。日本の企業は円高を円建て輸出価格の引き下げによってすべて吸収するわけではなく、一部は外貨建て価格の引き上げにも反映させているが、その場合には輸出量が減少し、やはり収益が減少する。企業が設備投資を行う

---

4)　日本と諸外国の製造業の利益率の違いは内閣府『平成25年版　経済財政白書』第2章などで分析されている。

262　第Ⅲ部　金融・マクロ編

か否かを決める際には将来の自社製品の売れ行きの予想と手元の資金量が鍵になるため、円高によって販売額や利益が減少した輸出企業が設備投資を削減するのは当然である。これらの企業から設備（建物や機械）を受注する建設会社や機械メーカーも低収益だから、受注が減少するとすぐに赤字に陥ってしまい、同じように投資や雇用を控えるようになる。

　しかし第5章で見たように、日本のGDPに占める製造業のシェアは既に20％を切っており、設備投資の主体は製造業からサービス業にシフトしている。円高によって輸入品の価格が下落し、それが国民の実質所得を増加させたり、国内市場向けの製品やサービスの生産コストを引き下げたりすることによって景気を下支えする効果は働かないのだろうか。

　ここで再び図表2を見ると、対角線より右下に位置していて円高によって収益が増加しうる産業のうち、輸入投入財依存度が高いのは石油精製業や電気・ガス・水道業、食料品・飲料製造業など、比較的少数の産業に限られている。それ以外の産業の輸入投入財依存度はいずれも数パーセントにとどまり、円高による収益環境の改善がこれらの産業の設備投資を増加させる効果は大きくないと考えられる[5]。

　石油精製業や電気・ガス業などでは円高のメリットが少なくないはずだが、先に見たように、これらの産業が海外から購入する一次産品は価格変動が激しい。円高と同時に原油などの燃料品の国際価格が高騰した場合、円高のメリットは簡単に相殺されてしまう。一国の輸出財の物価と輸入財の物価の比率を**交易条件**と呼ぶ。日本の交易条件は円高期に改善（上昇）するが、同時に燃料品の国際価格が上昇した場合、ネットの効果は負になることが多い。

　また、日本では燃料品や食料品の輸入価格が変化しても、それが国内の流通過程で吸収されてしまう傾向がある。図表6は、燃料品・エネルギー財と食料品・飲料の輸入物価指数（Import Price Index、IPI）、国内企業物価指数（PPI）、消費者物価指数（CPI）の推移を比較したものである。これらのうち、

---

5)　この図の輸入投入財依存度には国内の他社から購入した資材の生産に投入された輸入品が含まれておらず、それらを考慮すると輸入投入財比率はもう少し高くなる。しかし以下で見るように、日本では輸入価格が国内流通価格に与える影響が小さく、円高が国内他社から調達する資材の価格を低下させる効果は限定的である。

第 15 章 為替レートと景気循環 263

図表 6 輸入価格の国内への波及過程

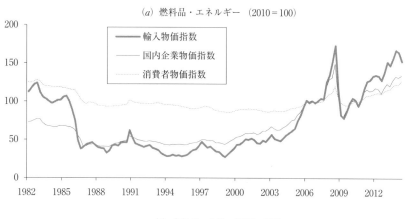

(a) 燃料品・エネルギー (2010 = 100)

(b) 食料品・飲料 (2010 = 100)

(注) いずれの指数も原統計に季節調整を施している。
(出所) 日本銀行「企業物価指数」及び総務省統計局「消費者物価指数」をもとに集計。

PPI は国内の企業間で取引される商品の物価を表し、輸入時の取引価格を含まないが、輸入品やその加工品が国内の企業間で取引される際の価格は反映する。これらの価格が為替変動の影響を受ける場合、IPI → PPI → CPI の順にその効果が現れるはずである。

パネル (a) の燃料品・エネルギー財の場合、IPI の変動は PPI に大きな

影響を与えているが、小売段階の CPI への影響は軽微である。日本では1990 年代に石油産業の規制緩和が進み、ガソリンや灯油の小売価格と原油の輸入価格の連動性が高まったが、諸外国に比べるとまだ低い。また、家計向けの電気やガスの料金は原油や天然ガスの輸入価格を参照しながら毎月小幅の改定が行われているが、本格的な改定には政府の認可が必要である。

　一方、パネル（b）の食料品では輸入物価だけが大きく変動しており、企業間の取引価格ですらそれをほとんど反映していない。第 18 章で解説するように、日本政府は国内農家を保護するために多くの農産品や食料品に高率の輸入関税を課している。これらの中には円高によって輸入原価が多少下落しても課税後価格が高すぎて輸入がほとんど行われず、結果的に国民が円高の便益を享受することを阻んでいるものが少なくない。また、日本において対内 FDI が少なく、国内で小売業に従事する外資系企業が少ないことは、為替変動によって割安になった食料品や日用品を海外から迅速に輸入して販売することがなかなか行われない一つの理由になっている。

　日本において燃料品や食料品の輸入価格の小売価格への影響が小さいことは、一面では国民の消費生活の安定に寄与しているが、国民が円高のメリットを実感しにくい原因にもなっている。多くの外国では食料品や原料品の輸入価格が小売価格にダイレクトに反映されるため、国民が自国通貨安を好まない傾向がある。日本においてこうした層が不在であることは、輸出企業の声が政府の政策に影響を与えやすくする一因になっている。最近はマスメディアも行き過ぎた円安が内需（国内需要）依存度の高い中小企業や国民生活に与える負の影響に言及するようになり、為替レートに関する世論にも変化の兆しが見られるが、「円安は善、円高は悪」という考えは依然として根強いようである。

第 Ⅳ 部

政 策 編

# 第16章　経済政策の政治学

## 1　はじめに

　第Ⅳ部は政策編である。次章以下では貿易や為替レートに関する政策のしくみを詳しく解説し、それらを含む日本の経済政策の特徴と問題点を分析する。本章ではそれに先立ち、そもそも一国の経済政策がどのようなプロセスを経て形成されるのか、多くの国々において必ずしも最適だと思われない政策が実施されているのはなぜかという問題を論じておきたい。こうした一般的な問題を先に検討しておくことにより、次章以降の理解が容易になると思われるからである。

　日本を含む先進諸国の大半は、経済面では**資本主義**、政治面では**自由民主主義**を基本原理としている。資本主義とは、言うまでもなく、市場を通じた自由な取引を国民経済の主役に位置づけ、（必要に応じてそれが生み出す歪みを調整しながら）その力を積極的に活用しようという考え方である。

　一方、自由民主主義とは、**自由主義**と**民主主義**という二つの思想を綜合した思想、あるいはそれらの綜合を目指す思想である。自由主義は中世の欧州に起源を持ち、人々が権力に束縛されずに自由に行動できる社会を理想としている。そのため、自由主義では個人の信条や意見表明の自由が重視され、権力の集中と乱用を防止するために法の支配や権力分立を確保しようとする。一方、民主主義は政治権力そのものを否定するのではなく、民衆がその執行に積極的に参加できる社会を是としている。そしてそのための手段として個人の参政権や社会権を重視している（加茂他 2012）。

　自由主義と民主主義は一見すると正反対の思想に見えるが、個人を国家の主役（主権者）だと考える点では共通している。また、民主主義が目指す民衆の政治参加を実現するためには、自由主義が重視する信条・結社の自由や法の支配が不可欠である。こうした理由により、自由主義と民主主義はしだいに不可分の政治思想と考えられるようになった。今日、私たちが民主主義国家と言う場合、国民が十分な**市民的自由**（civil liberties）と**政治的権利**

（political rights）を保証された自由民主主義国家を意味することが多い。

　ただし現代の民主主義国のほとんどは国民が自ら政治を取り仕切る直接民主主義ではなく、**代議制民主主義**（間接民主主義）を採用している。代議制民主主義国では、国民が選挙を通じて政治家（立法府の構成員や行政府のリーダー）を選出し、彼らに政策の決定と運営を委ねる。政治家は国民から権限を委譲される代わりに、それを国民のために適切に行使する義務を負う。政治学や経済学ではこうした関係を**本人・代理人関係**（又は依頼人・代理人関係）と呼ぶ。ここでは国民が本人（principal）、政治家が代理人（agent）である。

　また、今日の政府の活動領域はきわめて多岐に及んでいるため、政治家の役割も政策の大枠を決めることにとどまり、その具体的な立案と運営は個別の行政機関（省庁など）に委ねられることが多い。多くの行政機関は階層的な組織構造を持っており、そこに属する官僚の間でもくり返し権限の委譲と業務の委任が行われる。したがって現代の民主主義国の政治過程には重層的な本人・代理人関係が埋め込まれている。

　以下ではまず、代議制民主主義の下での政策決定のしくみを解説し、どのようにしたらそれがもたらす歪みを軽減することができるかを考える。その後、日本の政治過程の問題点を日本社会の特徴と関連づけながら分析し、それが経済政策にどのような影響を与えているかを概観する。

## 2　代議制民主主義国の政治過程

　代議制民主主義の執政体制には、**議院内閣制**や**大統領制**、**半大統領制**など、いくつかの類型が存在する。しかし紙幅の制約を考慮し、以下では今日の日本で採用されている議院内閣制を念頭において議論を進める[1]。

　議院内閣制の採用国の国民は立法府の構成員（国会議員）だけを選出し、議会において多数派を占めた政党が中心となって内閣を形成する。通常の場合、与党の党首が首相となり、他の閣僚とともに行政機構を指揮する。首相や内閣の方針は与党の意向を強く反映したものとなるが、議会には野党のメ

---

1)　議員内閣制と他の執政制度の違いに関しては建林他（2008）の第4章などを参照。

図表1　議院内閣制における政治過程

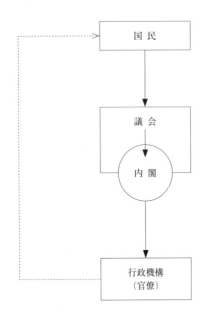

（注）実線の矢印は権限の委譲の方向を、点線は政策の実施の方向を表している。

ンバーも含まれるため、議会と内閣の関係には連携と緊張の側面がある。しかし内閣は議会が制定した法律や政策を実施する行政府の頂上組織でもあるため、原理的には議会の代理人としての性質を持っている。図表1は議院内閣制の下での政治的権限の委譲の流れ（本人・代理人関係）を模式的に示したものである。

　議会制民主主義を含む代議制民主主義の下で一国全体にとって最適でない政策が実施されがちなことには、主として以下の二つの理由がある。第一の理由は、一般に代議制民主主義の必須要件と考えられている一人一票の**普通選挙**がそうした政策を選択する傾向を持っていることである。

　上記の点を理解するために、図表2を見てみよう。ここでは三つの政策を考え、各パネルの縦軸に個々の有権者がその政策から受ける損益を示し、横軸にそうした損益を得る人々が有権者総数に占める比率を示している。

図表2　選挙行動と政策の選択

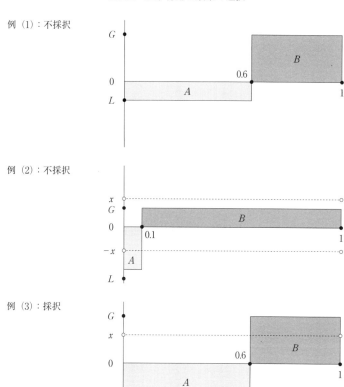

(注) $G$ と $L$ は政策が各投票者にもたらす利得と損失を表している。

　例(1)の政策の場合、全体の60％の有権者に比較的小さな損失（$L$oss）をもたらし、残りの40％の有権者に比較的大きな便益（$G$ain）をもたらす。この政策が一国全体にもたらす純益は正であるため（$A$の面積＜$B$の面積）、この政策は実施されるべきである[2]。しかし60％の有権者がそれを望まないため、それを推進する候補者は落選し、この政策は実施されない。こうした

---

2) 一国全体の純益が正でも一部の人々が犠牲になる政策は実施すべきでないとする意見

270　第Ⅳ部　政策編

事態が発生するのは、一国全体にとって最適な政策を選択するためには国民の意見集約時に各人の損益の大きさの違いを考慮に入れるべきであるにも関わらず、一人一票の普通選挙がそれを許さないからである。

　次に、例(2)の政策は10％の有権者に大きな損失をもたらし、90％の有権者に小さな利益をもたらす。一国全体の純益が正（$A < B$）であるため、この政策も実施されるべきである。しかし現実の有権者は自分との利害関係が薄いイシューに関心を示さない傾向があるので、ここでは一人ひとりの有権者が自分の損益が絶対値で$x$を上回る政策だけに関心を持ち、それ以外の政策は考慮しないと仮定しよう。その場合、この政策を推進する候補者は10％の票を失い、それに反対する候補者は10％の票を獲得する。したがって他の条件が同一なら後者が当選し、この政策は実施されない。後の章で見るように、日本政府の農業保護政策にはこうした政治力学が関与している。

　最後に、例(3)の政策は60％の国民に大きな損失をもたらす一方、40％の国民に比較的大きな便益をもたらす。一国全体の純益が負であるため（$A > B$）、この政策は実施されるべきでない。また、この例では損失を被る人の数が便益を受ける人の数を上回り、全員の便益と損失が絶対値で$x$を超えている。したがって通常ならこの政策を推進する候補者は当選できないはずである。

　しかし仮にここで損失を被る国民の一部ないし全員が参政権を与えられていないとしたらどうなるだろうか。その場合、この政策を支持する国民とそれに反対する国民の比率が逆転し、それを推進する候補者が当選してしまうかも知れない。現実の経済政策はそのときどきの社会や経済の状況を変化させるだけでなく、将来の社会や経済にも何らかの影響を及ぼすことが多い。しかし選挙には現時点で選挙権を持つ成人世代の意見だけが反映されるので、これらの人々にとって都合がよく、未成年者や将来世代にとって望まし

───────────────

　があるかも知れないが、こうした意見は（原則として）誤りである。例(1)の政策の場合、国民間の損益の不均一は無視してそれを実行し、後に$B$の人々の便益の一部を用いて$A$の人々の損失を補償してやれば、犠牲者ゼロで$B$の人々の所得を増加させることができる。

くない政策が実施されてしまう可能性がある。後に解説する高齢者優先の社会福祉制度はその一例である。

　代議制民主主義国において望ましくない政策が実施されがちな第二の理由は、上述のように、政策の形成から実施にいたる過程に重層的な本人・代理人関係が関与するため、最終的に実施される政策が当初の意図とかけ離れたものになってしまう可能性があることである。本人と代理人の間に**情報の非対称性**が存在する場合、代理人は本人の意向に背いて自らの便益を追求する誘因を持つ。政治学や経済学においてこうした問題は**本人・代理人問題**（principal-agent problem）と呼ばれている。

　ここで再び図表１に戻ると、個々の政策の本源的な依頼人であり受益者である国民と、その実際の運営に当たる末端の官僚とが、本人・代理人関係の連鎖の両端に位置していることに気づく。このような状況において官僚の実施する政策が国民の欲する政策と乖離することは何ら不思議ではなく、むしろ自然な状態だと言える。また、国民が官僚の行動に不満感を抱いたとしても、自ら官僚を罷免したり制止したりすることはできない。個々の官僚や彼らが属する組織の直接的な主人は上位の官僚組織や内閣であり、国民は間接的な依頼人にすぎないからである。

## 3　政治過程の歪みへの対処方法

　前節で述べた問題は代議制民主主義と本質的に不可分なものであり、それらを完全に解決する手段は存在しない。しかし前著の第６章において解説したように、民主主義以外の政治体制はさらに深刻な問題を抱えており、多くの人々はそうした制度を望んでいないと思われる。したがって代議制民主主義に問題があるからといってそれを否定したり軽んじたりするのではなく、その利点を引き出しながら欠点を軽減する道を探ることが賢明である。

　そこで、まず、普通選挙を通じた政策選択の歪みを軽減する方法を考えてみよう。前節では説明の便宜として議員の選出＝政策の選択であるかのように考えたが、現実の選挙では多数のイシューが争点となり、しかもそれらが相互に関係している。たとえば政府財政の健全性を維持することを前提とし

た場合、歳出増を伴う政策（社会福祉の充実など）と歳入減をもたらす政策（法人税減税による企業の活性化策など）は対立関係にあり、これらを独立の政策であるかのように論じることはミスリーディングである。しかし現実の社会はきわめて複雑化しているから、個々の有権者や議員候補者にあらゆる政治的課題の関係を理解した上で選挙に臨むよう求めることは難しい。

　そのような状況において重要な役割を果たしうるのが**政党**である。政党は議会や内閣のように必ずしも明確な法的裏付けを持つ機関ではないが、今日の議会制民主主義国において不可欠の存在になっている。現代社会における政党の機能は多面的だが、いやしくも国政のリーダーシップをとることを目指す政党に関しては、政治的・社会的理念をある程度共有するメンバーによって組織され、社会の特定の階層やグループではなく、一国全体の利益を追求する姿勢が求められる[3]。有権者や政治家一人ひとりがすべての政治的課題に通暁することが不可能だとしても、価値観を共有する人々が政党を組織し、彼らが知恵を出し合って一貫性のある政策を練り上げた上で選挙に臨めば、特定層や目先の利益だけを追求する政策は排除される[4]。

　次に、本人・代理人問題に起因する政策の歪みに対処する方法を考えてみよう。この問題を軽減するためには、まず、本人と代理人の間の情報の非対称性をできるだけ小さくし、前者が後者の行動を監視しやすくすることが重要である。前著の附録3で解説したように、そのために有効なのは、政策や制度のしくみをできるだけ簡素な形に維持し、第三者がそれらの全体像を把握できるようにすることである。したがって新しい政策の導入時には関連す

---

3)　現実の政党は個々の候補者が選挙に勝利するための手段や当選議員に要職を配分する機関の役割も果たしている。しかしそのことは政党が上述した役割を担うことを放棄してよい理由にはならない。

4)　近年、国政選挙前に各党が**マニフェスト**（政権獲得後に実施する政策のパッケージ）を発表するようになったのは、国民の間で政党に上記の役割を期待する声が強まったためである。しかし各党のマニフェストが全体としてまとまりのあるものになっているとは限らず、むしろそうでないことが多いようである。また、あまりにも漠然としたマニフェストでは政策公約としての意味を持たない一方、過度に詳細なマニフェストを掲げて選挙に勝利した場合、その後の状況の変化に応じて臨機応変に政策を調整することが難しくなる。東日本大震災後の民主党政権ではこのことが問題となった。

第 16 章　経済政策の政治学　273

る既存の政策を見直し、それらが複雑になりすぎないよう配慮すべきである。しかし既存の政策にはそれによって守られる既得権益が存在することが多く、そうした改革は忌避されがちである。とは言え、それを理由に既存の制度や政策の上に新しい制度や政策を接ぎ木してゆくと、それらに通暁している業界や官庁とそれ以外の人々の情報ギャップが大きくなってしまう。

　本人・代理人問題を軽減する第二の方法は、依頼人による代理人の監視体制を強化すると同時に、国民自身が多角的な監視や意見表明を行うしくみを作ることである。直接的な本人・代理人関係においては、国民→議会（与党）、議会→内閣、内閣→官僚の方向に権限を委譲する見返りとして、官僚→内閣、内閣→議会、議会→国民という方向に権限の執行状況を報告させ、代理人の行動や実績を絶えず審査することが必要である。図表3ではこうした報告と審査の流れを上向きの矢印によって示している。場合によっては国民→議会や内閣→官僚といった個々の本人・代理人関係を複線化し、複数の代理人に相互の監視や牽制を行わせることも有益である[5]。

　ただし上記のしくみを通じて国民が直接的な圧力を与えうるのは議会に限られ、内閣や官僚の行動をコントロールすることは困難である。たとえば内閣のメンバーが官僚と結託して特定業界に利益誘導を行っていても、国民が正規の政治過程を通じてそれを制止することは難しい。こうした行動を防止するためには、マスメディアや市民団体、有識者などのインフォーマルな社会集団が一人ひとりの国民の代理人として政治過程全体に監視の目を光らせ、積極的に提案や警告を行うことが望ましい[6]。こうした社会集団の活動は図表3の右側に示したフォーマルな政治過程とは異質なものであるが、それなしに現代の代議制民主主義はうまく機能しない。

　ただしこうしたインフォーマルな社会集団が有効に機能することが期待できるのは、社会的・経済的にある程度成熟した国々に限られる。また、これらの社会集団もそれぞれ独自の利害を持っているため、それら自体が政治を

---

5)　日本を含む多くの先進国で採用されている議会の**二院制**はその一例である。

6)　図表3には示していないが、これらの集団には政党の方針や行動を監視・評価する役割も求められる。

図表 3　議院内閣制の政治過程と監視体制

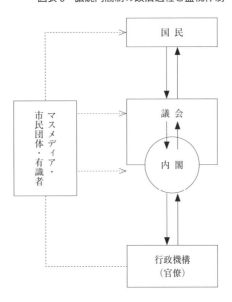

歪める利益団体に堕してしまう可能性も存在する[7]。そうした危険性を回避するためには、各機関が互いの行動を監視することも必要である。

## 4　日本社会の特徴と政治過程

前節で議論した対策は代議制民主主義の難点を軽減する工夫にすぎないから、現実の社会において不適切な政策が実施されたり政治家や官僚が理想的でない行動をとったりすることがあるのは必ずしも不思議でない。しかし今日の日本では政府債務が維持不可能と思われる水準にまで膨れ上がっていたり、国政選挙のたびに政党の離合集散がくり返されるなど、他の先進諸国にはあまり見られない現象が散見される。その理由として考えられるのは、今日の日本社会に代議制民主主義の負の側面が表出しやすい性質が内在してお

---

[7]　日本では閉鎖的な**記者クラブ**の存在がマスメディアによる政治家や官公庁の監視機能を低下させていると言われることがある（真渕 2009）。

り、それを軽減するしくみが必ずしもうまく機能していないことである。この点に関しては異論もありうるが、以下に著者の考えを記しておこう。

　本章の冒頭で述べたように、代議制民主主義の下では国民が主権者であり、その基本理念である自由主義と民主主義はいずれも自立した個人の存在を前提としている。同様に、資本主義も個人の自由意志と責任にもとづいている。しかし第2章で指摘したように、日本社会には個人と集団や組織の関係に伝統的な要素が残存しており、個人の自律が十分に定着していない面がある。こうした社会の特徴は政治過程にも影響を与えうる。

　図表4は、個人の自律が確立している国とそうでない国における経済政策の形成・実施過程を比較したものである。ここでも便宜的に前者を「欧米型」、後者を「日本型」と呼んでいるが、これらは特定の国々の事例というより、個人の自律が確立した国とそうでない国において論理的に生じる理念型だと考えてもらいたい[8]。

　左側のパネル（a）の上部には、伝統的な生活共同体の機能のうち、生産に関する部分が現代的な法人企業によって引き受けられ、消費（生活）の主体としての個人（家計）が共同体から解き放たれる様が描かれている。これは第2章の図表5と同じものである。民主主義国の主権者は自然人である個人であり、法によって疑似的な人格を付与されたにすぎない法人企業は公式の政治過程には参加しない。

　とは言うものの、現代社会において会社を含む法人組織は重要な役割を果たしており、多くの法人企業は社会の一員として納税の義務にも服している。そこでこれらの企業は業界団体を組織するなどして**ロビー活動**を展開し、経済制度や政策を自分たちにとって有利な方向に誘導しようとする。しかしこうしたロビー活動が行き過ぎると、個人を主権者とする公式の政策過程が形骸化してしまう。そのため、多くの国々は企業や業界団体の政治献金を禁じ[9]、官庁と業界団体の人事交流にも一定のルールを設けている。図表3に

---

8）　たとえば前著の第6章で解説したように、西欧諸国の中でイタリアは日本と同様に政治が不安定であり、社会にも伝統的な要素が比較的強く残存している。

9）　日本では法人による政治家個人への献金は禁止されているが、政治家が指定する政治資金団体や政党への献金は合法である。

276 第Ⅳ部 政策編

図表4 個人の二面性と政治過程

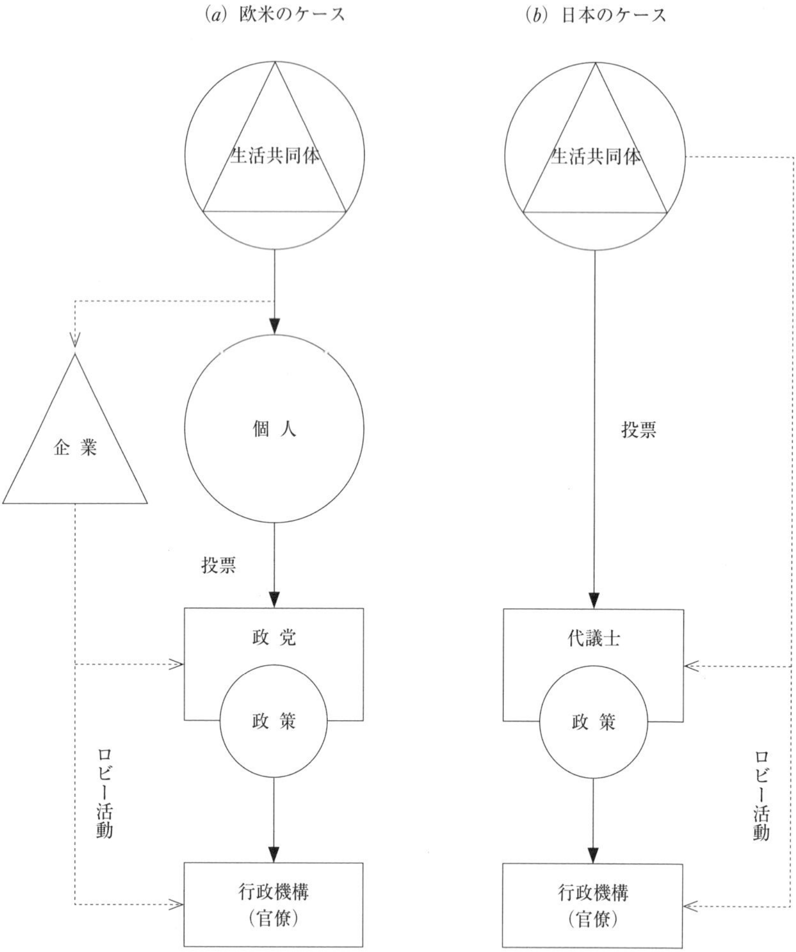

(a) 欧米のケース　　　　　　　　(b) 日本のケース

生活共同体

生活共同体

企業

個人

投票

政党

政策

投票

代議士

政策

ロビー活動

行政機構
（官僚）

ロビー活動

行政機構
（官僚）

(注) 実線はフォーマルな政治過程を表し、点線は非公式な政治的活動を表す。
(出所) 三戸 (1991) などを参考に著者作成。

示したマスメディアや市民団体等による監視活動は企業の影響力によって政
治が歪められることへの抑止力の役割も果たしている。

　一方、右側のパネル (b) のケースでは、企業が伝統的な生活共同体に近
い性質を持っていることもあり、パネル (a) のように生産と消費の主体が

十分に分離していない。日本の場合、企業や官公庁の雇用が長期的なメンバーシップの意味合いを持っているだけでなく、税制等の社会制度も、学卒時に就職した組織に継続勤務しつつ早期に家庭と住居を構えて一地域に定住する人に有利になるように設計されている（熊倉 2013）。このことを反映し、欧米に比べると日本では成人の組織間・地域間移動が不活発な傾向がある。こうした社会において有権者が選挙に参加する際には、自分の所属する組織や地域の利害が意識されやすく、消費者としての視点が弱くなるだけでなく、他の組織や地域の利害に無頓着になりがちである。

　また、パネル（b）の社会では、政治家や官僚にとっても国民全員の利益を優先するより、特定の集団や地域と結びついて行動することが合理的となる。特定の選挙区に出馬する議員候補者の場合、所属政党の方針を有権者に広く説いて回るより、その地域の住民や業界団体と強く結びつき、後者のスポークスマンとして行動する方が当選確率が高まる[10]。また、日本の行政組織は民間企業以上に人材の流動性が乏しいから、自らが主管する業界やその背後にいる政治家と密接な関係を築き、彼らの利益を増進するように行動することが合理的となる。こうしたことが広範に行われた場合、フォーマルな政治過程とインフォーマルな政治過程の両方がロビー活動の色彩を持ってしまう。

　なお、先に日本では個人と集団の境界が曖昧なケースが多いと述べたが、政党に関しては若干の補足説明が必要である。日本において大企業や官公庁の組織的凝集力が強いのは、これらの組織がいったんメンバーシップを付与した従業員を簡単に解雇することができず、従業員の側も他の組織に移動することが難しいので、組織とその構成員の運命が一体化しやすいからである。しかし政治家の場合、所属政党の議席数がいくら増えても自分が落選しては

---

10)　たとえば個人商店や農家の構成員の場合、生活者としての利害と事業者としての利害は事実上不可分である。議員候補者がこうした自営業者の支持を受けることを望む場合、彼らの消費者としての便益を推進するだけではまったく不十分であり、事業を通じた生活支援に力を入れることが不可欠となる。前者の附録1で指摘したように、日本では他の先進諸国に比べて自営業者を含む中小企業の保護・支援策が手厚いが、これは日本において企業とその構成員が同一視されがちなことと無関係でない。

278　第Ⅳ部　政策編

意味がないので、組織に対する忠誠心が自然に醸成されることは期待しにくい。各政党が政治的信条を軸として組織されていればそれが党員や代議士を束ねる求心力になるが、自らの理想や信条を表明することが集票につながりにくい社会において、そうした政党は生まれにくい。

　日本では1955年から1993年まで自由民主党が政権党の地位を維持し、政治学者のサルトーリの言う一党優位政党制の典型例だと考えられていた[11]。しかし当時の自民党は多数の**派閥**の集合体であり、個々の派閥も政治的信条より人脈などを軸として組織されることが多かった。主要派閥の内部では当選回数に応じてポストを振り分けるなど年功序列に似た側面もあったが、政治の世界では重鎮議員も次期選挙で落選するリスクに晒されており、個人の利益を犠牲にして党や派閥に奉仕する機運は生まれがたかった。

　日本では衆議院が任期満了前に解散することが多く、政権党が交代したわけでもないのに首相や閣僚が頻繁に交代している。これはもともと首相や党執行部の統率力が弱く、政局のちょっとした変化によって党内の勢力均衡が崩れることや、大臣職をできるだけ多くの議員に行き渡らせることが政党組織の安定に寄与すると考えられていることによる。1996年に衆議院の選挙制度が**中選挙区制**から**小選挙区比例代表制**に移行したことなどにより、主要政党の組織は少しずつ集権化の方向に向かっているが[12]、現在でも党の分裂や派閥抗争は続いている。前著の第6章で指摘したように、日本において真の政党政治が根付いておらず、政治が慢性的に不安定であることは、国内の政治過程を非効率化させるだけでなく、国際的な政策交渉の舞台において日本の影響力を低下させる一因にもなっている。

---

11)　ジョヴァンニ・サルトーリ（Giovanni Sartori、1924～）はイタリアの政治学者である。

12)　中選挙区制の下では主要政党が単一選挙区に複数の候補者を擁立せざるをえず、各候補者は独自に後援会を組織するなどして他の候補者との差別化を図らなくてはならなかった。今日の衆議院は小選挙区選挙と比例代表区選挙の並立制だが、小選挙区の定数は一名である。

## 5 高齢化と政治過程の歪み

第2節で解説したように、標準的な普通選挙にはその時点の有権者の意向だけが反映され、未成年者や将来世代が意見表明を行う機会が与えられていない。しかし高齢化が進む今日の日本では、政府が実施する政策の中に世代間の利害対立を伴うものが増加している。また、日本の国政選挙には**一票の格差**が存在し、選挙区によって当選するために必要な票数が著しく異なっている。日本の社会や組織にはもともと前節で指摘した特徴があるが、それにこれらの問題が加わると適切な政策の選択がいっそう困難になる。本章の最後にこの点について簡単に解説しておこう。

これまで何度か触れたように、今日の日本政府の債務は財政破綻が懸念されるほどの高水準に達している。第20章で見るように、こうした政府債務の累増には景気浮揚を目的とした財政支出や減税も関与しているが、その主因は高齢化に伴う社会保障支出の増加である。本来、年金や医療などの保険制度は被保険者から徴収した保険料を原資として給付やサービスを行うものであり、加入者の受益と負担の公平性を確保しながら独立採算で運営することが望ましい。しかし今日の日本の社会保障制度はそれとはほど遠い状況にあり、実質的に現役層から高齢者層への所得移転装置へと化してしまっている（西沢 2011）。

諸外国においても世代間の公平性を損なう制度や政策は存在するが、日本においてそうした傾向がとりわけ顕著なことは否定しがたい事実である。このことには上述した日本の社会風土に加え、一票の格差が普通選挙の欠点を増幅していることも影響を与えている。日本の国政選挙における一票の格差は、第二次世界大戦後に地方から都市圏に大規模な人口移動が生じたにも関わらず、選挙区割や各選挙区の議員定数を迅速に調整することを怠ってきたことに起因している。以下の理由により、今日の日本ではそれを改善することがいっそう難しくなる一方、その弊害が表出しやすくなっている。

第一に、前述したように日本では個人を社会の基本単位とみなす考えが十分に定着していないため、間接民主主義の前提である個人の参政権の平等性

280　第Ⅳ部　政策編

が侵食されていても、その是正を求める声が必ずしも十分に高まらなかった。最近でこそ国政選挙のたびに弁護士グループなどが多数の違憲訴訟を起こしているため、司法も厳しい姿勢を示さざるを得なくなっているが、最近まで裁判所は一票の格差の問題に対して及び腰だった[13]。多数の地方選出議員を抱える自民党などは今日でも既存の票田を守ることを優先しており、必要最低限の調整を超える選挙制度改革には消極的である。

　第二に、日本の国政選挙では中高年層の投票率が若年層の投票率に比べて著しく高く、それが高齢化と一票の格差に起因する問題を増幅している。諸外国でも中高年層の投票率は若年層に比べて高いが、今日の日本ではその傾向が非常に強い（OECD 2011）。その理由としては、日本では諸外国に比べて平均寿命が長く、健康上の理由で高齢者の投票率が下落しはじめる年齢が高いこと、現在の中高年層のボリュームゾーンである団塊の世代が若年期に「政治の時代」を経験し、早くから高い投票率を維持してきたことなどが挙げられる。若年人口が流出して高齢化が進んだ地方部ほど一票の重みが大きく投票率が高い一方、一票の重みが小さい都市部ほど若年層が多く投票率も低いことは、政治家に前者の人々の希望に沿うよう行動する誘因を与えている。

　こうした中高年層の政治的影響力の強さは上述した社会保障制度の歪みをもたらしているだけでなく、他の政策にも少なからず影響を与えている。次章以降で検討する貿易や為替レートに関する政策は、一見すると世代間の利害対立とは無関係なように思われるが、必ずしもそうとは言い切れない面がある。

　その理由を理解するために、まず、図表5を見てみよう。この図の二つのパネルの縦軸は（本書の執筆時点で）直近の二回の参議院選挙における各都道府県の一票の重みを表している。また、上段のパネルの横軸は各都道府県の有業者総数に占める農業従事者の比率を表し、下段のパネルの横軸は有業者総数に占める建設業従事者の比率を表している[14]。どちらのパネルにおいて

---

13)　日本の司法は制度上の独立性こそ強いが、外部との人材の流動性が著しく低く、日本の他の組織とよく似た性質を持っている（建林他 2008、第8章）。

14)　日本の立法府では衆議院が主役だが、衆議院選挙区に対応する就業者統計が得られないため、ここでは参議院選挙を例に取り上げている。

第16章 経済政策の政治学　281

図表5　都道府県の産業構造と一票の格差（参議院選挙区）

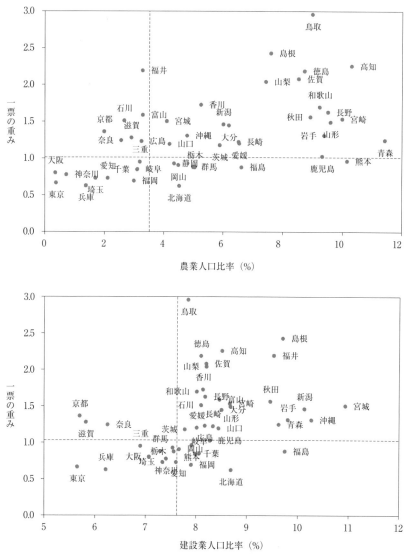

（注）横軸は各都道府県の有業者総数に占める当該産業従事者の比率（2014年10月現在）。縦軸は「各都道府県の議員定数÷有権者数」として算出した一票の重みで全国平均を1とした値（第23回参議院通常選挙の議員定数と2012年9月現在の選挙人名簿登録者数による）。
（出所）総務省統計局「就業構造基本調査」及び総務省資料をもとに集計。

282　第Ⅳ部　政策編

も横軸と縦軸の値に正の相関関係が認められ、一票の影響力が大きい地域ほど農業や建設業が地域の経済や雇用に与える影響が大きいことが分かる。

　次に、図表6は主要産業の就業者数を年齢階層別に集計してグラフ化したものである。上段のパネル（a）では、2010年時点の主要産業の就業者数を原数のまま示している。日本の農業が極端に高齢化していることはよく知られているが、製造業や建設業においても60歳代前後の就業者が多い。これはもともとこの世代の人数が多いことに加え、これらの人々が学校を卒業して就職した1960～1970年代が製造業や建設業の全盛期だったことを反映している。一方、近年になって成長したIT・金融サービス産業は若年層に偏った年齢構成になっている[15]。

　次に下段のパネル（b）は、パネル（a）の就業者数に最近の国政選挙における年齢階層別の投票率を乗じ、投票者ベースの年齢構成に変換したものである[16]。パネル（a）における農業の就業者数は他産業の就業者に比べて少ないが、年齢構成が高齢者に偏っているため、パネル（b）ではIT・金融サービス業に匹敵する規模に上っている。製造業と建設業に関しても同じ傾向が認められ、とりわけ定年前後の層の比率が高くなっている[17]。

　二つのグラフのうち、図表5では年齢階層別の投票率の違いを考慮していないが、農業や建設業では相対的に中高年層が多いから、それらを考慮して横軸の値を調整した場合、一票の重みの大きい地方部における農業従事者や建設業従事者の比率はいっそう高くなるはずでる。同様に、図表6では地域間の一票の格差を考慮していないが、下段のパネル（b）においてそれを反映させ、「一票の重みを考慮した実質的な投票者数」のグラフを描いた場合、

---

15)　日本においてこのように産業間の年齢構成の違いが大きいのは、キャリアの途中での転職が低調であり、学卒時に就職した業界が不振に陥ってもなかなか他の業界への人材移動が進まないためである。欧米諸国の場合、農業や建設業においてもこれほど極端な高齢化は生じていない。

16)　厳密には産業間で投票率が異なっている可能性があるが、この点は無視している。

17)　この図に示した2010年の就業者数は5年おきに行われる国勢調査に依拠しており、これより新しいデータは得られない。しかし本書の執筆時点（2014年）で製造業と建設業における中高年層のピークは60～64歳代に移行していると思われる。

第16章　経済政策の政治学　283

図表6　主要産業の就業者の年齢構成

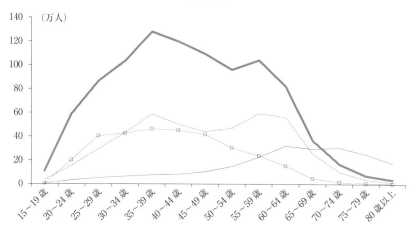

(a) 原数ベース

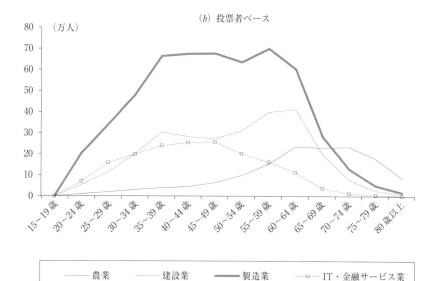

(b) 投票者ベース

凡例：農業　建設業　製造業　IT・金融サービス業

(注) パネル (a) は2010年の実数で役員や自営業就業者を含む。パネル (b) はパネル (a) の数値に年齢階層別の投票率を乗じた値。投票率は第22回参議院選挙と第46回衆議院選挙における投票率の平均値を用いた。
(出所) 総務省「平成22年国勢調査」及び(財)明るい選挙推進協会の資料をもとに集計。

284　第Ⅳ部　政策編

農業や建設業、製造業とIT・金融サービス業の年齢構成の違いはいっそう顕著になるはずである。

　日本政府はこれまで食料自給率の維持などを名目にコメ農家を中心とする農業者に手厚い保護政策を講じてきた。また、輸出とものづくりが日本経済の生命線だとの理由から、製造業に有利な税制措置や外国為替市場介入による円高対策も実施してきた。こうした政策は表面的には一国全体の利益増進を目的としているが、ここまで読んだ読者は、（少なくとも結果的には）それらが中高年層に対する雇用対策の意味合いも持っていること、そしてそれらが次期選挙において当選を目指す政治家の利害とも一致していることに気付くだろう。地方部の建設業は都市部の建設業に比べて公共投資に対する依存度が高いため、政府が景気対策の名目で実施する公共投資も地域間の所得移転や選挙対策の役割を果たしている[18]。次章以下ではこうした政策が一国全体の厚生にどのような影響を与えるかを詳しく検討する。

---

*Column* ⑧　「えらぼーと」に見る日本の政党の特徴

　本章では、日本において本来あるべき政党政治が十分に根付いておらず、選挙が必ずしも政策選択の役割を果たしていないことを指摘した。ここではこの点を具体的な資料を用いて裏付けておこう。

　毎日新聞社は国政・地方選挙における有権者の判断材料として、「えらぼーと」というインターネットサービスを提供している[19]。「えらぼーと」では選挙前に政党と立候補者を対象として主要な政治的課題に関するアンケート調査を実施し、有権者がインターネット上で各政党や立候補者の方針と自分の考えの親和性を計測できるようにしている。

　2013年7月の第23回参議院選挙では、前年の衆議院選挙において民主党から政権を奪取した自民党が、連立パートナーの公明党とともに過半数の議席を確保する

---

18)　図表6には示していないが、産業によって就業者の男女構成も大きく異なり、製造業や建設業においては男性の比率が非常に高い。したがってこれらの産業を優遇する政策は性別の観点からも公平とは言えない面がある。

19)　毎日新聞ボートマッチ「えらぼーと」（http://vote.mainichi.jp/）。

こと、それによってねじれ国会を解消することを目指していた（この目標は達成された）。図表7はこの参院選に先立って実施されたアンケートにおける各政党の回答をまとめたものである。このアンケートは、「憲法」、「外交・歴史」、「経済・財政」等の六分野に関する26の質問から構成されている。

　図表7を見てまず気づくのは、自民党と民主党、公明党の主要三党の回答の中に「非該当」や「無回答」が多いことである。自民党と民主党に関しては、党内にさまざまな考えや支持母体を持つ議員を抱えており、党内の意見集約が難しいからだと思われる[20]。一方、公明党は特定の宗教団体と深い繋がりを持つ政党であり、党員の意見の凝縮度は高いはずである。しかし同党はもともと草の根民主主義・生活者中心主義を標榜する政党であり、大企業や保守層をバックに持つ自民党との親和性は高くない。公明党が多くの質問に対する回答を避けている一つの理由は、正直に回答すると自民党との違いが際立ってしまい、連立の意図を疑われるからだと思われる。それでも自民党と公明党が連立を続けているのは、これらの政党が政治的信条より集票や国会対策を優先して行動しているからだろう。

　また、他の政党も数こそ多いが、憲法改正以外の質問に関する回答の違いは必ずしも大きくなく、国民の選択肢を増やす役割を果たしていない。主要三党とみんなの党以外の政党は選挙前の議席数が非常に少なかったから、立法府における影響力を確保するためには、小異を捨てて共同で選挙戦に臨むのが合理的な行動だったが、そのような動きもあまり見られなかった。

　最後に、経済政策との関連が深い「経済・財政」と「暮らし」分野に関しては、二大政党の自民党と民主党の回答の中に「非該当」が非常に多く、国民の生活に直結する分野においてすら（あるいは直結するが故に）責任のある政策プランを提示できていない。財政再建に関する質問に関しては、結党後まもない緑の党以外のすべての政党が景気回復優先ないし非該当と回答している。また、主要政党以外の多くの政党は消費税率引き上げに反対する一方で、財政赤字の最大の原因である年金

---

20)　このアンケートの設問はすべて三つないし四つの選択肢からの選択式であり、最後の選択肢が「無回答」になっている。「非該当」は「無回答」を含むこれらの選択肢から一つを選択することを拒否しているケースであり、ある党が明確な方針を持っているが与えられた選択肢の中にそれと一致するものがないために「非該当」としている可能性がないわけではない。しかし「えらぽーと」ホームページに記載されている非該当の理由を見る限り、そうしたケースは必ずしも多くなく、これらの理由自体が玉虫色の記述になっていることが多い。

286　第Ⅳ部　政策編

## 図表7　主要な政治課題に関する各政党の方針

| 分野 | 説明 | 自民 | 民主 | 維新 | 公明 | みんな | 共産 | 生活 | 社民 | みどり | 大地 | 幸福 | 緑の党 |
|---|---|---|---|---|---|---|---|---|---|---|---|---|---|
| 憲法 | 憲法改正 | 賛成 | 非該当 | 賛成 | 無回答 | 賛成 | 反対 | 賛成 | 反対 | 反対 | 賛成 | 賛成 | 反対 |
| | 憲法9条 | 国防軍に | 非該当 | 自衛隊明記 | 無回答 | 自衛隊明記 | 反対 | 反対 | 反対 | 反対 | 自衛隊明記 | 自衛隊明記 | 反対 |
| | 憲法96条 | 賛成 | 非該当 | 賛成 | 反対 | 賛成 | 反対 | 反対 | 反対 | 反対 | 反対 | 賛成 | 反対 |
| | 集団的自衛権 | 賛成 | 見直さず | 見直さず | 見直さず | 無回答 | 見直さず | 見直さず | 見直さず | 見直さず | 見直さず | 見直す | 見直さず |
| 1院制 | | 反対 | 反対 | 賛成 | 反対 | 賛成 | 反対 | 反対 | 反対 | 反対 | 反対 | 反対 | 無回答 |
| 外交 | 2国間関係 | 日米 | 日米 | 日米 | 日米 | 日米 | 日米 | 日米 | 日米 | 日米 | 日露 | 日中 | 無回答 |
| | 普天間問題 | 名護市辺野古 | 名護市辺野古 | 名護市辺野古 | 名護市辺野古 | 名護市辺野古 | 国外 | 国外 | 国外 | 沖縄以外の国内 | 国外 | 沖縄の別場所 | 国外 |
| | 核武装 | 問題ない | 検討不要 | 問題ない | 検討不要 | 検討不要 | 検討不要 | 検討不要 | 検討不要 | 検討不要 | 検討不要 | 検討不要 | 検討不要 |
| 歴史 | 靖国参拝 | 問題ない | すべきでない | 国際情勢次第 | すべきでない | 分からない | すべきでない | すべきでない | すべきでない | すべきでない | 問題ない | すべきでない | すべきでない |
| | 村山談話 | 見直さず | 見直さず | 分からない | 見直さず | 見直す | 見直さず | 見直さず | 見直さず | 見直さず | 分からない | 見直す | 見直さず |
| | 河野談話 | 見直さず | 見直さず | 見直さず | 見直さず | 見直す | 見直さず | 見直さず | 見直さず | 見直さず | 分からない | 見直す | 見直さず |
| 経済・財政 | 財政再建 | 景気回復優先 | 非該当 | 景気回復優先 | 無回答 | 景気回復優先 | 景気回復優先 | 景気回復優先 | 景気回復優先 | 景気回復優先 | 景気回復優先 | 景気回復優先 | 取り組む |
| | 消費増税 | 予定通り | 予定通り | 無回答 | 賛成 | 5%を維持 | 5%を維持 | 5%を維持 | 5%を維持 | 5%を維持 | 5%を維持 | 時期見直り | 5%を維持 |
| | 軽減税率 | 非該当 | 非該当 | 反対 | 賛成 | 反対 | 無回答 | 反対 | 賛成 | 賛成 | 反対 | 反対 | 賛成 |
| | アベノミクス | 思う | 思わない | どちらでもない | 思う | どちらでもない | 思わない | 思わない | 思わない | 思わない | 思わない | 思わない | 思わない |
| | TPP | 条件付き参加 | 条件付き参加 | 参加 | 条件付き参加 | 参加 | 不参加 | 不参加 | 不参加 | 不参加 | 不参加 | 条件付き参加 | 不参加 |
| 暮らし | 年金 | 下落やむなし | 下落やむなし | 下落やむなし | 下落やむなし | 下落やむなし | 水準維持 | 下落やむなし | 水準維持 | 水準維持 | 水準維持 | 水準維持 | 無回答 |
| | 全員解雇 | 反対 | 反対 | 賛成 | 反対 | 賛成 | 反対 | 反対 | 反対 | 反対 | 反対 | 反対 | 反対 |
| | 格差是正 | 非該当 | 非該当 | 経済の自由重視 | 反対 | 取り組む | 取り組む | 取り組む | 取り組む | 取り組む | 取り組む | 取り組む | 取り組む |
| | 休職 | 認めない | 認めない | 認めない | 認めない | 認めない | 認めない | 認めない | 認めない | 認めない | 状況次第 | 状況次第 | 認めない |
| 震災 | 個人補償 | 必要 | 必要 | 必要 | 必要 | 必要 | 必要 | 必要 | 必要 | 必要 | 必要 | 今のまま | 必要 |
| | 原発 | 非該当 | 将来廃止 | 将来廃止 | 将来廃止 | 不必要 | 不必要 | 不必要 | 将来廃止 | 不必要 | 不必要 | 将来推進 | 不必要 |
| | 原発輸出 | 非該当 | 非該当 | 認める | 認める | 認める | 認めない | 認めない | 認めない | 認めない | 認めない | 認める | 認めない |
| その他 | ネット選挙 | 進める | 進める | 進める | 進める | 進める | 進める | 進める | 進める | 進めない | 進める | 進めない | 進める |
| | 教育委員会 | 賛成 | 非該当 | 認める | 無回答 | 認める | 認めない | 認める | 認めない | 認めない | 認める | 認める | 認める |
| | 死刑制度 | 賛成 | 非該当 | 賛成 | 無回答 | 賛成 | 反対 | 賛成 | 反対 | 賛成 | 反対 | 賛成 | 反対 |
| 適切な回答なし（件数） | | 9 | 10 | 3 | 9 | 2 | 1 | 0 | 1 | 2 | 3 | 1 | 2 |
| 適切な回答なし（比率） | | 34.6% | 38.5% | 11.5% | 34.6% | 7.7% | 3.8% | 0.0% | 3.8% | 7.7% | 11.5% | 3.8% | 7.7% |

（注）「非該当」は選択肢と異なる回答をしたケースや「どちらとも言えない」と回答したケースなど。各政党の正式名称は、左から順に、自由民主党、民主党、日本維新の会、公明党、みんなの党、日本共産党、生活の党、社会民主党、みどりの風、新党大地、幸福実現党、緑の党。
（出所）2013年参院選 毎日新聞ボートマッチ「えらぼーと」(http://vote.mainichi.jp/) をもとに作成。

給付の見直しにも反対している。これらの回答を見る限り、今日の日本において有権者が選挙を通じて実効性のある政策を選択することは難しいと思われる。

## 第 17 章　輸入関税と産業保護

### 1　はじめに

　本章では、貿易に関する政策の例として、**輸入関税**のしくみと弊害について解説する。第Ⅱ部の分析によると、自由な貿易は輸出国にとっても輸入国にとっても望ましいはずである。しかし前章で見たように、外国の商品やサービスとの競争を嫌う生産者は組織的に政治家や官僚に働きかけ、これらの輸入を阻止しようとする。そのため、今日の世界において貿易を完全に自由化している国は少ない。

　しかしある商品の輸入を制限すると、その商品の市場が歪められるだけでなく、他の商品やサービスの市場にも影響が生じる。また、品目ごとに異なった税を課してゆくと、誰がどれだけ保護されているのかが不明瞭になり、前章で解説した代議制民主主義の弊害を軽減するしくみが機能しなくなる。

　日本では、一部の農産品の生産者が高率の輸入関税によって保護されているだけでなく、生産補助金などを通じた支援も受けている。他の先進諸国においても農業保護は行われているが、日本の保護措置は国民に大きな負担を強いており、極めて望ましくない状況にある。

　以下では、輸入関税のしくみを説明し、それが一国の経済にどのような影響を及ぼすかを解説する。その後、日本の輸入関税政策の特徴と農業保護の現状を分析することにする。

### 2　輸入関税のしくみ

　輸入関税とは、自国の居住者（法人や個人）が外国から物品を輸入する際に課される税金のことである。国内の物品やサービスの取引にもしばしば税金が課されるが（消費税や物品税など）、これらは主として政府の歳入を増やすことを目的としている。それに対し、輸入関税の主たる目的は国内産業の保護にあり、税収は副次的な目的にすぎない。このことを反映して、輸入関

第 17 章　輸入関税と産業保護　289

税には消費税のような一律の税率が適用されず、個別品目ごとにさまざまな課税方法が適用されている。

　輸入関税の代表的形態として挙げられるのが、**従価税**、**従量税**、そしてそれらの**混合税**である。図表 1 の上段の三つのグラフは、これらの課税方式の下での輸入原価と関税賦課後の価格の関係を表している。下段のグラフには輸入原価と税率（税額の輸入原価に対する比率）の関係を示している。

　左側の従価税は、輸入原価の一定比率の関税を徴収するものである。たとえば輸入原価が $P$ 円の商品に対して税率 $\tau$ の従価税が課される場合、徴税額は $\tau \times P$ 円、関税賦課後の国内流通価格（の下限）は $(1 + \tau) \times P$ 円となる。この課税方式の場合、輸入原価が変化しても税率は変化しない。内国税の中では消費税が従価税の例である。

　中央の従量税の場合、輸入品 1 単位（1 個や 1 トンなど）につき定額の関税を徴収する。ある商品 1 単位の輸入原価が $P$ 円、従量税が $T$ 円の場合、関税賦課後の価格は $P + T$ 円である。中央下のグラフを見ると分かるように、この課税方式の下では輸入原価が下落すると税率が上昇する。

　最後に、右側の混合税は従価税と従量税を組み合わせたものである。ここでは従価税と従量税を単純に合算するケースを示しているが、原価が一定水準未満のときには従量税だけ、それ以上の場合には従価税だけを適用することもある。混合税の場合、輸入原価が下落すると税率が上昇する一方、輸入原価がいくら上昇しても税率が一定以下に下落することはない。

　上記の説明から分かるように、単純な従価税以外の方式で輸入関税が定められている場合、輸入原価の変動とともに税率が変化し、国内の生産者がどれだけ保護されているのかが分かりにくくなる。また、多くの産品は国際価格が下落傾向にあるので、従量税ないしそれに類似する方式で関税を定めておけば、放っておいても実質的な保護率が高まってゆく。WTO は加盟国に対して従価税以外の輸入関税を避けるよう勧告しているが[1]、日本政府は多くの農産品にこの種の課税方法を採用している。これらの中には、章末の *Column* ⑨で解説する豚肉の差額関税や一部の果物に課される季節関税（国産の果物が出回る冬場に輸入品の税率が高まる）など、露骨な保護措置が含まれている。

1）　WTO（世界貿易機関）に関しては次節で詳しく説明する。

290　第Ⅳ部　政策編

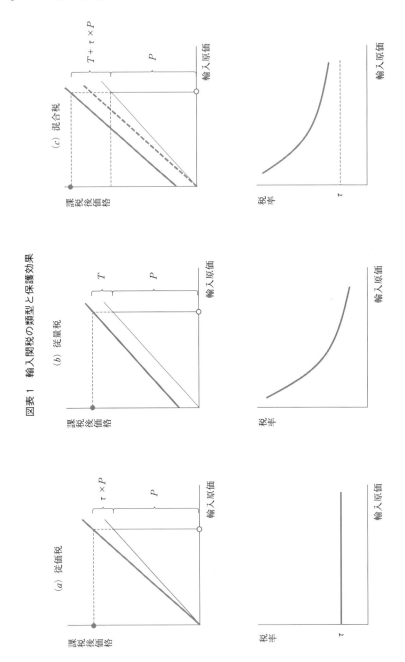

図表1　輸入関税の類型と保護効果

## 3 余剰分析と政策の評価

　輸入関税が国産品の生産者の競争力を高めることは明らかだが、それだけでは済まないところに問題がある。一般に政府が明確な理由なしに特定の生産者を支援すると、消費者が迷惑するだけでなく、他の生産者にも悪い影響が及ぶことが多い。こうした直接・間接の影響を把握する上で有用なのが**余剰分析**である。ここではまず余剰分析の考え方を簡単に解説し、次節においてそれを輸入関税に適用する[2]。

　図表2の左パネルは、日本におけるある財の市場の需要と供給の関係を描いたものである。$D$ が国内の需要曲線、$S$ は国内生産者の供給曲線を表し、$E$ が均衡点を表している。外国との貿易がなく、国内の取引が完全に自由な場合、均衡価格は $P$ 円、均衡取引量は $Q$ となる。取引額は $P \times Q$ 円、すなわち $0PEQ$ の各点によって囲まれた四角形の面積である。

　この図の需要曲線の縦軸上の切片は $a$ である。したがってこの財を最も好む人は、それを一単位手に入れるために $a$ 円を支払う意思を持っているはずである。しかしこの人は実際には $P$ 円しか支払わないので、この財の市場に参加することによって $a - P$ 円分の便益を得ていることになる。同様にこの財の消費者全員について考えると、$0PEQ$ の四角形の金額を支払うことによって $0aEQ$ の各点によって囲まれた台形分の価値を手にしている。すなわち、日本にこの商品の市場が存在することにより、消費者は $PaE$ の各点で囲まれた三角形の分だけ豊かになっていることになる。これを**消費者余剰**と呼ぶ。

　生産者に関しても同様に考えることができる。供給曲線の各点はさまざまな生産者の財1単位当たりの生産費を表しているから、この線の左端に位置する生産者は $b$ 円の費用を支払って生産した商品を $P$ 円で販売することができる。生産者全体としては $0bEQ$ で囲まれた台形分の費用を負担して $0PEQ$ の四角形分の収入を得ており、$bPE$ で囲まれた三角形の面積分だけ便益を得ている。これを**生産者余剰**と呼ぶ[3]。

---

2）　余剰分析の詳細に関しては八田（2013）などを参照されたい。

3）　生産者余剰は利潤によく似ているが、両者が一致しないこともある。たとえば企業が

図表 2 余剰分析と政策の評価

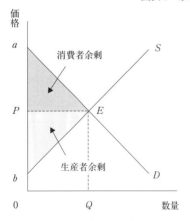
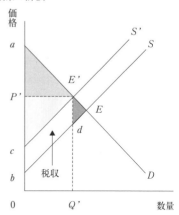

　左パネルにおいて消費者と生産者のどちらか一方の視点に立つのではなく、一国全体について考えると、$0bEQ$ の台形分の費用を負担することにより（あるいはその金額分の生産要素を投入することにより）、$0aEQ$ の台形分の価値を手に入れている。すなわち、日本においてこの財の市場が存在することにより、国民は $abE$ の三角形の金額だけ豊かになっていることになる。この値を**総余剰**（社会的余剰）と呼ぶ。

　図表 2 の右パネルは、政府がこの財に定額の販売税（従量税）を課した場合の均衡を描いている。生産者は税額分を上乗せして価格をつけるため、供給曲線は上方向にシフトする。販売価格は $P'$ 円に上昇し、取引量は $Q'$ に減少する[4]。消費者が支払う金額は $0P'E'Q'$ で囲まれる四角形の面積だが、そのうち $bcE'd$ は政府の税収になる。

　右パネルにおいて左パネルと同じ要領で消費者余剰と生産者余剰を計算すると、消費者余剰は $aP'E'$ で囲まれた三角形、生産者余剰は $cP'E'$ で囲ま

---

　　生産量と無関係に一定の固定費を支払っている場合、利潤は生産者余剰から固定費を引いた値となる。八田（2013）の第 4 章を参照。
4）　このような税金が課された場合、税込み価格はもとの価格より高くなり、税抜き価格はもとの価格より低くなる。したがって消費税や物品税は消費者だけが負担するわけではなく、生産者もその一部を負担している。

れた三角形の面積となる。総余剰の定義は「この市場が新たに生み出した価値の総額」だから、ここでは消費者余剰と生産者余剰に政府の税収を足した値、すなわち $abdE'$ で囲まれた台形の面積である。

左パネルと右パネルの総余剰を比較すると、右パネルの方が $dE'E$ で囲まれた三角形分だけ少なくなっている。この例から分かるように、事前に特別な問題が存在しない市場に政府が介入すると、総余剰が必ず減少し、一国の厚生を低下させる原因となる。税収を社会的に有益な目的に使用するという条件でそうした政策が正当化されることはあるが、その場合でも総余剰の減少が少ない政策を工夫すべきである。

## 4 輸入関税の経済効果

さて、それでは輸入関税の効果について検討しよう。図表3の左パネルには、外国との取引が自由な場合のある財の国内市場の均衡が描かれている。国際市場におけるこの財の価格が $P^*$ 円だとすると、国内の流通価格も $P^*$ 円となり、国産品の生産者がそれを上回る価格で販売することはできない。この図では自国の消費量が $Q_D$、生産量が $Q_S$ だから、輸入量は $Q_D - Q_S$ である。消費者余剰は $aP^*d$ で囲まれた三角形の面積、生産者余剰は $bP^*c$ で囲まれた三角形の面積であり、これらの和が総余剰となる。

一方、右パネルは輸入関税が課された場合の市場均衡を表している。どのような課税方式が採られるにせよ、税率を十分に高くすれば輸入はストップしてしまう。自国の需要曲線と供給曲線が交わる $E$ 点における価格を $P$ 円とすると、$T \geq P - P^*$ を満たす従量税ないし $\tau \geq (P - P^*)/P^*$ を満たす従価税を課せば、輸入品を自国市場から完全に締め出すことができる。

パネル $(b)$ の場合、消費者需要と生産者余剰はそれぞれ $aPE$ と $bPE$ で囲まれた三角形の面積である。パネル $(a)$ と比較すると、消費者余剰は $PP^*dE$ の台形分だけ減少し、生産者余剰は $P^*PEc$ の台形分だけ増加する。これは消費者が高価な国産品の購入を強いられるのに対し、生産者は以前より高い価格で販売でき、販売量も増やすことができるからである。すなわち輸入関税は単なる特定産業の振興策ではなく、消費者から生産者への所得移転策である。

## 図表3 輸入関税の厚生効果

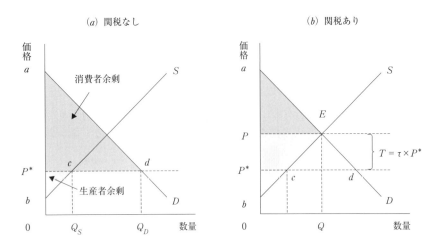

　輸入関税は不公平なだけでなく非効率でもある。パネル $(a)$ と比較すると、パネル $(b)$ では消費者余剰の減少が生産者余剰の増加より大きく、総余剰が $cdE$ の三角形分だけ減少している。このことは輸入関税を課すことによって一国全体の厚生水準が低下することを意味し、関税以外の方法で生産者を支援することによって消費者の負担を軽減できることを示唆している。したがって輸入関税は原則として採用すべきでない政策である。

　それでは他にどのような政策が考えられるだろうか。一例として、政府が輸入関税を課す代わりに、国産品の生産者に $P^*PEc$ の台形の面積分の補助金（所得補助）を支給することを考えてみよう。その場合、この財の国内価格は $P^*$ 円にとどまり、消費者余剰もパネル $(a)$ と同じ $aP^*d$ となる。一方、補助金を含めた生産者余剰は $bPE$ となり、生産者の所得の増分は輸入関税の場合と同じである。補助金は国民が税金を通じて負担することになるが、総余剰がパネル $(a)$ と同一にとどまるため[5]、この政策は明らかに輸入関税よ

---

5) 補助金はこの市場で生み出された価値ではないので、パネル $(b)$ の総余剰＝消費者余剰 $(aP^*d)$ ＋生産者余剰 $(bPE)$ －補助金 $(P^*PEc)$ である。

第17章　輸入関税と産業保護　295

り優れている。

　しかし政府は実際には補助金より輸入関税を選択することが多い。その一つの理由は、輸入関税が政府の歳入になるのに対し、補助金が歳出増をもたらすことである。いくら輸入関税の目的が税収拡大でないとはいえ、政府が歳出を増やす政策より歳入を増やす政策を好むのは当然である。第二に、特定業者に直接補助金を与える政策が野党や国民の目につきやすいのに対し、輸入関税のコストは国内価格の上昇を通じて国民の間に「広く浅く」行き渡るため、その弊害が意識されにくい。政治家が国民の目を盗んで特定の支持層に利益誘導を行う上で、輸入関税は使い勝手の良い政策である。

　次に、ある財に輸入関税を課すことが他の財の生産者に与える影響について考えてみよう。次節で見るように、日本政府は一部の農産品に高率の輸入関税を課しているが、農産品の加工品には大した関税が課されていないことが多い。これは加工品業者の政治的影響力が農家の政治的影響力に比べて弱いためである。

　図表4のパネル $(a)$ は、未加工の農産品に輸入関税が課されたときに加工業者にどのような影響が及ぶかを示したものである。たとえば原料品がコメ、加工品が煎餅などの米菓だとしよう。コメは世界各地で生産されているが、米菓の嗜好は国により異なるので、ここでは貿易が行われない（すなわち非貿易財だと）と仮定する。

　パネル $(a)$ の左側のグラフは、原料品が自由に貿易されているときの加工品市場の均衡を表している。均衡価格は $P$ 円、取引量は $Q$ である。消費者余剰は $aPE$、生産者余剰は $bPE$、総余剰は $abE$ である。

　一方、右側のグラフには、原料品に輸入関税が課された場合の加工品市場の均衡が描かれている。原料品の価格上昇によって加工業者のコストが高まるため、供給曲線が上方にシフトする。その結果、取引価格が $P$ 円から $P'$ 円に上昇し、取引量は $Q$ から $Q'$ に減少する。

　図表4 $(a)$ の右パネルを図表2の右パネルと比較すると分かるように、原料品に輸入関税を課すことは、加工品に対して販売税を課すこととよく似た効果を持っている。ただしここでは政府の税収がなく、総余剰は $bcE'E$ で囲まれた四角形の分だけ減少する。

**図表 4 輸入関税の副作用**

(a) 加工品産業への影響

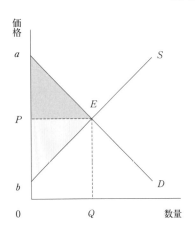
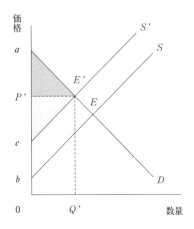

(b) 輸出産業への影響

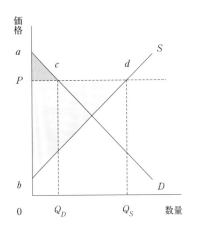
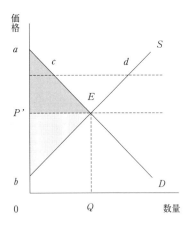

　次に、図表 4 のパネル (b) は、輸入品に対する関税が輸出産業に与える影響を示したものである。日本の輸入関税の対象の多くが農産品であるのに

対し、輸出産業の中心は機械機器などの製造業である。日本政府は農産品に関税を課す時に輸出産業への影響を意識していないと思われるが、輸入関税を課された商品の輸入量が減少すると、外国為替市場における自国通貨売り・外貨買い需要が減少し、他の条件が同一なら自国通貨高の原因となる。図表3の右パネルのように輸入品を完全に締め出した場合、原理的には自国通貨が十分に増価し、輸出もストップしてしまうはずである。そうでないと外国為替市場における需給が一致しないからである[6]。

パネル $(b)$ の左側のグラフは、輸入品に関税が課されていない場合の輸出品の市場均衡を描いたものである。いま、国際市場におけるこの商品の価格が $P^*$ ドルだとしよう。円とドルの名目為替レートが1ドル $= S$ 円のとき、円建ての輸出価格は $P = S \times P^*$ 円である。輸出価格が $P$ 円のとき、自国の生産量と国内販売量はそれぞれ $Q_S$ と $Q_D$ だから、輸出量は $Q_S - Q_D$ である。消費者余剰と生産者余剰はそれぞれ $aPc$ と $bPd$ で囲まれた三角形の面積であり、これらの和が総余剰である。

一方、右側のグラフは、輸入品が関税によって締め出された時の輸出品の市場均衡を表している。輸入量の減少に伴って円が増価し、為替レートが1ドル $= S'$ 円に下落したとしよう。円建ての輸出価格は $P'=S' \times P^*$ 円となり、これは自給自足時の均衡価格に一致する。新しい消費者需要と生産者需要はそれぞれ $aP'E$ と $bP'E$ の三角形の面積だから、総余剰は $cdE$ の三角形の面積分だけ減少する。

上記の分析から分かるように、輸入関税は輸出品に対する課税（輸出税）と同じ効果を持っている。輸入関税を課すと輸入量が減少するだけでなく、輸出量も減少してしまい、どちらの市場でも総余剰が減少する。多くの国々は輸入関税によって比較劣位産業を保護しながら輸出産業を振興しようとするが、上記の分析はそのような政策がナンセンスであることを意味している。

---

6) 国際投資が自由な国の場合、貿易収支の不均衡が比較的長い間継続する可能性はあるが、輸出超過が自国通貨高要因であることに変わりはない。

298　第Ⅳ部　政策編

## 5　日本の輸入関税と農業保護

　輸入関税のしくみと弊害を理解したところで、日本の関税政策と農業保護
の状況について調べてみよう。まず、図表5は主要国の輸入関税率を比較し
たものである。ここではすべての商品の税額を従価税率に換算した上で農産
品とそれ以外の商品に分けて平均値を計算し[7]、前者を横軸、後者を縦軸に
とっている。円の大きさは各国の一人当たり実質GDPを表し、円の面積が
大きい国ほど豊かな国であることを意味している。

　図表5によると、所得水準の低い開発途上国では非農産品の平均税率が高
く、所得水準の高い先進国では農産品の平均税率が高い。これはどの国でも
自国が比較劣位にある産業を保護しようとするためである。ただし開発途上
国の中にも農産品の平均税率がかなり高い国が存在する。これは農業の国際
競争力が気候や耕作地の多寡によって左右され、貧しい国であっても必ずし
も比較優位を持たないためである。

　図表5においてもう一つ気づくことは、非農産品の平均税率が15%を超
える国が存在しないのに対し、農産品の平均税率が極端に高い国が少なくな
いことである。こうした国々では一部の農産品に高率の関税が賦課され、そ
れが平均税率を高めている。

　図表5の日本の輸入関税率は諸外国に比べて特に高くないように見える
が、そのことは日本市場が関税によって歪められる度合いが小さいことを必
ずしも意味しない。ここに示した関税率は多数の商品の税率の単純平均値で
ある。いま、A国がすべての品目に従価税方式で5%の輸入関税を課してお
り、B国は5%の品目に100%の輸入関税を課し、残りの95%は無税で輸入
しているとしよう。どちらの国でも平均税率は同一（5%）だが、B国では
A国に比べて前節で解説した直接・間接の負の効果がずっと大きくなるは
ずである。したがって一国の関税政策の社会的コストを考える上では、品目

---

7)　農産品以外の商品には工業製品（加工品）と原料品、燃料品が含まれるが、どの国で
　も原料品や燃料品は安価で輸入しようとするので、このグループの平均税率は主として
　工業製品の関税を反映している。

図表5 世界各国の輸入関税率

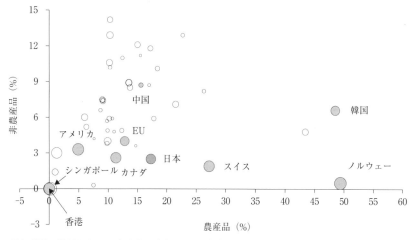

(注) 縦軸、横軸とも2010年時点の該当品目の関税率の単純平均値。従価税以外の関税の税率は従価税率換算値による。各国の円の面積はPPPベースの一人当たり実質GDPを表す。人口100万人未満の小国と一人当たり実質GDPが2,000ドルに満たない貧困国は除外した。
(出所) World Bank, *World Development Indicators* のデータをもとに作成。

間の税率の違いにも注意する必要がある。

　そこで図表6では、日本の輸入品を22の商品グループに分類し、各グループにおける無税品目の割合、無税品を含むすべての品目の平均税率、従価税換算税率がもっとも高い品目の税率を示した。この表を見ると分かるように、日本において農産品の平均税率が工業製品の平均税率に比べて高いことは事実だが、農産品の中にも無税品目が少なくなく、工業製品の中にも例外的に高率の関税が課されている品目（革製品・靴など）が存在する。たとえば、穀物・加工穀物の中で高率の関税が課されているのはコメやコメ加工品であり、国内生産に適さないトウモロコシやライ麦などは無税ないし低率の関税しか賦課されていない。なお、今日では従価税方式で数十％を超える関税を課すことは国際的に許容されにくくなっており、極端な高率税が課されている品目はいずれも従価税以外の方式で税額が定められている。

　前節において分析したように、輸入関税は国内生産者への利益誘導手段としては非効率な政策であり、これらの生産者に直接補助金を与える方が効率

300　第Ⅳ部　政策編

図表6　日本の輸入関税率の分布（2012 年）

| 商品分類 | 無税品目の比率<br>（％） | 平均税率<br>（％） | 最高税率<br>（％） |
|---|---|---|---|
| 生きた動物・肉類 | 46.6 | 18.1 | 189 |
| 酪農品 | 6.3 | 89.6 | 692 |
| 果実・野菜・その他の植物 | 19.6 | 12.5 | 337 |
| コーヒー・茶 | 22.7 | 16.1 | 182 |
| 穀物・加工穀物 | 18.1 | 27.5 | 610 |
| 油糧種子・食用脂・その他油脂 | 46.1 | 11.0 | 580 |
| 糖類及び砂糖菓子 | 12.0 | 27.5 | 93 |
| 飲料・たばこ | 31.1 | 15.3 | 54 |
| 綿・綿糸 | 100.0 | 0.0 | 0 |
| その他の農産品 | 67.5 | 6.2 | 415 |
| 魚介類・同加工品 | 3.2 | 5.7 | 15 |
| 卑金属・鉱物性生産品 | 70.4 | 1.0 | 10 |
| 石油・石油製品 | 64.7 | 0.7 | 8 |
| 化学製品 | 38.9 | 2.2 | 7 |
| 木材・紙製品 | 80.6 | 0.8 | 10 |
| 繊維品 | 8.1 | 5.4 | 25 |
| 衣料品 | 1.8 | 9.1 | 13 |
| 革製品・靴 | 54.1 | 12.1 | 463 |
| 一般機械 | 100.0 | 0.0 | 0 |
| 電気機械・電子機器 | 97.8 | 0.1 | 5 |
| 輸送用機器 | 100.0 | 0.0 | 0 |
| その他の加工品 | 75.7 | 1.2 | 8 |

（注）無税品目比率は当該分類に含まれる品目の総数に占める無税品目の比率。平均税率は当該
　　　分類に含まれる全品目の税率（従価税率ないし従価税換算値）の単純平均値。いずれも
　　　WTO 加盟国に対する最恵国実行税率による。
（出所）WTO, *Tariff Profiles* をもとに作成。

的である。次章で見るように、日本ではコメ農家を中心とした一部の農家が
手厚く保護されており、これらの農家は関税によって輸入品との競争を免れ
るだけでなく、補助金等の他の支援も受けている。前節で解説したように、
輸入関税は消費者から生産者への所得移転策であり、税金を原資とする補助
金や生産物買い支え政策の負担者も究極的には国民である。

　図表7は、日本における各種の政策を通じた農業部門への所得移転の規模
を、農業が生み出した付加価値と比較したものである。日本の農業者の大半
は自営農家だから、農業の付加価値の多くは農家の所得になっているはずで

図表 7　日本の農業の付加価値と保護費用の GDP に対する比率

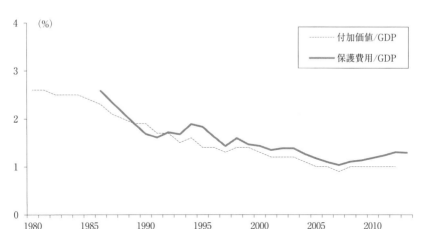

(注) この図の保護費用は OECD の綜合支持推定量 (Total Support Estimate) と呼ばれる指標にもとづいている。
(出所) 内閣府経済社会総合研究所「国民経済計算」、OECD, *Agricultural Policy Monitoring and Evaluation* 2014 をもとに作成。

ある。この図によると、各種の保護政策を通じた農家への所得移転は農業の付加価値総額より多く、農家の所得のほとんどが人為的な方法によって生み出されていることを示唆している。現実には農家の中にも政府の支援をほとんど受けずに自力で所得を得ている人もいるため、一部の農家がきわめて手厚い支援を受けていることになる。

　他の先進諸国においても農業保護は行われているが、日本のように一部の産品だけに極端に高率の関税を賦課したり、それ以外の方法も駆使して巨額の利益誘導を行っている国は多くない。今日の日本においてこうしたことがまかり通っているのは、前章で解説した理由によって消費者である個人の利害が政策形成に反映されにくくなっていること、そして農業者を支持基盤に持つ政治家が彼らの既得権益を守ろうとしているためだと思われる。

　輸入関税も一国の税体系の一部であり、本来なら他の税制との整合性を考慮して設計するのが筋である。しかし税制を主管する財務省のホームページには、「国内関係者（国内に所在する外国利害関係者も含みます。）からの関税

302　第Ⅳ部　政策編

改正の要望については、要望事項を所管する省庁において受け付けています。また、外国政府からの関税改正の要望については、外務省において受け付けています。外務省において受け付けられた外国政府からの要望については、要望を所管する省庁へ伝達されます。(…) 財務省では、通常9月より、関係省庁と関税改正要望のあった事項について協議等を行い、改正の是非について検討します」と書かれている。

　上記の説明から分かるように、日本の関税は財務省が大局的な視点から設定しているわけではなく、個々の品目を生産する国内業者を所管する官庁が実質的な決定権を持っている。すなわち、農産品に関しては農林水産者、工業製品に関しては経済産業省（とその背後にいる政治家）が関税政策の実権を持ち、国民から不満の声が寄せられても、それに応える義務すら負っていない。こうした状況が放置されたままだと、土地や労働などの生産要素の有効活用が阻まれるだけでなく、消費者が手にする財の価格が高止まりし、国民の実質的な所得水準が必要以上に低下してしまう。

---

*Column* ⑨　豚肉の差額関税

　日本の農産品の輸入関税の中には従価税以外の方式によって税額が定められているものが多い。農産品の国際価格は主要輸出国の天候不順などによって大きく変動することがあり、その国内価格への影響を緩和する上で従価税より従量税や混合税の方が効果的なことは事実である。しかし日本の輸入関税の中には消費者の利益を無視した露骨な国産品保護措置が多く含まれている。ここではそうした例として豚肉の差額関税を採り上げる。

　図表8は、現行の豚肉の輸入関税のしくみを図示したものである。図表1の上段のグラフと同様に、横軸が輸入原価、縦軸が関税賦課後の価格を表している。課税額は枝肉（一頭の豚の血や内臓を取り除いて左右に切り裂いた状態の肉）か部分肉（枝肉を脱骨して切り分けた肉）かにより異なるが、基本的なしくみは同一である。

　取引量の多い部分肉の場合、輸入原価が1キログラム当たり64.53円未満の時には、一律に482円の従量税が適用される（①の領域）。輸入原価が64.53円から分岐点価格の524円の間の時には、税込み価格が基準輸入価格（546.53円）に一致す

第17章 輸入関税と産業保護　303

図表8　豚肉の差額関税制度

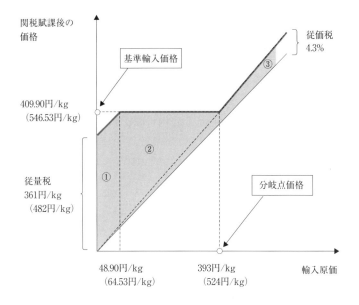

（注）太い実線が関税賦課後の価格を表す。かっこのない数値は枝肉に適用される価格、かっこ内の数値は部分肉に適用される価格を示している。

るように可変的な関税が賦課される（②の領域）。そして輸入原価が分岐点価格を上回ると、4.3％の従価税だけが賦課される（③の領域）。差額関税という名称は、②の領域の税額が基準価格と原価の差額として決められることに由来している。

　しかし現実に①の領域で輸入が行われることはほとんどなく、最近まで③の領域の輸入も例外的だった。したがって豚肉の差額関税は、実質的に輸入品の国内流通価格が基準価格を下回ることを阻止する**可変輸入課徴金**である。この種の課徴金はWTOの農業協定において禁止されている。①の領域は、外国から協定違反を指摘されることを回避するために設けられたと言われている（志賀 2011）。

　差額関税が豚肉の国内流通価格を高止まりさせる原因になっていることは間違いないが、それ以外にもさまざまな問題を引き起こしている。第一の問題は、可変課徴金が税逃れを誘発することである。上記の②の領域において輸入業者が豚肉を輸入する場合、どれだけ原価が安くても税込の引き渡し価格は基準輸入価格となる。このような環境の下で輸入業者が海外で安価な取引先を探しても意味はなく、代わり

304 第Ⅳ部 政策編

に外国に豚肉調達用の子会社を設立し、輸入原価を分岐点価格に近い水準に調整しようとするだろう。そのような行為は法的には脱税に該当するが、脱税を過度に誘発する法律は悪法である。

第二に、差額関税は加工業者に過剰な負担を強いている。豚肉は部位によって用途や価格が大きく異なり、テーブルミート（食肉）用のロースやヒレが高級品、加工用のうで、ばら、ももなどが低級品である。国内の養豚業者は高価格のテーブルミートに力を入れており、輸入品の多くは加工用である。

しかし差額関税の下では原価が低い廉価品ほど税率が高まるため、加工業者にいちじるしいコスト高をもたらす。日本ではハムやベーコンなどにも図表8とよく似た混合税が課されているが、加工度が高まるほど保護措置が軽微になり、ソーセージやシーズンドポーク（刻んで調味料を混ぜた調整肉）には低率の従価税しか課されていない。国内の豚肉加工業者は外国から安い材料を輸入することを禁じられているだけでなく、安価な輸入加工品との競争にも晒されている。加工業者にこうした不利な競争を強いつづけると、いずれは外国に生産拠点を移し、外国で加工した商品を日本に持ち込むようになるだろう。すなわち日本政府がもっとも嫌う産業空洞化が促進されてしまうわけである。

実は差額関税が国内の養豚業者にとって本当に望ましいのかどうかも定かではない。上述のように、差額関税の下で加工業者が必要な部位だけを輸入すると、税率が極端に高まり、事業が成り立たなくなってしまう。そのため、これらの業者は本来必要のない高価格の部位を抱き合わせて輸入し、輸入品全体の税率を抑える努力を行っている。これらの部位は後に国内で投げ売りされ、国内業者が注力するテーブルミートの価格に下方圧力をかける結果となっている。

日本には1962年時点で100万戸以上の養豚農家が存在し、差額関税制度が導入された1971年でも40万戸近くに上っていた。このような状況において地方選出の国会議員が養豚業者の利益を守ろうとしたことは不思議ではない。しかしその後に国内の養豚農家は激減し、2013年には6千戸未満にすぎなくなっている。その一方、1962年時点で4百万頭前後だった国内の飼育頭数は1980年代末には11百万頭前後まで増加し、その後も10百万頭をやや下回る水準で推移している。このことは日本の養豚が他の作物の栽培農家の副業から大規模な専業へと脱皮したこと、差額関税導入時の保護対象者がすでにほとんど存在しなくなっていることを示唆している。テーブルミートに力を入れる今日の養豚業者の中には、差額関税を迷惑に思っている人も少なくないはずである。

次章で解説するように、日本政府は環太平洋経済連携（Trans-Pacific Partnership）

第 17 章　輸入関税と産業保護　305

協定の締結に向けてアメリカ等と貿易自由化交渉を行っている。豚肉は日本が輸入自由化を強く要請されている品目の一つだが、本書の執筆時点で日本政府は抵抗を続けている。こうした明らかに問題のある政策であっても、外圧なしには見直しすら行われないところに今日の日本の政治過程の病理が現れている。

## 第18章　WTOと地域経済協定

### 1　はじめに

　前章で見たように、理論的には自由貿易が望ましいにも関わらず、多くの国々は政治的理由などから輸入を制限している。しかしある国が輸入を制限すると、輸出機会を失った外国においても同じような行為が誘発され、世界中に保護主義と管理貿易が蔓延してしまう可能性がある。実際、第一次世界大戦と第二次世界大戦の戦間期にはこうした動きが強まり、欧米の列強国や日本が自国の影響下にある国々と閉鎖的な経済ブロックを形成しようとした。そうして世界の貿易が急減する中で主要国の利害対立が先鋭化し、それが第二次世界大戦の一因になったと言われている。

　この時の反省にもとづき、英米を中心とした連合国は第二次世界大戦の終了を待たずに戦後の世界経済の体制づくりに取り組み始めた。貿易の分野においても国際機関を設立して自由な国際取引を推進することが企図されたが、そのための条約が多くの国々において批准されず、常設機関の設立は棚上げになってしまった。

　しかしそれと並行して主要国はモノの貿易自由化に向けた具体的な交渉を開始し、1947年にアメリカなど23か国の間でGATT（General Agreement on Tariffs and Trade、**関税と貿易に関する一般協定**）が取りまとめられた。その後、1995年に「世界貿易機関を設立するマラケシュ協定」が締結されてWTO（World Trade Organization、**世界貿易機関**）という常設機関が発足するまで、世界の貿易自由化はGATTの批准国を増やすこと、そしてその本文と各国の譲許表（品目別の輸入関税の引き下げや据え置きの約束表）を書き換えることを通じて進められてきた。

　GATTとWTOの基本理念は「**自由、無差別、多角、互恵**」である。これらの言葉は、世界の貿易は可能な限り自由であるべきで、GATTの批准国は他の批准国の生産者と自国の生産者を平等に扱い、外国の自由化から得た便益は同様の自由化によって報いるべきだという考え方を表している。

第18章　WTOと地域経済協定　307

　ところが、今日の世界には上記の理念と相いれない動きが蔓延している。すなわちWTOを舞台とした全世界的な貿易自由化が停滞する一方、多くの批准国が一部の外国とREA（Regional Economic Agreement、**地域経済協定**）を締結し、貿易自由化やその他の経済連携を進める動きが強まっている。日本が交渉中のTPP（Trans-Pacific Partnership、**環太平洋経済連携協定**）も参加国こそ多いものの、この種のREAの一種であることに変わりはない。

　本章ではまず、GATT－WTOを舞台とした多角的貿易自由化の意義と現状を解説する。その後、REAのしくみと問題点を説明し、今後の日本の貿易政策と農業保護のありかたについて考える。

## 2　多角的貿易自由化とラウンド交渉

　前章で見たように、政府が特定の財の輸入を制限すると、その財の市場が歪められるだけでなく、国内の他の市場にも悪い影響が生じる。また、政府が特定の外国からの輸入だけを制限すると、その国に不利益が生じるだけでなく、第三国との取引にも好ましくない影響が及ぶ可能性がある。したがって江戸時代の日本のように自国が輸入を全面的に禁止している状態を起点とすると、特定の産品や特定の外国からの輸入だけを自由化することは望ましくなく、無差別な自由化を行うことが望ましい。GATTとWTOが自由で無差別な貿易を標榜するのはそのためである。

　図表1は、無差別で多角的な貿易自由化のメリットを図示したものである。いま、すべての国々が自給自足している状態から、完全な輸入自由化が実施されたとしよう。するとどの品目に関しても国際共通価格（$P^*$）が成立し、自国が比較優位を持つ商品に関しては輸出、自国が比較劣位を持つ商品に関しては輸入が開始される。

　左側のパネル（$a$）の産業では自給自足時の国内価格（$P$）が$P^*$を上回っているため、自国が外国に対して比較劣位にあることが分かる。自由化後に価格が$P$から$P^*$に下落すると、国内の消費量と生産量はそれぞれ$Q_D$と$Q_S$になり、$Q_D-Q_S$の輸入が行われるようになる。生産者余剰は$PP^*aE$の各点によって囲まれた台形の面積だけ減少するが、消費者余剰が$PP^*bE$の各

308 第Ⅳ部 政策編

図表1　多角的貿易自由化の意義

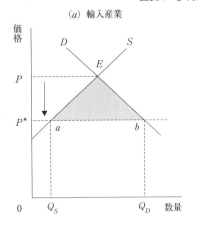
(a) 輸入産業

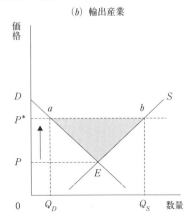
(b) 輸出産業

点によって囲まれた台形の面積だけ増加するため、総余剰は $abE$ の三角形の分だけ増加する。

　一方、右側のパネル（$b$）では自給自足時の価格（$P$）が $P^*$ を下回っていることから、自国が比較優位を持つ産業であることが分かる。貿易が自由化されると自国の生産者は $P^*$ の価格でいくらでも外国に輸出できるようになるため、販売量の増加と販売価格の上昇の両方から便益を受ける。国内流通価格の上昇によって消費者余剰は $PP^*aE$ で囲まれた台形の面積だけ減少するが、生産者余剰が $PP^*bE$ の台形分だけ増加するため、総余剰はやはり $abE$ の三角形の面積だけ増加する。

　上記の分析から分かるように、互恵的な貿易自由化が行われた場合、そのメリットは輸入市場と輸出市場の両方において発生する。前章で見たように、今日の世界では工業製品より農産品に高率の関税を課している国が多い。日本では輸出品の大半が工業製品である一方、輸入品の中に農産品等の非工業製品が多く含まれている。したがって日本と諸外国が同時に輸入関税を撤廃した場合、日本では輸出価格の上昇幅より輸入価格の下落幅の方が大きくなる可能性が高く、総余剰の増加は主として輸入市場において生じるはずである。このことは、日本が自由貿易の便益を追求する上で外国の輸入自由化を待つ必要は必ずしもなく、一方的に自国市場の対外開放を行うだけでも相当

第18章　WTOと地域経済協定　309

の便益が得られることを意味している。

とは言うものの、互恵的な貿易自由化にはそうした一方的な市場開放にはないメリットもある。たとえば上記のケースにおいて自国政府がパネル (a) の輸入市場だけを一方的に開放した場合、国内で輸入競合品を生産する産業から不満の声が上がることは必至であり、これらの産業において一時的に倒産や失業が増加する可能性もある。しかし政府が同時に外国にも市場開放を求める場合、販売増が見込まれるパネル (b) の産業が政府の交渉を後押ししてくれるだけでなく、自由化後にこの産業の生産と雇用が増加し、パネル (a) の産業の失業者の一部を引き受けてくれる可能性もある。

無差別で自由な貿易というGATTの理想を追求するのが、**ラウンド**の名で知られる多角的自由化交渉である。この交渉によって合意された内容はGATTの本文や譲許表に反映され、一定の移行期間を経て原則的にすべての批准国に対する拘束力を持つ。最初のGATT調印に向けた交渉を含めると、これまでに8回のラウンドが妥結し、現在は9回目の**ドーハ・ラウンド**が行われている。

ただし残念ながら、こうしたラウンド形式の交渉はしだいにうまく機能しなくなってきている。図表2は過去のラウンドの交渉期間と交渉参加国の推移をグラフに描いたものである。最初の5回は欧米の先進国が中心となって鉱工業品の関税削減だけが議論され、比較的迅速に交渉がまとめられた。しかしその後は参加国の増加と課題の多様化によって交渉が難航するようになった。たとえば妥結済みのラウンドの中で最も新しい**ウルグアイ・ラウンド**の場合、1986年の交渉開始から1994年の最終文書署名まで8年近くの歳月がかかっている。

ただしウルグアイ・ラウンドは最終的に大きな成果を収め、WTOの設置を含む多数の重要な合意が成立した。その一例として、それまで野放し状態にあった農産品貿易に関する最低限の自由化措置が合意され、関税以外の輸入制限措置が原則的に禁止されたことが挙げられる。日本はそれまでコメなどの輸入を全面的に禁止していたが、ウルグアイ・ラウンド後はそうした政策の変更を迫られることになった。しかし日本政府は一部の農産品を国家貿易品目に指定し、現在でも民間業者による自由な取引を禁じている。

図表2　ラウンド交渉の推移

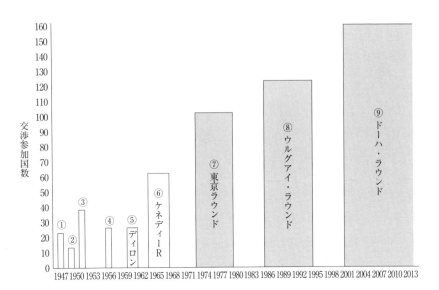

(注) 第5回以降のラウンドの名称は通称。参加国数は各ラウンドの妥結時点の値（ドーハ・ラウンドは2014年7月時点）。網掛けはサービス貿易や非関税障壁、補助金など、商品貿易以外の議題を多く含む交渉を表している。
(出所) WTOホームページ資料などをもとに作成。

　その後、各加盟国がウルグアイ・ラウンドの合意内容を段階的に施行する一方、2001年にドーハ（カタールの首都）で開催されたWTO閣僚会議において新ラウンドの開始が宣言された。しかしドーハ・ラウンドは当初の課題選びの段階から難航し、2008年には選択したすべての課題に関して合意を目指すことが正式に断念された。2013年12月にごく一部の分野に関する合意が成立したが、肝心の関税政策に関する交渉がまとまる目途は立っていない。
　WTOを舞台とした自由化交渉が機能不全に陥った第一の理由は、今日では先進国が農産品と労働集約的な工業製品、中国等の新興経済諸国が一部の技術集約的な工業製品とサービス、その他の開発途上国が大半の工業製品とサービスにそれぞれ比較劣位を持っており、これらの国々の利害が対立しや

すくなっていることである。また、近年になるにつれて交渉課題がモノの貿易自由化から**非関税障壁**[1] の除去などに広がったことも各国の利害のバランスをとることを難しくしている。

日本はアメリカの後押しを受けて1955年にGATT批准国の仲間入りを果たし、第7回の東京ラウンドでは交渉開始のきっかけづくりにも寄与した。しかしそれ以外に日本がGATTやWTOの場でその経済力や貿易額に見合う影響力を発揮することはあまりなかった。前章において指摘したように、日本では個別の産業とそれを所管する省庁、その背後にいる政治家が連帯し、当該分野の政策に関して治外法権を築いていることが多い。そのため、事前に国内の利害調整を行った上で外国との交渉に臨むという当たり前のことがなかなかできず、その結果、日本政府全体の交渉力が必要以上に低下するということがくり返されてきた。

## 3 地域経済協定の類型と現状

次に、一部の国々の間で締結されるREAについて解説しよう。図表3は代表的なREAの類型をまとめたものである。モノの貿易に関する協定のうち、概念的に重要なのが**FTA**（Free Trade Agreement、**自由貿易協定**）と**関税同盟**である。FTAでは参加国間の貿易の関税を引き下げたり撤廃したりするが、第三国からの輸入に対する税率は統一せず、各国の自由意思に任せる。一方、関税同盟では参加国間の関税を撤廃するだけでなく、第三国に対する関税率も統一する。第三国から見た場合、FTAが明らかに差別的・排他的な自由化措置であるのに対し、関税同盟は参加国が合併して一国になったのと同じ効果を持つ。参加国の立場からすると、FTAでは第三国に対する保護政策を維持できるのに対し、関税同盟では他の加盟国との調整が必要になり、締結後に自国の判断で政策を変更することもできなくなる。

次に、**FTA＋**（FTAプラス）とは、上記のFTAに商品貿易以外の分野に

---

1) 非関税障壁とは、輸入量が多い商品に高率の物品税を課したり、国産品に有利な安全規制を設けたりするなど、表面上は貿易と無関係だが結果的に輸入制限的な効果を持つ政策や制度の総称である。

312　第Ⅳ部　政策編

図表3　地域経済協定の代表例

| 類型 | 内容 |
| --- | --- |
| FTA | 域内の商品貿易を自由化し、第三国に対する関税は各国の意思に委ねる |
| FTA+ | FTAと他の経済分野の協定のハイブリッド |
| 関税同盟 | 域内の商品貿易自由化に加え、域外に対する共通関税政策を導入する |
| 共同市場 | 関税同盟に加えて生産要素の域内移動を自由化する |
| 投資協定 | 企業の直接投資の自由化や既存投資の利益の保護 |

関する協定を追加したものである。他の分野の例としては、サービス貿易や国際投資、労働者の国際移動などが挙げられる。日本政府は日本のREAをEPA（Economic Partnership Agreement、**経済連携協定**）と呼び、それが単なるFTA以上の協定であることを強調している。日本のEPAは国際投資や知的財産権の保護、技術支援等の事項を含んでいることが多い。前者は日本の海外進出企業の利益確保を企図したものであり、後者は相手国への経済援助の一環として行われるか、日本の市場開放を制限するための取引材料として利用されることが多い。

　四番目の**共同市場**とは、参加国間でモノやサービスの貿易を自由化するだけでなく、企業の直接投資や労働者の移動も自由化するものである。EU（European Union、**欧州連合**）は共同市場の一例であり、一部の国々の間では通貨も統一されている。共同市場はFTAや関税同盟に比べて徹底したREAであり、加盟国の高度な経済統合を実現するために形成される。

　上記の4つのREAと異なり、**投資協定**ではモノの貿易を取り扱わず、その代わりに国際間の投資の円滑化と企業の海外利権の保護が追求される。企業は国家に比べて弱い立場にあり、政府といえども外国政府の政策に直接介入することは難しい。そのため、日本を含む先進諸国の政府は外国政府と積極的に投資協定を締結し、現地と本国の二重課税を防止したり、進出企業が外国政府から不当な扱いを受けた場合に第三者機関に仲裁を求める権利を確保している。

　REAはGATTの無差別・多角の理念と真っ向から対立するが、実は

図表 4　世界の地域経済協定数の推移

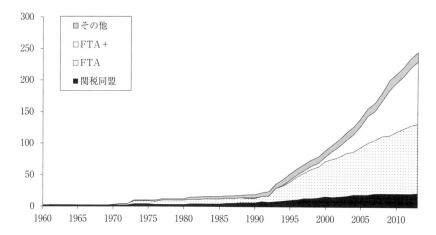

(注)　各年末時点で発効済みの協定のみを対象として集計した。WTO への報告義務のない投資協定等は含まない。
(出所)　WTO, *Regional Trade Agreements Information System* をもとに集計。

GATT 発足時からその存在が許容されていた (GATT 第 24 条)。これは GATT 起草国の一つであるイギリスが第二次大戦後に旧英連邦諸国との関係維持を望んだこと、他の西欧諸国が近隣諸国との経済統合を通じて戦後復興を行おうとしたこと、そして欧州の共産主義化を懸念するアメリカがこれらの希望を許容したことなどによる。しかしその後長い間、REA の締結国は西欧諸国や一部の開発途上国だけにとどまっていた。

ところが 1990 年代に入って GATT のラウンド交渉が難航する中、欧米諸国や開発途上国の REA に対する姿勢が変化した。西欧諸国は 1992 年の域内市場統合終了後に域外諸国と積極的に FTA を締結するようになり、アメリカも 1994 年にカナダ、メキシコと **NAFTA**（North-American Free Trade Area、**北米自由貿易地域**）を形成した。開発途上国もそれ以前のように途上国だけで連携することを止め、先進国から積極的に技術や資金を導入して工業化を進める方針に転換した。今日ではほぼすべての WTO 加盟国が何らかの REA に参加しているが、その大半は FTA ないし FTA ＋ であり、関税同盟は少ない。

314　第Ⅳ部　政策編

## 4　地域経済協定の問題点

　それでは、今日の REA は戦前の経済ブロックとどう違うのだろうか。REA 推進国の多くは、GATT を通じて他の国々にも一定の関税譲許を約束しているため、一部の外国との間で追加的な自由化を行っても他の国々の権益は侵食されないと主張する。しかしこうした意見は正しくない。REA は第三国に無視できない影響を与えるだけでなく、それ自体に保護主義を助長するしくみが内在しているからである。次にこの点について解説しよう。

　図表5のパネル（*a*）は、もともとある財に高率の輸入関税を課していた国がすべての外国に対する関税を撤廃したときの変化を描いたものである。関税が撤廃されると、国内の流通価格（$P$）は国際価格（$P^*$）に収斂する。その結果、消費量が $Q_D$ から $Q_D'$ に増加する一方、生産量が $Q_S$ から $Q_S'$ に減少し、輸入量は $Q_D - Q_S$ から $Q_D' - Q_S'$ に増加する。消費者余剰が①＋②＋③＋④の面積だけ増加し、生産者余剰と政府の関税収入がそれぞれ①と③の面積だけ減少するため、総余剰は②＋④の面積分だけ増加する。

　次に右側のパネル（*b*）は、単一ないし少数の外国に対してだけ関税を撤廃したときの変化を示している。相手国が一か国ないし少数の場合、相手国の輸出余力に限りがあることから、国内価格が国際相場の $P^*$ まで下落するとは考えにくい。たとえば、自国の生産量と相手国の輸出余力を合計した供給曲線が $S'$ のようだったとしよう。この場合、REA を締結しても国内価格は $P$ のままにとどまり、消費者余剰と生産者余剰は変化しない。ただしもともと第三国から行われていた輸入が REA 締結国からの輸入に切り替わり、後者が $P^*$ ではなく $P$ の価格で輸出してくるため、③の関税収入が失われ、総余剰も③だけ減少する。この場合、部分的な自由化を行ったことにより、自国の所得がかえって減少するという事態が発生する。

　REA が上記のような効果をもたらすのは、差別的な自由化によって REA 締約国と他の外国の相対的な競争力が歪められ、本来なら輸出できない国から輸入が行われてしまうからである。REA がもたらすこうした歪みを**貿易転換効果**と呼ぶ。貿易転換効果は単なる理論的な可能性ではなく、むしろ一

図表5　差別的な貿易自由化の弊害（1）

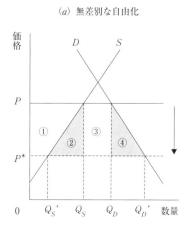
(a) 無差別な自由化

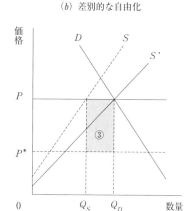
(b) 差別的な自由化

般的な現象である。たとえば日本政府が特定の外国に対して農産品の関税引き下げに応じるとき、その外国が世界で最も安くその商品を販売できる国であることはまずない。もしそうであれば全面的な自由化を行っても大した違いはなく、すべてのWTO加盟国に対して関税譲許を行うはずだからである。

FTAによる差別的な貿易自由化には他にも多くの問題がある。図表6は、日本、韓国、中国の三か国の間で貿易が行われている状況において、韓国と中国だけがFTAを締結した場合に何が起こるかを考えたものである。ここで財1は日本と中国が韓国に輸出し、財2は日本と韓国が中国に輸出している。先の分析によると、韓国と中国が日本抜きでFTAを締結するということは、日本は財1に関して中国より高い競争力を持ち、財2に関しては韓国より高い競争力を持っているはずである。その場合、韓国と中国のFTAは必ず貿易転換効果を発生させ、日本の輸出機会は減少する。

上記のような状況に置かれた場合、日本政府はどのような行動に出るだろうか。政府は韓国と中国に頭を下げてFTAへの加盟を申請しても容易に受け付けてもらえないことを知っているから、第三国とFTAを締結することによってこれらの国々を牽制することを考えるだろう。こうした行動は貿易

316　第Ⅳ部　政策編

図表 6　差別的な貿易自由化の弊害（2）

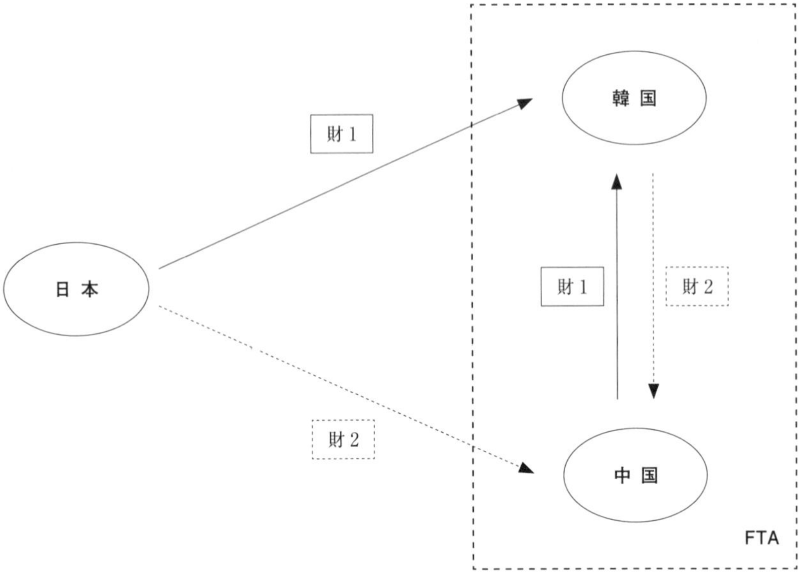

韓　国

財 1

日　本

財 1　　財 2

財 2

中　国

FTA

転換効果を増やすだけで本質的な解決策にはならないが、「政府の無策」に
対する国民の批判をかわす効果はあるかもしれない。

　関税同盟では参加国間で第三国に対する関税率を統一するので、ある国が
ひとたび外国と関税同盟を形成すると、その後は単独で別の国と FTA や関税
同盟を締結することができなくなる。しかし FTA では第三国に対する関税が
各国の自由だから、一国が多数の国々と異なった FTA を締結することが可能
である。たとえば、図表 6 の例において日本がアメリカと FTA を締結した
場合、韓国や中国は単独でアメリカと FTA を締結して対抗することもできる
し、アメリカに韓中 FTA への参加を呼びかけることもできる。このことか
ら分かるように、FTA は関税同盟に比べて原理的に自己増殖しやすい性質を
持っている。一つの FTA がきっかけとなって多数の FTA が重層的に締結さ
れ、とめどなく複雑化することは**スパゲッティー・ボウル現象**と呼ばれている。

　図表 6 において韓・中 FTA が締結された場合、日本の輸出企業はどのよ
うに反応するだろうか。これらの企業にとって韓国や中国が重要な輸出市場

である場合、日本政府が第三国とFTAを締結してもあまり意味はなく、これらの市場から締め出されないための方法を考えなくてはならない。

たとえば財2が乗用車だとして、もともと中国が50％、韓国が20％の輸入関税を課していたとしよう。FTAによって韓国・中国間の輸入関税が撤廃された場合、日本の自動車メーカーは自社の商品を関税率の低い韓国にいったん輸出し、そこから中国に再輸出するか、韓国に組み立て工場を設立し、現地で生産した自動車を輸出することを考えるだろう。しかしこうした迂回輸出が許されると、域外に対する関税率が最も低い国の税率が実質的にすべての参加国に適用されることになり、FTAが関税同盟と化してしまう。

上記の事態を防止するために、現実のFTAでは必ず**原産地規制**や**ローカル・コンテンツ（域内部品調達比率）規制**が定められ、域外から持ち込まれた商品や域外の原材料を多用して生産した商品を関税譲許の対象から排除している。このような規定が設けられると、参加国の企業は免税措置を受けるために無理をしてでも域内調達規制を満たそうとするようになり、貿易転換効果がいっそう深刻化する。また、どの商品が規制を満たしているかを判定する機関も必要となり、企業の申請コストやそれを処理する行政コストが高まってゆく。今日の世界においてこうした弊害は日増しに高まっている。

## 5 日本の経済連携協定とTPP

日本政府は1990年代までGATTとWTOを通じた多角的交渉を重視していたが、その後、REAを推進する方針に転じた。これは世界中でFTAが蔓延し、輸出企業の間で政府に対策を求める声が強まったこと、中国が近隣諸国に対して積極的な経済外交を繰り広げるようになり、アジア地域における日本の影響力低下を懸念する声が強まったことなどによる。

図表7は2014年8月時点の日本のEPAのリストである。前節で解説したように、REAにはもともと副作用が大きく、パートナー国との貿易増加による正の効果より第三国との貿易がパートナー国との貿易に切り替わる負の効果の方が大きくなる可能性がある。日本にとって正の効果が負の効果を上回りうるパートナーは、①日本の輸入自由化が遅れている農産品等の分野

318　第Ⅳ部　政策編

図表7　日本の経済連携協定の締結状況

| 相手国・地域 | 進捗状況 | 日本の貿易総額に占めるシェア（%） | 輸出総額に占める農産品・食料品の比率（%） |
| --- | --- | --- | --- |
| シンガポール | 2002 年発効 | 1.7 | 1.5 |
| メキシコ | 2005 年発効 | 0.9 | 6.3 |
| マレーシア | 2006 年発効 | 3.0 | 9.8 |
| チリ | 2007 年発効 | 0.6 | 19.1 |
| タイ | 2007 年発効 | 4.0 | 14.7 |
| インドネシア | 2008 年発効 | 3.1 | 15.4 |
| ブルネイ | 2008 年発効 | 0.4 | 0.1 |
| ASEAN | 2008 年発効 | 15.1 | 10.6 |
| フィリピン | 2008 年発効 | 1.3 | 8.6 |
| スイス | 2009 年発効 | 0.8 | 3.4 |
| ベトナム | 2009 年発効 | 1.5 | 15.8 |
| インド | 2011 年発効 | 1.1 | 12.2 |
| ペルー | 2012 年発効 | 0.2 | 18.2 |
| オーストラリア | 2014 年調印 | 4.5 | 13.4 |
| モンゴル | 2014 年調印 | 0.0 | 29.4 |
| カナダ | 交渉中（2012 年 -） | 1.8 | 11.1 |
| コロンビア | 交渉中（2012 年 -） | 0.1 | 10.9 |
| 中国・韓国 | 交渉中（2012 年 -） | 27.4 | 2.3 |
| RCEP | 交渉中（2012 年 -） | 48.4 | 6.4 |
| EU | 交渉中（2013 年 -） | 9.9 | 9.2 |
| TPP | 交渉中（2013 年 -） | 27.6 | 10.8 |

（注）ASEAN = Association of South-East Asian Nations（東南アジア諸国連合、10 カ国）、RCEP = Regional Comprehensive Economic Partnership（東アジア地域包括的経済連携、ASEAN + 日本など 6 カ国）、TPP = Trans-Pacific Partnership（環太平洋パートナーシップ、日本を含めて 12 か国）。交渉準備段階の協定や交渉中断中の協定は省略。貿易額のデータは 2012 年の値。
（出所）CEPII-Bureau van Dijk, *Chelem Database*、UN Comtrade Database、外務省ホームページ資料等をもとに作成。

において輸出競争力を持つ国か、②経済規模が大きく、自由化後に貿易額が十分に拡大することが見込まれる国だと思われる。しかし図表7を見ると分かるように、これまでの日本の EPA のパートナーは比較的経済規模の小さい国々であり[2]、しかももともと保護率の高い農産品の多くを輸入自由化の

2)　発効済みの協定の中では ASEAN（東南アジア諸国連合）が最も貿易額の多いパート

第 18 章　WTO と地域経済協定　319

除外品目にしている。したがって発効済みの EPA が日本経済に大きな正の効果を生んでいるとは考えにくい。

　このような状況の中で最近になって浮上したのが TPP の構想である。TPP はもともと 2006 年にニュージーランド、シンガポール、ブルネイ、チリの間で発効した FTA ＋（P4 協定と呼ばれている）に端を発している。その後、2008 年にオーストラリアとペルーが参加意欲を示し、翌 2009 年にアメリカのオバマ大統領が積極的な関与を表明したことによって注目が集まった。日本は 2013 年に正式に参加を許可され、本書の執筆時点で 12 か国が交渉に参加している。

　アジア太平洋地域ではかねてから広域の経済協力のしくみが模索されており、拘束力を持たない協議体である **APEC**（Asia-Pacific Economic Cooperation、**アジア太平洋経済協力会議**）が 1993 年から毎年首脳会談を開催しているほか、ASEAN 加盟国と中国、日本、韓国、オーストラリア、ニュージーランド、インドが 2012 年に **RCEP**（Regional Comprehensive Economic Partnership、**東アジア地域包括的経済連携**）の締結に向けた交渉を開始している。しかし太平洋東岸の国々はアジアやオセアニアの国々が RCEP のような協定を通じて経済ブロック化することを懸念しており、RCEP 交渉参加国の中にもアジアにおける中国の影響力が強くなりすぎることを望まない国が多い。アメリカが主導する TPP 交渉には太平洋両岸の国々が均等に参加する一方、中国やインドなどの新興大国が参加しておらず、他の REA に対する経済的・地政学的なバランサーの役割が期待されている。

　TPP のもう一つの特徴は、既存の多くの REA に比べて野心的な内容を目指していることである。通常の FTA や FTA ＋の場合、少数国間で相互に譲歩を引き出しながら交渉が行われるため、多数の自由化除外事項が設けられるなど、完成度の低い REA に終わることが多い。一方、TPP では貿易自由化の完成度を高めることに加え、環境保護や電子商取引など、モノの貿易以外の多数の分野における自由化や共通基準の作成も目指されている。

---

ナーだが、日本政府はマレーシアやタイなど個々の ASEAN 加盟国とも EPA を締結している。これは 10 か国からなる ASEAN との EPA に例外事項が多く、ASEAN 各国や日本側に不満が多いためである。

320　第Ⅳ部　政策編

　本書の執筆時点では、TPP の課題の中で参加国の利害対立が小さい分野の議論がおおむね決着し、関税を含むいくつかの分野の交渉が続けられている。大半の参加国には自国の関税撤廃を回避したい品目と外国の自由化を引き出したい品目があり、これらの取り扱いをめぐって激しい駆け引きが行われているようである。日本政府は交渉参加時に国内農家に対して一部農産品の関税維持を約束してしまっているため、身動きを取りづらい状況にある。

　しかし今後 TPP がどのような形で決着するにせよ（あるいはしないにせよ）、日本の現行の農業政策は大幅な見直しが不可避である。図表 8 は、1990 年代のウルグアイ・ラウンドから今日に至るまで、日本政府が優先的な保護品目に位置づけてきた農産品とそれらの輸入関税率、国内の生産状況などをまとめたものである。この表から分かるように、過去にアメリカの強い圧力により従価税に切り替えられた牛肉を例外とすると、いずれの品目にも従量税等の方式できわめて高額の関税が賦課されている。それでも輸入が行われているケースがあることから、内外の価格差が非常に大きいこと、すなわち、国民にきわめて大きな負担を強いていることが分かる[3]。

　図表 8 によると、これらの品目の中で利害関係者が突出して多く、それらが全国に散らばっているのがコメである。前章で触れたように、コメに関しては輸入関税を通じた価格維持策だけでなく、国内流通価格の下落時に交付される補填金や減反補助金など、さまざまな形の支援が行われている。これらの政策は名目的には食料自給率の維持や生産基盤の強化を目的としているが、現実には農地保有者への利益誘導策の性質が強くなっている[4]。

　図表 9 は、日本の稲作農家を栽培規模別に区分し、それぞれのグループに属する農家の平均所得とその内訳を示したものである。ただしここでは世帯を経営母体とする農家のみを対象とし、他の組織経営体や販売を目的としな

---

3)　第 17 章で解説したように、従価税以外の方式で輸入関税が課されている場合、輸入原価が変化すると実質的な税率が変化する。この表の従価税換算値は農林水産省の推計によるもので、関税を撤廃した場合に予想される国内生産者への影響を大きく見せるために高めの推計値が示されていると思われる品目も存在する。

4)　前著の第 6 章において解説したように、小規模なコメ農家や兼業農家に利益誘導を行うことは、政治的影響力の強い農業協同組合の利害とも一致している。

第 18 章　WTO と地域経済協定　321

図表 8　輸入自由化交渉における重要品目

| 品目 | 輸入関税種別 | 従価税<br>換算値(%) | 生産農家<br>戸数(千戸) | 生産額<br>(億円) | 主要生産地 |
|---|---|---|---|---|---|
| 米 | 従量税 | 778 | 1,445 | 17,950 | 東北、北海道、北陸など |
| 小麦 | 従量税 | 252 | 86 | 585 | 北海道、北関東、北九州 |
| 大麦 | 従量税 | 256 | 35 | 169 | 北関東、北九州 |
| 脱脂粉乳 | 従量税 + 従価税 | 218 | } 22 | 6,623 | 北海道 |
| バター | 従量税 + 従価税 | 360 | | | |
| でん粉 | 従量税 | 583 | 36 | 139 | 北海道、鹿児島 |
| 落花生 | 従量税 | 500 | 12 | 98 | 千葉、茨城 |
| こんにゃく芋 | 従量税 | 990 | 2 | 142 | 群馬 |
| 砂糖 | 従量税 | 328 | 40 | 839 | 北海道、沖縄、鹿児島 |
| 豚肉 | 差額関税 | 75 | 7 | 5,085 | 南九州、東北、千葉 |
| 牛肉 | 従価税 | 39 | 74 | 4,405 | 北海道、南九州、東北 |

(注) 輸入関税の従価税換算率は農林水産省の推計値。豚肉のみ著者による推計値。
(出所) 清水徹朗他「貿易自由化と日本農業の重要品目」農林中金総合研究所『農林金融』2012 年
　　　　12 月号、税関貿易統計、国際連合 Comtrade データなどをもとに集計。

図表 9　稲作農家の所得の構成（万円）

| 区分 | 1ha 未満 | 1 〜 2ha | 2 〜 3ha | 3 〜 5ha | 5 〜 10ha | 10ha 〜 |
|---|---|---|---|---|---|---|
| 農業所得 | -1.9 | 49.0 | 102.4 | 200.7 | 537.0 | 915.4 |
| 　補助金等 | 10.7 | 27.0 | 51.7 | 95.5 | 375.0 | 732.1 |
| 　その他 | -12.6 | 22.0 | 50.7 | 105.2 | 162.0 | 183.3 |
| 農業生産関連事業所得 | 0.1 | 0.0 | 0.0 | 1.1 | 0.6 | 0.8 |
| 農外所得 | 197.1 | 179.2 | 196.0 | 196.7 | 117.9 | 109.7 |
| 年金等の収入 | 227.7 | 205.4 | 142.2 | 128.0 | 86.5 | 57.0 |
| 総所得 | 423.0 | 433.6 | 440.6 | 526.5 | 742.0 | 1,082.9 |
| (参考)経営体数(万戸) | 76.8 | 17.6 | 4.9 | 3.6 | 2.2 | 1.0 |

(注) 所得は 2011 年、経営体数は 2012 年の統計による。いずれも組織経営体や自給的農家を含まず、
　　　所得は標本調査の結果。補助金等＝共済・補助金等受取金－共済等の掛金・拠出金。
(出所) 農林水産省「農業経営統計調査」および「農業構造動態調査」をもとに集計。

い自給的農家は除外している。最初に最下段の経営体数を見ると、上記の条件を満たす約106万戸の販売農家のうち、栽培規模が1ヘクタール未満の零細農家が全体の3/4以上を占め、作付面積が5ヘクタールを超える農家が3%に満たないことが分かる。

　次に収入の構成を見ると、輸入関税や政府の備蓄米買い上げなどにより流通価格が操作されているにも関わらず、いずれのグループにおいても農業所得の大半が補助金等によって占められている。とりわけ栽培面積1ヘクタール未満のグループでは補助金等を含めた農業所得ですらマイナスになっており、これらの人々がプロの農業者とは呼び難い存在であることが分かる。

　さらに、小規模の稲作農家の間では総所得に占める年金等の比率が非常に大きく、総戸数の80％近くを占める栽培面積2ヘクタール以下の層において「年金等の収入」が200万円を超えている。通常の自営業者が加入する国民年金の場合、本書の執筆時点の年間最大給付額は77.28万円であり、夫婦ともに満額を得ていても世帯受給額は154.56万円にしかならない。図表9の小規模農家の年金収入が多いのは、コメ農家の高齢化によって年金受給者が二世代以上に渡っているケースがあることに加え、農業者用年金が政策的に優遇されていることや、企業や公的機関を定年退職して他の年金を受給している人が少なくないためだと思われる。

　厚生労働省の「国民生活基礎調査の概況」によると、2013年時点の日本の全世帯の平均所得は537.2万円、高齢者世帯の平均所得は309.1万円だった。図表9に示した稲作農家の総所得はこれらの平均所得と比べて遜色がなく、農家が物価の安い地方部に偏在していることや自宅保有率が高いこと、農地の固定資産税が極端に優遇されていることなどを考慮すると、その多くは相対的な富裕層だと考えられる。このことは、現行の農業政策が国民の所得再分配政策としても大きな問題を抱えていることを示唆している。

　本書の執筆時点では、TPPへの対応が視野に入る中、政府が主食米の減反や農業協同組合法の見直しなどを打ち出し、それに反発する農家や国会議員が政治力を駆使して押し戻しにかかるといった事態がくり返されている。しかし現状を客観的に観察する限り、高齢の兼業農家や農地保有者はすでに刈り取りうる利権を十分に刈り取ってしまっているように思われる。

代議制民主主義国において縮小産業が政治的影響力を持ちやすいとは言え、ある産業の従事者がどこまでも減少してゆけば、どこかの時点でその影響力は失われるだろう。最近になって政府の農業政策に変化の兆しが見られるのは、コメ農家を中心とした農地保有者の高齢化があまりにも進行してしまい、政治家や官僚が彼らに利益誘導を行うことから得られるリターンが小さくなったためだろう。しかしその時まで利益誘導を止めることができなければ、それは政治の敗北と言うしかない。

これまで何度か指摘したように、日本には個人と集団、消費者と生産者の境界が曖昧な伝統社会の要素が少なからず残っており、それが個人の自律や生産要素の適材適所を阻んでいる。農業部門では戦後一貫して自営農家主義が標榜され、最近まで地域を超えた大規模農家や会社企業の参入を拒否してきたため、そうした傾向がとりわけ強い。本書の執筆時点では農地の集約や次世代農業者の育成の名目で新たな基金の設立や補助金の支給が行われているが、こうした政策から自立心に富んだ生産者や産業が生まれるかどうかは疑問である[5]。

---

5)　たとえば2014年には零細農家の農地を借り上げて大規模生産者を育成する目的で、農地中間管理機構（農地集積バンク）の運用が開始された。同機構の事業費の大半は国費によって賄われ、耕作を放棄している農地保有者が同機構を通して農地を貸し出した場合にも税金によって奨励金が支給される。しかしそもそも耕作の意思のない農業者がなかなか土地を手放さないのは、農地を保有しているだけでこうした不労収入が得られることや、農地の固定資産税が宅地や商業地の固定資産税に比べて極端に優遇されているためである。農地の固定資産税を引き上げ、耕作せずに農地を保有し続けることのコストを十分に高めれば、奨励金などなくても農地保有者が自分で土地の借り手や買い手を探すようになるはずである。

324

# 第19章 通貨制度の選択と外国為替市場介入

## 1 はじめに

本章では、国際経済政策の別の例として、**外国為替市場介入**と**公的外貨準備の管理**を採り上げる。一国の通貨制度（為替相場制度）は**固定為替相場制度**と**変動為替相場制度**に大別される。固定相場制の採用国では、政府や中央銀行が自国通貨と外国通貨の為替レートを**平価**として定め、それが維持されるように経済政策を運営する。変動相場制の採用国では平価が設定されず、民間部門の自由な通貨の売買によって為替レートが決定する。

今日の先進諸国の多くは1930年代初頭まで自国通貨建てで金の価格を固定する**金本位制度**を採用していた。各国が自国通貨と金の交換比率を固定すると、これらの国々の通貨の交換比率も決定するため、金本位制は一種の固定相場制だった。しかし1930年代に世界的な不況が発生すると、主要国は次々に金の価格を引き上げて自国通貨を外国通貨に対して減価させ、輸出促進を図ろうとした。それに第18章で言及した輸入制限とブロック経済化が重なり、第二次世界大戦の一因となったと言われている。

この時の経験にもとづき、第二次世界大戦終了後には、アメリカがドルで測った金の価格を固定し、他の国々が自国通貨をドルに対してペッグする（＝自国通貨とドルの為替レートを固定する）という**金・ドル本位制**が設立された。この金・ドル本位体制も一種の固定相場制であり、日本は長い間1ドル＝360円の為替レートを維持することになった。

しかしその後に国際間の資金移動が活発化すると、金・ドル本位制はうまく機能しなくなり、1970年代に多くの先進諸国が変動相場制に移行していった。ただし一部の西欧諸国の間では独自に為替相場を安定させる試みが続けられ、それが**ユーロ**を共通通貨とする今日の**欧州通貨同盟**に発展した。多くの開発途上国は1970年代以降も固定相場制ないしそれに近い制度を維持してきたが、近年はこれらの中にも変動相場制に移行する国が現れている。

第19章で解説したように、変動相場制採用国の通貨の為替レートは将来

の為替レートの予想によって左右され、時としてモノやサービスの貿易の障害になるほど激しく変動することがある。そのような時に**通貨当局**（Monetary Authorities）が為替レートに影響を与える目的で通貨の売買を行うことを外国為替市場介入と呼ぶ。外国為替市場介入が行われると通貨当局が保有する外貨の量が変化する。こうした外貨は公的外貨準備と呼ばれ、それを適切に管理することも通貨当局の任務である。

　日本は欧米諸国とともに1973年に変動相場制に移行したが、政府や企業経営者の間で円高に対する警戒感が根強く、その後もしばしば円売り・外貨買いの為替介入が実施されてきた。その結果、政府の外貨準備が累増し、他の先進諸国とは比較にならないほどの巨額に膨れ上がっている。

　以下ではまず、第Ⅲ部で学んだ金融政策のしくみや金利平価と関連付けながら外国為替市場介入の機能について解説する。その後、日本と諸外国の通貨政策を比較し、日本の政策の問題点について考える。

## 2　外国為替市場介入と通貨当局のバランスシート

　先に為替介入は通貨当局が実施すると述べたが、通貨当局とは具体的に誰のことを意味しているのだろうか。

　世界の大半の国々においては、中央銀行が為替介入の判断を行い、外貨準備の管理も担当している。このような国々では中央銀行が通貨当局である。以下で解説するように、固定相場制の下では為替政策が金融政策そのものになるため、中央銀行がこれらをまとめて取り仕切ることが合理的である。

　一方、日本を含む一部の変動相場制採用国では、財務省などの政府機関が為替介入の決定権を持っている。ただしこれらの国々においても実際の通貨の売買は中央銀行に委託されることが多い。たとえば財務省が為替介入の判断を行って中央銀行に実務を委託する場合、財務省と中央銀行が通貨当局ということになる。後述するように、この種の国において為替介入が金融政策とどのような関係を持つかは場合によりけりである。

　上記の二つのタイプの通貨当局を念頭に置き、それぞれのケースにおける為替介入と通貨当局のバランスシートの関係を示したのが図表1である。こ

**図表 1　通貨当局のバランスシート**

こでは簡略化のために自己資金等は考慮せず、政府部門に関しては為替介入と関係を持つ部分だけを取り出している。また、現実の中央銀行は多様な資産を保有しているが、以下では国債か外貨資産だけを保有するものと考える。

　左側のパネル (a) では、中央銀行が自己の資金を用いて為替介入を行い、外貨準備も保有しているため、中央銀行と通貨当局のバランスシートは同一である。この種の国において為替介入が実施されると、中央銀行のバランスシート上で外貨準備（資産）と準備預金（負債）が同額だけ変化する[1]。し

---

1) たとえば中央銀行が民間銀行を相手に外貨買い・自国通貨売り介入を実施すると、そ

第 19 章　通貨制度の選択と外国為替市場介入　327

かし準備預金はベースマネーの一部なので、そのままではコールレートなど
の金利が変化し、貨幣乗数が一定ならマネーストックも変化する。このよう
にベースマネーの増減を伴う為替介入を**不胎化されない為替介入**（unsterilized
intervention）と呼ぶ。この種の為替介入は第 14 章で解説した金融緩和や引
き締めと同じ効果を持っている。

　中央銀行が為替介入によるベースマネーの増減を望まない場合、為替介入
と同時に国債の売りオペや買いオペを実施し、準備預金の増減を相殺する必
要がある。このようにベースマネーを一定に保ちながら行われる為替介入を
**不胎化された為替介入**（sterilized intervention）と呼ぶ。この種の為替介入の
場合、通貨当局のバランスシートの規模は変化せず、資産総額に占める外貨
準備と国債保有額の内訳だけが変化する。

　上記のどちらのケースにおいても、中央銀行の為替介入とともに外貨準備
の残高が変化するのは同じである。自国通貨買い・外貨売り介入を行う際に
は売却用の外貨が必要になるため、為替介入を行う意思を持つ中央銀行は平
素からある程度の外貨準備を保持しておく必要がある。また、これらの外貨
準備は直ちに換金可能な銀行預金や外国政府債などの形で保有しておくこと
が望ましく、他の目的に流用すべきでない。

　次に右側のパネル（b）は、政府が為替介入の決定権を保持し、外貨準備
も所有しているケースである。政府は中央銀行のように自ら通貨を発行する
ことができないので、自国通貨売り・外貨買いの為替介入を実施する場合、
何らかの方法で売却用の自国通貨を調達する必要がある[2]。その方法はいろ
いろと考えられるが、最も単純な方法は国債を発行して民間投資家から資金
を集めることである。そうして調達した自国通貨を売って外貨を購入すると、
政府のバランスシートはパネル（b）の中段のようになる。このバランスシー
トを見ると気づくように、政府が国債を発行して外貨買い介入を実施すると、
事後的には政府が借金を負って外貨資産に投資したのと同じことになる。

　パネル（b）の国の中央銀行が金融政策の一環としてもともと国債を保有

---

　の銀行の準備預金口座に自国通貨が振り込まれ、外貨準備と準備預金が同額増加する。
2)　自国通貨買い・外貨売り介入は外貨準備さえあれば可能である。

328　第Ⅳ部　政策編

している場合、中央銀行と政府のバランスシートを統合すると、政府の国債
（負債）と中央銀行の国債（資産）が相殺され、右下の図のようになる。これ
は見かけ上はパネル（a）の通貨当局のバランスシートと同一だが、外貨準
備の保有者は中央銀行ではなく政府である。

　パネル（b）の国において中央銀行が政府の為替政策と独立に金融政策を
遂行し、ベースマネーを一定に保っている場合、為替介入は必ず不胎化介入
になる。しかし政府が発行した国債を中央銀行が引き受けるなどしてベース
マネーが変化することを許容した場合、不胎化されない介入となる[3]。

　上記において不胎化されない為替介入と不胎化された為替介入を区別した
のは、これらの為替レートへの影響が異なるからである。その理由を理解す
るために、まず、以前に学んだカバーなしの金利平価式を思い出そう。

$$\frac{S_1^e - S_0}{S_0} = i - i^*　\tag{1}$$

この式の各項の意味は第Ⅲ部と同一である。

　最初に固定相場制の採用国を考え、この国の通貨当局が特定の平価を維持
しているとしよう。民間投資家が次期にもこの平価が維持されると予想して
いる場合、$S_1^e = S_0 =$ 平価であることから(1)式の左辺 = 0 となり、$i = i^*$ と
なる。このことを別の言葉で表現すると、将来に渡って平価が維持されると
国民に信じてもらうためには、通貨当局が外国金利の変化に合わせて自国金
利を調整することが不可欠となる。先に「固定相場制の下では為替政策が金
融政策そのものになる」と述べたのはそのためである。

　たとえば、上記の状況において外国の金利が下落した場合、通貨当局は直
ちにベースマネーを増やして自国の金利を引き下げる必要がある。当局は国
債の買いオペを通じてそれを行うこともできるが、外貨買い・自国通貨売り

---

3)　第14章で解説したように、中央銀行が政府の命じるままに国債を引き受ける義務を
　　負わされると、早晩財政ファイナンスが行われ、物価の管理が不可能になる。ある政府
　　債が為替介入のために発行されたのか財政ファイナンスのために発行されたのかを客観
　　的に判別することは難しいため、日本を含む多くの国々は政府が中央銀行に為替介入の
　　資金を直接用立てさせることを禁じている。

の為替介入を行い、それに伴う準備預金の増加を不胎化せずに放置してもよい。ベースマネーが変化しない不胎化介入によって平価を保つことはできない。

一方、変動相場制採用国の通貨当局は原則として為替レートの動向に責任を負わないので、金利とベースマネーを自由に操作することが可能である。(1)式において $i^*$ が与えられ、自国の中央銀行が特定の $i$ を選択すると、左辺の $(S_1^e - S_0)／S_0$ の値が決定するが、それを満足する $S_0$ と $S_1^e$ の組み合わせは無数に存在する。いま、直物レート $S_0$ がある特定の値をとっているとして、通貨当局がその値を小さすぎる（＝自国通貨が高すぎる）と考えたとしよう。通貨当局が $S_0$ を大きくすることを望む場合、どのような手段があるだろうか。

(1)式の $S_1^e$ は外国為替市場参加者の予想値だから、通貨当局が自由に操作することはできない。$S_1^e$ と $i^*$ の値を一定とすると、(1)式を満足しながら $S_0$ を大きくするためには、$i$ を引き下げる、すなわちベースマネーを増加させる必要がある[4]。先の固定相場制のケースと同様に、通貨当局はそれを国債の買いオペを通じて行うこともできるし、不胎化されない外貨買い介入によっても行うこともできる。政府が為替介入の権限を持つ国において不胎化されない介入を行うためには、政府と中央銀行が連携し、政府の為替介入と同時に中央銀行が国債を買い増す必要がある。

しかしこの種の国々の中央銀行は必ずしも政府に受動的に協力する義務を負っておらず、独自の判断でベースマネーを管理していることが多い。その場合、政府が為替介入を行っても(1)式の $i$ が変化しないから、金利の変化を

---

4) ただし通貨当局によるベースマネーの操作に反応して $S_1^e$ が変化する場合、$S_0$ がどれだけ変化するかは必ずしもはっきりしない。第14章で解説したマネタリー・モデルによると、ベースマネーの増加にともなってマネーストックが増加すると、いずれは物価が上昇し、自国通貨の名目為替レートが減価するはずである。物価の調整には一定の時間を要するが、いずれそれが生じることが見通されていれば、不胎化されない為替介入が行われた途端に $S_1^e$ が上昇し、$S_0$ が $i$ の下落幅を上回って上昇する可能性がある。こうした名目為替レートの**オーバーシューティング現象**が発生する場合、不胎化されない為替介入は非常に大きな効果を持つことになる。オーバーシューティングに関する詳しい説明は高木（2011）の第7章を参照。

330　第Ⅳ部　政策編

通じて $S_0$ を操作することは不可能である。そうした国においても為替介入が行われることがあるのは、それによって外為市場参加者の予想に働きかけ、(1)式の $S_1^e$ を動かすことを狙っているからである。

　しかし外国為替市場の参加者がこの種の為替介入にどのように反応するかははっきりしない。市場参加者がそれを通貨当局が現在の為替レートに不満を抱いている証拠だと考え、近い将来にベースマネーの調整が行われると予想した場合、(1)式の右辺の値が一定でも $S_1^e$ と $S_0$ が上昇する可能性はある。しかし現実の市場参加者は当局の希望を熟知していることが多く、不胎化介入が実施されても予想を修正しないかも知れない。また、不胎化されない介入なら効果があるのに不胎化介入が行われた場合、政府と中央銀行の意見が一致していないと受け止められ、やはり予想が変化しないかもしれない。

## 3　通貨制度の選択

　外国為替市場介入と金融政策の関係を説明したところで、主要国の通貨制度と外貨準備の保有状況を概観してみよう。固定相場制の下では外国に金融政策を委ねることになるため、自国の経済と金融市場が十分に発達し、中央銀行が物価や景気の管理能力を持つ国がそれを採用する理由は乏しい。ただし変動相場制の下では為替レートが絶えず変動するため、海外との貿易や金融取引が多い国では物価や景気が不安定化する可能性がある。したがって他の条件が同一なら、所得水準が高く金融市場が発達した国ほど変動相場制のメリットが大きく、貿易額や海外との投資額の GDP に対する比率が低い国ほどそれを採用するデメリットが小さくなると考えられる。

　図表 2 は、OECD 加盟国の一人当たり GDP と貿易依存度、通貨制度の関係をグラフに描いたものである。ここでは国際通貨基金（IMF）の分類をもとに各国の通貨制度を「自由フロート制」と「その他の通貨制度」の二つに分類している。これらのうち「自由フロート制」が自由な変動相場制を意味し、「その他の通貨制度」の中には、変動相場制を採用しつつ通貨当局が頻繁に為替介入を行っているケースや、自己通貨を特定の外国通貨に対して厳格にペッグ（固定）しているケースが含まれている。

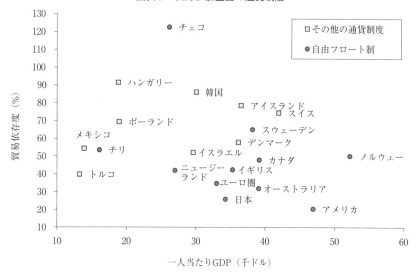

図表2 OECD加盟国の通貨制度

(注) 各国の通貨制度は2012年4月現在のIMFの分類による。横軸の一人当たり実質GDPはPPPベースで2010年の値。縦軸の貿易依存度は各国の貿易総額の名目GDPに対する比率で2010年の値。ユーロ圏の貿易依存度は域内貿易額を除いて計算した。
(出所) IMF, *Annual Report on Exchange Arrangements and Exchange Restrictions*, *World Economic Outlook Database*; CEPII/Bureau van Dijk, *Chelem Database* をもとに作成。

　図表2では、横軸に各国の一人当たり実質GDPをとり、縦軸に貿易依存度をとっている。先の説明によると、この図において右下に位置する国ほど変動相場制に適した国だと考えられる。この予想は的中しており、右下の国々がいずれも自由フロート制の採用国であるのに対し、左上に位置する国々の中には他の制度の採用国が多く含まれている。この図を見る限り、日本が変動相場制以外の通貨制度を採用する理由は乏しいようである。

　次に、上記の国々の中から変動相場制の採用国をいくつか抽出し、それらの国々と日本の政策をより詳細に比較したのが図表3である。ここでは実質GDPで測った経済規模が大きい順に上から9カ国・地域を並べている。第8章で見たように、一国の人口と貿易依存度の間には負の相関関係があり、人口が多い国ほど貿易依存度が低くなる傾向がある。一国のGDPは人口と一人当たりGDPの積であり、後者はほぼ所得水準と対応しているので、こ

図表3 主要国における外国為替市場介入と公的外貨準備管理の実施体制

| 国・地域 | 外国為替市場介入 | | | 外貨準備 | | | |
|---|---|---|---|---|---|---|---|
| | 判断主体1) | 介入頻度 | 情報開示 | 保有主体 | 運用主体1) | 情報開示 | 保有残高2) |
| アメリカ | 政府（中央銀行）3) | 低3) | 高 | 政府・中央銀行 | 中央銀行（政府） | 高 | 43 (0.3) |
| ユーロ圏 | 中央銀行4)（政府） | 低3) | 中 | 中央銀行4) | 中央銀行4) | 高 | 54 (0.4) |
| 日本 | 政府 | 中 | 中 | 政府5) | 政府5) | 低 | 1,202 (24.5) |
| イギリス | 政府・中央銀行 | 低3) | 高 | 政府（中央銀行） | 中央銀行（政府） | 高 | 78 (3.1) |
| 韓国 | 政府 | 高 | 低 | 中央銀行（政府） | 中央銀行・政府6) | 低 | 336 (27.5) |
| カナダ | 政府（中央銀行） | 低3) | 高 | 政府 | 政府・中央銀行 | 高 | 59 (3.3) |
| オーストラリア | 中央銀行 | 低 | 中 | 中央銀行 | 中央銀行 | 高 | 42 (2.8) |
| スウェーデン | 中央銀行 | 低3) | 高 | 中央銀行 | 中央銀行 | 高 | 55 (9.9) |
| ニュージーランド | 中央銀行 | 中 | 中 | 中央銀行 | 中央銀行 | 高 | 12 (6.6) |

（注1）かっこ内は限定的な権限や影響力を有する主体を意味する。
（注2）左側の数値の単位は10億ドル、かっこ内の数値はGDPに対する比率で単位はパーセント（いずれも2013年末時点）。ユーロ圏は欧州中央銀行保有分のみ。
（注3）過去10年間に為替介入の実績なし（外国の依頼による協調介入をのぞく）。
（注4）ユーロ圏には欧州中央銀行以外に各国の中央銀行が存在する。為替介入の際にはこれらの中央銀行が協議して方針をまとめ、事前に各国の財務当局等の許可を得ることになっている。欧州中央銀行の保有外貨は複数に分割した上で加盟国の中央銀行に運用委託されている。
（注5）日本銀行も外貨を保有しているが、政府保有分に比べると非常に少額である。
（注6）政府の意向により、一部が政府系ファンド（政府が保有する投資基金）と呼ばれる運用基金に運用委託されている。
（出所）IMF, International Reserves and Foreign Currency Liquidity, World Economic Outlook Database 及び各国の公表資料等をもとに作成。

の表の上位に位置する国ほど変動相場制のメリットが大きく、通貨当局が多額の外貨準備を保有して為替介入を行う必要性は乏しいはずである。

　最初に左側の外国為替介入に関する欄を見ると、多数国で単一通貨を共有する欧州通貨同盟の国々を別とすると、一番上のアメリカから六番目のカナダまでは政府が為替介入の主たる決定権を有し、財務省ないしそれに類する省庁が担当機関になっている。ただしこれらの国々の中で財務省が介入の権限を独占しているのは日本と韓国だけで、他の国々では何らかの形で中央銀行の意見を取り入れるしくみがつくられている[5]。また、日本と韓国以外の国々では過去10年間に外国の依頼による**協調介入**以外の為替介入の実績がなく[6]、財務当局の介入権限は実際には利用されていない。

　一方、オーストラリアからニュージーランドまでの三か国では、中央銀行が為替介入の判断主体になっている。ただしこれらの国々の中央銀行は第13章で言及したインフレーション・ターゲッティングを採用しているため、国内物価の安定を優先して行動することを義務づけられている。これらの中央銀行は物価の安定を損なわない範囲で為替介入を行うことが可能だが、事後的にその判断が正しかったか否かを政府に厳しく問われる立場にある。そのため、これらの国々においても為替介入の頻度は高くない。

　次に右側の外貨準備の欄を見ると、アメリカからカナダまでの六か国においては政府が外貨準備のすべてないし一部を保有しているのに対し、他の三か国では中央銀行が保有主体になっており、為替介入と外貨準備の責任者がおおむね一致している。ただし政府が為替介入の判断を行う国において実際の通貨売買が中央銀行に委託されるのと同様に、政府が外貨準備を保有する国でもその運用管理は中央銀行に委ねられるケースが多い。これは日常的に金融市場に接している中央銀行が政府に比べて金融資産の運用に適しているからだと思われる。この点に関する唯一の例外が日本であり、後述するように、政府が保有する外貨準備のすべてを財務省が運用管理している。

---

5)　韓国の中央銀行法には政府に通貨政策に関する助言を行う旨の規定があるが、現実には政府が独自に判断を行うことが多いようである。

6)　たとえば東日本大震災後に一時的に円高が進んだ際、これらの国々は日本の要請に応じて小規模な円売り介入を実施した。

334 第Ⅳ部 政策編

　図表3の最右欄において各国の外貨準備の規模を比較すると、ドル建ての残高と対GDP比率のどちらに関しても日本と韓国の値が非常に大きい。上述したように、この表で上位に位置する国ほど変動相場制に適しており、通貨当局が多額の外貨準備を抱えて為替介入を行う必要性は低いはずである。それにも関わらず日本と韓国の外貨準備が多いのは、これらの国々において外貨買いに偏った為替介入が行われているためだと思われる。

　最後に、図表3において為替介入と外貨準備の管理に関する情報の公開状況を見ると、介入頻度が低く外貨準備の残高が少ない国々の間で情報公開が進んでいるのに対し、日本と韓国においては公表される情報が限られている。為替介入に関しては情報を公開しすぎると効果が失われるという意見もありうるが、外貨準備は国有財産の一部だから、どのような方針と手法でそれを管理しているのかを国民に知らせるのが筋である。第16章で解説したように、そうした情報開示が不十分だと、政治家や行政官庁に国民の利益に反する行動をとる誘因を与えることになる。

## 4　日本の通貨政策とその問題点

　最後に、日本の通貨政策についてもう少し詳しく検討しておこう。日本では財務省が為替介入と外貨準備の管理を専管しており[7]、最終責任者は財務大臣である。外貨準備と為替介入にまつわる資金の出入りは中央政府の**外国為替資金特別会計**（外為特会）によって管理されている。特別会計とは、国が行う特定の事業に関する収支を一般会計から切り離し、事業の透明性と効率を高める目的で設置されるものである。しかし多数の特別会計が乱立して一般会計との関係が複雑化すると、むしろ個々の事業の状況が不明瞭になり、政府財政全体の健全性が損なわれる可能性がある。後述するように、外為特会においてもそうした弊害が認められる。

　図表4は、外為特会と為替介入、外貨準備の関係を示したものである。財務省が円売り・外貨買い介入を実施する場合、**政府短期証券**（FB、Financing

---

7)　正確には日本銀行も外貨準備の一部を保有しているが、これは過去に政府から預かった外貨の運用収入が累積したもので、政府の保有外貨に比べると少額である。

図表4　外国為替資金特別会計と外国為替市場介入

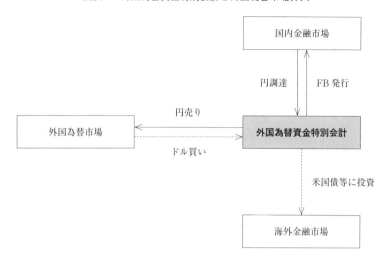

Bills）と呼ばれる満期3か月程度の割引債を発行し、売却用の円資金を調達する。第2節では国債を発行して介入を行うと説明したが、日本のFBは通常の国債とは法的位置づけが異なり、事前に決められた上限の範囲で財務省が自由に発行できる[8]。FBは正確には直接市中で販売されるのではなく、いったん日本銀行に引き受けてもらって一時的に資金を融通させ、後に入札にかけるという手続きが採られているが、日銀が為替介入に合わせてベースマネーの目標値を変化させない限り、日本の為替介入は不胎化介入となる。

図表5は、日本の為替介入のデータが公表されるようになった1991年以降の円の為替レートと為替介入の実施状況、公的外貨準備の残高の推移をグラフに描いたものである。上段のグラフを見ると分かるように、日本の為替介入のほとんどは円売り・外貨買い介入（そのほとんどがドル買い介入）であり、円買い介入は1998年以来まったく行われていない。為替介入の頻度は必ずしも高くないが、一時期に集中的に実施される傾向があり、近年になるにつれて各回の規模が拡大している。

---

8）　ただし民間投資家から見るとFBは満期が迫った国債と実質的に同じものである。

336　第Ⅳ部　政策編

図表5　日本の外国為替市場介入と公的外貨準備

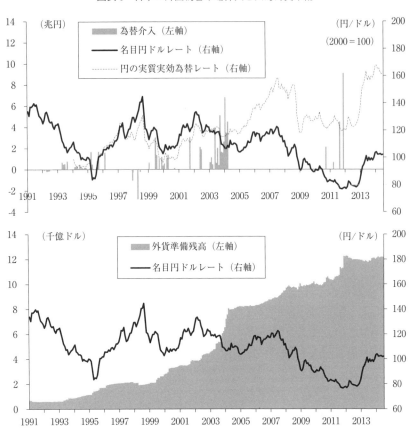

(注) 為替介入は正の数値が円売り・外貨買い介入を表し、負の数値が円買い・外貨売り介入を表す。円の実質実効為替レートは便宜的に2000年の平均値が100になるように調整した。外貨準備は金やIMF出資金等を除く。
(出所) 財務省「外国為替平衡操作の実施状況」、IMF, *International Financial Statistics* 及び BIS, *Effective Exchange Rates* (Broad Index) をもとに作成。

　上段のグラフにおいてもう一つ気づくのは、日本政府の為替介入が名目円ドルレートの円高が進む時期に行われる傾向があり、円の実質実効為替レートがあまり考慮されていないように見えることである。第13章で解説したように、ある国の通貨が高いか安いかを判断する際に参照すべきなのは実質

実効為替レートであり、特定の外国通貨との名目為替レートではない。財務
省は 2003 ～ 2004 年と 2010 ～ 2011 年にそれぞれ約 35.3 兆円と約 16.4 兆円
の円売り介入を実施したが、実質実効為替レートを基準とした場合、これら
の時期がいちじるしい円高だったとは言えないようである。

　過去の円売り一辺倒の為替介入の結果として、日本の公的外貨準備は累増
を続けてきた。図表 5 の下段のグラフを見ると、為替介入が行われなかった
2000 年代後半にも外貨準備が増加しているが、これは過去に買った外貨の
利息収入をそのまま再投資しているためである。また、こうした再投資が続
けられているにもかかわらず、ここ数年は残高の上昇がストップしている。
これは後述するように、外為特会の外貨の一部が為替介入以外の目的に使用
されるようになったためである。

　それでは、こうした巨額の為替介入は円安誘導効果を持ったのだろうか。
第 2 節の解説によると、不胎化しない介入は効果を持つが、不胎化介入は民
間投資家の予想を変えない限り効果を持たない。図表 5 上段のグラフでは
2003 ～ 2004 年と 2010 ～ 2011 年の大規模介入の後に円ドルレートが円安に
振れているが、どちらの時期においても介入終了から円安傾向がはっきりす
るまで 1 年近く経っており、それを為替介入の成果と見なすことは難しい。
また、第 14 章で見たように、これらは日本銀行が量的緩和政策によってベー
スマネーを急激に増加させていた時期に当たっている[9]。ベースマネーの増
加が円安をもたらしたとすると、為替介入は不要だったことになる。

　図表 6 は、日本を含むいくつかの国々の通貨の実質実効為替レートの推移
を比較したものである。ここに示した国々のうち、イギリスは 1992 年、カ
ナダは 1998 年、スウェーデンは 2002 年にそれぞれ為替介入を停止し、その
後は実施していない。欧州通貨同盟は 1999 年にユーロを導入した後、2000
年に数回ユーロ買い介入を試みたが、それ以降は実施してない。一方、上述
の通り、日本と韓国は通貨当局が状況に応じて為替介入を行う意思を持ち、
実際にそれを行ってきている国々である。

---

9)　これらの時期にはアメリカの中央銀行が金融引き締めないし近い将来の金融引き締め
　を示唆する政策に転じており、その影響も大きかったと考えられる。

図表6　主要国の実質実効為替レートの推移

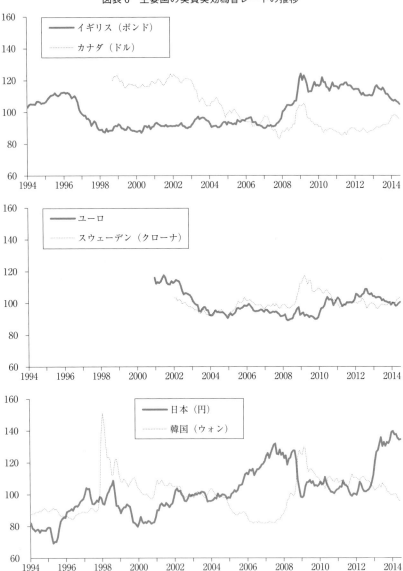

（注）いずれも期間中の平均値 = 100 として計算した。カナダ・ドルとユーロ、スウェーデン・クローネに関しては為替介入が停止された後の推移だけを示している。
（出所）BIS, *Effective Exchange Rates*（Broad Index）をもとに作成。

第 19 章　通貨制度の選択と外国為替市場介入　339

　日本と韓国の為替介入が純粋に自国通貨の乱高下を防止する目的で実施され、それに成功している場合、円と韓国ウォンの実質実効為替レートは他の国々の通貨に比べて安定しているはずである。しかし図表6を見る限り、円と韓国ウォンのレートは他の通貨に比べてずっと不安定である。何らかの理由で円とウォンがもともと不安定だったからこそ為替介入が行われたという解釈もありうるが、それが本当だとすると、その理由とは何だろうか。

　上述のように、日本と韓国では政治家との距離が近い財務当局が為替介入を担当しているため、自国通貨が減価して輸出が堅調な時にはそれを放置し、自国通貨高が進んで輸出が伸び悩む時だけ介入を行うということになりやすい。また、不胎化介入が効果を持ちにくい以上、当局があくまでも自国通貨高を阻止したいと考えた場合、外貨の買い入れ額を拡大して力づくで民間投資家の行動を変化させるか、あるいは中央銀行に圧力をかけて金融緩和を迫ることになりやすい。そうした政策が採られた場合、金融市場や外国為替市場が不安定になり、かえって為替レートが乱高下してもおかしくなさそうである。実際、図表6の他の国々は過去にそうした失敗を経験し、その後に為替介入から手を引くようになったという経緯がある。

　日本の外貨準備が巨額の為替介入によって累増していることは、政府財政にも好ましくない影響をもたらしている。その理由を理解するために、ここで再び(1)式の金利平価式に戻ってみよう。第15章で解説したように、この式の $S_1^e$ が次期の直物レート $S_1$ と一致するとは限らないが、予想が上振れする時も下振れする時もあるとすると、今期と次期の間を十分に長くとればこうした予想のブレが相殺され、$S_1^e$ と $S_1$ がほぼ一致するはずである。そこで(1)式の $S_1^e$ を $S_1$ で置き換え、さらに右辺の $i^*$ を左辺に移行することにより、この式を以下のように書き換える。

$$i^* + \frac{S_1 - S_0}{S_0} = i \tag{2}$$

　上式を外為特会のバランスシートと対応させると、右辺の $i$ が FB 発行による円資金の借り入れコスト、左辺が外貨準備の運用の総合利回りに対応する。この総合利回りは、①外貨資産が生み出す利息収入の $i^*$、②為替変動に

340 第IV部 政策編

よる外貨資産の円評価額の変動を意味する$(S_1 - S_0)/S_0$、の二つの部分によって構成されている。今期から次期にかけて円高が進んだ場合、$(S_1 - S_0)/S_0$が負となり、キャピタル・ロスが発生する。

FBは満期3か月程度の短期債だから、上記の$i$はコールレートなどの短期金利とほぼ対応している。第14章で見たように、日本では1990年代末からゼロ金利ないしそれに近い政策が続けられており、本書の執筆時点で外為特会の資金調達コストはほぼゼロである。

一方、(2)式の$i^*$がどのような値になるかは、財務省が外貨準備をどのような資産に投資するかによって変化する。第12章で解説したように、他の条件が同一なら、金融資産の利回りは満期までの期間が長いものやリスクの大きいものほど高くなる。したがって財務省がFBより残存期間が長いアメリカの国債などに投資した場合、(2)式は

$$i^* + \frac{S_1 - S_0}{S_0} > i \fallingdotseq 0 \tag{3}$$

となるはずである（≒は「ほぼ等しい」ことを表す）。

ところで、(2)式や(3)式において$i$の値が一定だとすると、$i^*$と$(S_1 - S_0)/S_0$はどちらかが増えるとどちらかが減少するという関係にある。したがって各年度末に外為特会の決算を行う際には、(3)式のすべての項を含めて収益を計算する必要がある。しかし現行の会計ルールでは確定した損益だけを決算すればよいことになっているので、保有資産の目減り分の$(S_1 - S_0)/S_0$は計算に含めず、そのまま翌会計年度に持ち越している。$i$がほとんどゼロの状態で$i^*$のみをもとに収益を計算することが許される場合、外貨準備を残存期間が長い資産やリスクの高い資産に投資することによっていくらでも利益を増やすことができてしまう。すなわち、政府がその時々の思いつきで為替介入を行い、その後に円高が進んで外貨準備に為替差損が発生しても、その責任を問われることがないわけである。

日本の外貨準備に関しては情報公開が十分でないため、実際にどのような運用が行われているのかは必ずしもよく分からない。しかし、財務省が公表している資料を見ると、外為特会が保有する外貨資産の平均残存期間はしだ

いに長くなっており、2012年度末時点で残存期間5年超の債券が約3割を占めている。また、国会議員等の強い要請により、2009年から外為特会の外貨の一部が政府系金融機関を通じて日本の海外進出企業に貸し付けられるようになり、しだいにその残高も増加している。先に「外為特会の外貨の一部が為替介入以外の目的に使用されるようになった」と述べたのはこのことである。

外為特会を含む特別会計は、毎会計年度末に上記の要領で利益を算出し、それを翌会計年度以降の一般会計の歳入に繰り入れることになっている。ただし(3)式の $i^*$ は外貨の運用収入だから、それを一般会計に取り入れて使用するためには、外貨を円に兌換することが必要である。しかしそのために外貨を売って円を買うとすると、通常の為替介入と逆の取引を行うことになり、場合によっては円高の原因になりうる。そのため、先述したように、財務省は外貨準備の運用収入を日本に持ち帰ることを一切せず、機械的に新しい外貨資産に再投資している。

しかし日本の一般会計は慢性的な歳入不足であり、外為特会からの繰入金は何としても利用したい資金である。そこで財務省は外為特会の計算上の利益に相当するFBを新たに発行し、そうして集めた円資金を一般会計に取り入れて歳出の一部に充てている。すなわちFBという負債を発行して外貨を購入し、その利息収入に手を付けずに利用するために新たにFBを発行するということをくり返してきている(熊倉 2011b)。

こうした毎年の繰入額はすでに2兆円前後に達し、それなくしては一般会計歳入に大きな穴が開く状況になっている。その一方、外為特会では為替介入が行われるとFB発行残高が急増し、それが行われなくても一般会計への繰入金の分だけ増加するため、2012年度末時点で110兆円強という巨額に膨れ上がっている。本書の執筆時点でこれらのことを問題視する人は少ないが、将来のどこかの時点で政府財政の信認が失われて金利が急上昇したり、安全だと思っていた外国資産の価値が大きく毀損したりした場合、深刻な問題となって表面化する可能性がある。このようなことが放置されていることにも、今日の日本において第16章で議論した政府と政策の監視体制が機能していないことが現れている。

第 20 章　アベノミクスと日本経済のゆくえ

## 1　はじめに

　本章では第Ⅳ部のしめくくりとして、本書の執筆時点で実施されている日本の経済政策の全体像をやや詳しく分析する。そうすることにより、前章までで解説した個別の政策を含む日本の政策の問題点がより明瞭になると思われるからである。これまでにも随所で著者の考えを述べてきたが、本章では著者自身の見方にもとづく分析が多くなる。読者にはその点を了解願いたい。

　第 14 章で触れたように、日本では 2012 年末の衆議院選挙において自民党が政権復帰を果たし、第二次安倍晋三内閣が成立した[1]。安倍政権の経済政策は、①大胆な金融緩和、②機動的な財政政策、③民間投資を喚起する成長戦略の「三本の矢」から構成され、全体として**アベノミクス**と呼ばれている。政府はこれらの政策を通じ、日本の名目経済成長率と実質経済成長率をそれぞれ 3％と 2％（いずれも年率）に引き上げることを目指している。

　安倍政権の経済運営には国内外から注目が集まり、組閣から 1 年半以上経った本書の執筆時点でも比較的高い評価を得ている。しかし安倍政権の経済政策が過去の政権の政策とまったく異質なわけではなく、むしろ従来型の政策をシンプルかつ強力な形で打ち出したものが多い[2]。本章ではアベノミクスを中心に議論するが、その主たる目的は現政権の政策運営に関する時論を展開することではなく、日本の経済政策の特徴とその背後にある考え方の問題点を考察することにある。

　以下ではまず、アベノミクスの第一の矢である大胆な金融緩和と為替レートの関係を分析し、その後、それが第二の矢の財政拡大と相まって政府の財

---

1)　安倍氏は 2006 年に初めて首相に就任したが、体調不良を理由に約一年間で辞任している。

2)　たとえば「名目で 3％、実質で 2％」という経済成長率の目標は野田佳彦前内閣のものと同一である。また、野田政権末期にも与党政治家の間で日本銀行に対する圧力が強まり、金融緩和策が強化されていた。

政管理にどのような影響を与えるかを議論する。最後に第三の矢である一連の成長政策について、それらの背後にある考え方とともに検討する。

## 2 金融緩和と為替レート

アベノミクスの第一の矢を体現するのが、2013年4月に開始された日本銀行の異次元緩和である。異次元緩和の公式の目的は、日本銀行が大規模な長期国債の買いオペを行うことによって通貨量を拡大しながら長期金利を引き下げ、民間投資の促進とデフレ脱却を図ることである。ただしこの政策は同時に円安を促進し（あるいはいったん進んだ円安が円高に転じることを防止し）、輸出増を通じて景気浮揚効果を強めることも意図している。事実、安倍首相は野党時代から日本銀行の金融緩和不足が円高・デフレの原因だとくり返し主張してきたし、日本銀行総裁として異次元緩和を推し進めている黒田東彦氏も円高を牽制する発言をしばしば行っている[3]。

名目円ドルレートは2011年半ばから2012年9月ごろにかけて1ドル＝76～78円程度で推移した後に急速な円安に転じ、2013年半ば以降は1ドル＝100円前後で推移している[4]。その間の日本の物価上昇率が諸外国に比べて低かったことから、前章の図表3で見たように、円の実質実効為替レートは名目円ドルレート以上に大幅な円安となった。安倍政権発足から本章の執筆時点まで為替レートはおおむね政府の希望どおりに推移しているが、それを政府や日本銀行の成果と考えるべきか否かは判然としない[5]。ここではこの点には深入りせず、そもそも金融緩和を通じて為替レートを操作し、景気

---

3) 黒田氏は1997年から2001年にかけて財務省（旧大蔵省）の財務官として外国為替市場介入の陣頭指揮をとった人物である。

4) ただし本書の執筆が終了した2014年8月末から再び円安が進み、11月末時点で1ドル＝118円前後になっている。

5) 為替レートの反転は政権交代前に生じているので、それが異次元緩和の直接的な結果でなかったことは確かである。しかし第15章で解説したように、直物の為替レートは将来の為替レートの予想値が変化すれば直ちに変化するため、政権交代後の政策変更の期待によって円安が始まったと主張することも不可能でない。ただし民主党政権末期にも日本銀行は量的緩和を強化していたし、この時期には欧米の経済情勢や金融政策も変化している。

344　第Ⅳ部　政策編

刺激の材料にすることが望ましいかという問題について考えてみよう。

　為替レートと景気の関係は短期と中長期に分けて考えることが有益である。第14章で見たように、一国の通貨の名目為替レートは長期的には自国と外国の貿易財の物価が一致する水準に回帰するが、短期的には金利や投資家の予想によって変動する。名目為替レートの短期的な動きを考える上で有用なのが以下のカバーなしの金利平価式だった。

$$\frac{S_1^e - S_0}{S_0} = i - i^* \tag{1}$$

ここでは $S_0$ が直物の名目円ドルレート、$S_1^e$ が将来の名目円ドルレートの予想値を表すものとしよう。

　第12章で解説したように、中央銀行は通常、短期金利の操作を通じて間接的に長期金利に働きかけ、景気を管理しようとする。異次元緩和の開始時点で日本でもアメリカでも短期金利はほとんどゼロだったため、上記の $i$ と $i^*$ を日米の短期金利と見なした場合、右辺の値はゼロとなる。

　しかし異次元緩和は日本銀行が長期国債を買い入れて直接的に長期金利を引き下げることを目指している。上記の $i$ と $i^*$ が日米の長期金利だとして、$i^*$ と $S_1^e$ が一定の状態で $i$ が下落した場合、$S_0$ が上昇して円安となる。ただし第12章の図表1で見たように、異次元緩和開始時点で日本の長期金利はすでに相当低くなっていたので、こうした経路で円安が進む余地は小さい。そこで以下では(1)式の右辺を定数とみなし、外国為替市場参加者による将来の物価の予想が直物の為替レート $S_0$ にどのような影響を与えるかを考えよう。

　図表1は、日本の金融緩和が物価を介して名目・実質の円ドルレートにどのような影響を与えるかを図示したものである。アメリカの物価と日米両国の生産性の比率が一定の場合、名目為替レートは長期的には日本の物価と比例的に変化する。また、生産性が一定である限り、物価や名目為替レートがどうであれ、実質為替レートは長期的には一定である。ここでは当初の状態が $A$ 点で、日本の物価と名目円ドルレート、実質円ドルレートがそれぞれ $P_0$ と $S_0$、$R_0$ だったとしよう。パネル（$b$）の実質為替レートは第13章の(8)式によるものである。

図表1　金融緩和と為替レート

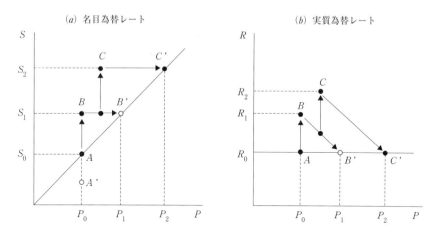

　上記の状態で日本銀行が巨額の買いオペを行い、ベースマネーを急増させたとする。ベースマネーと名目為替レートの関係は単純でないが、第14章で解説したように、中央銀行が大幅にベースマネーを増やせば、いずれは物価が上昇し、名目為替レートも上昇する可能性が高い。外国為替市場参加者がそうした物価の上昇を予想し、(1)式の $S_1^e$ が大きく上昇したとすると、$S_0$ も直ちに円安となる。図表1ではそれを $A$ 点から $B$ 点へのジャンプとして描いている。

　名目円ドルレートが $S_1$ となった時点で物価はもとのままなので、実質為替レートは当初に比べて円安になる。図表1のパネル ($b$) ではその時の実質円ドルレートを $R_1$ として示している。第14章で見たように、日本では円高が不況につながりやすい一方、円安は景気の押し上げ効果を持つことが多い。しかしその後に物価が実際に上昇し始めると、実質為替レートは下落し、いずれもとの水準に回帰する。図表1ではそれを $B$ 点から $B'$ 点への動きとして示している。ベースマネーの拡大が一回限りの場合、物価の最終的な落ち着き先は $P_1$ である[5]。

---

5）　次節で説明するように、一般的には物価が変化する時には金利も変化するため、現実の為替レートの動きはこれより複雑になる。

346 第Ⅳ部 政策編

しかし$B$点から$B'$点に向かう過程では景気浮揚効果が弱まるから、輸出企業や政治家から更なる金融緩和を求める声が上がる可能性が高い。日本銀行が再びベースマネーの拡大に踏み切ると、名目為替レートと実質為替レートは$C$点にジャンプし、長期的な終着点は$C'$点となる。その時の物価は$P_2$となり、当初の$P_0$に比べて大幅に高くなる。$C'$点に至る過程で更に金融緩和が行われた場合、最終的な物価と名目為替レートの上昇幅はさらに大きくなる。

上記の分析から分かるように、為替レートの操作を通じた景気浮揚策は一種のカンフル剤に過ぎず、一度打つときりがなくなるだけでなく、物価のコントロールが失われる可能性がある。また、日本において円安から直接的な恩恵を受けるのは輸出依存度の高い製造業だが、今日の日本は第5章で解説したクラークの法則の最終局面にあり、長期的には製造業の国内生産や雇用の減少が避けられない。そのような中で輸出の収益が一時的に改善すると、本来進むべき企業の新陳代謝や海外生産移転、それに伴う産業構造の変化が阻害され、それらが後に集中してしまう可能性がある。前著の第5章で解説したように、日本ではリーマン・ショック前の2004年から2007年ごろにかけて現実にそうした事態が発生し、その後の景気の落ち込みが必要以上に大きくなってしまった。

ただし思い切った金融緩和によって自国通貨を減価させる政策が常に望ましくないわけではない。たとえば当初の為替レートが長期的な均衡値に比べて著しく自国通貨高になっている場合、すなわち図表1（a）の出発点が$A$点ではなく$A'$点であるような場合には、そうした政策が正当化されるだろう。しかし第19章で見たように、円の実質実効為替レートは安倍政権の発足時点でとくに円高でなく、量的緩和が開始された2013年4月までにかなり円安が進んでいた。それにも関わらず当時の状況が「超円高」と呼ばれていたのは、日本では名目円ドルレートをもとに為替レートの適正水準を考える人が多いことに加え、輸出企業が海外で十分な収益を上げられる為替レートを均衡為替レートだと考える傾向があるためである。

また、自国の経済活動が何らかの理由で極端に停滞していて、一時的なカンフル剤によってそれが解消される可能性が高い場合にも、人為的な自国通貨安政策が正当化されることがあるかも知れない。後述する政府の成長戦略

にはそうした認識が示されているが、その客観的根拠は乏しい。事実、安倍政権発足前に日本の景気は底を打っており、当時の景況がとくに悪かったわけではない [6]。また、この種のカンフル剤は不況の輸出に近い性質を持っており、外国の反発を受けやすい。首相や閣僚が就任後に為替レートに直接的に言及することを避けるようになるのはそのためである。

## 3 金融緩和と経済成長

次に、異次元緩和を通じて長期金利を引き下げ、投資を促進する政策の是非を考えてみよう。金利と投資の関係を考える上では**名目金利**と**実質金利**の違いを理解することが重要である。そこで、まずこの点について解説しよう。

いま、ある不動産会社が銀行から年率5%の金利で融資を受け、賃貸マンションを建設したとする。こうした現実の資金貸借に適用される金利が名目金利である。その後に一般物価が毎年3%ずつ上昇し、このマンションの価値も毎年3%ずつ上昇したとしよう。その場合、この不動産会社にとっての実質的な金利は5%から3%を引いた2%であり、それを上回る家賃収入が得られる限り、このマンション投資は正の収益を生む。このように名目金利から物価上昇率を引いた値を実質金利と呼ぶ。

上記の例から分かるように、企業や家計が設備投資や住宅投資を行うか否かを決断する際に参照すべきなのは名目金利ではなく実質金利、とりわけ長期の実質金利である。これまでの章では名目金利と実質金利を区別せずに議論してきたが、これは物価が変化しない状況や物価が一定の速度で変化する状況を念頭に置いていたからである。しかし物価上昇率が変化する時にはこれらの区別が重要となる。

企業や家計が資金を借り入れる時点で返済時までにどれだけ物価が上昇するかは決まっていないから、その値を予想して実質金利を割り出さねばならない。したがって資金貸借時の名目金利と実質金利の関係は

---

6) 政府の景気基準日付によると、2012年4月に始まった景気後退は同年11月に底を打ち、その後、回復期に入っている。

348　第Ⅳ部　政策編

$$名目金利 = 実質金利 + 予想物価上昇率 \qquad (2)$$

となる。異次元緩和は、名目金利の押し下げと予想物価上昇率の押し上げを通じて実質金利を大きく引き下げ、企業や家計の投資意欲を喚起することを狙っている。しかし以下で述べるように、そうした政策の効果や意義に関しては慎重な検討が必要である。

　第一に注意すべきなのは、実質金利が投資に影響を与えることは事実としても、その主たる決定要因では必ずしもないことである。第14章で解説したように、企業が設備投資を実施するか否かを決定する際に最も重要なのは自社の商品やサービスに対する需要の見通しであり、資金調達コストは副次的な判断材料にすぎないことが多い。また、家計の住宅需要は人口や世帯構成によってある程度決まっているから、無理やり住宅ローンの金利を引き下げて投資を喚起しても、将来の需要の先食いになってしまう。

　第二に、仮に実質金利の下落によって投資が喚起されたとしても、そうした投資は長期的に見て歓迎すべきものでない可能性が高い。政権交代前の2012年後半時点で日本の長期国債（残存期間10年の国債）の名目利回りは0.8％前後まで下落し、大手銀行が優良貸出先に長期融資を行う際の金利も1％を僅かに上回る水準に下落していた。当時のCPIの上昇率は年率 − 0.2％程度だったから、実質金利は1％程度だったことになる。

　その後、異次元緩和開始から一年後の2014年3月までに長期国債の名目利回りは約0.5％に下落し、CPIの対前年同月比上昇率はおよそ1.5％に上昇した。したがって実質金利はおおむね − 1％程度となり、2012年半ばから2％ほど下落した計算になる。実質金利の低下に促されて設備投資が増えたとすると、そうした投資の実質収益率の予想値は − 1％以上で1％未満だったことになる。第9章で見たように、日本企業の収益率はただでさえ諸外国に比べて低い。その中でこうした低収益の投資を促進することが本当に望ましいだろうか。

　(2)式に関してもう一つ注意すべきなのは、短期と中長期とでこの式に含まれる変数の因果関係が変化することである。物価が硬直的な短期においては金融政策に反応して名目金利と予想物価上昇率が先に動き、その残差として実質金利が決まると考えることはおおむね妥当である。しかし物価が伸縮的

図表 2　経済成長率と金利の関係

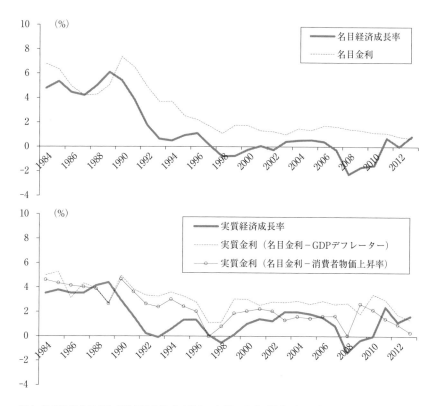

（注）名目経済成長率と実質経済成長率は前後 3 年間の移動平均値（2013 年のみ 2012 年と 2013 年の平均値）。金利は 10 年物新発国債の流通利回り。消費者物価上昇率は生鮮食品を除く CPI をもとに算出した。
（出所）内閣府経済社会総合研究所「国民経済計算」及び IMF, *International Financial Statistics* をもとに作成。

になる中長期に関しては、その国の経済の実力に応じて実質金利が決まり、それに物価上昇率が上乗せされる形で名目金利が決まると考える方が適切である。

実際、一国の実質金利はその国の実質経済成長率（正確には労働人口一人当たりの実質経済成長率）と密接な関係を持っている[7]。図表 2 は過去の日本

---

7）　第 12 章において、一国の名目金利と名目経済成長率の間に相関関係が生まれる理由

350　第Ⅳ部　政策編

の長期金利と労働人口一人当たりの経済成長率をグラフに描いたものである。この図を見ると分かるように、金利と成長率は短期的には異なった動きを示すことがあるが、長期的には名目ベースでも実質ベースでも強く連動している。このことは、力づくで長期金利を抑え込む政策が経済成長率の引上げという目標と長期的に両立しない可能性を示唆している。

　一般に企業は労働と資本を組み合わせて生産活動を行っているから、労働投入量が一定の状態で資本投入量だけを増やすことは非効率である。労働量が減少すると適切な資本量も減少するため、他の条件が一定の場合、労働人口が減少する国では設備投資や住宅投資を削減する必要がある。このような国ではむしろ実質金利を高めに維持し、十分な収益力を持たない企業の設備投資や資金力の乏しい家計の住宅投資を抑制することが望ましい[8]。

　しかしこれまでの日本では景気が悪化するたびに日本銀行が金融緩和を行って投資を刺激し、それを政府が設備投資や住宅ローンの減税措置などによって梃入れすることがくり返されてきた。労働人口の増加に設備や住宅の供給が追い付かない開発途上国においてはこの種の政策が長期的な成長に寄与することがあるが、今日の日本がそうした状況にないことは明らかである。それでもなかなかこの種の政策が改まらないのは、長期的な経済の安定より目先の景気浮揚が優先されていること、中高年の国民の間で過去の投資主導の経済成長の記憶が残っていること、そうした政策が政治家の集票にも寄与するためだと思われる。

## 3　金融緩和と財政再建

　異次元緩和のもう一つの大きな問題は、それが財政ファイナンスと紙一重

---

を説明した。名目金利から物価上昇率を引いたのが実質金利、名目経済成長率から物価上昇率を引いたのが実質経済成長率だから、実質金利と実質経済成長率の間にも密接な関係が存在する。

8)　もちろん新技術の開発も投資の一種であり、生産性向上や省力化に寄与する投資は実施される必要がある。しかしそうした重要な投資に資金が集まるようにするためにも、質の低い投資を排除することが必要である。

であることである。第14章で解説したように、政府が中央銀行に財政赤字を補填させることを財政ファイナンスと呼ぶ。政府が公債を乱発して中央銀行に引き受けさせることが恒常化すると、財政赤字に歯止めが効かなくなり、どこかの時点で必ずインフレーションが発生する。

　日本銀行が2013年4月に発表した「『量的・質的金融緩和』の導入について」という文書によると、日本銀行は毎年約60〜70兆円のペースで国債等の金融資産を買い入れてベースマネーを増加させるだけでなく、日本銀行が保有する国債の平均残存期間を当時の3年弱から7年程度に引き上げることによって長期金利の低下を促すことを目指している。また、これらの措置には期限を設けず、年率2%という物価上昇率の目標が達成され、その安定的な持続が確認されるまで継続すると述べられている。

　上記の文書には、「長期国債の買入れは、金融政策目的で行うものであり、財政ファイナンスではない」という但し書きが付けられている。そしてその根拠として、日本銀行が安倍内閣と共同で発表した「デフレ脱却と持続的な経済成長の実現のための政府・日本銀行の政策連携について」という文書において「政府は日本銀行との連携強化にあたり、財政運営に対する信認を確保する観点から、持続可能な財政構造を確立するための取組を着実に推進する」と述べられていることを挙げている。

　しかしこうした説明は説得力を持つだろうか。確かに日本銀行は政府が発行する国債を直接引き受けているわけではないが、異次元緩和開始後は民間銀行が政府から購入した国債を数日のうちに日本銀行に転売するケースが増えている。その一方で政府は「第二の矢」と称して財政支出を数兆円単位で増やすことをくり返し、景気の好調が明らかになった後も「好循環実現のための経済対策」などの名目で支出拡大を続けている。通常の状況において政府が赤字補填のために国債を乱発した場合、国債の取引価格が下落して金利が上昇し、それ以上の発行にブレーキがかかる。しかし図表3に示されているように、最近は日本銀行の国債購入額が政府の国債発行額を上回り、そうした歯止めが効きにくくなっている。

　「異次元緩和は財政ファイナンスでない」という主張が説得力を持つためには、「年率2%の物価上昇率が達成され、それが安定的に持続する」とい

352　第Ⅳ部　政策編

図表3　政府債の発行残高と日本銀行保有残高の増減

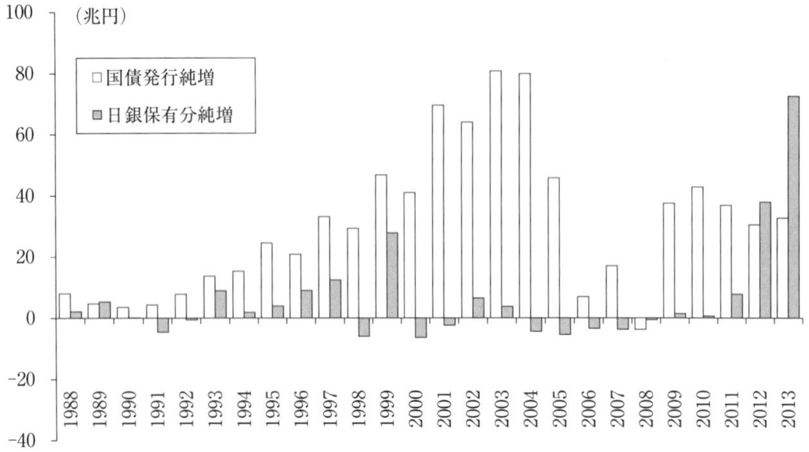

(兆円)

□ 国債発行純増

■ 日銀保有分純増

（注）いずれも年度ベース。FB 等の国庫短期証券を含む。
（出所）日本銀行「政府債務」統計をもとに集計。

う目標が達成された後、日本銀行が国債買い入れを速やかに停止し、その後
にそれを売却できることが必要である。しかしそうしたことは可能だろうか。

　政府は、上述の「持続可能な財政構造を確立するための取組」の一環とし
て、国・地方を合わせた**プライマリー・バランス（基礎的財政収支）**を 2020
年度までに黒字化するという目標を掲げている。プライマリー・バランスと
は、「公債発行などの借金を除いた歳入」と「過去の債務の元利払い（元本
と利息の支払い）を除いた歳出」の収支を意味している。そこで、次にこの
目標の意味を解説し、それを達成するために何が必要かを考えてみよう。

　いま、今年度末の政府の債務残高を $B$、金利（政府債の利回り）を $i$ と書
くことにする。今年度の税収を $T$、債務の元利払い以外の歳出を $G$ と書く
ことにすると、$T - G$ が上記のプライマリー・バランスに対応する。政府
はプライマリー・バランスの赤字額と債務の元利払い分の資金を新たな国債
の発行によって埋め合わせる必要がある。したがって昨年末の債務残高を
$B_{-1}$ と書くことにすると

第 20 章　アベノミクスと日本経済のゆくえ　　353

$$B - B_{-1} = i \times B_{-1} + G - T \tag{3}$$

という関係が成り立つ。

　次に、今年の名目 GDP を $Y$ と書くことにし、(3)式のすべての項を $Y$ で割ると

$$\frac{B}{Y} - \frac{B_{-1}}{Y} = i \times \frac{B_{-1}}{Y} + \frac{G-T}{Y} \tag{4}$$

となる。昨年の GDP を $Y_{-1}$ と書き、それを用いて上式を

$$\frac{B}{Y} - \frac{Y_{-1}}{Y} \times \frac{B_{-1}}{Y_{-1}} = i \times \frac{Y_{-1}}{Y} \times \frac{B_{-1}}{Y_{-1}} + \frac{G-T}{Y} \tag{5}$$

と書き換えよう。(5)式の左辺第二項を右辺に移項して整理すると

$$\frac{B}{Y} = (1+i) \times \frac{Y_{-1}}{Y} \times \frac{B_{-1}}{Y_{-1}} + \frac{G-T}{Y} \tag{6}$$

となり、(6)式の両辺から $B_{-1}/Y_{-1}$ を引くと、

$$\frac{B}{Y} - \frac{B_{-1}}{Y_{-1}} = \left[(1+i) \times \frac{Y_{-1}}{Y} - 1\right] \times \frac{B_{-1}}{Y_{-1}} + \frac{G-T}{Y} \tag{7}$$

という関係が得られる。

　いま、前年から今年にかけての名目 GDP の成長率が $g$ だったとすると、

$$\frac{Y}{Y_{-1}} = 1+g \quad \leftrightarrow \quad \frac{Y_{-1}}{Y} = \frac{1}{1+g} \tag{8}$$

である。この式を(7)式に代入して整理すると、

$$\frac{B}{Y} - \frac{B_{-1}}{Y_{-1}} = \frac{i-g}{1+g} \times \frac{B_{-1}}{Y_{-1}} + \frac{G-T}{Y} \tag{9}$$

となる。$g$ の値があまり大きくない限り $(i-g)/(1+g)$ は $i-g$ とほぼ等しいから、この式を以下のように読み替えることが可能である。

354　第Ⅳ部　政策編

$$\frac{B}{Y}-\frac{B_{-1}}{Y_{-1}}=(i-g)\times\frac{B_{-1}}{Y_{-1}}+\frac{G-T}{Y} \tag{10}$$

　⑽式の左辺は、政府債務の対GDP比率の前年から今年にかけての増減を表している。第4章の図表5で見たように、日本ではこの比率がすでに200%を上回り、しかも急速な上昇を続けている。この比率が高まるほど正常な形での債務の返済が難しくなるから、できるだけ早期にそれを安定させ、その後速やかに低下させてゆく必要がある。どうしたらそれができるだろうか。

　⑽式によると、上記の債務比率が増えるか減るかは二つの要因に依存している。右辺第一項の $(i-g)\times B_{-1}/Y_{-1}$ は過去の借金の利払いによる債務比率の変化を表し、金利が経済成長率より高ければ正の値をとる。第二項の $(G-T)/Y$ はプライマリー・バランスが黒字なら負、赤字なら正となる。

　図表2で見たように、日本では国債の利回りが経済成長率を上回ることが多い。過去15年間の名目経済成長率の平均値がおよそ−0.4%だったのに対し、残存期間7年と10年の国債の名目利回りの平均値はそれぞれ約1.0%と約1.3%だったから、上記の $i-g$ はおよそ1.5%（0.015）である。また、2013年度末時点の（中央）政府の債務残高が約1,025兆円だったのに対し[9]、同年度の名目GDPは約482兆円だったから、上記の $B_{-1}/Y_{-1}$ は約2.1である。したがって、⑽式の $(i-g)\times B_{-1}/Y_{-1}$ の分だけでも政府の債務比率は毎年3%以上上昇してゆくことになる。仮にどこかの時点で国債の利回りにリスク・プレミアムが上乗せされるようになると、この値はいっそう高くなる。

　一方、2013年度の中央政府と中央・地方政府のプライマリー・バランスの対GDP比率はそれぞれ−6.7%と−6.2%だった。本書の執筆時点で最新の内閣府「中長期の経済財政に関する試算」（2014年7月）によると、政府の経済成長の目標が達成され、さらに消費税率引き上げや歳出削減が当時の

---

9)　第4章で述べたように、日本政府は相当額の金融資産を保有しており、グロスの債務残高から債権残高を引いた純債務残高はこれより低い。しかし前章で解説したように、政府資産の中には時価会計が行われていないものや簡単に取り崩すことができないものが少なくない。また、上記の数値に含まれていない潜在的な債務（政府系機関への債務保証や年金給付の積立不足など）も存在する。

予定どおり実行されたとしても、2020年度の中央政府と中央・地方政府のプライマリー・バランスの対GDP比率はそれぞれ－2.4％と－1.8％にとどまる。これを先の$(i-g) \times B_{-1}/Y_{-1}$と合わせると、政府のシナリオどおりに事が運んだとしても、債務比率は年率－5％程度のペースで上昇を続けることになる。

しかし現実には上記のシナリオですら実現する可能性は低い。上述したように政府の名目・実質GDPの成長率の目標値はそれぞれ3％と2％だが、過去15年間のこれらの平均値はそれぞれ約－0.2％と1.0％だった。上記の内閣府の資料は「名目成長率が年率2％、実質成長率が年率1％」というケースの試算も行っているが、その場合、中央政府と中央・地方政府のプライマリー・バランスの対GDP比率はそれぞれ－3.2％と－2.9％となり、債務比率の上昇スピードはいっそう早くなる[10]。

ところで、政府が「2020年度までにプライマリー・バランスを黒字化させる」という方針を掲げながら、上記のベスト・シナリオにおいてさえその実現の見込みがないのはなぜだろうか。その理由は、仮にこの目標を達成することを最優先して財政を運営した場合、国民の強い反発を受けることが分かっているからである。このことを理解するために、過去の中央政府の歳入と歳出の対GDP比率の推移を示した図表4を見てみよう。

図表4によると、近年の財政赤字の拡大には税収の低迷も寄与しているが、それ以上に重要なのは社会保障費の増加である。第16章で述べたように、本来、年金や医療などの社会保障は独自の基金によって管理し、政府の一般会計にしわ寄せが生じないようにすることが望ましい。しかし今日の日本の社会保障制度はそれとは程遠い状態にあり、一般会計から毎年30兆円近い資金補塡が行われている。第5章で見たように、今後は年金受給人口が増加を続ける上に医療費が嵩む70歳代後半以上の人口が急増するため、一般会計の財政負担の増加スピードも高まってゆくはずである。

政府の財政計画には社会保障費の抑制も多少は盛り込まれているが、それ

---

10) この試算の発表後に2015年10月に予定されていた消費税率引き上げを先送りにすることが決定されたため、現実のプライマリー・バランスは上記の値よりいっそう大きな赤字になる可能性が高い。

356 第Ⅳ部 政策編

図表4 中央政府の歳入歳出の GDP に対する比率の推移

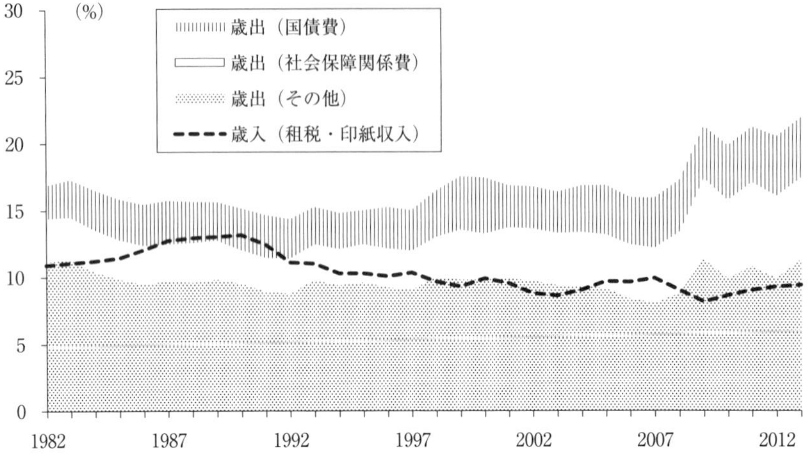

30 (%)

||||||| 歳出（国債費）

□ 歳出（社会保障関係費）

歳出（その他）

- - - 歳入（租税・印紙収入）

25

20

15

10

5

0

1982    1987    1992    1997    2002    2007    2012

（注）いずれも年度ベース。2013 年度のみ補正後予算額による。「歳出（国債費）」は国債の元利払いを表す。

（出所）財務省決算資料等をもとに集計。

らは安価な医薬品の奨励など、高齢者の便益に直接抵触しないものがほとんどである。第16章で解説したように、今日の日本では政治家が高齢者を敵に回すような政策を掲げて選挙に勝利することが難しく、どの政党もそうした政策を追求しようとしない。一方、現役層に対する課税額を増やして社会保障の費用を賄うことには限界があるため、政府が国債を発行して当座をしのぎ、将来世代にその負担を転嫁することがくり返されているのである。とはいえ、こうした方法が永遠に続くことはありえない。現政府もこの問題に正面から取り組むことを避けているため、上述の「持続可能な財政構造を確立するための取組」はスローガンの域を出ないと言える。

## 4 グローバル化と成長戦略

最後に「第三の矢」の成長戦略について考えてみよう。安倍内閣は 2013 年 6 月にその具体案を「日本再興戦略 – Japan is Back –」という文書にま

とめ、翌 2014 年 6 月にその改訂版を公表している。2013 年の「日本再興戦略」
の冒頭には、「企業経営者の、そして国民一人ひとりの自信を回復し」、「今
一度、攻めの経済政策を実行し、困難な課題に挑戦する気持ちを奮い立たせ
（チャレンジ）、国の内外を問わず（オープン）、新たな成長分野を切り開いて
いく（イノベーション）ことで、澱んでいたヒト・モノ・カネを一気に動か
していく（アクション）」と述べられている。

「日本再興戦略」は「日本産業再興プラン」、「戦略市場創造プラン」、「国
際展開戦略」の三つのアクション・プランから構成されている。そしてこれ
らのプランの実施を通じ、「グローバルに勝ち抜ける製造業を復活し、付加
価値の高いサービス業を創出する」、「世界や我が国が直面している社会課題
のうち、日本が国際的強みを持ち、グローバル市場の成長が期待できる分野
を選定して解決することにより、新たな成長分野を切り開く」、「世界のヒト、
モノ、お金を日本に惹きつけ、世界の経済成長を取り込むために、国内外で
官民一体となって戦略的な取組を進める」などと述べられている。

「日本再興戦略」において顕著なのは、日本経済が発展するために官民が
一体となって外国との競争に打ち勝たねばならないという考えと、そのため
に政府が特定の産業や事業分野を選別して後押しすることへの意欲である。
しかし市場において競争するのは企業や個人であって国家ではない。政府が
特定の産業や企業に肩入れすることは不公平であるだけでなく、責任の所在
が曖昧になり、長期的に見て好ましくない結果を招きやすい。実際、安倍政
権発足後に「官民一体で事業を開拓する」目的で多数の基金（ファンド）が
設立されたが、これらの中には内容が重複するものや民間のファンドと競合
するものが少なくない。こうした資金の多くは政府の特別会計によって管理
され、一般会計の歳出を伴わない点で政治家や官僚にとって都合が良い。し
かし前章で外為特会に関して見たように、資産価値が毀損しても不透明な状
態で放置され、誰も責任をとらないまま潜在的な債務が積み上がってゆく可
能性もある [11]。

---

11) 1980 年代後半のバブル期には国・地方公共団体と民間企業の共同出資で第三セクター
と呼ばれる多数の法人が設立されたが、これらはことごとく失敗した。多くの地方公共
団体は現在でも破たんした法人の債務償却に喘いでいる。

358　第Ⅳ部　政策編

　政府はこうした政策の積み上げによって「名目で年率3%、実質で年率2%の経済成長率」が実現すると説明しているが、こうした主張もミスリーディングである。第一に、上記のようなミクロ的な産業政策と一国全体の経済成長率の間にはっきりとした関係があるわけでなく、個々の政策がどのような効果をもたらすかを事前に知ることはほとんど不可能である。第二に、それにも関わらず政府が一定の成長率にコミットしてしまうと、今度は無理をしてでも目先の成長率を引き上げようとし、かえって長期的な経済発展を阻害する可能性がある。

　上記の理由を理解するために、ここで第一章で解説した一国の生産関数を思い出そう。そこでは一国の GDP を

$$Y = A \times F(h \times L, K) \tag{11}$$

という関数の形に表現した。以下では $Y$ が日本の実質 GDP、$L$ と $K$ が日本の労働人口と物的資本の量、$h$ が労働者の教育水準で測った人的資本、$A$ が全要素生産性だと考えてもらいたい。

　「年率2%の持続的な実質経済成長率を達成する」とは、上記の $Y$ を毎年2%ずつ上昇させるということである。(11)式の右辺によると、このことは $A$ の成長率と $F(h \times L, K)$ の成長率の和が毎年2%以上になることを意味している。しかし日本ではすでに労働力人口が減少しており、今後はそれが加速するため、他の条件が同一なら $F(h \times L, K)$ の成長率は負になるはずである[12]。$h$ や $K$ を高めれば $F(h \times L, K)$ は上昇するが、第1章で見たように、日本の教育水準や資本装備率はすでに世界最高水準にある。人的・物的資本をむやみに増やしても生産力に結び付きにくくなるだけでなく、そうした投資の費用によって消費が犠牲になり、国民の生活水準が低下する可能性がある。

　すると論理的に言って「年率2%の実質経済成長率」を達成するためには、全要素生産性の $A$ を毎年2%以上のスピードで上昇させることが必要となる。第1章で解説したように、日本の全要素生産性は他の先進諸国に比べて

---

12)　「日本再興戦略」では女性や高齢者の就業促進も目指されているが、それが功を奏しても日本の労働人口減少を食い止めることは非常に難しい。

低く、それを引き上げる余地は確かに存在する。しかし日本のような先進国の場合、$A$は科学技術の水準などより既存の人的・物的資本がどれだけ有効活用されているかを表す指標だと解釈することが適切である。したがって政府がまず考えるべきなのは、政府自身の規制や政策によって労働や資本、土地などの生産要素の有効活用が妨げられていないか、とりわけ企業・産業間の人材や資本の移動が阻害されていないかということであろう。

「日本再興戦略」では、企業や国民が萎縮しているために人材や技術が有効活用されておらず、それを打破するために政府主導で成長分野を切り開くのだとくり返し述べられているが、政府自身の行動が民間の潜在能力の発揮を阻んでいる可能性についてはほとんど顧みられていない。しかし第18章で分析した農業保護政策は土地の有効活用を妨げている可能性が高く、他の分野においても同様の政策は数多く存在する（八田2013；八代2013）。

これまで随所で指摘してきたように、日本では個人を社会の基本単位とみなす考え方が十分に定着しておらず、個人と組織や集団が未分化にとどまっているケースが少なくない。労働者の企業間移動の少なさや経営者が他社から買収されることを嫌う風潮にはこうした日本社会の特徴が投影しており、それらが政府の責任だとは言えない。しかし第2章や第16章において指摘したように、現行の政策や制度の中にはそうした傾向を助長していると思われるものが少なくない。そうした政策や制度を放置したまま、政府が税金を使って特定分野に人材を誘導したり、官製ファンドによって研究開発を促進したりしても、それが生産性の向上に結び付く保証はない。政府が鳴り物入りで成長政策を打ち出したにも関わらず経済が低迷した場合、今度は物的投資を増やすことによって上記の$F(h \times L, K)$を増やし、国民に約束した成長率を達成しようとするだろう。しかしそうした行為は資源配分の歪みを深刻化させ、生産性をいっそう低下させる可能性が高い。

なお、2014年に発表された「日本再興戦略」の改訂版では、原版に比べてミクロ的な産業政策への意欲がやや後退し、「コーポレートガバナンスの強化」や「働き方の改革」など、人的・物的資本の有効活用につながりうる政策のウエイトがやや高められている（図表5）。これは上述した官民ファンドに対してマスメディアの批判が強まったことや、好景気が進む中で労働不

360 第Ⅳ部 政策編

図表 5 日本再興戦略（2014 年改革版）の概要

---

**改革に向けての 10 の挑戦**

1 **コーポーレートガバナンスの強化**
  例：コーポレートガバナンス・コードの策定
2 **公的・準公的資金の運用等の見直し**
  例：年金積立金管理運用独立行政法人の資産構成比率の見直し
3 **ベンチャー・創業の加速化**
  例：ベンチャー創造協議会（仮称）の創設
4 **成長志向型の法人税改革**
  例：法人実効税率の引き下げ（2015 年度開始）
5 **イノベーションの推進とロボット革命**
  例：産学官共同で技術を事業に結び付ける機能の強化
6 **女性の活躍促進**
  例：学童保育の拡充、子育て支援員（仮称）制度の導入
7 **働き方の改革**
  例：労働時間制度の見直し、職務限定社員制度の普及
8 **外国人材の活用**
  例：外国人技能実習制度の見直し
9 **攻めの農林水産業の展開**
  例：農業関連組織の一体改革、輸出促進のための品目別団体の設立
10 **健康産業の活性化と質の高いヘルスケアサービスの提供**
  例：非営利ホールディングカンパニー型法人制度（仮）の創設

**成長の成果の全国普及**

1 地域活性化／中堅・中小企業・小規模事業者の革新
2 地域の経済改革

---

（出所）内閣府ホームページ「『日本再興戦略』の改訂～改革に向けての 10 の挑戦～」等をもとに
作成。

足が深刻化したことなどを受けたものだと思われる。

　しかし図表 5 を見ると分かるように、改訂版においても「ベンチャー創造
協議会（仮称）の創設」や「農産品輸出促進のための品目別団体の設立」など、
政府が民間部門の経済活動を主導・管理しようとする意欲は根強い[13]。こ

---

13) また、改訂版では「成長成果の全国普及」の名目で地域経済活性化が重視され、
　2015 年度予算において地域再生を目的とした 4 兆円規模の特別枠が設けられている。こ
　の種の財政支出は一票の重みの大きい地方部における選挙対策の意味合いが強く、地域
　や地方公共団体の自主的な発展を阻害する可能性が高い。

第 20 章　アベノミクスと日本経済のゆくえ　361

うした計画が絶えないことには予算獲得を目指す省庁の意欲も寄与している
が、政府関係者が民間部門の創意に十分な信頼を置いていないこと、そして
民間事業者の間で政府の介入を排除して公平に競争しようとする気概が十分
でないことも影響していると思われる。日本経済が先進国の経済に相応しい
姿に成熟してゆくためには、個人が自由と責任の意識を持って経済活動に参
加し、政府はその補完役に徹するという社会規範を作り上げることが必要だ
ろう。

---

*Column* ⑩　グローバル化とヒトの国際化

　「日本再興計画」には、官民一体で海外市場に打って出るだけでなく、「日本国内
の徹底したグローバル化を進める」とも述べられている。しかしそのための方策と
して掲げられているのは、外国人旅行者や対内 FDI の量的増加、「スーパーグロー
バル大学（仮称）」の創立などであり、日本の社会を先進国に相応しいものに変え
てゆこうという視点は乏しい。

　たとえば、「日本再興戦略」改訂版では「外国人材の活用」が謳われ、「高度外国
人人材が日本で活躍できる環境を整備するとともに、外国人技能実習制度を抜本的
に見直す」とされている。しかしそのすぐ後に「（これらが）移民政策と誤解され
ないよう配慮し、国民的コンセンサスを形成しつつ、総合的に検討」すると述べら
れている。これは国民の間で国内に定住する外国人が増えることに対する拒否感が
強いことを政府がよく知っているからである。

　モノの貿易や国際金融投資と異なり、どの国においても国境を越えたヒトの移動
は論争の種になりやすく、政府が移民や外国人労働者の受け入れに慎重になるのは
当然である。しかし日本は労働移民を禁止しているだけでなく、難民の受け入れや
既に国内に定着している外国人に対する定住許可や日本国籍の付与にも消極的であ
る。

　図表 6 は、OECD 諸国における近年の外国人に対する国籍認定件数と難民の受
入件数を所得水準に対してプロットしたものである。国によって置かれた状況が異
なるとはいえ、一般的には差別のない豊かな国ほど来訪して定住することを望む外
国人は増えるはずだし、所得水準が高く民主主義が浸透した国ほど海外の難民や亡
命者を受け入れる余地（と意欲）が大きいはずである。

図表6 OECD諸国の国籍取得者数と難民受け入れ状況

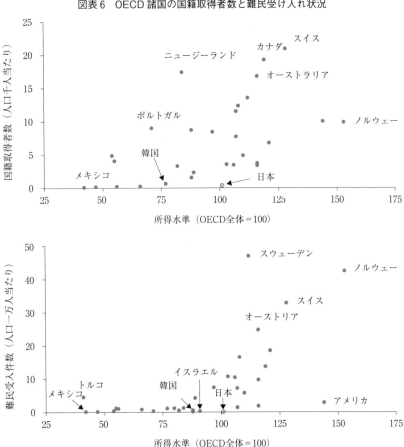

(注) 上段の国籍取得者数は2008〜2011年の累計。下段の難民受入れ件数は2009〜2012年の累計で正式な難民認定を伴わない在留許可等を含む。所得水準は2010年におけるPPPベースの一人当たり実質GDPでOECD加盟国全体を100とした値。
(出所) OECD, *Migration Statistics, Purchasing Powers Parity Statistics* 及び UNHCR, *Statistical Yearbook* 等のデータをもとに集計。

　図表6の二つのパネルでは縦軸と横軸の値に正の相関関係があり、確かに豊かな国ほど国籍認定件数と難民受入件数が高い傾向が認められる。しかしこの点に関して日本は例外に近く、人口規模からするとどちらの件数も無視できるほど少ない。日本の国籍取得者数や難民認定者が極端に少ないことには申請者が必ずしも多くな

第 20 章　アベノミクスと日本経済のゆくえ　363

いことも影響しているが、法務当局がこれらの認定にきわめて消極的なことが最大の理由である[14]。国内ではこうしたことがあまり話題にならないが、海外では日本が「先進国らしくない先進国」に見えているはずである。

　2014 年の「日本再興戦略」の改訂版には 2013 年の原版にはなかった「外国人技能実習制度の抜本的改革」が謳われているが、これは好景気による人手不足に慌てた政府が外国人労働者の受け入れ拡充を望むようになったためである。日本政府は公式には単純労働者の受け入れを禁じているが、労働集約度の高い製造業や建設業の間で安価な労働力を求める声が強く、1990 年代に入って研修の名目で外国人を単純労働に従事させることが常態化した。しかしこれらの労働は公式には「研修」であるため、労働法の適用対象とならず、人権侵害や劣悪な条件の下で就労を強いられるなどの問題がたびたび指摘されてきた。

　こうした問題を受け、2010 年に外国人技能実習制度が改正され、入国した実習生は労働関係法令の保護を受けることができるようになった。しかしその後も賃金不払いや旅券取り上げなどの不当行為の報道が後を絶たない。安田（2010）は、「外国人労働者の姿、置かれた環境は、その国（受け入れ国）の民度を測る重要なモノサシになるのではないか」と述べている。少子高齢化が進む日本において外国人労働者が本当に必要なら、国際貢献の名を借りた「技能研修」ではなく、正式な雇用ビザを発給し、正面から労働者として受け入れることを検討すべきではないだろうか。

---

14)　法務省の統計によると、2012 年度中の日本における難民申請件数（異議申立を含む）が 4,283 件だったのに対し、正式な認定件数はわずか 18 件だった。申請してもほとんど認定される可能性がないことは申請件数を減少させる一因にもなっている。

## 参考文献

**日本語**

池内秀己（2011）「『家』としての日本企業　日本的経営の原理と構造」三戸浩他編
　　『企業論（第3版）』有斐閣アルマ、217 〜 277 ページ

伊藤元重（2009）『入門・経済学（第3版）』日本評論社

梅田雅信・宇都宮浄人（2009）『経済統計の活用と論点（第3版）』東洋経済新報社

大野健一（2009）『途上国ニッポンの歩み』有斐閣

勝悦子（2011）『新しい国際金融論 − 理論・歴史・現実 − 』有斐閣

加茂利男・大西仁・石田徹・伊藤恭彦（2012）『現代政治学（第4版）』有斐閣

熊倉正修（2011a）『入門・現代日本経済論 − グローバル化と国際比較 − 』昭和堂

熊倉正修（2011b）「我が国の為替市場介入と外国為替資金特別会計の問題点」『世
　　界経済評論』第 55 巻 6 号、51 〜 57 ページ

熊倉正修（2013）「日本の住宅・雇用政策の問題点」世界経済評論『IMPACT』（http://
　　www.sekaikeizai.or.jp/active/article/130624kumakura.html）」

志賀櫻（2011）『国際条約違反・違憲　豚肉の差額関税制度を断罪する』ばる出版

齊藤誠・岩本康志・太田聰一・柴田章久（2011）『マクロ経済学』有斐閣

高木信二（2011）『入門国際金融（第4版）』日本評論社

建林正彦・曽我謙悟・待鳥聡史（2008）『比較政治制度論』有斐閣アルマ

中村洋一（1999）『SNA 入門』日本経済新聞社

中村洋一（2010）『新しい SNA　2008SNA の導入に向けて』（財）日本統計協会

西沢和彦（2011）『税と社会保障の抜本改革』日本経済新聞社

八田達夫（2013）『ミクロ経済学 Expressway』東洋経済新報社

濱口桂一郎（2011）『日本の雇用と労働法』日経文庫

深尾京司（2003）「中国の産業・貿易構造と直接投資：中国経済は日本の脅威か」
　　伊藤元重・財務省財務総合政策研究所編『日中関係の経済分析』東洋経済新報社、
　　21 〜 56 ページ

福田慎一・照山博司（2011）『マクロ経済学・入門（第4版）』有斐閣

星岳雄・アニル・カシャップ（2005）「銀行問題の解決法：効くかもしれない処方
　　箋と効くはずのない処方箋」伊藤隆敏他編『ポスト平成不況の日本経済 − 政策志
　　向アプローチによる分析』日本経済新聞社、139 〜 178 ページ

真渕勝（2009）『行政学』有斐閣

三土修平（2007）『為替と株で考える経済学』日本評論社

三戸公（1991）『家の論理 2　日本的経営の成立』文眞堂

八代尚宏（2013）『日本経済論・入門　戦後復興からアベノミクスまで』有斐閣

安田浩一（2010）『ルポ　差別と貧困の外国人労働者』光文社新書

労働政策研究・研修機構（2012）「若年層を中心に高まる日本型雇用慣行の評価」『Business Labor Trend』2012 年 10 月号

**英語**

Reinhart, Carmen M. and Kenneth S. Rogoff. 2009. *This Time Is Different: Eight Centuries of Financial Folly*, Princeton University Press.

Organization for Economic Cooperation and Development, 2011. *Society at a Glance 2011*, OECD.

Weil, David N. 2013. *Economic Growth* (3$^{rd}$ edition), Pearson.

# 索　引

## 欧　文

APEC　319
ASEAN　318
EPA　312, 317〜319
EU　312, 318
FTA　311〜313, 315〜317, 319
FTA ＋　311, 319
GATT　306, 309〜311
GDP　2〜7, 21, 33〜36, 55〜59, 71〜77, 85
　〜87, 144〜149, 161, 233, 256〜260, 330
　〜332, 353〜356, 358
GDP デフレーター　6, 209
ICT　143〜146, 152, 246
IS バランス・アプローチ　60
NAFTA　313
PPP　73, 211〜214
RCEP　318
REA　307, 311〜317
REIT　205
ROA　173, 261
ROE　173, 261
SNA　2, 22, 35, 55, 58, 61, 65〜67
TPP　286, 307, 317〜320
WTO　289, 306〜311

## ア　行

アジア太平洋経済協力会議　319
新しい貿易理論　124, 133, 140
アベノミクス　286, 342
イールド・カーブ　201

異次元緩和　241, 343, 347, 350
一物一価　177〜180, 209〜211, 215〜218
一般物価　209, 215, 225, 233〜235, 244〜246,
　347
一票の格差　279〜283
インフレーション・ターゲッティング
　241, 333
売りオペレーション　227
ウルグアイ・ラウンド　309
営業余剰　22, 35
欧州通貨同盟　324, 333, 337
欧州連合　312
オーバーシューティング現象　329

## カ　行

買いオペレーション　227
海外直接投資　85, 143, 165, 168
外貨預金　180
外国為替資金特別会計　334
外国為替市場　37, 50〜54, 97, 176, 179, 182
　〜189, 249, 297, 324, 339
外国為替市場介入　222, 284, 324〜333, 334
　〜336
会社　23〜28, 67, 275
家計　20〜23, 30〜33, 35, 57, 67, 259, 260
カバー付きの金利平価　193
カバーなしの金利平価　194, 328, 344
貨幣　37
貨幣乗数　49, 225〜228, 241〜243
貨幣数量説　233〜235, 243
貨幣の流通速度　234, 239, 241〜243

為替　38
為替スワップ　183〜191, 194, 208
為替予約　181, 189, 193
関税同盟　311〜313, 316
関税と貿易に関する一般協定　306
間接投資　85, 158, 169
完全競争　123
環太平洋経済連携協定　307
議院内閣制　267
機会費用　99, 128, 241
企業　8, 20〜26, 28〜33, 35, 67, 123, 151〜
　　165, 256〜260, 275〜277, 312, 357, 359
企業内取引　151, 154
企業物価指数　209, 262
企業向けサービス価格指数　209
基礎的財政収支　352
規模に関する収穫一定　93, 123
規模の経済　84, 123〜126, 129〜139, 166〜
　　168
共同市場　312
寄与度　257
金・ドル本位制　324
金本位制度　324
金融勘定　63, 170
金融緩和　227〜233, 342〜346, 351
金融収支　63
金融政策　48, 227〜233, 239〜243, 327, 343,
　　351
金融引き締め　227
金利の期間構造　201
クラークの法則　74, 260, 346
経営家族主義　31
経済連携協定　307, 312, 317
経常勘定　63, 170
経常利益　173
決済　37〜52, 82, 202, 226
現金・預金比率　49, 226

現金通貨　43, 49
原産地規制　317
交易条件　262
合資会社　24
厚生　92, 99, 120, 129, 131〜133, 293
公的外貨準備　324, 332, 335〜337
高度成長期　73, 103
購買力平価　71, 211〜215, 235
購買力平価説　211〜218
合名会社　24
コール市場　203, 231
国債　48, 69, 195〜198, 227〜233, 326〜329,
　　343, 348, 351〜354
国際収支表　2, 55〜58, 63, 149, 155
国内純生産　16
国内総生産　2, 34, 260
国民経済計算　2
国民所得　58
国民所得表　2
国民総所得　58, 162
国民貸借対照表　2
固定為替相場制度　51, 324
固定資本減耗　16, 22, 35, 58, 61
雇用者報酬　22
混合所得　22
混合税　289, 302

## サ 行

サービス収支　57〜59, 151
財　3, 6
債券　47, 85, 158, 165, 194〜201
最終財　3〜5, 14, 21
財政ファイナンス　239, 328, 350〜352
裁定取引　177〜183, 215
先物取引　182
産業内貿易　140
産業連関表　2, 22, 33〜36

三面等価　22, 33
自家消費　5
直物取引　182
資金循環表　2, 67
実質GDP　6, 10, 71～74, 79, 147, 233, 256, 358
実質為替レート　212～221, 344～346
実質金利　347～350
実質実効為替レート　220～222, 336～339, 346
実質所得　213, 244, 255
資本　8, 11, 14～17, 20～23, 57, 61～63, 65, 111～114, 119～121, 147, 158～162, 350, 358
資本移転等勘定　63
資本主義　32, 266, 275
資本装備率　112～115, 358
市民的自由　266
社会資本　65, 159
社会的余剰　292
社債　47, 195, 206
従価税　289, 298, 302, 320
自由主義　266, 275
従属人口比率　79
自由貿易協定　311
従量税　289, 302, 320
準備預金口座　47, 202, 226～233, 327
準備預金制度　47
証券　24, 85, 195
証券化　24
消費　14～16, 20, 33～36, 65～67, 244～246, 256～260, 275
消費者物価指数　209, 244～246, 262～264
消費者余剰　291, 293, 307, 314
情報通信技術　143
情報の非対称性　271
所得収支　58, 64

人口オーナス　79
人口ボーナス　78
人的資本　11～14, 148, 358
垂直的FDI　165
水平的FDI　165
スパゲッティー・ボウル現象　316
生産可能性曲線　126～131, 166～168
生産関数　10～12, 124, 147, 358
生産者余剰　291, 293, 307, 314
生産年齢人口　77～80
生産要素　7～11, 20～23, 35, 57, 93, 106, 111～115, 119～121, 158, 312, 359
生産要素比率理論　106, 115, 120
政治的権利　266
政党　67, 267, 272, 277, 284～287
政府債　195, 352～356
政府短期証券　334
世界貿易機関　289, 306
絶対的購買力平価　235, 237
ゼロ金利政策　239
潜在GDP　233
全要素生産性　12, 80, 147～149, 358
総資産利益率　174
総資本利益率　173
相対価格　95, 99, 128, 216
相対的購買力平価　235, 237
総余剰　292～297, 308, 314

## タ 行

対外資産負債残高表　2, 55
代議制民主主義　267～274, 323
貸借対照表　45
兌換紙幣　43, 48
多国籍企業　151
地域経済協定　307, 311～319
知的財産権　12, 151, 153, 312
中央銀行　37, 41～50, 202～205, 226, 239～

243, 325〜330, 333, 344, 351

仲介貿易　154

中間財　8, 10, 35, 107, 139, 251

中選挙区制　278

貯蓄　60〜63, 65〜68, 159〜161

通貨　37, 42〜50, 177〜180, 188, 230〜239, 324〜329, 334〜339, 343〜346

定期預金　49, 180, 195

デフォルト　195, 207

投資　14〜16, 33〜35, 60〜63, 65〜68, 112, 120, 256〜262, 347〜350, 358〜361

投資協定　312

東南アジア諸国連合　318

投入係数　93, 101〜103, 106〜112, 115, 124〜126, 216

ドーハ・ラウンド　309

独占的競争　124, 133

### ナ　行

日本的経営　28

年少人口　77

### ハ　行

媒介通貨　177〜180, 189

ハイパー・インフレーション　239

ハイパワード・マネー　48

派閥　278

バラッサ・サミュエルソン効果　215, 237

バランスシート　45〜48

比較生産費説　92, 104, 106〜110, 120, 126, 140

比較優位　92, 95〜105, 108〜111, 115〜122, 139, 151, 187, 298, 307

東アジア地域包括的経済連携　318, 319

非関税障壁　310, 311

非貿易財　143, 145, 166, 215, 223

フィッシャーの交換方程式　233

フォワード・レート・カーブ　201

付加価値　3〜5, 14, 34〜36, 56, 107, 300

不換紙幣　43

不完全競争　123

普通選挙　268〜271, 279

物的資本　11〜14, 148, 358

不動産投資信託　205

不胎化　327〜330, 335, 337

プライマリー・バランス　352〜355

平価　324

ベースマネー　46, 48, 203, 226〜233, 236, 243, 326〜330, 345, 351

ヘクシャー・オーリン定理　120

ヘクシャー・オーリン理論　106

ペティー・クラークの法則　74

変動為替相場制度　51, 211, 324

貿易・サービス収支　57〜59, 152

貿易依存度　137, 330

貿易財　82, 143, 215, 223, 235, 247, 344

貿易収支　57, 80, 151, 154, 297

貿易転換効果　314, 317

包括的な金融緩和　240

法人　23, 26, 40, 67, 275, 357

法定準備率　47, 49, 227, 230

ポートフォリオ　164

補完当座預金制度　227

北米自由貿易地域　313

本人・代理人関係　267

本人・代理人問題　271

### マ　行

マニフェスト　272

マネーサプライ　48

マネーストック　46, 48〜50, 226, 233, 239〜243, 329

マネタリー・アプローチ　235

マネタリー・ベース　48

マネタリスト　234〜236
民主主義　32, 266〜268, 361
名目 GDP　5, 71, 353
名目為替レート　212, 236〜243, 247〜249,
　　297, 329, 344〜346
名目金利　347

## ヤ　行

ユーロ　178, 188, 324, 331, 337
輸出依存度　137, 251, 346
輸 入 関 税　264, 288〜290, 293〜297, 306,
　　308, 314, 320
輸入代替　82
要求払預金　49
要素集約度　114, 116, 120
預金準備率　49, 226
預金通貨　43, 49
予算制約線　128
与信　40

## ラ　行

リスク・プレミアム　206〜208, 231, 354
利付債　196
流動性　195, 200
流動性プレミアム　200, 206
量的・質的金融緩和　241, 351
量的緩和政策　240, 337
労働生産性　12, 79, 93, 112, 146〜149
労働分配率　109, 111〜115
老年人口　77
ローカル・コンテンツ規制　317
ロビー活動　275〜277

## ワ　行

割引債　196, 335

## ◇著者紹介

### 熊倉正修（くまくら・まさなが）

1967年東京生まれ。東京大学文学部卒、ケンブリッジ大学政治経済学部博士課程修了（Ph.D. in Economics）。アジア経済研究所、大阪市立大学大学院経済学研究科等を経て、2013年より駒澤大学経営学部教授。
専攻は国際経済学、経済統計論、アジア経済論、日本経済論。

著書・論文
『入門・現代日本経済論　グローバル化と国際比較』昭和堂（2011年）、"Exchange rate regimes in Asia: Dispelling the myth of soft dollar pegs," *Journal of the Asia Pacific Economy*（2005年）、"Trade and business cycle correlations in Asia-Pacific," *Journal of Asian Economics*（2006年）、「アジア太平洋経済の相互依存関係と電子機器産業」渡邉昭夫編『アジア太平洋と新しい地域主義の展開』千倉書房（2010年）、"Reforming Japan's foreign exchange policy," *World Economics*（2012年）他多数。

---

国際日本経済論—グローバル化と日本の針路

2015年2月25日　初版第1刷発行

著　者　熊　倉　正　修
発行者　齊　藤　万　壽　子
〒606-8224　京都市左京区北白川京大農学部前
発行所　株式会社　昭　和　堂
振替口座　01060-5-9347
TEL（075）706-8818 / FAX（075）706-8878

©熊倉正修，2015　　　　　　　　　　印刷　亜細亜印刷

ISBN 978-4-8122-1431-2
＊落丁本・乱丁本はお取り替えいたします。
Printed in Japan

本書のコピー、スキャン、デジタル化の無断複製は著作権法上での例外を除き禁じられています。本書を代行業者等の第三者に依頼してスキャンやデジタル化することは、たとえ個人や家庭内での利用でも著作権法違反です。